Das Sony Alpha 7/7R Handbuch

Foto: Marius Kröll

Martin Vieten fotografiert seit mehr als 30 Jahren aus Leidenschaft – erst mit Kameras von Minolta, heute mit Apparaten von Sony. Als Testredakteur von digitialkamera.de kennt er die Technik der Digitalfotografie wie aus der Westentasche, verliert aber auch nie das Motiv aus dem Blick. Dabei versteht es der preisgekrönte Fachjournalist, selbst komplizierteste Sachverhalte leicht verständlich zu vermitteln.

Papier plus⁺ PDF.

Zu diesem Buch – sowie zu vielen weiteren dpunkt.büchern – können Sie auch das entsprechende E-Book im PDF-Format herunterladen. Werden Sie dazu einfach Mitglied bei dpunkt.plus⁺:

www.dpunkt.de/plus

Martin Vieten

Das Sony Alpha 7/7R Handbuch

Martin Vieten
vieten@edit-web.de

Lektorat: Gerhard Rossbach
Copy-Editing: Sabine Müthing, Castrop-Rauxel
Layout & Satz: Martin Vieten, Ulrich Borstelmann
Herstellung: Friederike Diefenbacher-Keita
Umschlaggestaltung: Helmut Kraus, www.exclam.de
Druck und Bindung: Himmer AG, Augsburg

Bibliografische Information der Deutschen Nationalbibliothek
Die Deutsche Nationalbibliothek verzeichnet diese Publikation in der Deutschen Nationalbibliografie;
detaillierte bibliografische Daten sind im Internet über http://dnb.d-nb.de abrufbar.

ISBN 978-3-86490-167-6

1. Auflage 2014
Copyright © 2014 dpunkt.verlag GmbH
Wieblinger Weg 17
69123 Heidelberg

Die vorliegende Publikation ist urheberrechtlich geschützt. Alle Rechte vorbehalten.

Die Verwendung der Texte und Abbildungen, auch auszugsweise, ist ohne die schriftliche
Zustimmung des Verlags urheberrechtswidrig und daher strafbar. Dies gilt insbesondere für
die Vervielfältigung, Übersetzung oder die Verwendung in elektronischen Systemen.

Alle Angaben und Programme in diesem Buch wurden von den Autoren mit größter Sorgfalt
kontrolliert. Weder Autor noch Herausgeber noch Verlag können jedoch für Schäden haftbar
gemacht werden, die in Zusammenhang mit der Verwendung dieses Buchs stehen.

In diesem Buch werden eingetragene Warenzeichen, Handelsnamen und Gebrauchsnamen
verwendet. Auch wenn diese nicht als solche gekennzeichnet sind, gelten die
entsprechenden Schutzbestimmungen.

5 4 3 2 1 0

Vorwort

Herzlich willkommen

Kompakt, spiegellos und mit einem Kleinbildsensor ausgestattet – Ihre A7/A7R ist eine einzigartige Kamera! Kein anderer Hersteller bietet derzeit eine derart leistungsstarke Digitalkamera wie Sony mit der A7/A7R. Mit ihr gelingen Ihnen atemberaubende Fotoaufnahmen, für die bislang eine voluminöse Spiegelreflexkamera nötig war. Gar nicht davon zu reden, dass Ihre A7/A7R auch bei der Videoaufzeichnung eine überaus gute Figur abgibt.

In meiner Fototasche hat die A7 schon nach wenigen Wochen die kiloschwere DSLR-Ausrüstung verdrängt. Ganz gleich, ob ich mit der Familie durchs bayrische Oberland streife, gezielt die ersten Frühlingsboten einfangen möchte oder einfach nur eine Kamera für alle Fälle dabei haben mag – meine A7 hat mich noch nie im Stich gelassen.

Doch um alles aus den beiden Zwillingsschwestern A7 und A7R herauszuholen, sollten Sie Ihre Kamera von der Pike auf kennen. Wie hilfreich sind die Automatikfunktionen? Was können Sie tun, damit Ihre A7/A7R stets so scharf stellt, wie Sie es sich wünschen? Oder warum sollten Sie bisweilen der Belichtungssteuerung unter die Arme greifen? Alle diese und viele weitere Fragen zur Technik Ihrer A7/A7R möchte ich mit diesem Buch beantworten.

Wenngleich ich detailliert auf die Technik und die vielen Möglichkeiten der A7/A7R eingehe: Im Vordergrund steht stets das Foto. Genauer gesagt die Frage: Wie stellen und setzen Sie Ihre A7/A7R ein, um das bestmögliche Aufnahmeergebnis zu erzielen? Und zwar ganz gleich, ob Sie Porträts aufnehmen, Architektur fotografieren oder ein Faible für Actionfotos haben – um nur einige Beispiele zu nennen.

Es spielt dabei übrigens keine Rolle, ob Sie mit Ihrer A7 oder A7R erstmals eine Systemkamera in den Händen halten, oder ob Sie bereits ein alter Hase im Umgang mit Systemkameras sind. Einsteiger und Aufsteiger werden hier in meinem Buch gleichermaßen ihre A7/A7R kennen- und effizient bedienenlernen. Welches der beiden Modelle Sie Ihr Eigen nennen, ist dabei gleich – wo es Unterschiede zwischen den beiden Zwillingsschwestern gibt, gehe ich darauf ein.

Möglich wurde dieses Buch, weil mich viele Freunde aus dem SonyUserforum mit Rat und Tat unterstützt haben. Danke euch allen, insbesondere Reinhard, Andreas und Christian. Ganz besonders danke ich ferner dem Team des dpunkt.verlags, das mich hervorragend betreut hat.

Viel Spaß beim Fotografieren mit Ihrer A7 oder A7R und allzeit gutes Licht wünscht Ihnen Ihr Martin Vieten.

Inhaltsverzeichnis

Kapitel 1: Lernen Sie die A7-Familie kennen

1.1 Der Beginn einer neuen Ära – Sony A7 und A7R 12
1.2 Was heißt »spiegellose Systemkamera«? 13
1.3 Wie sich A7 und A7R voneinander unterscheiden 14
1.4 Objektive für Ihre A7 18
1.5 Systemzubehör 22
1.6 Die Bedienelemente Ihrer A7 im Überblick 24
1.7 Grundlegendes zur Bedienung Ihrer A7 29
1.8 Das Menüsystem Ihrer A7 in aller Kürze 32

Kapitel 2: So starten Sie mit Ihrer A7 durch

2.1 Ihre A7 startklar machen 36
2.2 Optimale Grundeinstellungen für Ihren Einstand 43
2.3 Weitere Grundeinstellungen im Schnelldurchgang 45
2.4 Aufnahmeeinstellungen für optimale Bildqualität 47
2.5 Was sollen Sucher und Display zeigen? 48

Kapitel 3: Alles automatisch: Unbeschwert fotografieren mit der A7

3.1 Für jedes Motiv automatisch die passenden
    Aufnahmeeinstellungen 56
3.2 So geben Sie das geeignete Motivprogramm vor 58
3.3 Grundlegende Aufnahmetechniken 63
3.4 Bessere Porträtfotos mit der automatischen
    Gesichtserkennung 70
3.5 Weites Land – Panoramafotos in einem Rutsch
    aufnehmen 83
3.6 Digitalzoom – das Gratis-Fernglas Ihrer A7? 91

Kapitel 4: So belichten Sie Ihre Aufnahmen perfekt

4.1 Diese Faktoren sorgen für eine korrekte Belichtung 98
4.2 So wirkt sich die Belichtungszeit auf Ihre Aufnahme aus . 101
4.3 Blendenwert und Tiefenschärfe 106
4.4 ISO-Zahl und Bildrauschen 115
4.5 Belichtung richtig messen – so wird's gemacht 124
4.6 Belichtungspraxis 132
4.7 Motive mit hohem Kontrastumfang meistern 145

Kapitel 5: Auf den Punkt genau scharf stellen

5.1 Einführung: Die Fokusverfahren Ihrer A7 164
5.2 Für jedes Motiv den passenden Fokusmodus 169
5.3 Manuell fokussieren 176
5.4 Motive fokussieren, die sich bewegen 181
5.5 Autofokus beschleunigen und präzisieren 189
5.6 Autofokus und Serienaufnahmen 190
5.7 Autofokus und Selbstauslöser. 196

Kapitel 6: Bildaufbereitung nach Wunsch

6.1 Ihre A7 als Bildbearbeitungs-Computer 200
6.2 Weißabgleich 203
6.3 Bildbearbeitung in der A7 211
6.4 Rauschreduzierung 219
6.5 Automatische Korrektur von Abbildungsfehlern 221
6.6 Basiswissen RAW-Bearbeitung 224

Kapitel 7: Blitzbelichtung mit Ihrer A7

7.1 Das leistet das Blitzsystem von Sony 232
7.2 Blitzbelichtung 235
7.3 Fortgeschrittene Techniken 244
7.4 Situationen, in denen der Blitz nicht funktioniert 250

Kapitel 8: Film ab! Videodreh mit der A7

8.1 Der Filmmodus 254
8.2 Aufzeichnungsformate 255
8.3 Videopraxis 258

Kapitel 9: Aufnahmen betrachten, verwalten und präsentieren

9.1 Die Wiedergabefunktionen Ihrer A7 264
9.2 Ihre Aufnahmen auf einem TV-Gerät zeigen 270
9.3 Aufnahmen verwalten und bearbeiten 271

Kapitel 10: Ihre A7 maßgeschneidert für Sie

10.1 Einführung in die Individualisierungsoptionen 276
10.2 Benutzerspeicher für zwei Grundkonfigurationen 276
10.3 Schnellmenü nach Maß 278
10.4 Individuelle Knöpfe und Schalter 281

Kapitel 11: Erweitern Sie den Funktionsumfang Ihrer A7

11.1 Überblick: Camera Apps und PC-Software 288
11.2 Tethered Shooting: Fernsteuerung via PC 288
11.3 A7 mit WLAN oder Mobilgerät verbinden 291
11.4 Neue Funktionen für die A7 durch Camera Apps 294
11.5 Camera Apps in der Praxis 302

Kapitel 12: Pflege und Wartung Ihrer A7

12.1 Kameragehäuse, Linsen und Sensor reinigen 306
12.2 Firmware-Update 311
12.3 Service und weiterführende Informationen 312

Index 314

1

Lernen Sie die A7-Familie kennen

Mit der A7 und der A7R hat Sony zwei Kameras herausgebracht, die Ihnen vollendete Foto- und Filmaufnahmen ermöglichen. Dazu brauchen Sie Ihre Kamera nicht von der Pike auf zu kennen. Doch ein paar Grundlagen der faszinierenden Fototechnik sollten Ihnen vertraut sein – daher möchte ich Ihnen in diesem Kapitel die wichtigsten kurz vorstellen. Außerdem erfahren Sie, worin sich die beiden A7-Schwestern unterscheiden.

Der große Bildwandler Ihrer A7/A7R im Kleinbildformat ermöglicht Ihnen ein beeindruckendes Spiel mit Schärfe und Unschärfe.
ISO 100 | 200 mm | 1/1.600 s | f/4

1.1 Der Beginn einer neuen Ära – Sony A7 und A7R

Obgleich Sony als Hersteller anspruchsvoller Systemkameras erst seit einigen Jahren im Geschäft ist, kann der Elektronikriese mit seiner Kamerasparte auf eine lange Tradition zurückblicken – auf die Tradition von Minolta. Im April 2006 hat Sony von Konica-Minolta das DSLR-Geschäft übernommen, beide Firmen hatten zuvor bereits eng bei der Entwicklung hochwertiger Digitalkameras kooperiert.

Im Mai 2010 betrat dann Sony mit dem NEX-System die Bühne der spiegellosen Systemkameras. Und im Herbst 2013 folgte der große Auftritt der A7 und der A7R. Technisch gesehen setzen sie das Erbe der A7-Familie fort, doch Sony hat sich mit diesen Kameras vom Markennamen NEX verabschiedet. Ab sofort gibt es nur noch die eine große Alpha-Familie. Deren älterer Zweig führt die Minolta-Tradition mit dem A-Bajonett fort, während der jüngere Zweig auf dem F-Bajonett der A7-Familie basiert.

Bei den spiegellosen Systemkameras wird das Sucherbild elektronisch erzeugt, so auch bei den A7-Schwestern. Auf einen Schwingspiegel kann diese Kameraklasse daher verzichten, was ein deutlich kleineres Auflagemaß (Abstand zwischen Bildebene und Bajonettfläche am Kameragehäuse) ermöglicht als bei einer DSLR. Es beträgt beim F-Bajonett gerade einmal 18 Millimeter, beim Minolta-A-Bajonett sind es dagegen 44,5 Millimeter. Damit war es Sony möglich, die A7-Zwillinge sehr flach zu konstruieren – ihr Gehäuse ist an der dicksten Stelle gerade einmal 48 Millimeter tief.

Fast ebenso wichtig ist: Dank des sehr geringen Auflagemaßes können Sie via Adapter nahezu jedes Wechselobjektiv für Kleinbildkameras an Ihrer A7/A7R verwenden. Für Objektive von Sony und Minolta mit A-Bajonett hat Sony übrigens eigens spezielle Adapter im Programm. Mehr zu der Frage, wie Sie Fremdobjektive an Ihre A7/A7R adaptieren, lesen Sie im folgenden Abschnitt.

Was bei Einführung des F-Bajonetts im Jahre 2010 niemand für möglich gehalten hat, hat Sony nun mit der A7/A7R Wirklichkeit werden lassen: Beide spiegellosen Systemkameras sind die

Ausgestattet mit einer kompakten Festbrennweite wie dem Sonnar T* FE 35 mm F2.8 ZA wird die A7 zu einer sehr handlichen und leichten Kamera.

ersten (und bislang einzigen) ihrer Art mit einem Bildsensor im Kleinbildformat. Damit ist der Bildwandler beider Kameras rund doppelt so groß wie ein APS-C-Sensor und viermal größer als ein Sensor im Micro-Four-Thirds-Format. Das ist ein Riesenvorteil, denn immer noch gilt: Bei der Bildqualität ist Sensorgröße durch nichts zu ersetzen.

1.2 Was heißt »spiegellose Systemkamera«?

Falls Sie bislang mit einer klassischen DSLR fotografiert haben, werden Sie an Ihrer A7 vielleicht etwas Entscheidendes vermissen: den optischen Sucher. Als reinrassige spiegellose Systemkamera erzeugt die A7 das Sucherbild elektronisch und gibt es wahlweise auf dem rückwärtigen Monitor oder auf dem Display im Sucher aus. Oder anders ausgedrückt: Die A7 arbeitet stets im Live-View-Modus.

Der elektronische Sucher (EVF) erzeugt das Sucherbild aus rund 2,4 Millionen Bildpunkten – er löst also äußerst fein und präzise auf. Auf alle Fälle fein genug, um die Bildschärfe exakt beurteilen zu können.

Gegenüber einem traditionellen optischen Sucher hat der EVF für meinen Geschmack einen wichtigen Vorteil: Er zeigt bereits in der Vorschau, welche Auswirkungen Ihre Kameraeinstellung auf die Aufnahmen haben werden. Haben Sie zum Beispiel den Weißabgleich falsch eingestellt, erscheint das Sucherbild farbstichig. Und passen Ihre Belichtungsvorgaben nicht, ist das Sucherbild entsprechend aufgehellt oder abgedunkelt. Zudem zeigt Ihre A7 auf Wunsch im EVF eine Fülle von Informationen, etwa eine elektronische Wasserwaage oder ein Live-Histogramm.

Der elektronische Sucher Ihrer A7 deckt das Sichtfeld zu 100 Prozent ab, bei einer klassenüblichen Vergrößerung von 0,71. Sony hat ihn so konstruiert, dass die Austrittspupille ungefähr 27 Millimeter vor dem Auge liegt. Vor allem Brillenträger werden sich über diesen üppig bemessenen Augenabstand

> **Wie heißen die Kameras eigentlich richtig?**
> Alpha 7, A7 oder α7 – wie die Kameras richtig heißen, darüber scheint sich nicht einmal Sony so ganz im Klaren zu sein. Fest steht, dass der Familienname »Alpha« lautet. Ihn hat Minolta mit der ersten SLR-Kamera mit passivem Autofokus im Jahre 1985 eingeführt. Allerdings wurde diese Kamera nur in Japan als α-7000 AF vermarktet. Hierzulande hat sich die Kurzbezeichnung »A« eingebürgert, woran ich mich hier in diesem Buch halte. Daneben taucht oftmals auch die Bezeichnung ILCE-7 auf. Diese Bezeichnung ist indes nur ein interner SAP-Code von Sony und nicht der eigentliche Name der Kamera.

Äußerlich gleichen sich A7 und A7R wie ein Ei dem anderen.

Lernen Sie die A7-Familie kennen

Dank des klappbaren Displays gelingen Ihnen mit der A7 auch Aufnahmen aus ungewöhnlichen Perspektiven, ohne dass Sie sich verrenken müssen.

Vorteil Klappdisplay

Bei der Aufnahme unten habe ich die Kamera knapp über der Wasseroberfläche gehalten.

ISO 100 | 28 mm | 1/400 s | f/13

freuen – sie können nämlich das Sucherbild auch mit aufgesetzter Brille mühelos zur Gänze erfassen.

Wahlweise präsentiert Ihre A7 das Sucherbild auch auf dem rückwärtigen Display. Das ist insbesondere bei ungewöhnlichen Perspektiven praktisch, etwa bei bodennahen Motiven oder Über-Kopf-Aufnahmen. Wenn ich die Kamera auf ein Stativ montiert habe, verwende ich fast ausschließlich das Display. Da es klappbar ist, kann ich es nahezu immer in eine Stellung bringen, in der es sich mühelos ablesen lässt.

1.3 Wie sich A7 und A7R voneinander unterscheiden

Von außen betrachtet gleichen sich A7 und A7R wie eineiige Zwillinge. Und auch die Menüs präsentieren bei beiden Kameras nahezu identische Befehle und Optionen. Doch es gibt durchaus wichtige Unterschiede zwischen den beiden Zwillingsschwestern:

Sensorauflösung

Der Bildsensor der A7 löst rund 24 Megapixel auf, bei der A7R sind es ca. 36 Megapixel. Damit kann die A7R noch mehr feinste Details abbilden – sofern das verwendete Objektiv überhaupt die dazu nötige optische Auflösung liefert. Zudem ermöglicht Ihnen die hohe Auflösungsreserve der A7R stärkere Ausschnittsvergrößerungen, ohne dass es zu einem sichtbaren Qualitätsverlust kommt.

Bei beiden Kameras entspricht die lichtempfindliche Fläche des Bildsensors der eines Kleinbildfilms.

So viele Megapixel brauchen Sie in der Praxis

Auf den ersten Blick scheint es plausibel, dass Sie Aufnahmen mit der A7R größer reproduzieren können als Fotos, die Sie mit der A7 aufgenommen haben. Das gilt aber nur dann, wenn Sie beide Aufnahmen mit identischem Abstand betrachten.

Das menschliche Auge löst bei einem Betrachtungsabstand von ca. 30 Zentimetern am höchsten auf. Dann kann es zwei Punkte mit einer Größe und einem Abstand von 0,086 Millimeter gerade noch voneinander unterscheiden. Dabei erfasst es eine Fläche, die maximal DIN A4 entspricht.

Wollen Sie dagegen ein Plakat im DIN-A1-Format mit einem Blick zur Gänze erfassen, beträgt der ideale Betrachtungsabstand etwa 84 Zentimeter. Jetzt können Sie gerade noch zwei Punkte unterscheiden, die rund 0,24 Millimeter groß sind und ebenso weit entfernt voneinander stehen.

Daraus folgt: Je größer Sie ein Foto ausgeben, desto größer dürfen die einzelnen Pixel werden, ohne dass Sie sie wahrnehmen können. Oder anders ausgedrückt: Je größer ein Bild ist, desto geringer darf die Pixeldichte sein. Gemessen wird die Pixeldichte in der Einheit »Pixel per Inch«, kurz ppi. Beim idealen Betrachtungsabstand von 30 Zentimetern sollte die Pixeldichte 295 ppi betragen, bei 84 Zentimeter Betrachtungsabstand reichen bereits 104 ppi.

Schon die A7 übertrifft die jeweils geforderte Auflösung bei Weitem: Bei 295 ppi können Sie deren Bilddateien in einer Größe von rund 51,5 x 34,5 cm ausgeben. Und mit der A7R erzielen Sie bei 295 ppi das gigantische Ausgabemaß von ca. 63,4 x 42,3 cm. In der Praxis liefern beide Kameras also eine weitaus höhere Auflösung, als Sie für die Ausgabe auf Papier je benötigen werden.

Sensor-Design

Damit sich die extrem hohe Auflösung des 36-Megapixel-Sensors der A7R in eine entsprechende Bildqualität ummünzen lässt, hat Sony den Bildwandler hier besonders konstruiert. Zum einen wurde auf einen auflösungsmindernden Tiefpassfilter verzichtet. Zum anderen sind die außenliegenden Sensorzellen und deren Mikrolinsen derart angeordnet, dass die Lichtstrahlen möglichst recht-

Lernen Sie die A7-Familie kennen

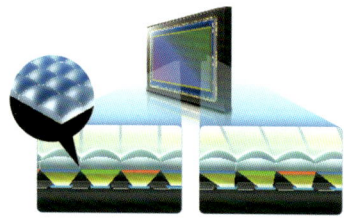

Beim Bildwandler der A7R sind die Sensorzellen am Rand derart versetzt angeordnet (rechts in der Illustration), dass auch weit aufgefächerte Lichtstrahlen möglichst parallel auf die lichtempfindliche Schicht treffen. Illustration: © Sony

winklig auf die lichtempfindliche Schicht treffen. Dadurch soll vor allem bei Objektiven mit kurzer Brennweite die Randschärfe verbessert werden.

Der Wegfall des Tiefpassfilters zieht aber ein kleines Problem nach sich: Bei Motiven mit sehr feinen Strukturen kann es zur Moiré-Bildung kommen. Moiré entsteht immer dann, wenn die Abtastfrequenz (Sensorauflösung) nahe der Ortsfrequenz (abgebildete Motivdetails) liegt. Üblicherweise begrenzt ein Tiefpassfilter vor dem Bildwandler die Abtastfrequenz, um den Moiré-Effekt zu minimieren, damit sinkt aber auch die tatsächliche Auflösung.

Den Bildsensor der A7 hat Sony zwar mit einem Tiefpassfilter versehen. Er ist aber derart zurückhaltend ausgelegt, dass sich seine Begrenzung der Auflösung in der Praxis kaum auswirkt.

Autofokus

Beide A7-Zwillinge stellen per Kontrastmessung scharf. Dabei wird die Brennweite (Entfernungseinstellung) in immer kleineren Schritten so lange geändert, bis das Sucherbild den maximalen Kontrast aufweist. Dieses System ist sehr genau, aber etwas langsam. Die prinzipiell etwas gemächliche Kontrastmessung beschleunigt Sony dadurch, dass beide A7-Schwestern permanent grob vorfokussieren können.

Nur die A7 (nicht die A7R) weist zudem spezielle Autofokussensoren auf dem Bildwandler auf. Sie ermöglichen es dem Autofo-

Problemfall Moiré-Bildung

Bei dieser Aufnahme mit der A7R überlagert sich die Struktur der Blechverkleidung mit dem Pixelraster des Sensors. Das führt zu sonderbaren Mustern in der Aufnahme, dem sogenannten Moiré. (Foto: Christian Dandyk)

kussystem, die Motiventfernung zusätzlich per Phasenvergleichsverfahren zu messen. Dadurch stellt die A7 etwas schneller scharf als die A7R, insbesondere bei Serienbildaufnahmen.

Serienbildgeschwindigkeit

Da die A7R eine deutlich größere Datenmenge verarbeiten muss als ihre kleine Schwester, ist ihre maximale Serienbildgeschwindigkeit leicht reduziert. Sie beträgt maximal 4 Bilder/s gegenüber 5 Bilder/s bei der A7. Und weil dem Autofokus der A7R zudem die Unterstützung durch spezielle Phasenvergleichssensoren fehlt, kann sie die Schärfe bei Reihenaufnahmen nur mit höchstens 1,7 Bilder/s nachführen. Die A7 führt hingegen auch im Modus *Zeitpriorität* den Fokus bei maximal 5 Bilder/s nach.

Verschluss

Beide Kameras weisen einen vertikal ablaufenden Schlitzverschluss auf, der Belichtungszeiten bis hinab zu 1/8.000 s erlaubt. Nur bei der A7 lässt sich alternativ der erste Verschlussvorhang elektronisch bilden. Dadurch sinkt die Auslöseverzögerung etwas und das Verschlussgeräusch wird minimiert. Der etwas anders konstruierte Verschluss der A7 ermöglicht zudem eine minimale Blitzsynchronisationszeit von 1/250 s, während sie bei der A7R 1/160 s beträgt.

Gehäusematerial

Gehäuse und Chassis beider Kameras bestehen aus einer sehr leichten, aber dennoch äußerst widerstandsfähigen Magnesium-Aluminium-Legierung. Bei der A7R setzt Sony dieses teure und schwer zu bearbeitende Material indes deutlich großzügiger ein als bei der A7. So sind nur bei der A7R die Kamerafront und die Einstellräder aus der kostspieligen Metalllegierung gefertigt, während sie bei der A7 aus hochwertigem Kunststoff bestehen. Daher ist die A7 mit einem Leergewicht von 416 Gramm auch neun Gramm schwerer als die A7R.

Conclusio

Welche der beiden Zwillingsschwestern ist die bessere? Das kann man im Sinne von Radio Eriwan nur mit »kommt darauf an« beantworten. Die A7R hat Sony kompromisslos auf Auflösung getrimmt. Wenn Ihnen Auflösung und Detailreichtum Ihrer Aufnahmen über

Derart großzügig, wie auf der Abbildung unten zu sehen, setzt Sony die Magnesium-Aluminium-Legierung nur bei der A7R ein.

alles gehen, führt wohl kein Weg an der A7R vorbei. In der Summe ihrer Eigenschaften bietet die einfachere A7 im fotografischen Alltag dagegen Vorteile: Ihr Autofokus ist etwas schneller, die Serienbildgeschwindigkeit höher und der Verschluss ermöglicht eine kürzere Blitzsynchronisationszeit. Zudem spielt die A7R ihr Plus nur aus, wenn sie mit Premium-Objektiven bestückt wird.

In der Praxis sind die Unterschiede zwischen A7 und A7R derart gering, dass ich ab sofort nur noch von der A7 sprechen werde. Falls es doch einmal Differenzen bei den Möglichkeiten oder der Bedienung gibt, werde ich selbstverständlich darauf hinweisen.

1.4 Objektive für Ihre A7

Etwa zeitgleich zum Marktstart der A7/A7R hat Sony fünf FE-Objektive im Angebot. Das System wird indes zügig ausgebaut, noch für 2014 werden weitere fünf FE-Objektive erwartet.

Mit der A7 hat Sony eine neue Kameraklasse begründet – die Klasse der spiegellosen Systemkameras mit Kleinbildsensor. (Genau genommen würde hierunter natürlich auch das Leica-M-System fallen. Aber die Leica M ist eine Messsucherkamera ohne

Autofokus, weshalb sie nicht zu den spiegellosen Systemkameras gezählt wird.) Wie stets, wenn eine neue Kameraklasse eingeführt wird, stellt sich auch bei der A7 die Frage: Wie hält sie es mit den Objektiven?

FE-Objektive

Zeitgleich mit der A7 führt Sony Vollformatobjektive für das E-Bajonett ein. Sie tragen das Kürzel FE in der Bezeichnung (für Full-Frame E-Mount). Seit Anfang 2014 sind diese FE-Objektive erhältlich:

- FE 28–70 mm F3.5–5.6 OSS (nur im Set mit der A7)
- Vario-Tessar T* FE 24–70 mm F4 ZA OSS
- Sonnar T* FE 35 mm F2.8 ZA
- Sonnar T* FE 55 mm F1.8 ZA
- FE 70–200 mm F4 G OSS

Das Kürzel OSS steht für Objektive mit einem optischen Bildstabilisator. Mit ZA werden Objektive gekennzeichnet, die die Firma Carl Zeiss entwickelt, jedoch von Sony gefertigt werden.

Im Laufe des Jahres 2014 will Sony fünf weitere FE-Objektive auf den Markt bringen. Darunter ein Makro-Objektiv sowie ein Super-Weitwinkel mit f/4.

Sony und Carl Zeiss

Sony kooperiert schon seit vielen Jahren mit der Carl Zeiss AG, dem renommierten Objektivkonstrukteur und -hersteller aus Oberkochen. Unter anderem entwickelt Carl Zeiss exklusiv für das E-Bajonett Objektive, die dann von Sony gefertigt werden. Dabei unterliegt die Qualitätskontrolle der Carl Zeiss AG, ein Mitarbeiter ist nach Angaben des Unternehmens dazu ständig vor Ort.

Die Carl Zeiss AG hat zudem bei Markteinführung der A7 bekannt gegeben, eigene FE-Objektive anzubieten. Sie werden vollständig kompatibel zum E-Mount sein, verzichten allerdings auf einen Autofokus. Die ersten Zeiss-FE-Objektive sollen noch im Laufe des Jahres 2014 auf den Markt kommen.

Bokeh-Meister

Das Zeiss Sonnar T FE 55 mm F2.8 ZA ist eines meiner Lieblingsobjektive für die A7. Es bildet bereits bei Offenblende rasiermesserscharf ab und zeichnet ein wundervoll weiches Bokeh.*

ISO 3.200 | 55 mm | 1/160 s | f/1.8

Links: 35 Millimeter Brennweite eines FE-Objektivs an der A7.

MItte: 35 Millimeter Brennweite eines F-Objektivs an der A7. Das Bildfeld wird nicht gänzlich ausgeleuchtet, das Foto ist heftig vignettiert.

Rechs: F-Objektiv mit 35 Millimeter Brennweite im Crop-Modus der A7: Die Aufnahme wird auf das APS-C-Bildfeld zugeschnitten.

E-Objektive

Die bisherigen E-Objektive für das A7-System können Sie weiterhin an Ihrer A7 verwenden. Ihr Bildkreis ist allerdings für einen Sensor im APS-C-Format ausgelegt, E-Objektive leuchten also den Kleinbildsensor Ihrer A7 nicht zur Gänze aus. Daher schaltet Ihre A7 automatisch in den »Crop«-Modus um, sobald Sie ein E-Objektiv ansetzen. Im Crop-Modus nimmt Ihre Kamera nur noch einen Bildausschnitt auf, der dem einer APS-C-Kamera entspricht. Dabei sinkt die tatsächliche Auflösung (4.800 x 3.200 Pixel bei der A7R, 3.936 x 2.624 Pixel bei der A7), die Brennweite verlängert sich scheinbar um den Faktor 1,5.

Im Prinzip ist es eine schöne Sache, dass Sie auch E-Objektive für den APS-C-Bildkreis an Ihrer A7 verwenden können. Ich halte das aber nur für eine Notlösung. Sie halbieren damit nahezu die Auflösung, zudem verkleinert sich der nutzbare Bildwinkel.

Wie sich Ihre A7 verhält, wenn Sie ein APS-C-Objektiv verwenden, legen Sie unter »MENU > Benutzereinstellung > 5 > APS-C Größ. erfass.« fest. Standardmäßig ist »Aus« vorgegeben, die Aufnahme wird stark vignettieren. Mit »Auto« schaltet Ihre A7 in den Crop-Modus, sobald sie ein APS-C-Objektiv erkennt. Um den Crop-Modus zu erzwingen, wählen Sie »Ein«.

A-Objektive via Adapter

Dass es bislang recht wenige FE-Objektive für die A7 gibt, mag vielleicht ein Manko sein. Die gute Nachricht lautet jedoch: Sie können via Adapter praktisch alle A-Mount-Objektive an Ihrer A7 verwenden, die Sony beziehungsweise Minolta je gefertigt haben. Sony hat gleich zwei passende Adapter im Angebot:

- **LA-EA3**: Dieser Adapter koppelt A-Objektive mechanisch und elektronisch an Ihre A7. Der Autofokus funktioniert nur, wenn das adaptierte Objektiv mit einem eigenen Fokusantrieb versehen ist – also nur bei SSM- und SAM-Objektiven. In der Praxis stellen via LA-EA3 adaptierte Objektive allerdings derart langsam scharf, dass der Autofokus nahezu unbrauchbar ist.
- **LA-EA4**: In diesen Adapter hat Sony ein eigenständiges AF-Modul integriert, das nach dem Phasenvergleichsverfahren arbeitet. Dazu lenkt ein in den Adapter integrierter teildurch-

lässiger Spiegel etwa 30 Prozent des einfallenden Lichts auf die AF-Sensoren um. Sie verlieren damit ungefähr eine halbe Blendenstufe an Lichtstärke, außerdem ist dieser Adapter etwas unhandlich. Dennoch ist der LA-EA4 für mich klar die erste Wahl, falls Sie A-Mount-Objektive an Ihrer A7 verwenden möchten. Sie erhalten damit einen schnellen und zuverlässigen Autofokus – mehr dazu lesen Sie im Fokus-Kapitel.

Nicht sonderlich gut eignen sich A-Objektive, die für den APS-C-Bildkreis ausgelegt sind – sie tragen das Kürzel DT in der Bezeichnung. Damit handeln Sie sich dieselben Probleme ein wie mit E-Objektiven. Das gilt auch für die Adapter LA-EA1 und LA-EA2 – sie sind ebenfalls nur für den APS-C-Bildkreis konstruiert.

Mithilfe des Adapters LA-EA4 schließen Sie praktisch jedes erhältliche A-Mount-Objektiv an Ihre A7 an – auch so Schwergewichte wie das neue SAL 70–400 SSM G2

Links: Der Adapter LA-EA3 ist besonders handlich, stellt jedoch nur sehr eingeschränkte Autofokus-Funktionen bereit.

Rechts: Mit einem eigenen AF-System kann nur der Adapter LA-EA4 aufwarten. Dadurch wird er allerdings etwas unförmig.

Weitere Objektive

An Ihre A7 können Sie praktisch jedes Kleinbildobjektiv adaptieren, das je produziert wurde. Dessen Fähigkeit, auf Unendlich zu fokussieren, bleibt dabei erhalten – das sehr geringe Auflagemaß der A7 macht's möglich. Entsprechende Adapter werden von einschlägigen Zubehörherstellern angeboten, etwa von der Firma Novoflex. Besonders eignen sich für meinen Geschmack solche Objektive, die sich nur manuell fokussieren lassen und eigens dafür konstruiert sind. Das gilt insbesondere für die hervorragenden

> **Auslösen ohne Objektiv**
> Haben Sie ein Fremdobjektiv rein mechanisch adaptiert, erkennt es Ihre A7 nicht. Damit sie dennoch eine Aufnahme auslöst, gehen Sie wie folgt vor: *MENU > Benutzereinstellungen > 3 > Ausl. ohne Objektiv > Aktivieren*.

Optiken des Leica-M-Systems – von Leica selbst, aber auch von Zeiss (ZM) oder Voigtländer.

Dass sich derart adaptierte Objektive nur manuell scharf stellen lassen, ist kein Beinbruch. Ihre A7 unterstützt Sie dabei mit cleveren Funktionen – mehr dazu lesen Sie im Kapitel 5. Zudem sollten die Objektive mit einer mechanischen Blendensteuerung versehen sein, Sie fotografieren dann bei Arbeitsblende am besten im Modus A (Zeitautomatik) oder M (manuelle Belichtungssteuerung). Das elektronische Sucherbild Ihrer A7 wird von einem abgeblendeten Objektiv übrigens nicht beeindruckt – es bleibt stets gleich hell.

1.5 Systemzubehör

Ihre A7 stellt kein geschlossenes System dar, sondern lässt sich vielfältig erweitern – so passt sich die Kamera perfekt an Ihre Bedürfnisse und Ihre Aufgabenstellung an. Einiges Zubehör halte ich für unverzichtbar, anderes werden Sie nur für sehr spezielle Aufgaben benötigen – etwa für Videoaufnahmen.

Batteriegriff

Der Akku Ihrer A7 liefert Energie für rund 340 Aufnahmen – das ist nicht viel. Sony bietet passend für die A7 den Batteriegriff VG-C1EM an, der gleich zwei Akkus aufnimmt und damit die Reichweite etwa verdoppelt. Dieser Batteriegriff hat jedoch noch einen weiteren Vorteil: Mit ihm liegt die A7 deutlich sicherer in der Hand. Insbesondere wenn ich schwere Objektive adaptiere, zum Beispiel das Sony SAL 70–200/F2.8 G SSM, setze ich auch den VG-C1EM an. Er bietet noch einen weiteren Vorteil: Sony hat den Batteriegriff mit zusätzlichen Bedienelementen versehen, die das Handling der Kamera bei Hochformataufnahmen deutlich verbessern.

Der Batteriegriff VG-C1EM nimmt gleich zwei Akkus auf und verdoppelt damit die Reichweite. Ein weiterer Vorteil ist: Mit dem Griff verbessert sich das Handling Ihrer A7 deutlich – insbesondere bei Hochformataufnahmen und falls ein schweres Objektiv angesetzt ist.

Blitzgeräte

In der durchaus beachtenswerten Ausstattungsliste der A7 klafft eine Lücke: Sony hat es einfach nicht geschafft, ein Blitzgerät im schlanken Gehäuse der Kamera unterzubringen. Ich halte ein

Blitzgerät für unverzichtbar, etwa um ein Motiv im Schatten aufzuhellen oder gezielt Lichtakzente zu setzen. Daher habe ich immer den kleinen Aufsteckblitz HVL-20M in der Fototasche, dessen Leistung mit Leitzahl 20 für alltägliche Situationen völlig ausreicht. Natürlich gibt es auch weitaus leistungsfähigere Blitzgeräte, Sie werden sie und alles zum Thema Blitzlicht ausführlich im Kapitel 11 kennenlernen.

Fernbedienung

Ihre A7 lässt sich fernsteuern, entweder mit der Kabelfernbedienung RM-VPR1 oder drahtlos mit der RMT-DSLR2. Alternativ steuern Sie Ihre A7 auch via Smartphone fern, dazu gibt es eigens die App PlayMemories Mobile. Diese Möglichkeit werden Sie im Kapitel 11 noch ausführlich kennenlernen. Sobald ich meine A7 auf ein Stativ montiert habe, löse ich sie fast immer per Fernbedienung aus. Das reduziert die Gefahr verwackelter Aufnahmen nochmals erheblich. Unverzichtbar ist die Infrarotfernbedienung RMT-DSLR2, wenn Sie Ihre Aufnahmen auf einem TV-Gerät präsentieren möchten – damit steuern Sie nämlich auch die Bildwiedergabe bequem vom Sofa aus.

Der kleine Aufsteckblitz HVL-20M ist ein idealer Partner für Ihre A7. Er sollte in keiner Fototasche fehlen.

Die A7 lässt sich zudem via USB-Kabel vom PC aus fernsteuern, dazu legt Sony ihr die Software Remote Camera Control bei. Das ist insbesondere bei Stillive- und Produktaufnahmen im Studio eine praktische Lösung, denn die Aufnahmen landen dann sogleich auf der Festplatte des Rechners.

Video-Zubehör

Ihre A7 ist nicht nur eine fantastische Fotokamera, sondern eignet sich auch hervorragend für Videoaufnahmen. Die Kamera lässt sich über ihren »Multi-Interface«-Zubehörschuh mit einer Reihe von Geräten speziell für den Videodreh erweitern. In der Abbildung unten sehen Sie die A7R mit der Videoleuchte HVL-LE1 sowie dem Richtmikrofon ECM-CG50. Für professionelle Tonaufnahmen bietet Sony den XLR-Adapter XLR-K1M an, der auch eine Phantomspeisung bereithält. Selbst an einen Kopfhöreranschluss hat Sony gedacht, sodass Sie den Ton bei Videoaufnahmen live kontrollieren können.

1.6 Die Bedienelemente Ihrer A7 im Überblick

Ihre A7 hält für alle wichtigen Funktionen und Einstellmöglichkeiten dedizierte Bedienelemente bereit. Gleich drei Schalter sind dafür vorgesehen, dass Sie ihnen eine Funktion Ihrer Wahl zuweisen, bei drei weiteren können Sie die Standardvorgaben ändern (mehr dazu lesen Sie im Kapitel 10). Die folgenden Abbildungen zeigen, welche Funktionen den Bedienelementen in den Werkseinstellungen zugewiesen sind:

1 AF-Hilfslicht: Erhellt das Motiv, wenn die Umgebungshelligkeit nicht ausreicht.
2 IR-Sensor: Nimmt die Steuersignale der optionalen Infrarotfernbedienung RMT-DSLR2 auf.
3 Objektiv-Entriegelung: Um ein Objektiv abzunehmen, drücken Sie den Entriegelungsknopf kräftig ein und halten Sie ihn gedrückt. Dann drehen Sie das Objektiv gegen den Uhrzeigersinn, bis es sich aus dem Bajonettverschluss löst.
4 Bajonett-Markierung: Um ein Objektiv anzusetzen, bringen Sie zunächst die Markierungen am Objektiv und am Bajonett zur Deckung. Dann drehen Sie das Objektiv im Uhrzeigersinn, bis der Bajonettverschluss einrastet.
5 Bildsensor: Der Bildsensor liegt bei abgenommenem Objektiv offen. Berühren Sie den Sensor nicht!

Keine Abblendtaste?

Sie vermissen eine Abblendtaste, mit der Sie schnell von Offenblende auf Arbeitsblende umschalten können? Ihre A7 braucht sie nicht, denn sie verwendet stets die von Ihnen (oder der Automatik) gewählte Arbeitsblende. Das elektronisch erzeugte Sucherbild wird dadurch nicht abgedunkelt.

6 Objektivkontakte: Über diese Kontakte überträgt Ihre A7 Steuersignale an das Objektiv und erhält Daten über die aktuellen Objektiveinstellungen. Auch diese Kontakte sollten Sie möglichst nicht berühren.
7 Moduswählrad: Damit stellen Sie einen grundlegenden Aufnahmemodus ein oder rufen Ihre benutzerdefinierten Aufnahmeeinstellungen ab.

8 Vorderes Wählrad: Dessen Funktion hängt vom aktuell gewählten Aufnahmemodus ab.
9 Hauptschalter
10 C1-Taste: Standardmäßig schalten Sie damit den Autofokus auf *Flexibel Spot* um. Anschließend können Sie mit der Vierwegewippe das Fokusfeld auf die gewünschte Motivpartie legen.
11 Belichtungskorrektur: Dient zur Übersteuerung der Belichtungsautomatik.
12 Auslöser: Drücken Sie den Auslöser nur halb herunter, startet der Autofokus und die Kamera ermittelt die Belichtungseinstellungen. Drücken Sie den Knopf ganz herunter, um eine Fotoaufnahme auszulösen. Tippen Sie den Auslöser kurz an, um Ihre Kamera sofort aufnahmebereit zu machen.
13 »Multi Interface«-Zubehörschuh: Nimmt neben einem Systemblitzgerät weiteres Systemzubehör auf.

Lernen Sie die A7-Familie kennen

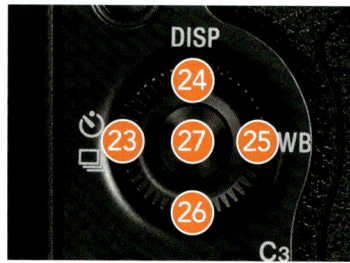

Der Einstellring fungiert auch als Vierwegewippe. In seinem Zentrum befindet sich die SET-Taste.

14 *MENU*-Taste: Sie führt Sie zum Hauptmenü Ihrer Kamera.

15 *C2*-Taste: Sie belegen diese Taste ebenfalls mit einer Funktion Ihrer Wahl. Standardmäßig stellen Sie damit den Fokusmodus ein.

16 Hinteres Einstellrad (ich nenne es meist »Daumenrad«): Auch dessen Funktion ist kontextabhängig – oder weisen Sie ihm fest eine Funktion Ihrer Wahl zu.

17 Ändert die Funktion der Taste 18 zwischen *AF/MF*-Umschalter und Belichtungsspeicher.

18 AF-Umschalter beziehungsweise Belichtungsspeicher

19 *Fn*-Taste: Hiermit rufen Sie das Schnellmenü Ihrer A7 auf.

20 Einstellring: Damit ändern Sie aktuell gewählte Werte oder blättern durch die Menüs. Der Ring weist zudem vier Druckpunkte auf, fungiert also auch als Vierfach-Schalter.

21 *C3*-Taste: Ihre Funktion ist im Aufnahmemodus nicht festgelegt. Sie können ihr eine Funktion Ihrer Wahl zuweisen. Im Wiedergabemodus löschen Sie mit dieser Taste aktuell ausgewählte Bilder.

22 Wiedergabe: Schaltet vom Aufnahmemodus zur Anzeige der aufgezeichneten Fotos und Videos um.

23 ◀-Taste: Wählt standardmäßig zwischen Einzelbildaufnahmen, Serienbildern oder Selbstauslöser.

24 ▲- oder *DISP*-Taste: Schaltet zwischen den von Ihnen festgelegten Sucher- und Bildschirmlayouts um.

25 ▶-Taste: Bringt standardmäßig die Konfiguration des Weißabgleichs auf den Schirm. Sie können auch ihr eine Funktion nach Wahl zuweisen.
26 ▼-Taste: Ihr ist von Haus aus keine Funktion zugewiesen, lässt sich aber individuell konfigurieren.
27 *SET*- oder Eingabe-Taste: Mit ihr bestätigen Sie Ihre Änderungen im Menü oder Schnellmenü.

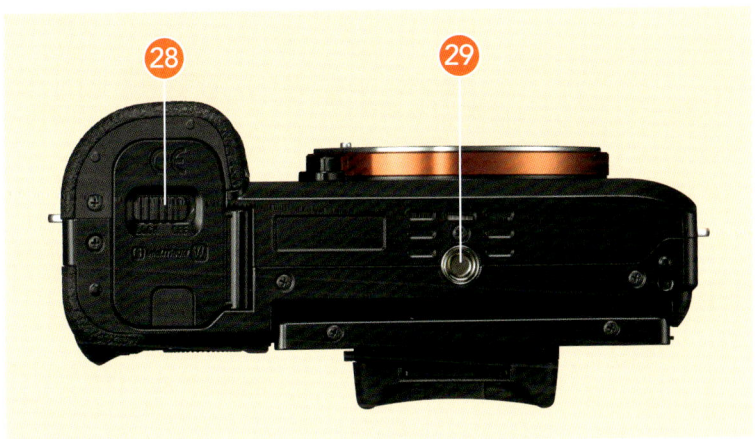

28 Akkufach: Um das Fach zu öffnen, schieben Sie den Riegel nach rechts. Sie verriegeln die Klappe, indem Sie den Riegel nach links schieben. Achtung: Schalten Sie Ihre Kamera immer aus, bevor Sie den Akku entnehmen!
29 Stativgewinde: Hier setzen Sie eine Schnellwechselplatte ein, falls Sie Ihre A7 auf ein Stativ montieren möchten. Mein Tipp: Klappen Sie zuvor das Display etwas ab – viele Schnellwechselplatten blockieren das Display nämlich.

Wichtige Bildschirmsymbole

Auf dem Display beziehungsweise im Sucher kann Ihre A7 eine Vielzahl von Symbolen zeigen. Sie informieren Sie über die aktuellen Kameraeinstellungen, den Status von Akku und Speicherkarten und vieles mehr. Wie umfassend Ihre A7 Sie informiert, können Sie einstellen (siehe Kapitel 2), Sie werden allerdings niemals alle Symbole auf einmal sehen. Die Darstellung unterscheidet sich etwas zwischen Display und Sucher, die Unterschiede sind jedoch nicht groß. In der Abbildung sehen Sie eine typische Display-Darstellung mit Erläuterung der wichtigsten Symbole:

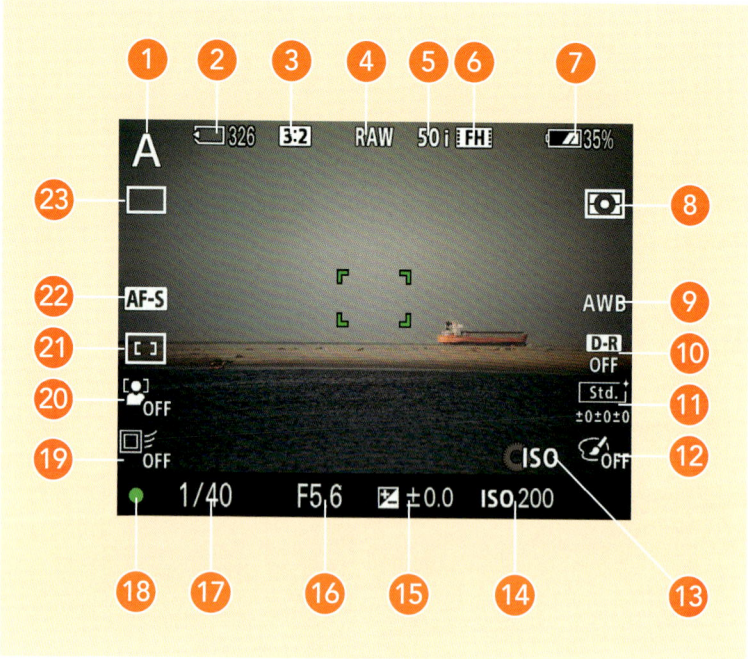

1 **Aufnahmemodus**: Hier zeigt Ihre Kamera, welchen Aufnahmemodus Sie gewählt haben beziehungsweise für welchen Modus sich die Vollautomatik entschieden hat.
2 **Restkapazität** der Speicherkarte
3 **Seitenverhältnis** der Aufnahme
4 **Dateigröße** und **-format**
5 **Bildrate** bei Filmaufnahmen
6 **Datenrate** bei Filmaufnahmen
7 Verbleibende **Akkukapazität**
8 **Messmodus** des Belichtungsmessers
9 Vorgabe für **Weißabgleich**
10 Status der **DRO-/HDR-Funktion**
11 **Bildstil** (Kreativmodus)
12 **Bildeffekt**
13 Aktuelle Funktion des **Einstellrings**
14 Vorgabe für **ISO-Empfindlichkeit**: Falls ISO auf *Auto* steht, erscheint hier der von der Automatik gewählte Wert, sobald Sie den Auslöser halb herunterdrücken.
15 **Belichtungskorrektur**
16 **Blendenzahl**: Entweder Ihre Vorgabe oder der von der Automatik ermittelte Wert.

17 **Belichtungszeit**: Entweder Ihre Vorgabe oder der von der Automatik ermittelte Wert.
18 **Fokusbestätigung**: Leuchtet grün, wenn AF scharf stellen konnte. Blinkt, falls AF nicht fokussieren kann.
19 **Objektverfolgung**
20 **Gesichtserkennung**
21 **AF-Feld-Wahl**
22 **AF-Modus**
23 Status von **Reihenaufnahme/Selbstauslöser**

1.7 Grundlegendes zur Bedienung Ihrer A7

Die vielen Knöpfe und Schalter und vor allem die schier endlosen Einstellmöglichkeiten in den Menüs Ihrer A7 mögen auf den ersten Blick sehr verwirrend wirken. Doch keine Angst – Sony hat die Bedienung der Kameras klar strukturiert. Schon nach einer kurzen Einarbeitungszeit werden Sie gut damit zurechtkommen. Hier schon einmal das Wichtigste in Kürze.

Einstellungen via Funktionstaste ändern

Besonders wichtige Funktionen oder Einstellungen, die Sie häufig ändern, hat Sony bestimmten Tasten zugeordnet. Oftmals lassen sich diese Zuweisungen jedoch ändern (siehe Kapitel 10).

Jetzt geht es zunächst einmal darum, wie Sie Einstellungen ändern, die sich direkt über eine Funktionstaste aufrufen lassen, zum Beispiel die Vorgabe für den Weißabgleich:

1 Drücken Sie die ▶-Taste auf dem Einstellring. Ihre A7 öffnet direkt das Untermenü *Weißabgleich*.

Besonders wichtige Einstellungen wie den Weißabgleich erreichen Sie über eigens dafür vorgesehene Bedienelemente.

> **Schreibweisen**
>
> Für Befehlsfolgen verwende ich in diesem Buch eine einheitliche Schreibweise. Dabei werden benannte Tasten in Großbuchstaben geschrieben, die komplette Befehlsfolge erscheint kursiv. Anstatt also umständlich zu schreiben »drücken Sie die *MENU*-Taste, dann navigieren Sie zum Kameramenü 4, dort rufen Sie …«, lesen Sie kurz: Rufen Sie *MENU > Kamera > 4 > Weißabgleich > Schatten* auf.

2 Ihre aktuelle Einstellung ist markiert (hier: *AWB*). Drehen Sie an einem der beiden Einstellräder, um die Markierung auf die Vorgabe zu bewegen, die Sie wählen möchten. Alternativ können Sie auch am Einstellring drehen oder die Markierung mit den Tasten ▼ und ▲ bewegen.

3 Ist der gewünschte Wert markiert, zum Beispiel *Schatten*, drücken Sie die *SET*-Taste, um die Vorgabe entsprechend Ihrer Auswahl zu ändern.

So funktioniert das Schnellmenü

Ihre A7 bringt mit der *Fn*-Taste ein Schnellmenü mit zehn Einträgen auf den Schirm. Auf welche Befehle Sie via *Fn*-Taste zugreifen, können Sie ebenfalls festlegen – ausführlich lernen Sie diese Möglichkeit im Kapitel 10 kennen. So verwenden Sie das Schnellmenü:

1 Drücken Sie die *Fn*-Taste. Ihre A7 überlagert das Sucherbild am unteren Rand mit dem Schnellmenü.

Über das Schnellmenü greifen Sie direkt auf bis zu zehn Parameter zu. Welche Optionen Ihnen das Schnellmenü bietet, können Sie selbst festlegen (mehr dazu im Kapitel 10).

2 Steuern Sie mit der Vierwegewippe die Vorgabe an, die Sie ändern möchten – hier *AWB*. Ihre A7 blendet in orangener Schrift die Bezeichnung des Befehls ein, zu dem dieser Parameter gehört – also hier *Weißabgleich*.

> **Parameter erneut ändern**
>
> Wenn Sie das Schnellmenü erneut mit der *Fn*-Taste aufrufen, wird automatisch Ihr zuletzt geänderter Parameter markiert.

3 Drücken Sie die *SET*-Taste, um die ausgewählte Vorgabe zu ändern. Das Sucherbild wird mit den Einstellmöglichkeiten überlagert. Wählen Sie mit dem Einstellring die gewünschte Vorgabe aus. Dann drücken Sie die *SET*-Taste, um die geänderte Einstellung zu übernehmen.

Sie haben sich vertan und möchten die aktuelle Einstellebene ohne Änderungen verlassen? Dann drücken Sie die *Fn*-Taste, so gelangen Sie wieder zurück zur Hauptebene des Schnellmenüs.

Zielsicher durchs Hauptmenü navigieren

Einstellungen im Hauptmenü ändern Sie im Prinzip auf dieselbe Weise: erst den Befehl markieren, dann mit *SET* aufrufen und schließlich mit einem der Drehräder die Parameter ändern. Allerdings gibt es ein paar Tricks, die Ihnen die Navigation im Hauptmenü spürbar erleichtern.

Durch die oberste Menüebene bewegen Sie sich besonders bequem mit dem Daumenrad. Drücken Sie die ▲-Taste, um dorthin zu gelangen.

Das Hauptmenü Ihrer A7 rufen Sie mit der Taste *MENU* auf, es gliedert sich in sechs Untermenüs. Den Inhalt der Untermenüs teilt Sony wiederum auf verschiedene Register auf. So gibt es keine ellenlangen Menülisten mit Scrollbalken; ein Register zeigt höchstens so viele Befehle an, wie auf einer Bildschirmseite Platz haben. So bewegen Sie sich im Hauptmenü:

- Sie blättern durch die Einträge mit den Tasten auf der Vierwegewippe oder mit dem Einstellring. Sobald Sie über das Ende hinausblättern, springen Sie wieder an deren Anfang.

- Durch die Register blättern Sie mit den ▶- und ◀-Tasten oder mit dem Daumenrad.

- Um in ein anderes Untermenü zu gelangen, drücken Sie so oft die ▲-Taste, bis eines der Symbole ausgewählt ist. Dann blättern Sie mit dem Daumenrad durch die Symbolleiste. Mit dem Einstellring wählen Sie einen Befehl aus der aktuellen Liste.

- Standardmäßig führt Sie die *MENU*-Taste direkt zu dem Befehl, den Sie zuletzt aufgerufen haben. Alternativ können Sie Ihre A7 mit der Befehlsfolge *MENU > Setup 2 > Kachelmenü > Ein* so einrichten, dass die *MENU*-Taste zunächst ein Menü-Gateway zeigt, in dem Sie das gewünschte Untermenü auswählen. Ich habe das *Kachelmenü* standardmäßig auf *Aus* stehen. Wenn Sie aber bislang eine Sony NEX verwendet haben (oder weiterhin parallel zu Ihrer A7 einsetzen), sind Sie diese Art des Menü-Gateways sicherlich gewohnt und empfinden es als Erleichterung.

Das Kachelmenü bietet etwas mehr Übersicht, erfordert aber einen zusätzlichen Bedienschritt.

Blitzschnelle Bedienung mit der »Quick Navi«-Anzeige

Standardmäßig ist Ihre A7 so eingerichtet, dass sie das Sucherbild wahlweise auf dem rückwärtigen Display oder im EVF anzeigt. Ein kleiner Näherungssensor im Sucherokkular registriert, ob Sie Ihre Kamera vor Ihr Auge heben und schaltet dann blitzschnell vom Display auf den Sucher und umgekehrt.

Sie können Ihre A7 auch so einrichten, dass das Sucherbild ausschließlich im EVF erscheint. Dann sehen Sie auf dem Monitor die sogenannte »Quick Navi«-Anzeige. Sie listet nicht nur eine Vielzahl an Parametern übersichtlich auf, sondern Sie können die Einstellungen hier auch direkt ändern. So wird's gemacht:

Drücken Sie die Fn-Taste, um in die »Quick Navi«-Anzeige zu springen. Mit der Vierwegewippe steuern Sie die Einstellung an, die Sie ändern möchten.

1 Drücken Sie so oft auf die *DISP*-Taste, bis die »Quick Navi«-Anzeige erscheint.

2 Mit der *Fn*-Taste aktivieren Sie die Eingabe auf dem »Quick Navi Display«. Es wird der zuletzt aktivierte Parameter markiert.

3 Steuern Sie mit den Tasten auf der Vierwegewippe die Vorgabe an, die Sie ändern möchten – zum Beispiel *AWB*.

4 Sie ändern die Parameter der gewählten Vorgabe mit dem Einstellring. Um die neue Einstellung zu übernehmen, drücken Sie die *SET*-Taste.

Drehen Sie am Einstellring, um den ausgewählten Parameter zu ändern.

1.8 Das Menüsystem Ihrer A7 in aller Kürze

Das Hauptmenü Ihrer A7 ist in sieben Befehlslisten aufgeteilt. Einige dieser Listen werden Sie häufiger aufsuchen, andere dagegen nur sehr selten. Dennoch ist es gut zu wissen, in welche Menüs Sony die vielen Befehle Ihrer A7 einsortiert hat:

- **Kamera-Menü:** Hier legen Sie fest, wie Ihre A7 Fotos und Videos aufnehmen soll und wie die Aufnahmen gespeichert werden. Dazu gehört zum Beispiel die Arbeitsweise des Autofokus oder eines Blitzgeräts.
- **Benutzereinstellungen:** In diesem Untermenü stellen Sie ein, wie sich Ihre A7 generell verhält. Hier richten Sie zum Bei-

spiel Assistenten zum manuellen Fokussieren ein oder Hilfslinien auf dem Sucherbild. Ferner ordnen Sie hier den frei belegbaren Steuerelementen ihre Funktion zu.

- **Drahtlos-Verbindung:** Hier finden Sie alle Befehle, um Ihre Kamera drahtlos mit einem WiFi-Netzwerk zu verbinden und dann Bilder an ein anderes Gerät im Netzwerk zu senden.
- **Kamera-Apps:** Dieses Untermenü listet alle Apps auf, die Sie auf Ihrer A7 installiert haben. Von Haus aus ist hier nur die App *Smart Remote* eingebettet. Sobald Sie weitere Apps installieren, werden sie ebenfalls hier eingetragen.
- **Wiedergabe-Menü:** Hier legen Sie fest, ob Sie Fotos oder Filme betrachten möchten, löschen ausgewählte Aufnahmen und konfigurieren den Wiedergabe-Bildschirm.
- **Setup-Menü:** Im Setup-Menü legen Sie wichtige Grundeinstellungen fest, die Sie nur noch sehr selten oder niemals ändern. Unter anderem zählen dazu etwa die Konfiguration der kamera-internen Bildbearbeitung und die Display-Helligkeit.

Dank ihres ausgeklügelten Bediensystems stellen Sie Ihre A7 blitzschnell auf die jeweilige Aufnahmesituation ein – auch wenn sich diese rasch ändern.

ISO 160 | 35 mm | 1/60 s | f/8

2

So starten Sie mit Ihrer A7 durch

Ihre A7 liegt vor Ihnen, jetzt brennen Sie natürlich darauf, die ersten Fotos aufzunehmen. Warten Sie noch einen Augenblick – in diesem Kapitel erfahren Sie, wie Ihnen Ihr Start mit der A7 perfekt gelingt. Aber auch wenn Sie bereits erste Erfahrungen mit Ihrer A7 gesammelt haben, überblättern Sie dieses Kapitel nicht. Sie lesen hier viele Tipps und Tricks, wie Ihnen ohne viel Aufwand eindrucksvolle Aufnahmen gelingen.

Ihre A7 ist zwar keine ausgewiesene Sportskanone. Doch mit den richtigen Einstellungen und der geeigneten Aufnahmetechnik gelingen Ihnen durchaus auch Action-Aufnahmen.
ISO 320 | 200 mm | 1/500 s | f/5.6

*Eine SD-Speicherkarte (wie hier im Bild) legen Sie so ein, dass der Rücken nach außen zeigt. Bei einem Memory Stick weist dagegen das Etikett nach außen. Der Akku wird von unten eingeschoben.
© www.digitalkamera.de*

Standardmäßig lässt sich der Akku der A7 nur via USB-Anschluss laden. Besorgen Sie sich besser ein externes Ladegerät. Das gilt umso mehr, wenn Sie den Vertikalgriff VG-C1EM an die Kamera montiert haben. Darin eingelegte Akkus lassen sich nicht via USB laden!

2.1 Ihre A7 startklar machen

Die ersten Stunden mit Ihrer A7 sind sicher die spannendsten. Denn bevor es losgehen kann, will erst einmal der Akku aufgeladen werden. Und dann benötigen Sie auch noch eine passende Speicherkarte für Ihre Aufnahmen. Während also der Akku an der Steckdose nuckelt, können Sie schon einmal den Kameragurt an Ihrer A7 befestigen. Danach haben Sie noch genügend Zeit, die Bedienungsanleitung (oder auch dieses Buch) durchzublättern. Lassen Sie sich jetzt aber nicht erschlagen von den vielen Möglichkeiten, die Ihnen Ihre neue Kamera bietet! Für den Anfang reicht es völlig, wenn Sie ein paar grundlegende Funktionen und Aufnahmetechniken beherrschen. Welche das sind, erfahren Sie hier.

Energieversorgung

Ihre A7 benötigt Energie, die der Akku, der der Kamera beiliegt, liefert. Er wird mit einem externen Ladegerät geladen, das Sony Ihrer Kamera ebenfalls beigepackt hat. Um den Akku zu laden, legen Sie ihn in die Kamera ein, dann verbinden Sie Ladegerät und Kamera mit dem USB-Kabel, das Sie ebenfalls im Karton Ihrer A7 finden. Direkt neben dem USB-Anschluss sehen Sie eine Kontrollleuchte. Wenn sie nicht mehr blinkt, ist der Akku vollständig geladen. Es dauert rund 310 Minuten (gut fünf Stunden), um einen komplett entladenen Akku wieder vollständig aufzuladen.

> **Unverzichtbar: Zweitakku und separate Ladeschale**
>
> Immer mehr Hersteller sparen und legen ihren Kameras keine Ladeschalen mehr bei. Stattdessen gibt's nur noch ein simples USB-Ladegerät, bei dem der Akku in der Kamera verbleiben muss.
>
> Leider folgt auch Sony bei der A7 dieser Unsitte. Denn das Verfahren hat einen gravierenden Nachteil: Die Kamera ist blockiert, solange sie den Akku lädt, selbst wenn Sie einen frischen Zweitakku parat hätten.
>
> Daher mein Tipp: Besorgen Sie sich ein externes Ladegerät – entweder das Modell BC-VW1 von Sony oder ein kompatibles von einem Fremdhersteller. Dazu nehmen Sie dann gleich noch mindestens einen weiteren Akku vom Typ NP-FW50 (oder kompatibel). Ich habe – zusätzlich zum Energiespender in der Kamera – immer zwei weitere frisch geladene Akkus in der Fototasche. Nichts ist schlimmer, als wenn Ihrer Kamera ausgerechnet in dem Moment der Saft ausgeht, in dem dieser kapitale Zwölfender aus den Büschen tritt, den Sie schon seit Monaten auf den Chip bannen wollten!

Prinzipiell können Sie den Akku auch an der USB-Schnittstelle eines Computers laden – das dauert aber wesentlich länger.

Der Akku Ihrer A7 ist übrigens nicht sonderlich potent – ein Tribut an das kleine Gehäuse der Kamera. Mit diesen Reichweiten können Sie maximal rechnen:

	Anzahl der Fotos	Dauer der Filmaufnahmen
mit elektronischem Sucher	270	65 Min.
mit rückwärtigem Display	340	90 Min.

Speicher für Ihre Aufnahmen

OK, Ihr Akku ist klar. Jetzt benotigen Sie noch eine Speicherkarte für Ihre Foto- und Filmaufnahmen. Ihre A7 nimmt zwei verschiedene Typen von Speicherkarten auf:

- SD-, SDHC- und SDXC-Karten: Diese Speicherkarten sind äußerlich baugleich, sie unterscheiden sich vor allem in der maximalen Speicherkapazität. Die noch seltenen SDXC-Karten können zudem von älteren Rechnern nicht gelesen werden (sie benötigen mindestens Windows Vista mit Service Pack 1 oder Mac OS X).
- »Memory Stick PRO Duo« und »Memory Stick PRO-HG Duo«: Die Memory-Sticks sind spezielle Speicherkarten von Sony, die fast nur in Sony-Geräten verwendet werden.

SD- beziehungsweise SDHC-Karten finden sich heute nahezu in jedem Haushalt, bestimmt auch bei Ihnen. Sie können diese Karten problemlos in Ihrer A7 verwenden. Prüfen Sie jedoch, ob die Speicherkapazität und vor allem auch die Schreibgeschwindigkeit Ihren Mindestanforderungen entsprechen. Das gilt natürlich ebenso, wenn Sie neue SD-Karten eigens für Ihre A7 anschaffen möchten oder Memory-Sticks verwenden:

- Die Schreibgeschwindigkeit Ihrer Speicherkarten sollte mindestens 4 MB/s betragen. Entsprechende SDHC-Karten werden mit »Class 4« gekennzeichnet, Memory-Sticks mit »Mark 2«. Falls Sie Filme im AVCHD-Format aufnehmen möchten, sollten Sie SDHC-Karten aus der höchsten Geschwindigkeits-

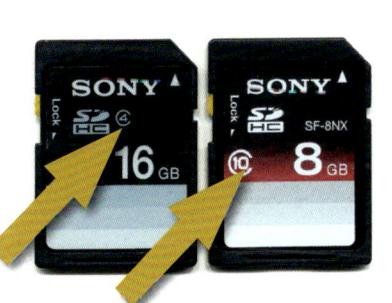

Oben: Bei Memory-Sticks sollte die Speichergeschwindigkeit mindestens 30 MB/s betragen. Sony gibt sie nur relativ mit »Mark 2« an.

Unten: Bei SDHC-Karten weist die eingekreiste Zahl auf die Schreibgeschwindigkeit hin. Links eine »Class 4«-Karte, rechts eine schnelle »Class 10«-Karte.

Der Einschub für die Speicherkarte befindet sich rechts an der Kamera unter einer festen Klappe.

klasse »Class 10« verwenden. Noch schnellere Karten bringen kaum Vorteile, sind aber recht kostspielig.
- Die Speicherkapazität entscheidet darüber, wie viele Fotos beziehungsweise Minuten Filmaufnahmen (noch) Platz auf der Karte haben. Dies hängt vor allem auch davon ab, in welchem Dateiformat Sie aufzeichnen. So beanspruchen Fotos im RAW-Format deutlich mehr Speicherplatz als JPEG-Aufnahmen. Bei Videos sind Aufnahmen im AVCHD-Format spürbar speicherhungriger als MP4-Aufnahmen.

Bei der Speicherkapazität sollten Sie nicht geizen, vor allem nicht bei der A7R. Die nachstehenden Tabellen zeigen Ihnen, wie viele Aufnahmen in den unterschiedlichen Dateiformaten auf Ihre Speicherkarte passen. Ich verwende bevorzugt 16-GB-Karten und habe immer ein paar frisch formatierte davon in der Hosentasche. Noch größere Karten haben einen Nachteil: Geht einmal eine volle 32-GB-Karte verloren, sind gleich doppelt so viele Aufnahmen perdu, als wenn Ihnen eine 16-GB-Karte abhanden kommt.

A7	4 GB	8 GB	16 GB	32 GB
JPEG (Extra fein)	215	435	870	1.700
RAW	145	295	600	1.200
RAW & JPEG	105	215	435	870

A7R	4 GB	8 GB	16 GB	32 GB
JPEG (Extra fein)	150	310	630	1.250
RAW	99	200	405	810
RAW & JPEG	75	150	300	610

Speicherkarten formatieren

Nichts ist ärgerlicher als eine A7, die nichts mehr aufnimmt, weil die Speicherkarte voll ist. Am besten legen Sie vor jedem Fotoshooting stets eine leere, frisch formatierte Speicherkarte in Ihre Kamera ein. Und: Halten Sie immer eine frische Reservekarte bereit.

Lassen Sie also Ihre Speicherkarte nicht in der Kamera, bis die Kapazität zur Neige geht. Besser: Übertragen Sie Ihre Aufnahmen nach jeder Fototour oder wenigstens einmal wöchentlich auf Ihren Rechner. Anschließend formatieren Sie die Karte mit Ihrer A7 neu (nicht mit Ihrem Computer!). Eine neue Karte müssen Sie sowieso formatieren – dazu dient die Befehlsfolge *MENU > Setup > 5 > Formatieren*. Achtung: Beim Formatieren gehen unwiderruflich alle Daten verloren, die auf Ihrer Karte gespeichert sind. Ihre A7 blendet daher zur Sicherheit noch einmal eine Warnmeldung ein, die Sie eigens mit der *SET*-Taste bestätigen müssen.

> **Profi-Tipp: Für jeden Tag einen separaten Ordner**
> Meine A7 liegt oft tagelang unbenutzt im Schrank. Und wenn ich sie dann herausnehme, schieße ich oftmals nur eine Handvoll Fotos. Da fahre ich natürlich nicht gleich jedes Mal den Rechner hoch, nur um die paar Aufnahmen auf die Festplatte zu übertragen. Damit dann nicht die Übersicht verloren geht, bietet Ihnen Ihre A7 eine clevere Sortieroption: Sie legt auf Wunsch alle Aufnahmen eines Tages in einem eigenen Ordner auf der Speicherkarte ab.
> Dazu rufen Sie die Befehlsfolge *MENU > Setup > 5 > Ordnername* auf und wählen *Datumsformat*. Jetzt legt Ihre A7 automatisch für jeden Aufnahmetag einen neuen Ordner an.

Achtung! Beim Formatieren werden alle Daten auf Ihrer Speicherkarte unwiderruflich gelöscht. Daher müssen Sie eine Sicherheitsabfrage bestätigen, bevor der »Formatieren«-Befehl ausgeführt wird.

Ist die Firmware aktuell?

Ihre A7 ist ein kleiner Computer, dessen Rechenleistung die der ersten Mondfähre bei Weitem übertrifft. Und wie jeder Computer benötigt auch Ihre A7 ein Betriebssystem, das hier »Firmware« genannt wird. Sony aktualisiert diese Firmware von Zeit zu Zeit, etwa um Fehler auszumerzen, aber auch zur Erweiterung des Funktionsumfangs. Zum Zeitpunkt der Drucklegung dieses Buches war bei beiden A7-Geschwistern Firmware 1.00 aktuell.

Aber nicht nur Ihre NEX, auch die Objektive benötigen eine Firmware. Ob es eine neue Firmware-Version gibt, können Sie im Internet nachsehen – zum Beispiel unter www.digitalkamera.de. Mit welcher Firmware Ihre A7 aktuell ausgestattet ist, prüfen Sie unter *MENU > Setup > 5 > Version*.

Falls Sony eine neue Firmware für Ihre A7 oder A7R anbietet, finden Sie diese unter http://www.sony.de/support/de/product/ILCE-7/updates bzw. unter http://www.sony.de/support/de/product/ILCE-7r/updates. Dort ist dann auch eine genaue Anleitung für das Firmware-Update veröffentlicht.

Objektiv ansetzen

Wie es sich für eine Systemkamera gehört, lässt sich an Ihrer A7 das Objektiv wechseln. Genauer gesagt: Ohne Objektiv können Sie mit Ihrer A7 nicht fotografieren. Wer bislang keine Kamera mit Wechselobjektiv sein Eigen nannte, wird das vielleicht anfangs etwas umständlich finden. Doch das Objektiv ist mit wenigen Handgriffen schnell gewechselt. Am besten üben Sie diese Handgriffe zunächst etwas in Ruhe – dann müssen Sie nicht lange nachdenken, wenn es einmal schnell gehen soll:

1 Stecken Sie als Erstes den Frontdeckel auf das Objektiv, das sich an der Kamera befindet, um das Objektiv zu schützen.

2 Halten Sie das Objektiv bereit, das Sie an Ihrer A7 anbringen möchten. Am besten stellen Sie es mit dem Frontdeckel auf einer ebenen Fläche ab, so kann es nicht wegrollen. Den Rückdeckel nehmen Sie ab.

3 Nehmen Sie Ihre A7 in die linke Hand, Ihr Mittelfinger sollte dabei auf dem Entriegelungsknopf ruhen. Die rechte Hand umgreift den Objektivtubus.

4 Drücken Sie diese Entriegelung kräftig durch und halten Sie sie gedrückt. Dann drehen Sie mit der rechten Hand das Objektiv gegen den Uhrzeigersinn aus dem Bajonett.

5 Stellen Sie das abgenommene Objektiv ebenfalls auf dem Frontdeckel ab. Anschließend nehmen Sie das neue Objektiv, das Sie nun ansetzen möchten.

6 Drehen Sie das neue Objektiv so, dass dessen weiße Markierung auf einer Linie mit dem weißen Punkt am Objektivbajo-

Drücken Sie den Entriegelungsknopf fest ein und halten Sie ihn gedrückt, um ein Objektiv von Ihrer A7 abzunehmen.

nett zu liegen kommt. Setzen Sie das Objektiv gefühlvoll in den Bajonettverschluss ein. Dann drehen Sie es im Uhrzeigersinn, bis es deutlich spürbar einrastet.

7 Zum Schluss versehen Sie noch das soeben entfernte Objektiv mit seinem Rückdeckel und verstauen es in der Fototasche.

> **Objektive richtig adaptieren**
>
> Falls Sie A-Mount-Objektive via Adapter (LA-EA3 oder LA-EA4) an Ihrer A7 verwenden, setzen Sie zuerst den Adapter an und danach dann das Objektiv am Adapter. Wenn Sie zunächst die Objektiv-Adapter-Kombination zusammensetzen und diese an Ihrer A7 ansetzen, erkennt die A7 möglicherweise das adaptierte Objektiv nicht. In diesem Fall erscheint eine Fehlermeldung.
>
> Dieselbe Meldung zeigt die A7 auch, wenn Sie ein »Fremdobjektiv« via Adapter angesetzt haben. Damit Sie dennoch fotografieren können, stellen Sie MENU > Benutzereinstellungen > 3 > Ausl. ohne Objektiv auf Aktivieren.

Es gibt Situationen, in denen Sie Ihr Objektiv besonders sorgfältig wechseln sollten:

- Wechseln Sie das Objektiv im Freien, so halten Sie Ihre A7 am besten leicht nach unten geneigt. Wenn es regnet, suchen Sie sich ein trockenes Plätzchen – notfalls unter einem Regenschirm. Es sollten auf keinen Fall Regentropfen auf den Bildsensor fallen!
- Wechseln Sie das Objektiv möglichst nicht in ausgesprochen staubiger Umgebung, etwa bei Wind am Strand. Notfalls packen Sie Kamera und Wechselobjektiv in einen Rucksack und tauschen das Objektiv blind aus – aber das erfordert einige Übung.
- Falls Sie keine geeignete Standfläche für Ihre Objektive finden, gehen Sie in die Hocke und legen das Austauschobjektiv auf dem Boden ab. Oder verwenden Sie eine Fototasche, in der ein Fach für das soeben abgenommene Objektiv frei ist.

> **Kamera für Objektivwechsel ausschalten?**
>
> Sony empfiehlt, die A7 auszuschalten, bevor Sie das Objektiv abnehmen. Ich gebe freimütig zu: Darauf achte ich nicht. Bestimmt schon hunderte Male habe ich das Objektiv bei eingeschalteter Kamera gewechselt, und bisher ist alles gut gegangen. Vorteil: Meine A7 ist sofort wieder aufnahmebereit – eine Gewähr kann ich natürlich nicht dafür übernehmen.

Dioptrienkorrektur

Der Akku ist aufgeladen und steckt in Ihrer A7, ebenso eine frische Speicherkarte? Dann ist jetzt nur noch eine Kleinigkeit zu erledigen – allerdings nur wenn Sie eine Brille tragen.

Jetzt geht es um den elektronischen Sucher Ihrer A7. Er ist so konstruiert, dass ihn auch Brillenträger halbwegs bequem zur Gänze überblicken können. Falls Ihnen »halbwegs bequem« nicht reicht, möchten Sie vielleicht lieber ohne Brille in den Sucher blicken. Kein Problem – das Sucherokkular Ihrer A7 ist mit einer Dioptrienkorrektur versehen, die Fehlsichtigkeit im Bereich von –4 dpt. bis +3 dpt. ausgleicht.

Um die Korrektur einzurichten, blicken Sie ohne Brille in den Sucher. Dann drehen Sie an dem kleinen Rändelrad rechts am Sucherbuckel, bis das Sucherbild optimal scharf erscheint. Orientieren Sie sich dabei am besten an den Anzeigen und weniger am Motiv.

Auf der Grünalm

Meine leichte A7 habe ich immer dabei, auch in den Bergen. So kann ich jeden Moment dauerhaft festhalten.

ISO 160 | 35 mm | 1/400 s | f/9,5

2.2 Optimale Grundeinstellungen für Ihren Einstand

Die beiden A7-Schwestern bieten derart viele Einstell- und Konfigurationsmöglichkeiten, dass man sich geradezu darin verirren kann. Falls Sie noch wenig Erfahrung mit einer modernen Systemkamera haben, sollten Sie bei den ersten Fotos Ihre A7 möglichst viel automatisch erledigen lassen. Geübte Fotografen werden hingegen Ihre Kamera im gewohnten Aufnahmemodus betreiben, etwa als Zeitautomat »A« oder mit der Programmautomatik »P«. Daneben gilt es eine Reihe weiterer Optionen einzustellen, etwa welche Informationen im Sucherbild eingeblendet werden sollen oder ob Ihre A7 in den Menüs jeweils eine kurze Erläuterung zum aktuell gewählten Befehl einblenden soll.

Blättern Sie nicht gleich weiter, selbst wenn Sie bereits ein alter Hase sein sollten. Sie erfahren jetzt, mit welchen Grundeinstellungen für Ihre A7 Sie am besten durchstarten. Das ist auch deshalb wichtig, weil ich davon ausgehe, dass Sie Ihre A7 grundsätzlich wie im Folgenden beschrieben eingerichtet haben.

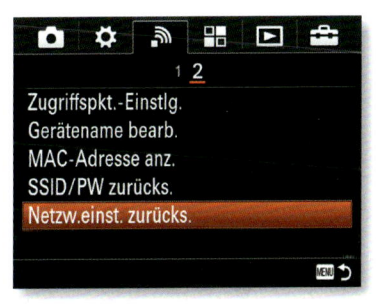

Zurück auf Los: So setzen Sie Ihre A7 zurück

Sie haben Ihre A7 soeben frisch aus dem Karton geschält, sie liegt also quasi jungfräulich vor Ihnen? Dann können Sie gleich zum nächsten Abschnitt blättern. Sollten Sie aber bereits eifrig mit den vielen Einstellmöglichkeiten gespielt haben, setzen Sie Ihre A7 jetzt besser in den Auslieferungszustand zurück. Andernfalls werden Sie viele Einstellungen nicht ohne Weiteres finden, auf die es in diesem Buch ankommt.

Auf jeden Fall sollten Sie die Kamera zurücksetzen, falls Sie sie gebraucht erworben haben – Sie wissen ja nicht, mit welchen Vorlieben sie ihr Vorbesitzer betrieben hat. Dazu rufen Sie *MENU > Setup > 6 > Einstlg. zurücksetzen* auf. Falls Ihre Kamera bereits einen Vorbesitzer hatte, rufen Sie zudem *MENU > Drahtlos-Verbindung > 2 > Netzw.einst. zurücks.* auf.

Ist Ihre A7 nicht mehr fabrikneu? Dann setzen Sie alle Einstellungen zurück. Bevor Sie Ihre Kamera weitergeben, sollten Sie aus Sicherheitsgründen wenigstens Ihre Netzwerkeinstellungen löschen.

Sprache der Menüs und Meldungen einstellen

Normalerweise sollte auch eine fabrikneue A7 deutsch sprechen. Falls die Menüs und Meldungen jedoch in einer Fremdsprache erscheinen (oder Sie eine solche bevorzugen), kann sich die Kamera in einer von 17 europäischen Sprachen bei Ihnen melden. Ihre Menüsprache stellen Sie unter *MENU > Setup > 4 > Sprache* ein.

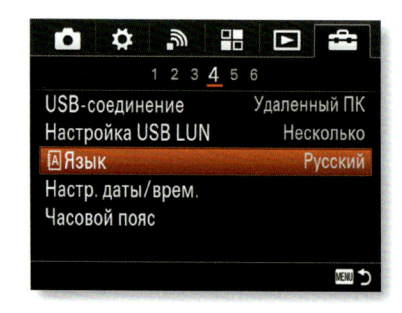

Dem »Sprache«-Menü hat Sony ein Symbol vorangestellt, sodass Sie es auch bei fremdsprachlichen Einstellungen leicht aufspüren können.

Bevor Sie die Uhrzeit einstellen, richten Sie die für Ihren Aufenthaltsort gültige Zeitzone ein.

Uhrzeit und Datum korrigieren

Ihre A7 speichert zu jedem Foto Datum und Uhrzeit direkt in die Bilddatei. Das ist praktisch, wenn Sie eine Aufnahme suchen, die zu einem bestimmten Zeitpunkt entstanden ist. Und eine korrekt gestellte Kamera-Uhr ist unerlässlich, wenn Sie mit einem GPS-Logger die Ortskoordinaten Ihrer Aufnahmen aufzeichnen. In der Regel brauchen Sie die Uhr nur einmal zu stellen. Falls Sie mit Ihrer A7 in ein fremdes Land reisen sollten, ändern Sie lediglich die Zeitzone Ihrer Kamera – doch der Reihe nach:

1 Bevor Sie die Kamera-Uhr checken und gegebenenfalls korrigieren, prüfen Sie zuerst, ob Ihre A7 auf die korrekte Zeitzone eingestellt ist. Dazu rufen Sie *MENU > Setup > 4 > Gebietseinstellung* auf.

2 Sie sehen eine Weltkarte, auf der die aktuell eingestellte Zeitzone weiß hervorgehoben ist. Werden hier Berlin und Paris als bedeutende Städte Ihrer Zeitzone genannt? Wenn nicht (oder wenn Sie Ihre A7 in einer anderen Zeitzone verwenden): Stellen Sie das korrekte Gebiet ein. Dazu drücken Sie auf der Vierwegewippe die ▶-Taste, um nach Osten zu blättern, und die ◀-Taste, wenn Sie eine westlich gelegene Zeitzone ansteuern möchten. Drücken Sie die Tasten ▼ oder ▲, um zwischen Sommer- und Winterzeit umzuschalten. Bestätigen Sie Ihre Eingabe mit der *SET*-Taste, Sie gelangen zurück ins Menü *Setup > 4*.

3 Wenn in der Gebietseinstellung bereits die korrekte Uhrzeit angezeigt wurde, sind Sie jetzt fertig. Falls Sie die Uhr dagegen noch stellen müssen, blättern Sie einfach im Menü eine Position nach oben und rufen Sie *Datum/Zeit* auf. Im Dialog blättern Sie mithilfe der Vierwegewippe nach rechts beziehungsweise links zu den verschiedenen Einstellfeldern, mit den oberen und unteren Druckpunkten ändern Sie die Werte. Drücken Sie SET, um Ihre Eingabe abzuschließen. Auch jetzt verlangt Ihre A7 wieder, dass Sie nochmals mit SET die korrekte Einstellung zur Sommerzeit bestätigen.

> **Kein automatisches Umschalten zwischen Sommer- und Winterzeit!**
> Ihre A7 schaltet nicht automatisch zwischen Sommer- und Winterzeit um (oder umgekehrt). Denken Sie daran und wechseln Sie die Angabe manuell, sobald Sie auch die Uhren in Ihrem Haushalt umstellen.

Stellen Sie Datum und Uhrzeit für die Zeitzone ein, in der Sie sich aufhalten und die Sie unter »Gebietseinstellung« angegeben haben.

4 Die Sache mit der Gebietseinstellung finden Sie umständlich? Es reicht doch, wenn Sie einfach die Uhr richtig stellen! – Setzen Sie sich einmal ins Flugzeug und steuern Sie New York an (oder stellen Sie sich das wenigstens vor). Nun brauchen Sie nur die Gebietseinstellung auf GMT −5,0 zu ändern, und schon haben Sie wieder die korrekte Uhrzeit. OK, nicht ganz, weil die A7 natürlich auch jetzt wieder quengelt, ob Sie die Sommerzeit – na, Sie wissen schon.

Wenn Sie verreisen, ändern Sie einfach die Zeitzone und schon haben Sie die korrekte Zeit am aktuellen Aufenthaltsort.

2.3 Weitere Grundeinstellungen im Schnelldurchgang

Im *Setup*-Menü gibt es eine ganze Reihe weiterer Optionen, mit der Sie Ihre A7 an Ihre Bedürfnisse und Vorlieben anpassen können. Für meinen Geschmack sind die Werksvorgaben ganz in Ordnung, die folgenden Einstellungen habe ich allerdings geändert:

- *Setup > 1 > Signaltöne > Aus*: Standardmäßig piept die A7 fröhlich, sobald der Autofokus sein Ziel gefunden hat. Und auch der Selbstauslöser wird von einem unüberhörbaren Gepiepe begleitet. Spätestens wenn Sie in einer Kirche oder in einem Museum fotografieren, wird das nicht nur Sie stören. Ich habe daher *Signaltöne* auf *Aus* gestellt.
- *Setup > 2 > Modusregler-Hilfe > Aus*: Von Haus aus blendet die A7 einen kurzen Erläuterungstext ein, sobald Sie den

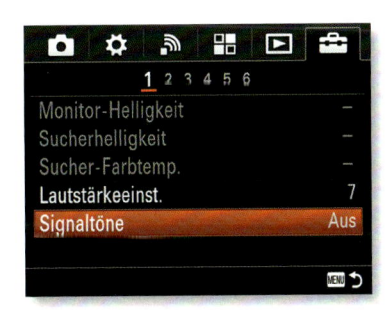

Schalten Sie die Signaltöne aus – sie nerven nur.

Aufnahmemodus mit dem Programmwählrad ändern. Das ist gut gemeint von Sony, doch wer schon etwas Erfahrung beim Fotografieren hat, kann auf diese Hilfe verzichten und spart sich damit, die Hilfe jedes Mal »wegklicken« zu müssen. Ich habe daher die *Modusregler-Hilfe* ausgeschaltet.

- *Setup > 2 > Energiesp.-Startzeit > 5 Minuten*: Sony schickt die A7 bereits nach zwei Minuten Ruhe schlafen – für meinen Geschmack doch arg schnell. Meine Kamera soll länger aufnahmebereit bleiben, damit ich blitzschnell reagieren kann. Also habe ich die *Energiesparen-Startzeit* auf *5 Minuten* erhöht.

- *Setup > 1 > Monitor-Helligkeit > Manuell > –1*: In Innenräumen oder draußen bei bedecktem Himmel reicht mir ein Display, dessen Helligkeit ich auf –1 heruntergeregelt habe. Das spart Strom. Ist es draußen sehr hell, stelle ich *Monitor-Helligkeit > Helligkeit > Sonnig* ein.

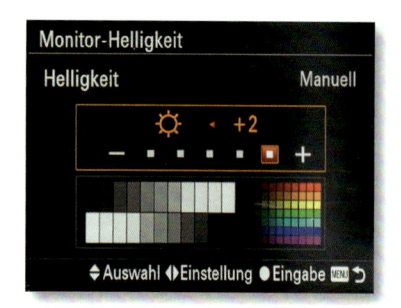

> **Anzeige des elektronischen Suchers ändern**
>
> Unter MENU > Setup > 1 können Sie die *Sucherhelligkeit* von der Vorgabe *Auto* auf einen manuellen Wert umschalten. Ich belasse es auf *Auto*, dann reguliert die Kamera die Helligkeit des elektronischen Suchers in Abhängigkeit von der Umgebungshelligkeit. Falls Sie davon abweichen möchten: Blicken Sie in das Sucherokular, um die Vorgabe zu ändern – andernfalls blendet die A7 eine Fehlermeldung auf dem Display ein. Das gilt auch, falls Sie unter MENU > Setup > 1 die *Sucher-Farbtemperatur* ändern möchten.

> **Alternative: Keine Funktion für das Steuerrad**
>
> Wenn Sie bevorzugt im Belichtungsmodus A, S oder M fotografieren, benötigen Sie die beiden Einstellräder häufig, um Belichtungszeit und/oder Blendenzahl zu verstellen. In diesem Fall könnte die Radsperre lästig sein. Mein Tipp für diesen Fall: Deaktivieren Sie die Direktfunktion des Steuerrads. Dazu dient die Befehlsfolge MENU > Benutzereinstellungen > 6 > Key-Benutzereinstlg. > Steuerrad > Nicht festgelegt.

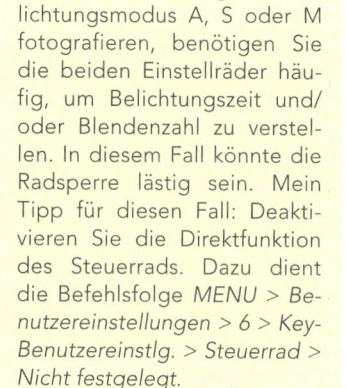

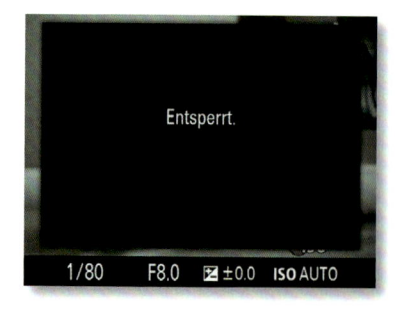

- *Benutzereinstellungen > 6 > Regler-/Radsperre > Sperren*: Die beiden Einstellräder und insbesondere der Einstellring Ihrer A7 verstellen sich leider sehr leicht unbeabsichtigt – etwa, wenn Sie die Kamera aus der Fototasche ziehen. Dagegen hilft die *Regler-/Radsperre*, die Sie besser auf *Sperren* stellen sollten. Jetzt reagieren die Räder erst, nachdem Sie die *Fn*-Taste ein paar Sekunden gedrückt haben. Drücken Sie diese Taste erneut für einen Moment, um die Radsperre wieder zu aktivieren.

2.4 Aufnahmeeinstellungen für optimale Bildqualität

In welcher Qualität soll Ihre A7 Fotos aufzeichnen und als Bilddatei speichern? Keine Frage, in der bestmöglichen natürlich! Doch was heißt »bestmögliche Bildqualität«? Zum einen bedeutet es, dass Ihre A7 Dateien in den Maßen und mit der Auflösung speichert, in denen sie der Sensor geliefert hat. Und zum anderen müssen Sie entscheiden, ob Ihre Bilddateien im JEPG- oder im RAW-Format gespeichert werden sollen.

Ihre Vorgaben für die Bildqualität und das Aufzeichnungsformat sind der A7 derart wichtig, dass sie gleich an oberster Stelle im Hauptmenü präsentiert werden, unter *MENU > Kamera > 1*. Hier empfehle ich diese Vorgaben:

- Unter *Bildgröße* geben Sie *L:24M* (bei der A7) beziehungsweise *L:36M* (bei der A7R) vor. Falls Sie eine andere Vorgabe als L wählen, reduziert Ihre Kamera die Auflösung der JPEG-Datei und damit die Informationsfülle – das werden Sie in den seltensten Fällen wollen. Sollten Sie im RAW-Format aufzeichnen, haben Sie sowieso keine andere Wahl als *L*.

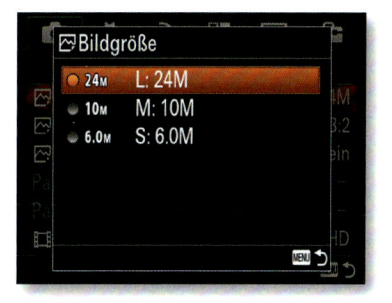

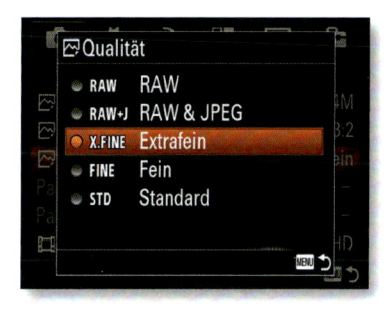

Lassen Sie Ihre A7 mit der bestmöglichen Bildqualität aufzeichnen.

Maximale Auflösung

Ihre A7 liefert eine fantastische Bildqualität auch für Prints im Posterformat. Aber nur, wenn Sie auch die volle Auflösung speichern.

ISO 200 | 110 mm | 1/200 s | f/3,5

> **RAW oder JPEG?**
>
> Sie möchten grundsätzlich die Möglichkeit haben, stets das Optimum aus Ihren Bilddateien herauszuholen? Dann führt an der Aufzeichnung im RAW-Format kein Weg vorbei. Kommt es Ihnen dagegen vor allem darauf an, nach der Aufnahme möglichst wenig Arbeit mit Ihren Fotos zu haben, liegen Sie mit JPEGs in der Qualitätsstufe *Extrafein* goldrichtig. Für keine gute Idee halte ich es, mit *RAW & JPEG* aufzuzeichnen. Das frisst nur Speicherplatz und erschwert obendrein die Bildverwaltung.

- Das *Seitenverhältnis* sollten Sie unbedingt auf *3:2* einstellen. Bei der Alternative *16:9* schneidet Ihre A7 das Bild zu, sie kappt einfach oben und unten einen Rand ab. Spätestens wenn Sie Ihr 16:9-Foto auf einem DIN-Bogen drucken möchten, werden Ihnen die abgeschnittenen Ränder fehlen.
- Unter *Qualität* haben Sie eine Fülle von Optionen. Mein Tipp: Entscheiden Sie sich für *Extrafein*, wenn Sie JPEG-Dateien in höchstmöglicher Qualität aufzeichnen möchten. Sollten Sie Ihre Bilddateien mit einem Workflow-Programm wie Adobe Lightroom oder Apple Aperture verwalten und bearbeiten, nehmen Sie *RAW*. Mehr über die Vor- und Nachteile des RAW-Formats und wie Sie damit die optimale Bildqualität erhalten, lesen Sie im Kapitel 6.

2.5 Was sollen Sucher und Display zeigen?

Inzwischen haben Sie Ihre A7 so eingerichtet, dass sie macht, was Sie wollen. Dann drücken Sie doch jetzt einmal die *DISP*-Taste: Das Layout des Displays oder Sucherbildes ändert sich – und zwar jedes Mal aufs Neue, wenn Sie die *DISP*-Taste drücken. Insgesamt wechseln Sie mit der *DISP*-Taste durch bis zu sechs verschiedene Anzeigemodi, bevor Sie wieder an den Ausgangspunkt gelangen. Falls sich Ihre A7 im Wiedergabemodus befindet, schalten Sie zwischen drei verschiedenen Darstellungsarten um (mehr dazu im Kapitel 9).

Ihre A7 bietet Ihnen für Sucher und Display eine Vielzahl an Darstellungsmodi. Sie wechseln die verschiedenen Layouts bequem mit der DISP-Taste.

Welche Darstellungsmodi die *DISP*-Taste aufruft, können Sie einstellen. Bevor ich Ihnen zeige wie (ab Seite 51), lernen Sie jetzt zunächst einmal die verschiedenen Darstellungsmodi des Aufnahmebildschirms kennen.

Die Darstellungsmodi des Aufnahmebildschirms

- **Grafikanzeige**: Dieses Layout zeigt die Werte für Verschlusszeit und Blende auf einer Skala. Das sieht zwar hübsch aus, bietet jedoch in der Praxis keinen Vorteil, sondern verwirrt nur – ich verwende diese Darstellungsform nie.

- **Alle Infos anz. (Alle Infos anzeigen)**: Dieses Bildschirmlayout blendet alle relevanten Informationen ein. Auch solche, die nichts mit Ihrer Aufnahme zu tun haben – etwa die Restkapazität der Speicherkarte. Sie werden diese überbordende Informationsfülle nicht ständig benötigen, aber von Fall zu Fall ist sie wichtig.

- **Daten n. anz. (Daten nicht anzeigen)**: Auf dem Bildschirm sind nur einige Aufnahmeparameter unterhalb des Sucherbildes zu sehen. Bei dieser Darstellung können Sie sich völlig auf das Sucherbild konzentrieren. Ich verwende diese Darstellungsform nicht so häufig.

- **Neigung**: Entspricht dem Layout *Daten n. anz.*, blendet jedoch zusätzlich einen künstlichen Horizont/künstliche Wasserwaage ein. Den künstlichen Horizont finde ich sehr praktisch,

> **Darstellung im Sucher**
>
> Die Layouts sehen für Display und Sucher nahezu identisch aus. Für die Darstellung im Sucher steht Ihnen jedoch nicht das Layout »Nur für Sucher« zur Verfügung.

wenn ich mit der A7 aus einem ungünstigen Winkel aufnehme oder die Kamera exakt auf einem Stativ ausrichten möchte.

Der Horizont soll waagerecht aufs Bild? Dann richten Sie Ihre A7 so aus, dass die Mittellinie der Wasserwaage die beiden Dreiecke berührt. Zeigt die Kamera lotrecht aufs Motiv, erscheinen die Markierungen in Grün.

- **Histogramm:** Entspricht ebenfalls *dem Layout Daten n. anz.*, diesmal ist es aber zusätzlich mit einem Live-Histogramm versehen. Diese kleine Grafik rechts unten im Sucherbild informiert Sie über die Helligkeitsverteilung im Bild und ist eine wichtige Hilfe bei der Belichtungskorrektur. Bei schwierigen Lichtverhältnissen oder kontrastreichen Szenen blende ich das Histogramm stets ein. Mehr darüber lesen Sie im Kapitel 4.

- **Für Sucher:** Dieses Layout ist nur für das Display verfügbar, nicht für den elektronischen Sucher. Es zeigt kein Sucherbild, stattdessen sehen Sie eine Übersicht der wichtigsten Kameraeinstellungen und Aufnahmeparameter. Das Beste dabei: Sie können praktisch alle Einstellungen interaktiv ändern. Dazu drücken Sie die *Fn*-Taste, dann navigieren Sie mit einem der

> **Ihre A7 schaltet automatisch zwischen Display und Sucher um**
>
> Sobald Sie Ihre A7 ans Auge heben, wird das Display dunkel, stattdessen schaltet sich der EVF ein. Dafür sorgt ein Näherungssensor am Rand des Sucherokkulars. Sie können diese Automatik unter *MENU > Benutzereinstellungen > 3 > FINDER/MONITOR* abschalten. Ich halte das jedoch für keine gute Idee. Falls Sie nur durch den Sucher blicken, wählen Sie besser das Display-Layout »Für Sucher«.

Links: Das Layout »Für Sucher« zeigt ein übersichtliches Tableau der aktuellen Kameraeinstellungen. Rechts: Nach einem Druck auf die Fn-Taste können Sie die einzelnen Parameter ansteuern und ändern.

Wählräder oder dem Steuerrad zum gewünschten Parameter, drücken die *SET*-Taste und verstellen den vorgegebenen Wert mit einem der Räder. Diese »Quick Navi«-Funktion erleichtert die Bedienung Ihrer A7 deutlich, falls Sie auf das Sucherbild auf dem Display verzichten können.

Nicht benötigte DISP-Modi abschalten

Ihre A7 bietet Ihnen fünf verschiedene Darstellungsformen für das Display. Direkt ansteuern lässt sich keines der Layouts. Sie müssen so lange mit der *DISP*-Taste blättern, bis Ihre A7 das Sucherbild wie gewünscht darstellt. Dabei unterschlägt sie von Haus aus die nützliche Ansicht *Histogramm*. Nehmen Sie diese besser in die Auswahlliste auf, auf *Grafikanzeige* können Sie dagegen getrost verzichten. So gehen Sie vor:

1 Rufen Sie *MENU > Benutzereinstellungen > 2 > Taste DISP* auf. Ihre A7 blendet ein Untermenü lediglich mit den beiden Einträgen *Monitor* und *Sucher* ein. Wählen Sie *Sucher*.

2 Derzeit mit der Taste *DISP* wählbare Modi sind mit einem Haken versehen. Um zum Beispiel den Modus *Grafikanzeige* aus dieser Liste herauszunehmen, steuern Sie ihn an und drücken dann die Taste *SET*. Ein auf diese Weise abgeschaltetes Layout erscheint nicht mehr, wenn Sie die *DISP*-Taste drücken.

3 Ebenfalls mit der Taste *SET* aktivieren Sie ein derzeit abgeschaltetes Bildschirmlayout, nachdem Sie es angesteuert haben – etwa *Histogramm*.

4 Analog dazu stellen Sie nun ein, welche Layouts Ihnen die *DISP*-Taste auf dem *Monitor* präsentieren soll.

Gitternetz und Hilfslinien

Als weitere Orientierungshilfe kann Ihre A7 auf Wunsch ein Gitternetz ins Sucherbild einblenden. Diese Gitterlinien helfen Ihnen bei der Bildkomposition. Leider lässt sich das Hilfsgitter nicht via *DISP*-Taste aufrufen, sondern nur über das Hauptmenü: Unter *MENU > Benutzereinstellungen > 1 > Gitterlinien* stehen Ihnen drei verschiedene Raster zur Verfügung. Standardmäßig habe ich das Gitter ausgeschaltet, bei Bedarf lasse ich das *3x3-Raster* anzeigen.

Die Layouts für Sucher und Monitor können Sie getrennt voneinander konfigurieren.

> **»Alle Infos anz.« brauchen Sie**
> Schalten Sie die Darstellung »*Alle Infos anz.*« nicht ab! Sie brauchen dieses Sucherbildlayout in der Praxis häufig, auch hier in diesem Buch wird es vorausgesetzt.

Gitterlinien helfen Ihnen, Ihr Bild ausgewogen zu komponieren. Hier habe ich das Porträt so ausgerichtet, dass das äußere Auge auf einem Schnittpunkt des 3x3-Rasters zu liegen kommt.

Gitterlinien schnell ein- und ausschalten

Gitterlinien sind für Sie unverzichtbar, Sie möchten das Raster aber nur bei Bedarf im Sucherbild sehen? Dann legen Sie die entsprechende Funktion doch auf eine der Funktionstasten, zum Beispiel auf die ▼-Taste (sie ist standardmäßig mit der Funktion *Fokusvergrößerung* belegt). Dazu weisen Sie mit MENU > *Benutzereinstellungen* > 6 > *Key-Benutzereinstlg.* > 2 der *Unten-Taste* die Funktion *Gitterlinie* zu. Wenn Sie nun im Aufnahmemodus auf die ▼-Taste drücken, erscheint links eine Auswahl, aus der Sie das von Ihnen bevorzugte Gitter wählen.

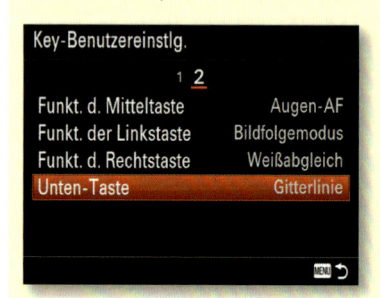

Instant-Bildkontrolle

Jetzt ist noch eine Kleinigkeit zu erledigen, dann endlich können Sie mit Ihrer A7 auch fotografieren: Stellen Sie ein, ob und für wie lange die Kamera Ihr Foto direkt nach der Aufnahme anzeigen soll. Dazu dient die Befehlsfolge MENU > *Benutzereinstellungen* > 1 > *Bildkontrolle*. Zur Wahl stehen:

Was sollen Sucher und Display zeigen?

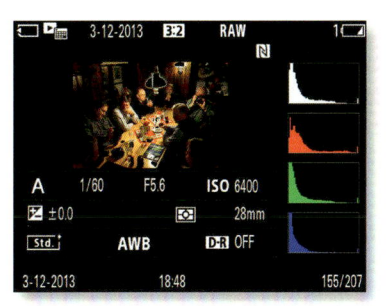

Lassen Sie Ihre A7 die neueste Aufnahme automatisch für fünf Sekunden wiedergeben. So können Sie sich mit einem kurzen Blick vergewissern, ob das Foto Ihren Vorstellungen entspricht.

- **Aus**: Ihre A7 zeigt das soeben aufgenommene Foto nicht automatisch an. Diese Einstellung empfiehlt sich nur, wenn Ihre Kamera sofort wieder aufnahmebereit sein soll, etwa bei Actionfotos oder einer Folge von Schnappschüssen.
- **2 Sek.**, **5 Sek.** und **10 Sek.**: Damit legen Sie die Zeitspanne fest, für die Ihre A7 das aktuelle Foto anzeigen soll. Geben Sie ruhig *5 Sek.* vor – Sie können die automatische Bildwiedergabe jederzeit abbrechen, indem Sie kurz den Auslöser antippen.

Meisterliche Makros

Wenn Sie Ihre A7 optimal eingerichtet haben und aus dem Effeff beherrschen, gelingen Ihnen eindrucksvolle Aufnahmen wie dieses Insektenmakro.

ISO 800 | 280 mm | 1/125 s | f/5,6

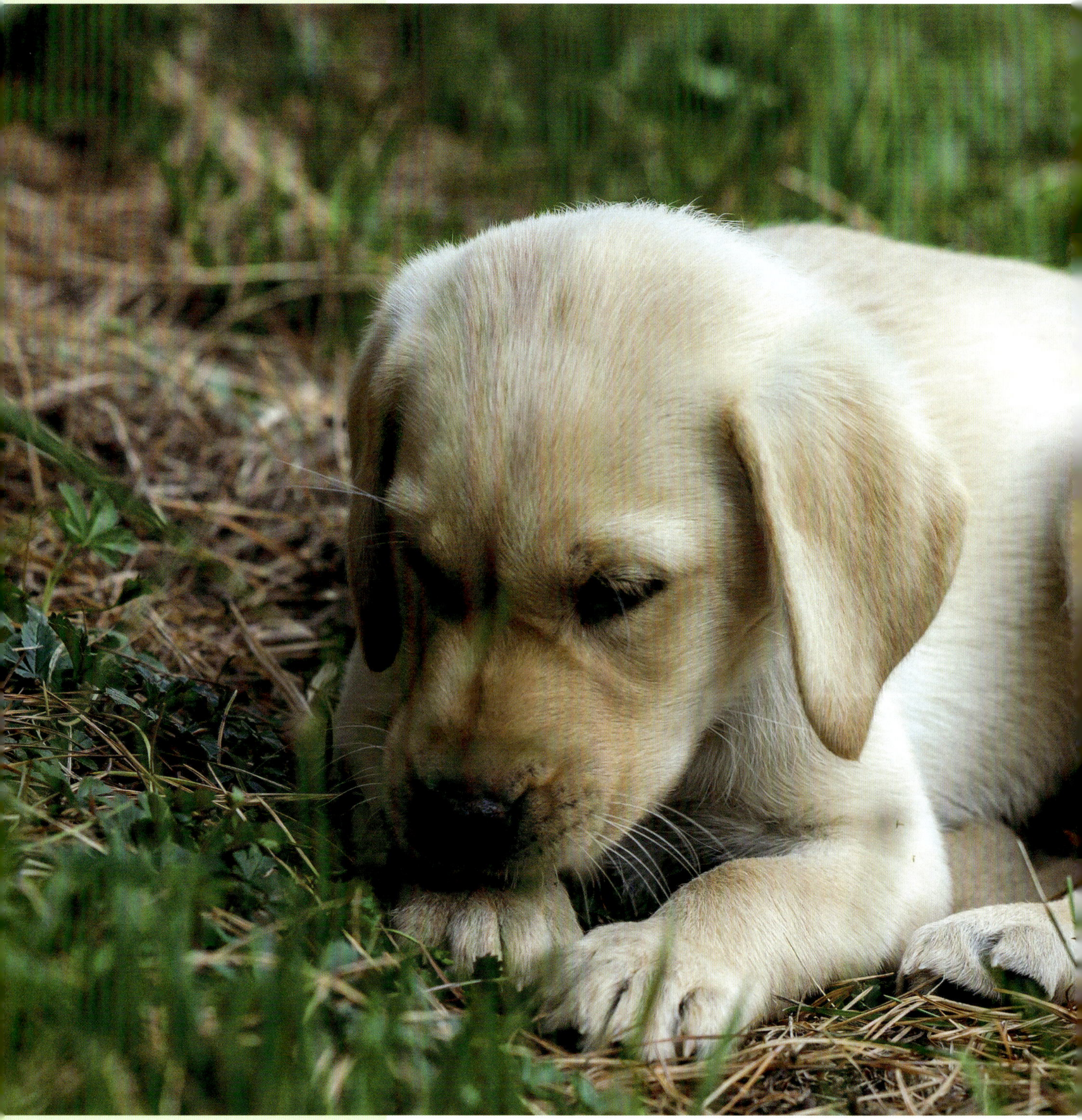

3

Alles automatisch: Unbeschwert fotografieren mit der A7

Sie möchten sich nicht mehr lange mit Ihrer A7 beschäftigen, sondern endlich loslegen? Dann sind die Automatik-Funktionen der Kamera genau das Richtige für Sie! Erfahren Sie jetzt, wie Sie die Automatiken optimal einsetzen und so ohne viel Federlesen eindrucksvolle Aufnahmen erhalten. Außerdem geht's jetzt um grundlegendes Aufnahmetechniken, die Sie beherrschen sollten.

Mit den Automatik-Funktionen Ihrer A7 gelingen Ihnen blitzschnelle Schappschüsse, ohne dass Sie sich lange um die richtigen Aufnahmeeinstellungen kümmern müssen.
ISO 500 | 200 mm | 1/250 s | f/6.3

3.1 Für jedes Motiv automatisch die passenden Aufnahmeeinstellungen

»Sie drücken den Auslöser, wir erledigen den Rest« – mit diesem Slogan warb der einstmals stolze Film- und Kamerahersteller Kodak bereits im Jahre 1895. Auch Ihre A7 kann alles automatisch erledigen, Sie müssen nur noch Ihr Motiv anvisieren und auslösen. Dazu stellen Sie das Moduswählrad auf AUTO. Jetzt stellt Ihnen Ihre A7 zwei verschiedene Vollautomatiken zur Verfügung.

Der Clou bei diesen Vollautomatiken: in der Regel erkennen sie das anvisierte Motiv recht zuverlässig und stellen selbstständig ein geeignetes Motivprogramm ein. Sie können aber auch vorgeben, welche Art von Motiv Sie aufnehmen möchten und das dafür geeignete Motivprogramm von Hand vorgeben (mehr dazu ab Seite 58). Erfahrene Fotografen wollen vielleicht nur die Belichtung vollautomatisch steuern lassen, dazu dient der Modus P für Programmautomatik (Sie lernen ihn im Kapitel über richtiges Belichten von der Pike auf kennen).

Warum gleich zwei Vollautomatiken?

Auf den ersten Blick erschließt sich nicht, warum die A7 mit i📷 *Intelligente Automatik* und i📷⁺ *Überlegene Automatik* gleich zwei Vollautomatiken bietet. Und in der Tat erledigen beide Au-

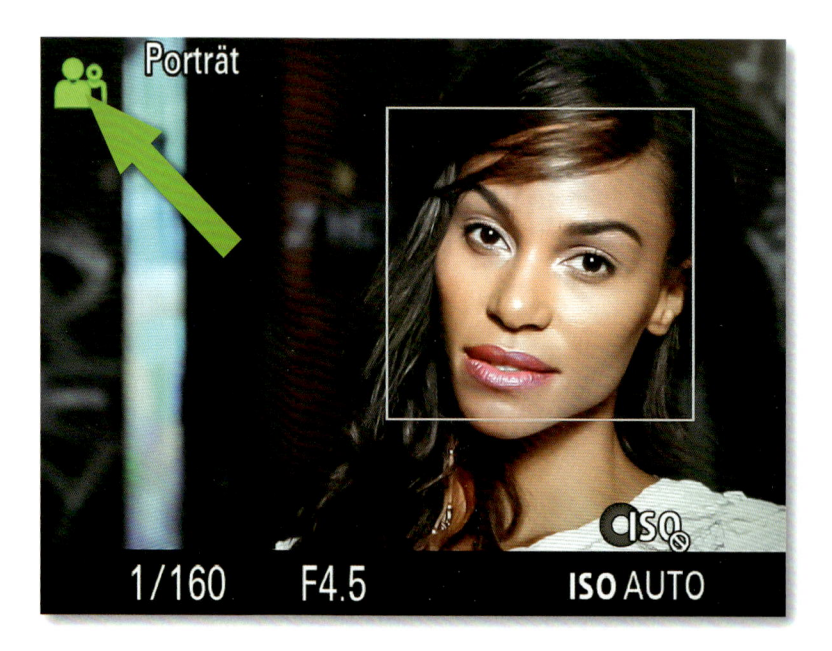

Für welches Motivprogramm sich die Vollautomatiken entscheiden, signalisiert das Symbol oben links im Sucherbild. Für einen kurzen Moment erscheint auch dessen Bezeichnung, hier »Porträt«.

tomatiken dasselbe: Sobald Sie den Auslöser halb niederdrücken, analysieren sie das Motiv und entscheiden sich dann für ein passendes Motivprogramm. Das gilt übrigens auch, wenn Sie mit einer der beiden Vollautomatiken eine Filmaufnahme starten.

Die *Überlegene Automatik* geht dabei indes einen Schritt weiter: Sie wählt bei Bedarf auch ein sogenanntes Verbundprogramm. Hierbei nimmt Ihre A7 in sehr rascher Folge mehrere Fotos auf und vereint diese Aufnahmeserie dann zu einem qualitativ deutlich hochwertigeren Bild, als es mit einer einzelnen Aufnahme möglich wäre. Ausführlich werden Sie die Möglichkeiten und Besonderheiten der Verbundprogramme noch im Abschnitt zu den Motivprogrammen ab Seite 61 kennenlernen.

In zwei Situationen verhält sich die *Überlegene Automatik* identisch zur *Intelligenten Automatik*, zeichnet also keine Verbundaufnahmen auf: Wenn Sie RAW als Dateiformat vorgegeben haben und falls Sie filmen.

Die »Überlegene Automatik« zeigt goldfarbene Symbole während die der »Intelligenten Automatik« in Grün erscheinen.

> **Für wen sich die Vollautomatiken eignen**
>
> Anspruchsvolle Fotografen, für die die A7 in erster Linie gedacht ist, werden die Vollautomatiken vielleicht als Spielerei abtun. Doch mir haben sie in so mancher Situation schon zu einem ausgezeichneten Foto verholfen. Etwa, wenn ich die Kamera mühsam von Hand für eine Makro-Aufnahme konfiguriert hatte, und sich dann plötzlich eine einzigartige Schnappschuss-Gelegenheit ergibt. Dann stelle ich das Programmwählrad einfach auf AUTO um, anstatt mich langwierig mit den passenden Einstellungen aufzuhalten.
>
> Praktisch finde ich die Vollautomatiken zudem, wenn ich meine A7 einmal weniger versierte Fotografen in die Hand drücke – beispielsweise, um selbst auch mit aufs Bild zu kommen.

Und welche der beiden Vollautomatiken ist nun besser geeignet? In der Regel können Sie ruhig die noch bessere *Überlegene Automatik* vorgeben. Nur falls Sie partout keine Verbundaufnahmen wünschen, stellen Sie auf die *Intelligente Automatik* um.

Vollautomatik wählen – so wird's gemacht

Wie Sie eine der beiden Vollautomatiken vorgeben, hängt von Ihren Einstellungen unter *MENU > Setup > 2 Modusregler-Hilfe* ab. Ich habe hier *Aus* vorgegeben, was für geübte Fotografen meine Empfehlung ist. In diesem Fall wählen Sie Ihre Vollautomatik so:

Die Vollautomatik stellen Sie bequem via Moduswählrad ein.

1 Drehen Sie das Moduswählrad in die Position *AUTO*. Ihre A7 wählt die Vollautomatik, die Sie zuletzt verwendet haben, zum Beispiel *Intelligente Automatik*.

2 Sie möchten jedoch die *Überlegene Automatik* verwenden? Dann drücken Sie die *Fn*-Taste, es erscheint das Schnellmenü. Dort steuern Sie die letzte Position (rechts unten) an, nach einem Druck auf die *SET*-Taste wählen Sie die gewünschte Automatik aus.

Via Schnellmenü wechseln Sie bequem zwischen den beiden Vollautomatiken.

Haben Sie die Option *Modusregler-Hilfer* auf *Ein* gestellt (unter MENU > Setup > 2)? Dann erscheint das Wahlmenü *Modus Automatik* automatisch, sobald sie das Moduswählrad auf AUTO stellen.

> **Arg eingeschränkte Einstellmöglichkeiten**
>
> Die *Intelligente Automatik* und *Überlegene Automatik* sind dazu gedacht, weniger versierten Fotografen kräftig unter die Arme zu greifen. Konsequenterweise bietet Ihre A7 Ihnen in diesem Modus sehr wenige Einstellmöglichkeiten – sowohl im Schnellmenü wie auch im Hauptmenü sind viele Optionen ausgegraut und können nicht geändert werden.
> Der A7 fehlt zudem die Funktion *Fotogestaltung*, die Sie vielleicht von einer NEX-Kamera kennen und mit der sich einige Vorgaben der Vollautomatiken übersteuern lassen.

3.2 So geben Sie das geeignete Motivprogramm vor

So praktisch die Vollautomatiken auch sein mögen – nicht immer erkennen sie die Motivsituation und wählen das entsprechende Motivprogramm. In diesem Fall geben Sie Ihrer A7 vor, mit welchem Programm sie Ihr Motiv fotografieren (oder auch filmen) soll. Zur Wahl stehen neun Motivprogramme – Sony nennt sie »Szenenwahl«, ich bleibe aber hier bei dem üblichen Begriff »Motivprogramm«. Ein Motivprogramm Ihrer Wahl ist schnell eingestellt:

1 Drehen Sie das Moduswählrad in die Position *SCN*. Ihre A7 wählt das Motivprogramm, das Sie zuletzt verwendet haben, zum Beispiel *Sportaktion*.

2 Um das Motivprogramm zu ändern, drücken Sie die *Fn*-Taste. Sie gelangen ins Schnellmenü, hier steuern Sie die Position rechts unten an.

3 Drücken Sie die *SET*-Taste. Es erscheint eine Liste mit den Motivprogrammen, die Sie mit einem der Drehräder durchblättern. Drücken Sie die *SET*-Taste erneut, um das aktuell angezeigte Programm zu wählen.

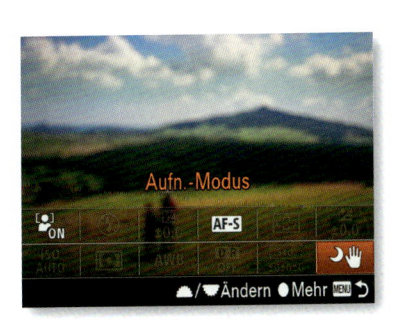

Das aktuelle Motivprogramm ändern Sie mit wenigen Handgriffen via Schnellmenü.

Die frei wählbaren Motivprogramme Ihrer A7 im Überblick

Porträt: Dieses Programm wählt eine möglichst große Blende, um den Hintergrund in Unschärfe verschwimmen zu lassen. Die Farben sind eher warm abgestimmt, zudem werden Hauttöne sanft weichgezeichnet. Die automatische Gesichtserkennung ist stets aktiv und lässt sich nicht deaktivieren. Reihenaufnahmen sind nicht möglich (was ich sehr schade finde), wohl aber Aufnahmen mit dem Selbstauslöser.

Praxistipp: Funktioniert bei vielen Motiven, bei denen es auf einen soften Bildhintergrund ankommt. Sorgen Sie für einen möglichst großen Abstand zwischen Ihrem Motiv und dem Hintergrund und zoomen Sie auf eine Brennweite zwischen 70 und 135 Millimeter.

🏂 **Sportaktion:** Nimmt schnelle Bilderserien mit möglichst kurzer Verschlusszeit auf, um Bewegungsunschärfe zu vermeiden. Die Geschwindigkeit der Serienaufnahme lässt sich einstellen, Einzelbildaufnahmen sind nicht möglich. Als Fokus-Modus ist standardmäßig AF-C (Nachführ-AF) vorgegeben, AF-S (Einzel-AF) lässt sich nicht wählen.

Praxistipp: Eine möglichst kurze Belichtungszeit hat für Ihre A7 höchste Priorität, dazu setzt sie notfalls die ISO-Empfindlichkeit sehr hoch. Rechnen Sie daher bei schlechten Lichtverhältnissen (z. B. Hallensport) mit einer etwas eingeschränkten Bildqualität. Mit einem lichtstarken Objektiv verbessern Sie die Bildqualität. Die automatische Gesichtserkennung lässt sich aktivieren, dann eignet sich *Sportaktion* prima auch für Schnappschüsse.

🌷 **Makro:** Stellt auf das Motiv scharf, das der Kamera am nächsten ist. Eine weit geöffnete Blende softet den Hintergrund ab.

Praxistipp: Oftmals ist eine weit geöffnete Blende (= geringe Tiefenschärfe) bei Makro-Fotos nicht gewünscht – daher eignet sich dieses Motivprogramm für meinen Geschmack nicht so sehr für Nahaufnahmen. Nehmen Sie besser *Landschaft* und fokussieren Sie notfalls manuell.

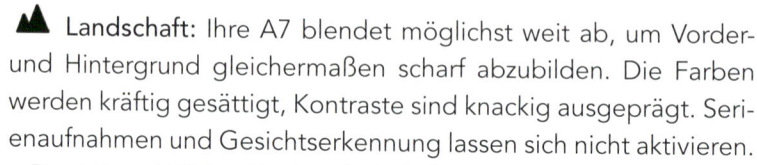

🏔 **Landschaft:** Ihre A7 blendet möglichst weit ab, um Vorder- und Hintergrund gleichermaßen scharf abzubilden. Die Farben werden kräftig gesättigt, Kontraste sind knackig ausgeprägt. Serienaufnahmen und Gesichtserkennung lassen sich nicht aktivieren.

Praxistipp: Wählen Sie *Landschaft* für alle Motive, die eine große Tiefenschärfe erfordern – zum Beispiel auch für Produktaufnahmen.

🌅 **Sonnenuntergang:** Ähnlich wie *Landschaft*, aber mit geänderten Farbeinstellungen, um Rot- und Orangetöne besonders hervorzuheben.

Praxistipp: Eignet sich für alle Motive, bei denen eine warme Farbwiedergabe sowie kräftige Rot- und Orangetöne gewünscht sind.

🌙 **Nachtszene:** Standard-Programm zur Aufnahme unter schlechten Lichtbedingungen aus der Hand. Blende und ISO-Empfindlichkeit werden so gesteuert, dass die Gefahr von Verwacklungsunschärfe minimal bleibt. Ein Blitzlicht lässt sich nicht aktivieren.

Praxistipp: Ein recht »dummes« Motivprogramm; *Handgehalten bei Dämmerung* oder *Nachtaufnahme* sind meist die bessere Wahl.

☾✋ **Handgehalten bei Dämmerung:** Nimmt eine Serie von sechs Fotos auf, die zu einem rauscharmen Bild kombiniert werden. Dazu werden die sechs Einzelbilder gemittelt und gleichermaßen für die Verbundaufnahme verwendet. Wählt Verschlusszeit, die auch bei Aufnahmen aus der Hand meistens verwacklungsfrei bleiben, und erhöht ISO-Zahl entsprechend. RAW-Aufnahmen sind nicht möglich.

Alternative: »Multiframe-Rauschminderung«

Die Vorteile der Rauschreduzierung durch Mehrfachbelichtung sind beachtlich. Bei der A7 steht Ihnen diese Funktion nicht nur als Motivprogramm zur Verfügung, sondern auch als »Multiframe-Rauschminderung« in den ISO-Einstellungen, falls Sie im PASM-Modus fotografieren.

Im Programm »Handgehalten bei Dämmerung« nimmt die A7 in rascher Folge sechs Fotos auf, die durchaus verrauscht sein können (links). Diese sechs Aufnahmen werden dann von der Kamera derart zu einem Bild verschmolzen, dass das Rauschen verschwindet (rechts).

Praxistipp: Erste Wahl, um bei schlechten Bildverhältnissen Bildrauschen durch eine hohe ISO-Zahl zu vermeiden, etwa bei Nachtaufnahmen. Nicht so gut geeignet für Motive, die sich bewegen (Gefahr von Geisterbildern). Für beste Ergebnisse Kamera auf Stativ montieren oder wenigstens sicher abstützen.

Nachtaufnahme

Mein Lieblingsprogramm ist »Nachtaufnahme«. Es mischt Blitzlicht und Umgebungslicht derart, dass sich ein harmonischer Gesamteindruck ergibt.

ISO 800 | 50 mm | 1/35 s | f/3.2

Ihre A7 stellt nicht scharf?

In seltenen Fällen passiert es, dass der Autofokus (AF) Ihrer A7 nicht scharf stellen kann. Das AF-System benötigt etwas Licht sowie ein paar Kontraste im Motiv. Eine gleichmäßig weiße Wand stellt den Autofokus vor ein unlösbares Rätsel und auch eine dunkle Gaststube bereitet ihm arge Probleme. Zudem muss Ihr Motiv einen Mindestabstand zum Objektiv einhalten, diese Naheinstellgrenze variiert von Objektiv zu Objektiv.

Wenn der Autofokus kein Ziel finden kann, blinkt unten links im Sucher ein grüner Punkt. Wie Sie dennoch eine scharfe Aufnahme erhalten, lesen Sie ausführlich in Kapitel 5.

Nächtlicher Schnappschuss

Ein schneller Schnappschuss während eines nächtlichen Spaziergangs – da liefern die Vollautomatiken oder das geeignete Motivprogramm perfekte Ergebnisse, ohne dass ich mich lange um die passenden Kameraeinstellungen kümmern muss.

ISO 3.200 | 50 mm | 1/30 s | f/4

Nachtaufnahme: Löst ein Systemblitzgerät im Modus *Langzeitsynchronisation* aus. Dabei wird die Belichtungszeit derart gesteuert, dass der nicht vom Blitzlicht erfasste Bildhintergrund ebenfalls korrekt belichtet wird. Die Gesichtserkennung lässt sich aktivieren.

Praxistipp: Nur in Verbindung mit einem Systemblitzgerät sinnvoll zu verwenden. Dann eignet sich das Programm jedoch bestens für Porträt-Aufnahmen in dunkler Umgebung, etwa einer nächtlichen Straßenszene oder einer schummrigen Party.

3.3 Grundlegende Aufnahmetechniken

Ganz gleich, ob Sie eine der Vollautomatiken einsetzen, ein Motivprogramm vorgeben oder Ihre A7 manuell steuern – die wichtigsten Bedienschritte zur Aufnahme bleiben stets gleich. Im Prinzip sind nur ein paar rasche Handgriffe nötig, um ein Bild aufzunehmen:

1. Richten Sie Ihre Kamera auf das gewünschte Motiv. Falls Sie mit einem Zoomobjektiv arbeiten, legen Sie den gewünschten Bildausschnitt fest, indem Sie den Zoomring drehen.

2. Tippen Sie leicht auf den Auslöser und halten Sie den Auslöseknopf halb gedrückt. Jetzt passiert zweierlei:

   - Die A7 misst die Belichtung. Unten im Sucherbild nennt sie die gewählten Werte für Belichtungszeit, Blende und ISO-Zahl.
   - Der Autofokus tritt in Aktion und stellt die Entfernung ein. Eine oder mehrere grüne Markierungen signalisieren, welche Partien im Bild scharf wiedergegeben werden.

3. Atmen Sie etwas aus, dann drücken Sie den Auslöser gefühlvoll ganz durch. Ihre A7 klickt leise, dann ist die Aufnahme im Kasten.

4. Nach der Aufnahme erscheint für ein paar Sekunden das neue Foto auf dem Display oder im Sucher. Werfen Sie einen kurzen Blick darauf, ob alles OK ist. Dann tippen Sie den Auslöser an, damit Ihre A7 wieder aufnahmebereit wird.

So kommt ein Motiv am Bildrand perfekt aufs Foto

Solange sich Ihr Motiv, sagen wir eine Blume oder der Nachbarshund, so ziemlich in der Mitte des Sucherbildes zeigt, kommen Sie mit den drei Schritten »Anvisieren – Messen – Auslösen« ziemlich weit. Allerdings wirken Ihre Aufnahmen viel eindrucksvoller, wenn Sie das Hauptmotiv etwas aus der Mitte herausrücken. Jetzt besteht indes die Gefahr, dass Ihre A7 nicht auf die Blume im Vordergrund scharf stellt, sondern auf den Gartenzaun weiter hinten. Und auch die Belichtung wird sie dann an der Helligkeit des Gartenzauns ausrichten. In diesem Fall gehen Sie folgendermaßen vor:

Alles automatisch: unbeschwert fotografieren mit der A7

> **Messwertspeicher**
>
> Immer wenn Sie den Auslöser halb durchdrücken, ermittelt die A7 den korrekten Belichtungswert und stellt die Entfernung ein. Beide Werte bleiben standardmäßig solange gespeichert, wie Sie den Auslöser angetippt halten.
>
> In manchen Situationen möchten Sie vielleicht nicht, dass Ihre A7 die Belichtung speichert, sondern sie erst für den Bildausschnitt nach Ihrem Kameraschwenk beim Auslösen ermittelt. In diesem Fall stellen Sie *MENU > Benutzer-Einstellung > 4 > AEL* mit Auslöser auf *Aus*.
>
> Ebenso haben Sie die Möglichkeit, nur die Belichtung nicht aber die Entfernungseinstellung zu speichern. Dazu stellen Sie den Wählhebel für den Messwertspeicher auf *AEL* und halten die Taste für den Messwertspeicher gedrückt, bis Sie Ihre Kamera auf den gewünschten Bildausschnitt geschwenkt und ausgelöst haben.

1 Richten Sie Ihre Kamera zunächst zentral aufs Hauptmotiv und drücken Sie den Auslöser halb durch.

2 Halten Sie den Auslöser halb gedrückt und schwenken Sie Ihre A7 auf den endgültigen Bildausschnitt.

3 Drücken Sie den Auslöser ganz durch. Die A7 nimmt das Foto mit den Einstellungen für Belichtung und Entfernung auf, die Sie in Schritt 1 gespeichert haben.

Kurze Kontrolle vor der Aufnahme

Sobald Sie den Auslöser Ihrer A7 halb durchdrücken, ändern sich einige Angabe im Sucherbild. Gewöhnen Sie es sich an, diese Informationen stets mit einem kurzen Blick zu prüfen – auch wenn Sie mit den Vollautomatiken fotografieren. So vermeiden Sie Aufnahmepannen und stellen zudem schnell fest, ob die von der Kamera gewählten Einstellungen zur Ihrem Motiv (und Ihrer Intention) passen:

- **Motivprogramm**: Sie haben das Moduswählrad auf AUTO gestellt? Dann prüfen Sie vor allem, für welches Motivprogramm sich Ihre A7 entscheidet – Sie erkennen es an dem Symbol links oben im Sucherbild. Erscheint hier das Symbol i📷 oder i📷⁺, hat Ihre A7 kein spezielles Motivprogramm parat – die Aufnahme wird dennoch korrekt belichtet und scharf gestellt. Alternativ geben Sie das Motivprogramm Ihrer Wahl von Hand vor.

- **Belichtungszeit**: Unten links im Sucherbild zeigt Ihre A7, wie lange sie die Aufnahme belichten wird. Dieser Wert sollte möglichst klein sein, um verwackelte Fotos und Bewegungsunschärfe bei Action-Motiven zu vermeiden. Falls Sie mit den Vollautomatiken oder mit Motivprogrammen fotografieren, lässt sich dieser Wert nicht ändern. Detailliert lernen Sie den Einfluss der Belichtungszeit auf Ihre Aufnahmen in Kapitel 4 kennen.
- **Blendenwert**: Wie viel Licht während der Aufnahme auf den Bildsensor fällt, steuert nicht nur die Belichtungszeit sondern auch die Blendenöffnung des Objektivs. Ist die Blende weit geöffnet, fällt viel Licht hindurch; ist sie dagegen fast geschlossen, nur sehr wenig. Eine kleine F-Zahl steht für eine weit geöffnete Blende, eine hohe Blendenzahl für eine enge Blendenöffnung. Eingehend werden Sie das alles noch später kennen lernen. Auch dieser Wert lässt sich bei den Vollautomatiken und Motivprogrammen nicht ändern.
- **ISO-Zahl**: Sobald Sie den Auslöser antippen, informiert Sie Ihre A7 zudem, mit welcher ISO-Empfindlichkeit sie aufnehmen wird. Auch das werden Sie noch näher kennen lernen. Einstweilen merken Sie sich: Je höher die ISO-Zahl, desto weicher und detailärmer wird das Foto. Bei den Vollautomatiken und Motivprogrammen können Sie diesen Wert ebenfalls nicht beeinflussen.
- **Schärfeindikator**: Checken Sie auch, ob Ihre A7 auf die gewünschte Bildpartie scharf gestellt hat. Sie kennzeichnet diese mit einem oder mehreren grünen Kreuzen beziehungsweise einem grünen Porträtrahmen, falls die automatische Gesichtserkennung ein Antlitz entdeckt hat. Zudem erscheint unten links im Sucherbild ein grüner Punkt.

Sobald Sie den Auslöser halb gedrückt halten, blendet Ihre A7 unten im Sucherbild Belichtungszeit, Blendenzahl und ISO-Wert für die Aufnahme ein. Der grüne Punkt links unten signalisiert, dass Ihre Kamera erfolgreich scharf gestellt hat. Partien, die im Fokus liegen, kennzeichnet die A7 mit grünen Markierungen im Sucherbild.

Kameraposition und Bildwirkung

Bis jetzt haben Sie vor allem technische Aspekte kennengelernt, die Ihnen zu gelungenen Aufnahmen verhelfen. Aber auch ein technische korrektes Foto muss noch kein gutes Bild abgeben. Bereits drei Grundregeln bei der Gestaltung Ihrer Aufnahmen verhelfen Ihnen zu eindrucksvollen Fotos, die Sie sich sehen lassen können:

- **Gehen Sie auf Augenhöhe zum Motiv**: Fotos von Menschen und Tieren aber auch von kleineren Gegenständen wirken

Alles automatisch: unbeschwert fotografieren mit der A7

Kameraposition

Links: Wenn Sie Ihr Motiv aus dem Stand fotografieren, blicken Sie leicht von »oben herab«. So wirken die wenigsten Motive ansprechend!
Rechts: So ist's besser: Bringen Sie Ihre A7 auf »Augenhöhe« zum Motiv – das gilt auch für Sachaufnahmen.

nicht schön, wenn sie »von oben herab« aufgenommen werden. Bringen Sie sich oder zumindest Ihre A7 auf Augenhöhe zum Motiv. Gehen Sie in die Hocke, um Ihren kleinen Sohn beim Spielen zu fotografieren oder zu filmen. Setzen Sie Ihre A7 ruhig auf dem Boden auf, wenn Sie eine kleine Blume oder die Nachbarskatze aufnehmen möchten – das Klappdisplay macht's Ihnen leicht.

- **Richten Sie Ihre Kamera lot- und waagerecht aus**: Der Kirchturm oder die mächtige Eiche wollen nicht aufs Bild passen? Kein Problem, Sie haben ja ein Weitwinkelzoom. Dann noch die Kamera ordentlich nach oben gerichtet, und schon passt alles aufs Foto. Schön wirken derartige Aufnahmen indes selten, die Gebäude scheinen nach hinten zu kippen. Und wenn Sie Ihre Kamera auch noch schief gehalten haben, zieht sich der Horizont nicht mehr waagerecht durchs Bild. Anstatt Ihre Kamera noch oben (oder auch nach unten) zu richten, erhöhen (oder verringern) Sie Ihren Standpunkt: Steigen Sie zum Beispiel auf eine Parkbank. Und denken Sie daran: Die elektronische Wasserwaage Ihrer A7 hilft Ihnen, die Kamera lotrecht aufs Motiv zu richten.

Stürzende Linien

Stürzende Linien wie im Bild links lassen sich oftmals einfach vermeiden: Treten Sie ein paar Schritte zurück und erhöhen Sie den Aufnahmestandort – für das Bild rechts bin ich einfach auf eine Gartenmauer gestiegen.

Grundlegende Aufnahmetechniken

- Motiventfernung und Brennweite aufeinander abstimmen: Ein Zoomobjektiv an Ihrer A7 ist schon praktisch: Wenn das Motiv nicht aufs Bild passt, zoomen Sie einfach aus. Und weit Entferntes holen Sie mit einem Telezoom formatfüllend ins Bild. Doch denken Sie daran, dass die Brennweite des Zooms auch die Bildwirkung entscheidend beeinflusst. Kleine Brennweiten lassen Motivbereiche im Vordergrund weitaus größer wirken, als sie in Natura sind – insbesondere bei Personenaufnahmen wirkt das meist eigenartig. Umgekehrt rücken große Brennweiten Vorder- und Hintergrund scheinbar zusammen; die Aufnahme wirkt verdichtet. Probieren Sie daher auch, den Aufnahmeabstand zu verändern, anstatt nur am Zoomring zu drehen – »zoomen Sie mit den Füßen«. Sie vermeiden extrem kurze Weitwinkel-Brennweiten, indem Sie den Abstand zum Motiv vergrößern. Umgekehrt wirken Sie einem zu dich-

Brennweite

Die Brennweite hat einen entscheidenden Einfluss auf die Bildwirkung. Das Porträt links habe ich mit 35 Millimeter Brennweite aufgenommen, das Weitwinkelobjektiv erfasst einen großen Hintergrundbereich. Rechts dasselbe Foto bei 200 mm Brennweite, das Porträt nimmt nun einen wesentlich größeren Bildberich ein, Vorder- und Hintergrund rücken scheinbar zusammen.

Ausrichtung

Hochformataufnahmen eignen sich nicht so gut zur Wiedergabe auf einem Computer-Monitor oder TV-Gerät.

ten Tele-Eindruck entgegen, indem Sie näher ans Hauptmotiv herantreten.

- **Hoch- oder Querformat?** Falls ein hoher Kirchturm oder ein Porträt im Querformat nicht aufs Bild passt, können Sie Ihre A7 natürlich ins Hochformat drehen. Solange Sie Ihre Bilder später auf Papier präsentieren möchten, spricht überhaupt nichts dagegen. Zeigen Sie Ihre Aufnahmen aber auf einem Monitor oder TV-Gerät, werden Hochformat-Fotos deutlich kleiner wiedergegeben. Ich gehe daher sparsam mit Fotos im Hochformat um und versuche wenn immer möglich, auch noch eine Alternative im Querformat aufzunehmen.

Schneller Check nach der Aufnahme

Standardmäßig zeigt Ihre A7 jede Aufnahme sofort für zwei Sekunden auf dem Display oder im Sucher an. Ich habe meine Kamera indes so eingerichtet, dass die Bildkontrolle fünf Sekunden dauert. Das gibt mir ausreichend Zeit für einen prüfenden Blick: Ist alles korrekt mit aufs Bild gekommen, oder haben Sie vielleicht die Füße abgeschnitten? Ist die Foto waagerecht oder läuft der Horizont schief durchs Bild? Wenn das Foto nichts geworden ist, löschen Sie es am besten sogleich und wiederholen die Aufnahme gegebenenfalls.

Die *Löschen*-Taste Ihrer A7 ist mit einem *Papierkorb*-Symbol gekennzeichnet. Drücken Sie diese Taste, solange Ihre Kamera

Löschen Sie misslungene Aufnahmen sogleich. Das spart Speicherplatz und erleichtert Ihnen die Bildverwaltung.

das soeben aufgenommene Foto zeigt. Es erscheint eine Sicherheitsabfrage, die Sie mit der *SET*-Taste bestätigen.

Sollten Sie bei der Bildkontrolle nicht sicher beurteilen können, ob Ihre A7 die Aufnahme korrekt belichtet hat, drücken Sie die *DISP*-Taste. Ihre A7 blendet jetzt ein Histogramm ein, das oben die Helligkeitsverteilung über alle Farbkanäle aufsummiert anzeigt und darunter separat für den Rot-, Grün- und Blaukanal. Doch darauf kommt es jetzt gar nicht an – prüfen Sie etwas anderes: Blinken im Bild Partien hektisch in Weiß? Diese Bildpartien sind unterbelichtet. Und mit schwarzem Blinken kennzeichnet Ihre A7 Bildbereiche, die überbelichtet sind.

Mit der DISP-Taste schalten Sie in die »Histogramm«-Ansicht um. Überbelichtete Bildpartien (wie hier) blinken schwarz. Unterbelichtete Bildbereiche stellt Ihre A7 weiß blinkend dar.

Standardmäßig zeigt Ihre A7 die gesamte Aufnahme auf dem Wiedergabebildschirm. So können Sie natürlich nicht beurteilen, ob alle wichtigen Motivpartien scharf aufs Foto gekommen sind. Um die Schärfe und Details zu prüfen, zoomen Sie ins Bild hinein:

1 Sie rufen das Wiedergabe-Zoom mit der *C2*-Taste auf. Zunächst vergrößert Ihre A7 einen Ausschnitt aus dem Bildzentrum.

2 Welchen Ausschnitt Sie aktuelle sehen, zeigt der Wiedergabebildschirm mit einer kleinen Übersicht links unten. Ein oranger Rahmen kennzeichnet hier den sichtbaren Bildausschnitt. Sie verschieben ihn mit den Tasten auf der Vierwege-Wippe.

Verlassen Sie sich nicht nur aufs Display!

Sie haben ein Foto aufgenommen, auf dem Display Ihrer A7 wirkt es viel zu dunkel. Widerstehen Sie dem ersten Impuls auf den Löschknopf zu drücken. Insbesondere im hellen Sonnenschein leuchtet das Display längst nicht so hell wie die sonnenüberflutete Landschaft, in die Sie gerade blicken. Da Ihre Augen aber auf das helle Umgebungslicht adaptiert sind, nehmen Sie die Displayanzeige zu dunkel wahr. Betrachten Sie die Aufnahme bei gedämpftem Licht oder wenigstens im Schatten eines ausladenden Baumes. Und ziehen Sie das Histogramm zu Rate, im Kapitel 4 erfahren Sie, wie Sie die Anzeige richtig deuten.

3 Natürlich können Sie auch die Vergrößerungsstufe ändern, dazu drehen Sie am Daumenrad. Sie verlassen die Wiedergabe-Lupe mit der *MENU*-Taste.

Mit dem Daumenrad ändern Sie den Vergrößerungsfaktor der Wiedergabe- Lupe, die MENU-Taste schaltet ist ab. Den sichtbaren Bildausschnitt verschieben Sie mit den Tasten auf der Vierwege-Wippe.

3.4 Bessere Porträtfotos mit der automatischen Gesichtserkennung

Ein Autofokus, der automatisch auf das Motiv scharf stellt, ist schon eine feine Sache. Aber wo im Bild ist das Motiv, das Sie scharf aufnehmen möchten? Ihre A7 findet es ganz von alleine, falls es sich dabei um das Antlitz eines Menschen handelt. Dafür sorgt die Automatik *Gesichtserkennung*, sie ist standardmäßig eingeschaltet.

Und das ist noch nicht alles: Ihre A7 bietet sogar eine Gesichtswiederkennung, die bis zu acht Gesichter identifiziert, so Sie die entsprechenden Porträts zuvor registriert haben – dazu gleich mehr. Zudem können Sie Ihre A7 so einrichten, dass sie nur auslöst, wenn ein erkanntes Gesicht auch ein Lächeln zeigt. Damit nicht genug: Auf Knopfdruck stellt die A7 sogar auf das der Kamera zugewandte Auge scharf – eine äußerst praktische Funktion, die ich so von keiner anderen Kamera kenne!

Auf Wunsch schneidet Ihre A7 zudem ein Porträtfoto automatisch derart zu, dass es nach den Regeln des Goldenen Schnitts aufgebaut ist. Und last but not least, gibt es auch noch einen Spezialeffekt, der für eine angenehm weiche Haut sorgt.

Porträt-Automatiken in der Fotopraxis

Die cleveren Porträt-Automatiken funktionieren nur, wenn auch die Gesichtserkennung an Ihrer A7 eingeschaltet ist. Gegebenenfalls aktivieren Sie die Automatik unter *MENU > Kamera > 5 Lächel-/Ges.-Erk. > Gesichtserkennung Ein*. Standardmäßig liegt die Funktion auch im Schnellmenü. Haben Sie die Gesichtserkennung ausgeschaltet, gibt es auch keinen Lächelauslöser (mehr dazu gleich) sowie keinen *Soft Skin-Effekt*. Der *Automatische Objektrahmen* lässt sich zwar einschalten, wird aber bei deaktivierter Gesichtserkennung in den wenigsten Fällen funktionieren.

Einschränkungen bei RAW-Aufnahmen

Wenn Sie hochwertige RAW-Fotos aufzeichnen, stehen Ihnen naturgemäß die Funktionen nicht zur Verfügung, die die Bildbearbeitungs-Engine Ihrer A7 erst nach der Aufnahme auf Ihr Foto anwendet. Das sind in erster Linie der Soft Skin-Effekt sowie der *Automatische Objektrahmen*.

Professionelles Porträt

Nicht umsonst gilt die Porträt-Fotografie als anspruchsvolle Disziplin. Die A7 macht es Ihnen indes so einfach wie möglich – selbst erfahrene Fotografen profitieren von den Spezialfunktionen für Porträt-Aufnahmen

ISO 1.600 | 43 mm | 1/30 s | f/4

> **Mit dem Motivprogramm »Porträt« gehen Sie auf Nummer Sicher!**
>
> Die Gesichtserkennung funktioniert nicht so, wie Sie sollte, Sie können aber auf die Schnelle den Fehler nicht finden? Dann schalten Sie einfach das Motivprogramm Porträt ein, und sofort ist Ihre A7 optimal für Porträtfotos eingerichtet. Kleiner Schönheitsfehler dabei: Der Augen-AF lässt sich im Porträt-Programm nicht aktivieren – das finde ich schade.

Automatisch schaltet Ihre A7 die Gesichtserkennung ab, wenn Sie ein Schwenkpanorama aufnehmen (Siehe Seite 83). Falls Sie manuell fokussieren, werden Porträts im Sucher zwar markiert, aber naturgemäß nicht automatisch scharf gestellt. Das gilt auch, wenn Sie ein anderes Fokusfeld als *Breit* eingestellt haben und sich das Gesicht nicht innerhalb des aktuellen Fokusfelds befindet. Diese Beschränkung greift ebenfalls in dem Fall, dass Sie ein A-Mount-Objektiv via Adapter LA-EA4 an Ihre A7 angeschlossen haben. Jetzt kann Ihre A7 nur dann ein Porträt automatisch scharf stellen, wenn es sich innerhalb des relativ engen Bereichs befindet, der durch die AF-Felder des Adapters abgedeckt werden (mehr zu diesem Thema lesen Sie in Kapitel 5).

Falls Ihre A7 ein Gesicht am Bildrand nicht erkennen kann, visieren Sie es zunächst direkt an, drücken Sie den Auslöser halb durch und schwenken Ihre Kamera dann bei halb gedrücktem Auslöser auf den gewünschten Bildausschnitt.

Im Idealfall – also wenn Ihre A7 optimal eingerichtet ist – sind die Gesichtserkennung und ihr untergeordnete Automatiken eine feine Sache. Sobald Sie die Kamera nun auf eine Person oder auch auf eine kleine Menschengruppe richten und den Auslöser halb durchdrücken, meldet sich die Gesichtserkennung: Ein oder gleich mehrere Porträts im Bildausschnitt werden eingerahmt, vielleicht sogar in verschiedenen Farben. Das signalisieren die Farbrahmen:

Sobald Sie Ihre A7 auf ein menschliches Antlitz richten, rahmt die Gesichtserkennung ein Konterfei in Grau ein. Befinden sich mehrere Porträts im Bildausschnitt, wird das bevorzugte Gesicht weiß eingerahmt.

- Ein grauer Rahmen erscheint, wenn Ihre A7 ein einzelnes Gesicht im Bildausschnitt entdeckt hat.
- Befinden sich mehrere Personen im Bildausschnitt, markiert die Kamera das Gesicht weiß, auf das sie scharf stellt. Die übrigen Porträts werden grau eingerahmt.
- Haben Sie auch die Gesichtswiedererkennung eingeschaltet (mehr dazu gleich im ab Seite 75), wird Ihre A7 auf das Gesicht scharf stellen, das sie identifiziert hat. Es wird ebenfalls mit einem grünen Rahmen markiert.
- Kann die Kamera kein Gesicht erkennen, zeigen die üblichen grünen Fokusfelder, auf welche Motivpartie sie scharf stellt.

Alternative: Augen-AF

Mit der A7 hat Sony eine neue Automatik eingeführt, die eine interessante Alternative zur Gesichtserkennung ist – der Augen-AF. Er erkennt die Augen im menschlichen Antlitz und stellt sehr exakt darauf scharf. Der Augen-AF wird standardmäßig mit der *SET*-Taste aktiviert. Er funktioniert unabhängig von der Gesichtserkennung, steht allerdings nur im PASM-Modus zur Verfügung. Ausführlich lernen Sie ihn in Kapitel 5 kennen.

Lassen Sie die Gesichtserkennung in der Regel eingeschaltet

Für mich gibt es selten einen Grund, die Gesichtserkennung abzuschalten. Falls Sie einmal nicht auf ein Porträt fokussieren möchten, markieren Sie die gewünschte Bildpartie einfach mit dem *Flexible Spot* (mehr dazu im FOKUS-Kapitel).

Ich schalte die Gesichtserkennung aus, falls es auf schnelle Aufnahmeserien ankommt, etwa bei Sport- und Action-Fotos. Das spart Rechenzeit, die etwas der Serienbildgeschwindigkeit zu Gute kommt.

Gesichter, die Probleme bereiten

In der Praxis funktioniert die Gesichtserkennung sehr zuverlässig. In einigen Fällen kann es aber passieren, dass sie versagt und ein Antlitz im Sucherausschnitt nicht erkennen kann. Diese Situationen bereiten der Gesichtserkennung Schwierigkeiten:

- Die Automatik funktioniert am besten bei Gesichtern, die Ihnen direkt zugewandt sind. Je weiter eine Person aus dem Bild hinausschaut, desto unzuverlässiger arbeitet die Gesichtserkennung.
- Tief gesenkte Lider oder gar geschlossene Augen, bringen die Automatik ebenfalls aus dem Tritt.
- Probleme bereiten zudem Gesichter, die teilweise verdeckt sind – zum Beispiel von einem tief in die Stirn gezogenen Hut beziehungsweise Mütze oder einer Sonnenbrille.
- Die Gesichtserkennung erwartet außerdem, dass ein Konterfei den Bildausschnitt zu einem guten Teil ausfüllt. Ist eine Person nur sehr klein im Sucher zu sehen, findet es die Automatik unter Umständen nicht.

Vier Beispiele für Porträts, die der Gesichtserkennung Probleme bereiten können.

- Problematisch sind auch Gesichter, die tief im Schatten liegen – etwa in der dunklen Nische eines Wirtshauses. Selbst ein leistungsfähiges Blitzlicht hilft in diesem Falls nicht immer aus der Klemme.

Automatischer Objektrahmen – ansprechender Bildzuschnitt auf Knopdfruck?

Die A7 bietet Ihnen für harmonisch komponierte Porträtaufnahmen eine auf den ersten Blick pfiffige Funktion: der *Automatische Objektrahmen*. Falls Sie diese Automatik ausprobieren möchten, schalten Sie sie mit dieser Befehlsfolge ein: *MENU > Kameramenü > 6 > Autom. Objektrahm > Ein*. Sobald Sie nun ein Porträt fotografieren (das die Gesichtserkennung erkannt hat), schneidet es die A7 zu. Die zugeschnittene Fassung wird zusätzlich zur Originalaufnahme gespeichert – und das ist auch gut so!

Für meinen Geschmack können Sie gut auf *Automatischer Objektrahmen* verzichten. Sie haben nämlich keinerlei Einfluss darauf, welchen Bildausschnitt die Automatik für ansprechend hält. Mal geht das gut, mal nicht. Störend finde ich zudem, dass die zugeschnittene Datei auf das Maß vergrößert wird, das auch die Originalaufnahme hat – also auf 24 Megapixel bei der A7 und 36 Megapixel bei der A7R. Dass diese Ausschnittvergrößerung einen negativen Einfluss auf die Bildqualität hat, liegt auf der Hand. Daher mein Tipp: Wenn Sie bei der Aufnahme nicht den optimalen Bildausschnitt gewählt haben, schneiden Sie das Porträtfoto besser nachträglich mit einem Bildbearbeitungsprogramm zu –

Nachdem ich hier die Aufnahme ausgelöst habe, hat die Funktion »Automatischer Objektrahmen« das Bild sogleich zugeschnitten. Ein weißer Rahmen kennzeichnet für einen Moment den Bildausschnitt, ändern lässt er sich indes nicht.

nur so haben Sie die volle Kontrolle über Ihren Ausschnitt. Falls Sie im RAW-Format aufzeichnen, haben Sie sowieso keine andere Möglichkeit – denn in diesem Fall funktioniert der automatische Bildzuschnitt nicht. Und auch mit dem manuellen Fokus arbeitet die Automatik nicht zusammen.

Anstatt sich auf den *Automatischen Objektrahmen* zu verlassen, komponieren Sie Ihre Porträtaufnahmen besser selber. Dabei helfen Ihnen die Gitterlinien, die Ihre A7 auf Wunsch einblebendet. *Schalten Sie unter MENU > Benutzer-Einstellung > 1 > Gitterlinien > 3x3 Raster* ein. Dann richten Sie Ihre Kamera so auf ein Antlitz, dass eines der Augen auf einer der oberen Schnittpunkte zu liegen kommt. Alternativ rücken Sie das Porträt einen Tick nach innen und unten – so bauen Sie es annähernd nach den Regeln des Goldenen Schnitts auf.

Das »3x3 Raster« hilft Ihnen, Porträtfotos ansprechend aufzubauen und langweilig zentral ausgerichtete Aufnahmen zu vermeiden. Hier habe ich das Auge rechts nicht exakt auf den Schnittpunkt gelegt, sondern etwas nach innen gerückt. Auf diese Weise folgt die Bildkomposition den Regeln des Goldenen Schnitts.

Gesichtswiederkennung einrichten und einsetzen

Ihre A7 kann nicht nur beliebige Gesichter im Bildausschnitt erkennen, sondern ausgewählte Konterfeis auch wiedererkennen, also identifizieren. Vorausgesetzt natürlich, Sie haben das entsprechende Antlitz vorab für die Gesichtswiederkennung registriert. Bis zu acht Gesichter können Sie für diese Funktion in Ihrer A7 hinterlegen. Wenn Sie dann die Gesichtswiederkennung aktivieren, stellt Ihre A7 vorrangig auf diese Porträts scharf, etwa bei Gruppenaufnahmen.

Bevor Sie sich jedoch daran machen, die acht Speicherplätze mit den Konterfeis Ihrer Lieben zu füllen, überlegen Sie kurz, ob diese Funktion für Sie überhaupt sinnvoll ist. Stellen Sie sich einmal vor, Sie fotografieren eine Feier; etwa eine Hochzeit oder einen runden Geburtstag. Sie registrieren also vorab die Konterfeis des Hochzeitspaars oder des Jubilars für die Gesichtswiederkennung. Auf allen Ihren Party-Fotos werden nun genau diese Gesichter scharf sein; weitere jedoch nur, wenn sie sich ebenfalls innerhalb der Schärfeebene befinden. Da wird sich der eine oder andere Partygast bedanken, dass es keine scharfe Aufnahme von ihm gibt!

Hinzu kommt: Zuverlässig arbeitet die Gesichtswiederkennung nur, wenn ein registriertes Porträt das Sucherbild mindestens zu etwa einem Drittel ausfüllt. Andernfalls verhält sie sich wie die herkömmliche Gesichtserkennung.

Für meinen Geschmack kann man ganz gut ohne die Gesichtswiederkennung auskommen. Falls Sie die Funktion verwenden möchten, nehmen Sie als Erstes die gewünschten Konterfeis in die Datenbank der Gesichtswiedererkennung auf:

1 Teilen Sie Ihrer A7 mit, dass nun eine Porträtaufnahme folgt, die Sie für die Gesichtswiederkennung speichern möchten. Dazu rufen Sie die Befehlsfolge *MENU > Benutzer-Einstellung > 5 > Gesichtsregistr. > Neuregistrierung* auf.

2 Es erscheint ein weißer Rahmen im Sucher. Richten Sie Ihre A7 so aus, dass dieser Rahmen mit dem zu speichernden Gesicht gefüllt wird. Wichtig: Das Gesicht sollte möglichst frontal in die Kamera schauen und den Rahmen gut ausfüllen.

3 Passt das Antlitz perfekt in den Porträtrahmen? Dann drücken Sie den Auslöser. Falls Ihre A7 die Aufnahme für die Datenbank akzeptiert, betätigen Sie die *Gesichtsregistrierung* mit *Eingabe*. Sollte die Automatik mit Ihrem Referenzbild nicht klarkommen, erscheint eine Fehlermedlung – Wiederholen Sie die Aufnahme in diesem Fall mit optimierten Einstellungen.

4 Sie möchten, dass die Gesichtserkennung registrierte Gesichter bei der Aufnahme bevorzugt? Dann rufen Sie *MENU > Kamera > 5 > Lächel-/Ges.-Erk. > Ein (registr. Gesicht)* auf.

Findet die Gesichtswiedererkennung mehrere Portaits im Bild, die Sie registriert haben, setzt sie Prioritäten: Die Automatik berücksichtigt Konterfeis in der Reihenfolge, in der Sie sie hinterlegt haben. Die zuerst gespeicherten Porträts haben die höchste Priorität. Diese Reihenfolge ändern Sie bei Bedarf unter *MENU > Benutzer-Einstellung > 5 > Gesichtsregistr. > Ändern der Reihenf.* Wichtig auch: Wenn Sie Ihre Kamera weitergeben, sollten Sie alle registrierten Gesichter löschen – dazu dient die Befehlsfolge *MENU > Benutzer-Einstellung > 5 > Gesichtsregistr. > Alle Lösch.*

Wie nützlich ist der Lächelauslöser?

Ihre A7 kann nicht nur auf erkannte oder identifizierte Gesichter scharf stellen, sie hat noch mehr drauf: Auf Wunsch löst die Kamera automatisch eine Aufnahme aus, sobald im Sucherbild eine freundlich lächelnde Person erscheint. Sie können aber weiterhin ganz normal mit Ihrer A7 fotografieren, mit dem Auslöser nehmen Sie auch dann ein Foto auf, wenn die Automatik kein lächelndes Gesicht erkannt hat.

Nur Gesichtserkennung verwenden

Verlassen Sie sich nicht nur auf die Gesichtswiedererkennung, sie stellt ausnahmslos registrierte Gesichter in den Vordergrund. Um das zu vermeiden, schalten Sie die Gesichtswiedererkennung aus. Dazu dient diese Befehlsfolge: *MENU > Kamera > 5 > Lächel-/Ges.-Erk. > Ein.*

Ernster Blick

Die Lächelautomatik verführt schnell dazu, nur noch fröhlich griensende Porträts aufzunehmen. Dabei kann ein ernster Blick eine Person oftmals deutlich treffender charakterisieren.

ISO 320 | 150 mm | 1/640 s | f/3.5

Party-Spaß-Lächelautomatik

Mit der Funktion »Auslösen bei Lächeln« schießt Ihre A7 automatisch ein Foto, sobald jemand lächelnd in die Kamera blickt.

ISO 800 | 100 mm | 1/100 s | f/6.3

Porträt-Automatiken via Schnellmenü einrichten

Sony hat alle relevanten Porträt-Automatiken (jedoch nicht den Augen-AF) im Schnellmenü auf dem ersten Speicherplatz abgelegt. Falls Sie diese Belegung nicht geändert haben, ändern Sie die Einstellungen besonders fix via *Fn*-Taste.

Gedacht ist die Funktion *Auslösen bei Lächeln* folgendermaßen: Sie visieren das Antlitz einer Person an, von der Sie ein freundlich lächelndes Porträt aufnehmen möchten. Anstatt nun zu warten, bis ein Grinsen über deren Gesicht huscht (und dann im richtigen Moment den Auslöser zu drücken), überlassen Sie diesen Job Ihrer A7: Sie löst automatisch aus, sobald sie ein Lächeln erkannt hat. Allerdings hat der Lächelauslöser bisweilen so seine ganz eigenen Vorstellungen davon, was ein freundlicher Gesichtsausdruck ist. Verlassen Sie sich besser nicht gänzlich auf die Automatik und kontrollieren Sie die Aufnahme auf alle Fälle sofort.

Was sich auf dem Papier als pfiffige Funktion liest, hat in der Praxis den einen oder anderen Haken: So interpretiert die Automatik bisweilen auch angewidert herabgezogene Mundwinkel oder nachdenklich geschürzte Lippen als Lächeln. Wenig hilfreich ist sie zudem bei Gruppenaufnahmen: Der Automatik reicht es, wenn sie ein einziges lächelndes Gesicht findet, um sogleich die Aufnahme auszulösen. Dabei möchte man doch, dass ausnahmslos alle Personen der Gruppe freundlich in die Kamera blicken.

Für meinen Geschmack ist die Automatik *Auslösen bei Lächeln* für klassische Porträtfotos wenig hilfreich. Aber Sie können Sie für einen einzigartigen Partyspaß verwenden: Lassen Sie Ihre A7 völlig selbständig ein Foto aufnehmen, sobald jemand freundlich lächelnd in die Kamera schaut. So richten Sie diese Party-Porträt-Automatik ein:

1. Montieren Sie Ihre A7 auf ein Stativ. Richten Sie die Kamera so aus, dass Ihre Partygäste bequem ins Objektiv lächeln können.

2. Bitten Sie vorab jemanden, Probe zu sitzen. Stellen Sie die Brennweite (Zoom) am Objektiv derart ein, dass das Gesicht bequem ins Sucherbild passt.

3. Markieren Sie die optimale Aufnahmeentfernung auf dem Boden, etwa mit einem Klebstreifen.

Nachdem Sie diese Vorbereitungen abgeschlossen haben, richten Sie die Lächelautomatik Ihrer A7 ein:

1. Rufen Sie die Befehlsfolge MENU > Kamera > 5 > Lächel-/Ges.-Erk. > Auslös. bei Lächeln auf.

2. Legen Sie fest, ob Ihre A7 bereits bei einem leichten Lächeln auslösen soll, oder erst wenn sie ein deutlich lachendes Gesicht erkennt. Dazu wählen Sie eine der Stufen *Leichtes Lächeln*, *Normales Lächeln* oder *Starkes Lächeln*.

Lächelauslöser

»Auslösen bei Lächeln« in Aktion: Sobald die A7 ein Porträt erkannt hat (roter Rahmen), prüft sie, wie stark es lächelt. Die Skala links zeigt ein relativ starkes Lächeln. Das kleine Dreieck markiert die Auslöseschwelle. Da der Balken über diese Schwelle hinausgeht, wird automatisch eine Aufnahme ausgelöst.

> **Ausschalten nicht vergessen!**
> Ihre A7 nimmt gänzlich ohne Ihr Zutun Fotos auf, sobald Sie die Kamera auf eine Person richten? Dann haben Sie die Lächel-Automatik aktiviert. Schalten Sie sie unbedingt wieder ab, sobald Sie die Automatik nicht mehr benötigen.

Jetzt analysiert Ihre A7 fortwährend, ob sich ein freundlich lächelndes Gesicht im Sucherbild zeigt. Wenn ja, löst sie vollautomatisch eine Aufnahme aus. Es genügt also völlig, wenn sich Ihre Partygäste kurz vor die Kamera setzen oder stellen und in die Kamera grinsen. Doch beachten Sie: Um einen ansprechenden Bildaufbau schert sich die Automatik nicht.

Das vollautomatische Porträt-Studio bleibt übrigens für 30 Minuten scharf. Wenn sich in dieser halben Stunde nichts tut, geht die Kamera in den Energiesparmodus – mit einem kurzen Tipper auf den Auslöser wecken Sie sie dann wieder auf.

Eine Kamera, die ganz von alleine auslöst, ist ein toller Partyspaß. Bedenken Sie aber, dass die fortwährend aktive Lächelautomatik den Energieverbrauch Ihrer A7 deutlich in die Höhe treibt. Halten Sie also bei einem langen Party-Abend zur Sicherheit genügend aufgeladene Ersatzakkus bereit.

Zaubern Sie einen makellosen Teint auf Ihre Porträtfotos

Ein Model das nicht ordentlich geschminkt wurde, wirkt nicht. Doch wer schickt schon seine Lieben erst zum Visagisten, bevor er ein Porträt aufnimmt? Den Griff zu Puder und Abdeckstift können Sie sich mit Ihrer A7 zum Glück sparen – Ihre Kamera sorgt auf Wunsch automatisch für eine makellose Haut. Dazu aktivieren Sie MENU > Kamera > 5 > *Soft Skin-Effekt*, dann wählen Sie eine der Stufen *Niedrig*, *Mittel* oder *Hoch*. Die automatische Hautretusche lässt sich nur einschalten, wenn Sie die Gesichtserkennung aktiviert haben und nicht im RAW-Format aufzeichnen. Sie arbeite ferner nicht mit Reihenaufnahmen zusammen und auch nicht mit Verbundprogrammen.

Weiche Haut
Links: Ohne »Soft Skin-Effekt« hat das Seitenlicht bei dieser Porträt-Aufnahme die Hautunreinheiten unvorteilhaft hervorgehoben. Rechts: Mit »Soft Skin-Effekt > Hoch« wirkt die Haut ansprechend weich. (Foto: Sven Hustede)

Der Soft-Skin-Effekt softet Hautfarben im Motiv ab und lässt so Poren, kleine Pickel und andere Unreinheiten verschwinden. Wie gut der Effekt zur Geltung kommt, hängt von einigen Faktoren ab. Bei sehr weichem Licht werden Sie vielleicht gar keine Wirkung wahrnehmen. Ebenso nicht, wenn Sie Kinder oder Teenager fotografieren. Am besten schalten Sie den Effekt nur bei Bedarf ein, nicht jedes Porträtfoto profitiert von einem weichgespülten Antlitz, zum Beispiel der Charakterkopf eines gestanden Mannsbilds.

Einschränkungen mit dem Adapter LA-EA4

Prinzipiell stehen Ihnen die Gesichtserkennung und die ihr untergeordneten Funktionen auch dann zur Verfügung, wenn Sie A-Mount-Objektive via Adapter LA-EA4 an Ihre A7 angeschlossen haben. Allerdings gibt es jetzt ein paar Einschränkungen und Besonderheiten zu beachten.

Sobald Sie Ihre A7 mit LA-EA4 auf ein menschliches Antlitz richten, signalisiert ein grauer Rahmen: Ihre Kamera hat ein Porträt erkannt, kann aber nicht darauf scharf stellen. Das passiert immer dann, wenn das Gesicht derart weit vom Bildzentrum entfernt ist, dass es nicht mehr von den AF-Markierungen abgedeckt werden kann. Wenn Sie nun den Auslöser halb durchdrücken, wird Ihre A7 auf eine beliebige Bildpartie innerhalb der Fokusregion scharf stellen.

Links: Der graue Rahmen signalisiert, dass das Gesicht außerhalb des Bereichs liegt, der von den AF-Feldern (die kleinen Quadrate) des Adapters abgedeckt werden. Rechts: Wenn Sie nun den Auslöser antippen, stellt Ihre A7 auf eine beliebige Motivpartie scharf – hier auf den Arm.

Erschwerend kommt hinzu, dass die A7 in Kombination mit dem LA-EA4 Ihre Vorgaben für das Fokusfeld berücksichtigt. Haben Sie zum Beispiel *Fokusfeld > Mitte* vorgegeben, stellt Ihre Kamera nur noch auf Gesichter scharf, die von dem kleinen zentralen Fokusfeld abgedeckt werden. Damit die automatische Gesichtserkennung in Verbindung mit dem LA-EA4 über einen möglichst großen Bildbereich funktioniert, geben Sie *MENU > Kamera > 3 > Fokusfeld > Breit* vor. Jetzt wird Ihre A7 ein erkanntes Gesicht weiß einrahmen, falls sich wenigstens eines der 16 Fokusfelder innerhalb des Porträtrahmens befindet. Zuverlässiger stellt der Autofokus indes auf das Antlitz scharf, wenn Sie ein paar AF-Felder mehr innerhalb des weißen Rahmens positionieren.

Links: Innerhalb des Porträtrahmens liegt ein Fokusfeld, der Rahmen erscheint daher in Weiß. Wenn Sie nun den Auslöser halb niederdrücken, wird auf das Gesicht scharf gestellt, der Rahmen erscheint in Grün.

Was aber, wenn Sie Ihr Porträt ganz nah am Bildrand platzieren möchten, sodass es nicht mehr innerhalb der Fokusfelder des LA-EA4 liegt? Da hilft nur eines: Richten Sie zunächst Ihre Kamera so aufs Motiv, dass das Konterfei im Zentrum liegt. Drücken Sie den Auslöser halb durch und halten Sie ihn gedrückt. Dann schwenken Sie Ihre A7 auf den gewünschten Bildausschnitt und lösen die Aufnahme aus.

Hier habe ich die Kamera zunächst so ausgerichtet, dass das Porträt im Zentrum erkannt und scharf gestellt wird (links). Dann habe ich die A7 bei gedrücktem Auslöser auf den endgültigen Bildausschnitt geschwenkt. Die grüne Markierung bleibt dabei stehen, der Fokus wird auf die zuvor ermittelte Einstellung eingefroren.

Fazit: Wie nützlich sind die Porträt-Automatiken?

Die automatische Gesichtserkennung erledigt ihren Job recht zuverlässig. Insbesondere bei schnellen Schnappschüssen nimmt sie Ihnen einige Arbeit ab, sodass Sie Ihr Bild schneller im Kasten haben. Aber die Automatik hat auch so ihre Tücken – einige habe ich ja bereits angesprochen. Sobald sich mehr als ein Konterfei im Bildausschnitt befindet, haben Sie kaum noch Kontrolle darüber, auf welches Gesicht die Automatik scharf stellen wird. Das gilt auch, wen Sie verwenden die Gesichtswiedererkennung verwenden, die ja stets registrierte Porträts bevorzugt. Ebensowenig lässt sich vor der Aufnahme abschätzen, welche Auswirkungen *Soft Skin-Effekt* und *Automatischer Objektrahmen* auf Ihr Foto haben werden.

An meiner A7 ist die Gesichtserkennung daher in der Regel ausgeschaltet. Die Kamera bietet eine Reihe weiterer Möglichkeiten, exakt auf ein Porträt scharf zu stellen und es korrekt zu belichten – Sie werden sie später noch kennenlernen. Bei Bedarf schalte ich die Gesichtserkennung fix via Schnellmenü ein. Alternativ können Sie auch auf das Motivprogramm *Porträt* umschalten.

3.5 Weites Land – Panoramafotos in einem Rutsch aufnehmen

Die Landschaft vor Ihnen ist so weit, dass Sie sie keineswegs auf eine einzelne Aufnahme bannen können – selbst mit dem Ultraweitwinkelzoom SAL1635 nicht? Dann nehmen Sie die Szenerie doch in mehreren Abschnitten auf, die Sie anschließend zu einem Panoramabild zusammensetzen. Noch besser und vor allem bequemer: Lassen Sie das alles Ihre A7 mit dem Sonderprogramm Schwenk-Panorama erledigen. Es funktioniert denkbar einfach: Sie schwenken Ihre A7 bei gedrücktem Auslöser über die Szenerie; währenddessen nimmt die Automatik eine Bildserie auf, die sie anschließend zu einem eindrucksvollen Breitbild zusammensetzt.

Das Verfahren klappt ebenfalls, wenn ein Kirchturm oder Berg selbst für ein Hochformatfoto viel zu mächtig vor Ihnen aufragt. In diesem Fall schwenken Sie eben vertikal über die Szene und erhalten ein Hochformatpanorama.

Schnellanleitung: Panorama in einem Rutsch aufnehmen

Eine Panoramaaufnahme ist schnell eingerichtet und gestartet:

1 Stellen Sie den Aufnahmemodus *Schwenk-Panorama* mit dem Programmwählrad ein.

2 Standardmäßig geht Ihre A7 davon aus, dass Sie die Kamera im Querformat von links nach rechts schwenken möchten. Um

Ausrichtung und Schwenkrichtung zu ändern, drehen Sie am vorderen Einstellrad.

3 Richten Sie Ihre A7 auf den linken Rand der Szenerie aus, drücken Sie den Auslöser halb durch und halten Sie ihn gedrückt. Im Sucherbild zeigt ein Pfeil, in welche Richtung Sie Ihre A7 gleich schwenken müssen. Zudem wird ein Teil des Sucherbildes grau abgedeckt, dieser Ausschnitt gelangt nicht mit auf Ihr Panoramabild.

4 Drücken Sie den Auslöser ganz durch und halten Sie ihn gedrückt – die Aufnahmeserie startet. Unten im Sucherbild wandert nun ein Pfeil von links nach rechts, schwenken Sie Ihre Kamera synchron zu diesem Pfeil über die Szene. Die Aufnahme endet automatisch, wenn der Pfeil am rechten Rand der Skala angelangt ist.

Sie werden wahrscheinlich ein bisschen üben müssen, bis Sie das Verfahren perfekt beherrschen. Wenn es nicht auf Anhieb klappt,

Panoramafoto

Wenn die Szenerie für eine einzelne Aufnahme zu weit ist, bannen Sie das Motiv mit der Schwenkpanorama-Funktion auf den Chip.

ISO 200 | 20 mm | 1/320 s | f/13

wiederholen Sie Ihr Schwenkpanorama noch einmal. Vermeiden Sie vor allem die folgenden Fehler – sie führen dazu, dass kein vollständiges Panoramabild erzeugt werden kann oder gar fehlschlägt:

- Sie schwenken zu langsam (oder seltener) zu schnell. Die Panorama-Aufnahme bricht dann mit einer Fehlermeldung ab. Denken Sie daran: Ihre A7 nimmt die Serienbilder für das Panorama verblüffend flott auf. Versuchen Sie, dem Fortschrittspfeil möglichst gleichmäßig zu folgen. Die Automatik erwartet, dass Sie einen Halbkreis in etwa sechs Sekunden abschwenken. Daraus folgt: Je weiter Sie auszoomen (je kürzer die Brennweite ist), desto schneller müssen Sie schwenken.
- Sie beenden Ihren Schwenk vorzeitig, obwohl der Fortschrittspfeil noch nicht am Anschlag angelangt ist. In diesem Fall erscheint eine graue Fläche im Panoramabild, wo Ihre A7 weitere Aufnahmen erwartet hätte.
- Sie nehmen den Finger zu früh vom Auslöser, also bevor der Fortschrittspfeil angeschlagen hat. Die A7 bricht daraufhin die Panorama-Aufnahme mit einer Fehlermeldung ab.

Schwenkgeschwindigkeit anpassen

Der häufigste Fehler bei Schwenkpanorama-Aufnahmen: Sie schwenken Ihre A7 zu schnell über die Szenerie. Das gilt insbesondere bei der A7R, die die Einzelbilder nur gemächlich aufzeichnet. Üben Sie das Verfahren, damit Sie es beherrschen, wenn es darauf ankommt. Falls es einmal partout nicht klappen will: Stellen Sie unter *MENU > Kamera > 1 > Panorama: Größe > Standard* ein (und nicht *Breit*).

Links: Vor der Start der Panorama-Aufnahme; der Pfeil gibt die gewählte Schwenkrichtung an. Mitte: Schwenken Sie die Kamera synchron zu dem Pfeil, der durch den Sucher wandert. Rechts: Falls Sie Ihre A7 zu schnell bewegt haben, bricht die Panorama-Aufnahme mit einer Fehlermeldung ab.

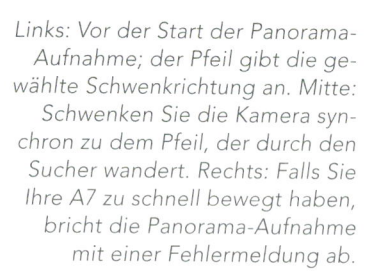

So groß wird Ihre Panorama-Datei

Ein Panoramabild zeichnet sich durch ein sehr großes Verhältnis von Breite zu Höhe aus. Dieses Seitenverhältnis geben Sie vor unter MENU > Kamera > 1 > Panorama: Größe – hier stehen Ihnen zwei Optionen zur Auswahl:

- *Standard*: Ihr Panorama wird 8.192 Pixel breit, die Höhe beträgt 1.856 Pixel, wenn Sie Ihre Kamera im Querformat ausrichten
- *Breit*: Es bleibt bei einer Höhe von 1.856 Pixel, aber das Bild wird 12.416 Pixel breit (Kamera ebenfalls im Querformat ausgerichtet).

Richten Sie Ihre Kamera im Hochformat aus, erhalten Sie andere Bildmaße, zum Beispiel 5.536 x 2.160 bei der Vorgabe *Breit*. Die nachstehende Tabelle listet die wichtigen Maße auf. Sie gelten nur für die Vorgaben *Rechts* und *Links* unter MENU > Kamera > 1 > Panorama: Ausrichtung. Wenn Sie Ihre Kamera vertikal schwenken, etwa um ein hohes Gebäude aufzunehmen, erhalten Sie in der Regel etwas kleinere Panoramabilder.

Identische Panoramagröße

Wundern Sie sich nicht, dass ich hier für A7 und A7R die identischen Dateimaße bei Schwenkpanoramen nennen. Diese Automatik liefert bei beiden Kameras identische Auflösungswerte.

Bildmaße bei Schwenkpanorama				
Panorama: Größe	Standard		Breit	
Panorama: Ausrichtung	Links/ Rechts	Aufwärts/ Abwärts	Links/ Rechts	Aufwärts/ Abwärts
Breite (in Pixel)	8.192	3.872	12.416	5.536
Höhe (in Pixel)	1.856	2.160	1.856	2.160
Auflösung (Magapixel)	15,2	8,4	23,0	12,0

Wie Sie Ihre Kamera ausrichten, hat einen entscheidenden Einfluss auf Größe und Seitenverhältnis eines Schwenkpanoramas: Bei den oberen zwei Aufnahmen wurde die Kamera im Querformat geschwenkt; zunächst mit der Vorgabe »Breit«, dann mit »Standard«. Die unteren beiden Reihen zeigen das Ergebnis bei hochkant geschwenkter Kamera; wieder zunächst »Breit«, dann »Standard«.

Wie breit Ihr Panorama wird, legen Sie nicht nur unter *Panorama: Größe* mit *Standard* oder *Breit* fest – auch die Ausrichtung Ihrer Kamera (und damit die Vorgabe der Schwenkrichtung) spielt eine entscheidende Rolle. Halten Sie die Kamera für vertikale Schwenks im Hochformat, wird Ihr Panorama zwar nicht so breit,

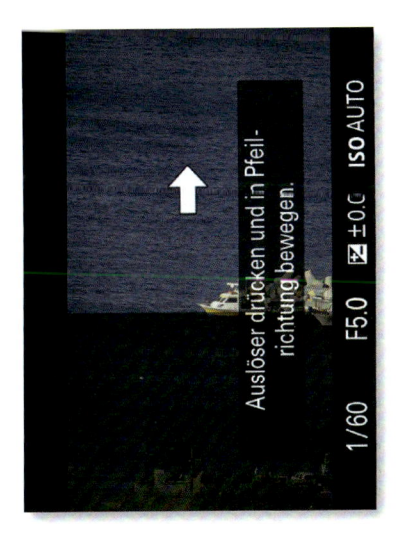

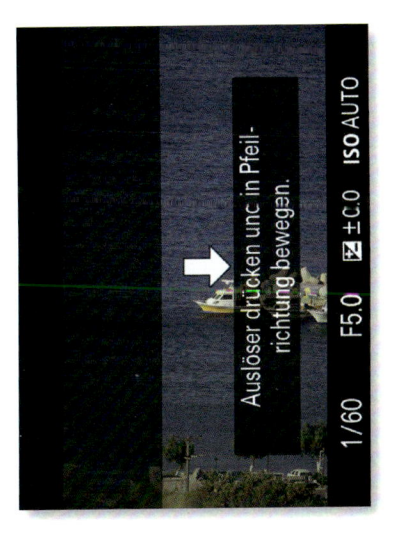

Wenn Sie Ihre A7 für ein Schwenkpanorama ins Hochformat nehmen (links), vergessen Sie nicht, die Ausrichtung zu ändern (rechts).

gewinnt aber an Höhe. Um die A7 im Hochformat von links nach rechts über eine Landschaft zu schwenken, stellen Sie *MENU > Kamera > 1 > Panorama: Ausrichtung > Abwärts* ein (oder drehen Sie am vorderen Einstellrad). Diese Ausrichtung wählen Sie am besten auch, wenn Sie einen Kirchturm im Querformat mit einem Schwenk von oben nach unten aufnehmen möchten.

> **Mein bevorzugtes Seitenverhältnis**
>
> Für meinen Geschmack wirken Panoramafotos mit 1856 Pixeln Höhe zu sehr wie ein schmales Band. Ich nehme Schwenkpanoramen daher bevorzugt mit der Vorgabe Breit auf und halte die NEX im Hochformat. So erhalte ich Panoramabil-der in der Größe 5.536 x 2.160 Pixel – dieses Seitenverhältnis finde ich perfekt.
>
> Denken Sie daran, die Ausrichtung zu ändern, wenn Sie Ihre Kamera ins Hochformat nehmen. Drehen Sie Ihre A7 nach links ins Hochformat, nehmen Sie *Panorama: Ausrichtung > Abwärts*.

Grenzen und Tücken der Panorama-Automatik

Die Automatik *Schwenkpanorama* nimmt Ihnen viel Arbeit ab – Arbeit, die Sie sonst damit hätten, Ihre Einzelbilder am Rechner zu einem Panorama zusammenzusetzen. Allerdings ist die Schwenkpanorama-Funktion etwa anspruchsvoll, zudem eignet sie sich nicht für jedes Motiv gleichermaßen.

Am besten funktioniert die Automatik *Schwenkpanorama* bei statischen Motiven, zum Beispiel einer ruhiger Landschaften oder die weitläufige Gebäudefront eines Schlosses. Problematisch sind hingegen Motivteile, die während der Aufnahme ihre Position ändern. Fährt etwa ein Auto durchs Bild oder springt plötzlich ein Passant in den Bildausschnitt, entstehen mitunter kuriose Geisterbilder.

Hier ist ein Wagen während der Panorama-Aufnahme durch Bild gefahren. Das Auto kommt nun auf zwei Einzelbildern an unterschiedlichen Positionen vor. Schwenkpanorama hat sich entschieden, dass es zwei unterschiedliche Objektive sind, es entsteht ein Geisterbild.

Vermeiden Sie auch Motive mit Objekten im Bildvordergrund. Sie wandern nämlich beim Schwenken mit einer anderen Geschwindigkeit durchs Sucherbild als weit Entferntes. (Dieser Parallaxe-Fehler tritt nur genau dann nicht auf, wenn beim Schwenken die Eintrittspupille als Drehpunkt dient). Haben Sie zum Beispiel eine schöne Sonnenblume als Vordergrund für Ihre Landschaft gewählt, erscheint diese auf den Einzelbildern an unterschiedlichen Positionen. Für die Panorama-Automatik ist das ebenso problematisch wie ein vorbeifahrendes Auto – es entstehen Geisterbilder.

Ihre A7 fixiert für die gesamte Aufnahmereihe Belichtung und Fokus auf den Wert, den sie für die erste Aufnahme ermittelt hat. Vermeiden Sie daher ein Motiv, bei dem die Helligkeit des Startbildes deutlich vom Rest abweicht. Starten Sie Ihr Schwenkpanorama zum Beispiel links und ist es hier sehr dunkel, wird der Rest des Breitbilds überbelichtet werden. Und haben Sie beim Startbild ein Objekt im Vordergrund, wird möglicherweise nur dieses scharf aufs Bild kommen, der Rest jedoch nicht.

Problematisch wird die Schwenkpanorama-Automatik auch bei langen Brennweiten. Mit einem Teleobjektiv ist es weitaus schwieriger, die Kamera in der optimalen Geschwindigkeit und ohne Versatz zu schwenken. Am besten eignen sich Brennweiten bis ca. 70 Millimeter.

Wichtig auch: Richten Sie Ihre Kamera lotrecht aus, also so, dass der Horizont exakt waagerecht durchs Bild läuft – dabei hilft Ihnen die elektronische Wasserwage, die Sie auch bei Schwenkpanorama-Aufnahmen einblenden können. Eine verkippte Kamera zieht meist wellenförmige Breitbilder nach sich.

> **Bessere Belichtung: Ändern Sie die Schwenkrichtung**
>
> Normalerweise schwenke ich von links nach rechts, die Aufnahmerichtung habe ich entsprechend eingestellt. Liegt nun aber links im Bild ein kleiner Teil im Schatten, ändere ich die Schwenkrichtung. Dann wird der größte Teil des Panoramas korrekt belichtet, nur der linke Rand gerät etwas dunkel aufs Panoramafoto. Vergessen Sie aber nicht, Ihrer A7 zuvor mitzuteilen, dass Sie andersherum schwenken – mit einem Dreh am vorderen Einstellrad geben Sie die Schwenkrichtung vor, bevor Sie die Aufnahme starten.

Vermeiden Sie, Ihre Kamera während des Panoramaschwenks zu verkippen (rote Linie). Sie erhalten sonst einen wellige Horizont. Schwenken Sie besser mit exakt waagerecht gehaltener Kamera (grüne Linie). Dabei hilft bereits der künstliche Horizont Ihrer A7, noch besser ist ein Einbeinstativ. Dann bleibt auch der Horizont im Lot.

Der Drehpunkt der Schwenkbewegung sollte möglichst innerhalb Ihrer A7 liegen. Das ist schwieriger, wenn Sie Ihren Panoramaschwenk auf dem Display kontrollieren. Bei der Aufnahme eines Schwenkpanoramas sollten Sie immer durch den Sucher blicken.

> **Perfekt schwenken mit Einbeinstativ**
>
> Schon mit einem einfachen Einbeinstativ (mehr dazu im Zubehör-Kapitel) bekommen Sie die schlimmsten Schwenkfehler sicher in den Griff – Verkippen oder eine wellenförmige Schwenkbe-wegung verhindert das Einbein wirkungsvoll. Zu-dem drehen Sie Ihre Kamera damit annähernd im Knotenpunkt, Sie können also auch Objekte im Bildvordergrund mit in Ihr Panorama einbeziehen.

Denken Sie auch daran, dass Ihre A7 im Modus *Schwenkpanorama* weitgehend das Kommando übernimmt, viele Ihrer Einstellungen setzt die Panorama-Automatik kurzerhand außer Kraft. Hier sind die wichtigsten Einschränkungen, die Sie kennen sollten:

- Schwenkpanorama lässt sich naturgemäß nicht mit Verbundaufnahmen und Serienbilder kombinieren, auch nicht mit der Funktion *Auto HDR*.

Handgemachtes Panoramafoto

Für dieses Panoramabild habe ich acht Einstelfotos im Hochformat aufgenommen und die Einzelbilder dann mit der Software »Panorama-Studio« zusammengesetzt.

ISO 200 | 30 mm | 1/200 s | f/9

- Es werden keine RAW-Dateien aufgezeichnet, Schwenkpanorama speichert mit der Vorgabe JPEG Fine.
- Ein Blitzlicht lässt sich nicht verwenden.
- Alle Sonderfunktionen und Modi, die nur im PASM-Modus bereit stehen, funktionieren beim Schwenkpanorama ebenfalls nicht.

Bleibt unterm Strich: Die Schwenkpanorama-Automatik kann eine feine Sache sein, wenn Sie einmal nicht das passende Weitwinkelobjektiv für die Szenerie vor Ihnen in der Hand haben. Vollständig ersetzen kann sie eine kurze Brennweite indes nicht. Dazu sind ihre Einsatzmöglichkeit doch zu sehr beschränkt, vor allem eignet sich die Automatik nicht für actionreiche Motive. Und auch von Hand angefertigte Panoramen kann die Automatik nicht ersetzen.

3.6 Digitalzoom – das Gratis-Fernglas Ihrer A7?

Eine der wenigen Funktionen, die Sie mit praktisch allen Automatiken (und sogar bei Filmaufnahmen) verwenden können, ist das Digitalzoom Ihrer A7. Damit holen Sie weit Entferntes größer ins

Bild, als es mit Ihrem Objektiv möglich ist. Einzig zusammen mit dem Programm *Schwenkpanorama*, der Funktion *Auslösen bei Lächeln* und wenn Sie im RAW-Format aufzeichnen, lässt sich der Digitalzoom nicht kombinieren.

Was sich zunächst anhört, als würde es Ihnen die Anschaffung eines zusätzlichen Telezooms ersparen, entpuppt sich jedoch schnell als Funktion mit schweren Risiken und Nebenwirkungen für die Bildqualität. Denn bei aktiviertem Digitalzoom speichert Ihre A7 bestenfalls Fotos mit reduzierter Auflösung. Je nach Vorgabe bläst aber auch noch einen Ausschnitt aus Ihrer Aufnahme auf die vorgegebene Bildgröße auf.

Nach welcher Methode der Digitalzoom vorgeht, hängt von einer ganzen Reihe an Parametern ab. Dazu zählen die *Bildgröße*, die Art des *Digitalzooms* und Ihre Einstellungen unter *APS-C Größ. erfass.* – die Tabelle listet die wichtigsten Faktoren auf:

	L	M	S
A7R	7.360 x 4.912	4.800 x 3.200	3.680 x 2.456
A7	6.000 x 4.000	3.936 x 2.624	3.008 x 2.000
Smart-Zoom			
Zoomfaktor	1x	1,5x	2x
Klarbild-Zoom			
Zoomfaktor	2x	3x	4x
Digitalzoom			
Zoomfaktor	4x	6x	8x

Drei Arten Digitalzoom

Ihre A7 bietet Ihnen unter *MENU > Benutzereinstellung > 3 > Zoom-Einstellung* drei verschiedene Optionen für den Digitalzoom:

- *Nur optischer Zoom* (Smart-Zoom): Mit dieser Vorgabe steht Ihnen der Digitalzoom nur zur Verfügung, wenn Sie unter *MENU > Kamera > 1 > Bildgröße* die Vorgabe *M* oder *S* eingestellt haben. Wenn Sie nun den Digitalzoom einsetzen, speichert Ihre A7 einen Ausschnitt aus der gesamten Aufnahme. Wichtig dabei: Die Auflösung wird nicht angetastet, das Bild wird einfacher nur entsprechend Ihrer Vorgabe *M* oder *S* kleiner.
- *Ein: Klarbild-Zoom*: Mit dieser Vorgabe schneidet Ihre A7 das Foto zunächst zu, der Ausschnitt wird dann bis auf die doppelte Größe aufgebläht. Bei der Verdopplung der Auflösung müssen drei von vier Pixel interpoliert werden – es liegt auf der Hand, dass das nicht ohne sichtbaren Einfluss auf die Bildqualität bleibt.
- *Ein: Digitalzoom*: Arbeitet im Prinzip wie *Klarbild-Zoom*, vergrößert jedoch die Auflösung des ursprünglichen Bildausschnitts bis auf das Vierfache. Jetzt entspricht nur noch einer von 16 Pixeln dem Original, die restlichen 15 muss Ihre A7 interpolieren. Da kann es nicht ausbleiben, dass die Bildqualität sichtbar in den Keller geht!

Ich verwende den Digitalzoom an meiner A7 praktisch nie. Denn was die Kamera dabei macht, erledige ich bei Bedarf pixelgenau mit einem Bildbearbeitungsprogramm. Unschätzbarer Vorteil meines Verfahrens: Es bleibt die Original-Datei mit der vollen Auflösung erhalten, den Bildausschnitt des »handgemachten Digitalzooms« kann ich ganz nach Gusto festlegen.

Dennoch gibt es natürlich Szenarien, in denen sich der Digitalzoom Iherr A7 als Retter in der Not erweisen kann. Etwa, wenn es schnell gehen muss, Sie aber kein geeignetes Teleobjektiv zur Hand haben. Es spricht also nichts dagegen, für einen Schnappschuss oder ein Foto für die Lokalzeitung notfalls digital zu zoomen. Denken Sie jedoch daran, dass die mit dem Digitalzoom entstandenen Fotos je nach Zoomfaktor eine deutlich eingeschränkte Bildqualität aufweisen. Zur Veröffentlichung im Web oder fürs Familienalbum reicht sie aber allemal.

Digitalzoom x2

Mit *Klarbild-Zoom* und *Digitalzoom* bietet Ihre A7 gleich zwei verschiedene Vorgaben für die digitale Ausschnittsvergrößerung – warum? Laut Sony soll *Klarbild-Zoom* die Bildqualität kaum beeinträchtigen, *Digitalzoom* dagegen schon. Wie sehr Ihre Aufnahmen unter dem digitalen Zoom leiden, hängt indes letztendlich nur vom Zoomfaktor ab: Bis zur zweifachen Vergrößerung (bei Bildgröße L) halte ich den Qualitätsverlust für gerade noch vertretbar.

Videoaufnahmen

Deutlich weniger negative Auswirkungen auf die Bildqualität hat der Digitalzoom bei Videoaufnahmen. Sie können sogar während der Filmaufnahme zoomen. Mehr zu diesem Thema lesen Sie in Kapitel 8.

Meine Alternative zum Digitalzoom der A7: Ich schneide die Aufnahmen bei Bedarf in einem Bildbearbeitungsprogramm zu – hier in Lightroom 5.

Digitalzoom in der Praxis

Die Nachteile des digitalen Zooms sind Ihnen bekannt, dennoch möchten Sie auf die Funktion nicht verzichten? Dann empfehle ich Ihnen diese Vorgehensweise:

1 Der Digitalzoom lässt sich nicht bei RAW-Aufnahmen verwenden. Stellen Sie also gegebenenfalls zunächst MENU > Kamera > 1 > Qualität auf Extrafein.

2 Reduzieren Sie auch die Bildgröße auf M, damit erhalten Sie einen größeren Zoomebereich. Ihre A7 liefert jetzt immer noch Bilddateien mit rund 10 Megapixel, bei der A7R sind es sogar 15 Megapixel – für einen Ausdruck in DIN A3 reicht das allemal. Rufen Sie also auf: MENU > Kamera > 1 Bildgröße > M: 10M (M: 15M bei der A7R).

3 Als nächstes schalten Sie den Digitalzoom scharf. Dazu dient die Befehlsfolge MENU > Benutzereinstellungen > 3 > Zoom-Einstellungen > Ein: Digitalzoom (Sie werden gleich sehen, warum ich nicht Klarbild-Zoom nehme).

4 Jetzt steht Ihnen der Digitalzoom bei der Aufnahme zur Verfügung. Um ihn zu verwenden, zoomen Sie zunächst soweit wie möglich mit Ihrem Objektiv ein (sofern Sie ein Zoomobjektiv an Ihre A7 angesetzt haben). Dann rufen Sie MENU > Kamera > Zoom auf. Anschließend drehen Sie am Einstellring, um den Faktor der digitalen Vergrößerung festzulegen.

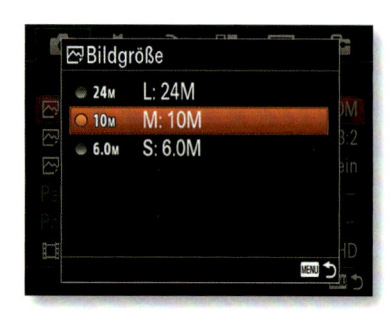

5 Haben Sie Ihre Aufnahme im Kasten? Dann stellen Sie alles wieder auf Ihre Standardeinstellungen zurück.

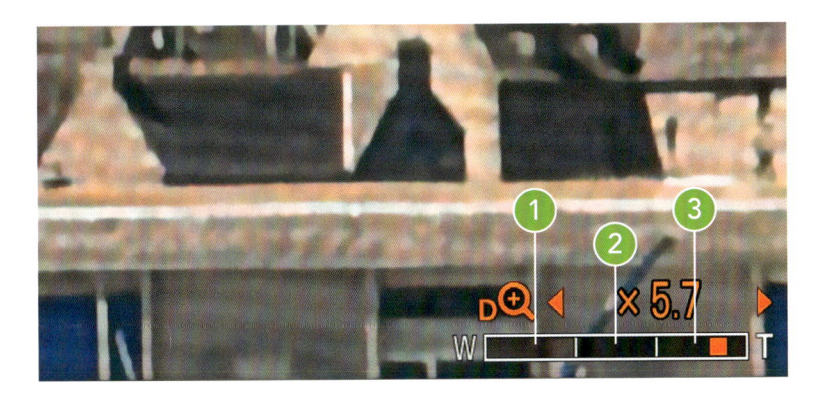

Sobald der Digitalzoom aktiv ist, blendet Ihre A7 eine Zoomskala unten rechts im Sucherbild ein. Die Skala hängt von Ihren Ihren Einstellungen unter »Zoom-Einstellungen« und »Bildgröße« ab. Der Bereich 1 kennzeichnet »Smart-Zoom«, der mittlerer Bereich 2 entspricht »Klarbild-Zoom« und ganz rechts 3 befindet sich der »Digitalzoom«. Mein Tipp: Meiden Sie den »Digitalzoom«-Bereich, um die Bildqualität zu schonen.

Sie finden es lästig, dass Sie den Digitalzoom erst nach einem Ausflug ins Kamera-Menü verstellen können? Ich auch! Doch da gibt es Abhilfe: Speichern Sie Ihre aktuelle Konfiguration mit MENU > Kamera > 7 > Speicher > 1. Dann rufen Sie diese Konfiguration blitzschnell via Moduswählrad ab. Ausführlich lernen Sie das Verfahren in Kapitel 10 kennen. Und noch ein Tipp: Die Zoomfunktion lässt sich wesentlich einfacher aufrufen, wenn Sie sie auf eine Funktionstaste lege, etwa auf C1. Dazu dient die Befehlsfolge MENU > Benutzereinstellungen > Key-Benutzereinstlg. > 1 Benutzerdef. Taste 1 > Zoom. Jetzt brauchen Sie nur noch die C1-Taste drücken, und Ihre A7 blendet sofort die Zoomskala im Sucherbild ein.

Klassische Tele-Aufnahme

Eine sehr lange Brennweite holt hier die Sonne prägnant ins Bild.

ISO 500 | 400 mm | 1/320 s | f/8

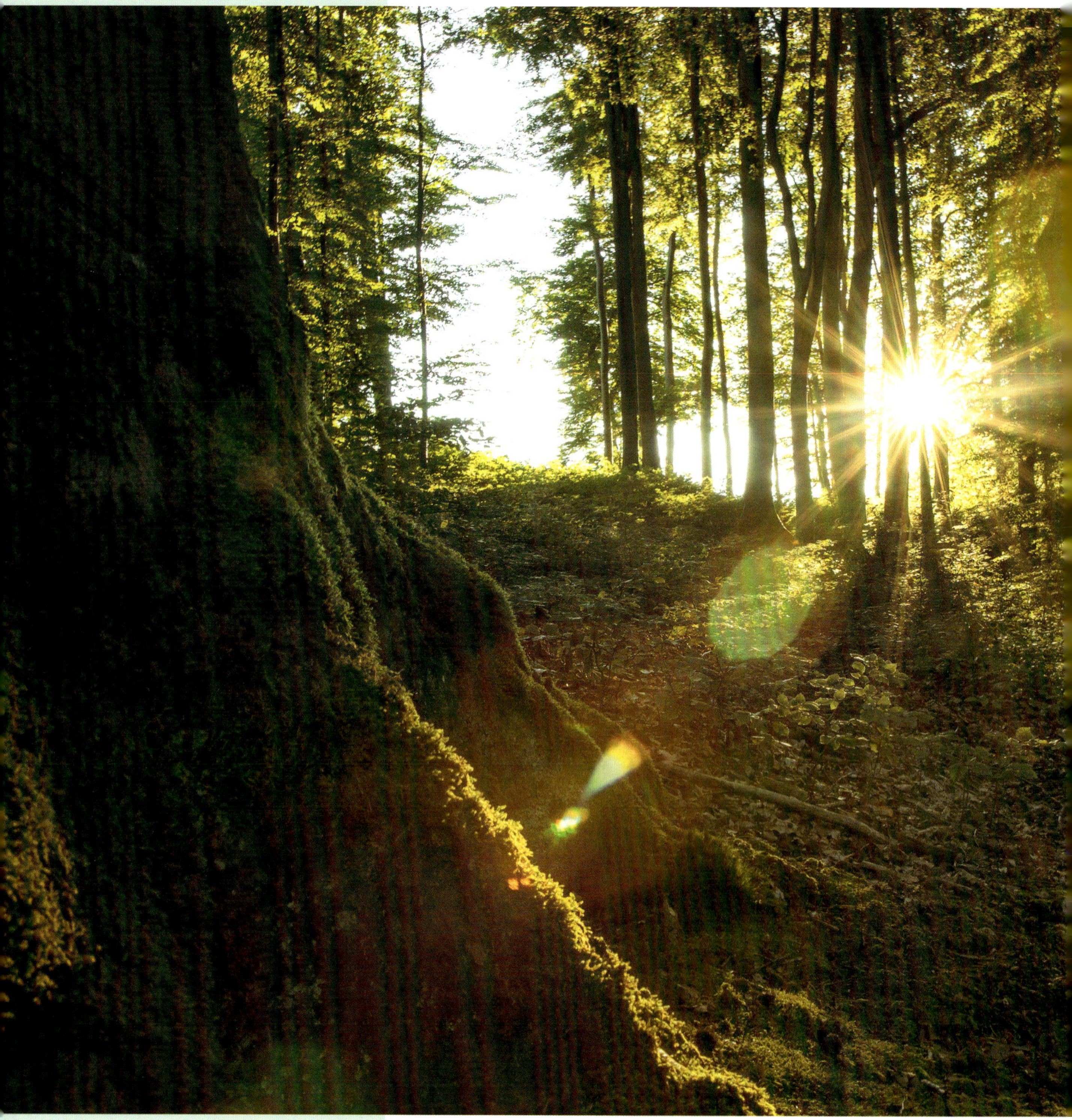

4

So belichten Sie Ihre Aufnahmen perfekt

Bislang haben Sie vor allem erfahren, wie Ihre A7 perfekte Fotos quasi auf Knopfdruck liefert. Jetzt übernehmen Sie die Kontrolle: Sorgen Sie in jeder Situation für perfekt belichtete Aufnahmen. In diesem Kapitel erfahren Sie, wie's geht; zudem lernen Sie wichtige technische Grundlagen kennen.

Selbst anspruchsvolle Szenen wie diese Gegenlichtsituation meistert die Belichtungssteuerung Ihrer A7 spielend.

ISO 200 | 70 mm | 1/25 s | f/16

4.1 Diese Faktoren sorgen für eine korrekte Belichtung

Der Begriff »Fotografie« leitet sich vom altgriechischen »photos graphia« ab und bedeutet in etwa »mit Licht malen«. Dabei gilt es, stets die optimale Lichtmenge einzufangen. Fällt zu viel Licht auf den Bildsensor, wird die Aufnahme zu hell oder überbelichtet. Bekommt der Bildwandler in Ihrer A7 dagegen zu wenig Licht ab, wird das Foto zu dunkel oder unterbelichtet. Wie hell Ihr Foto wird, steuern Sie (oder die Belichtungsautomatik) mithilfe dieser drei Stellschrauben:

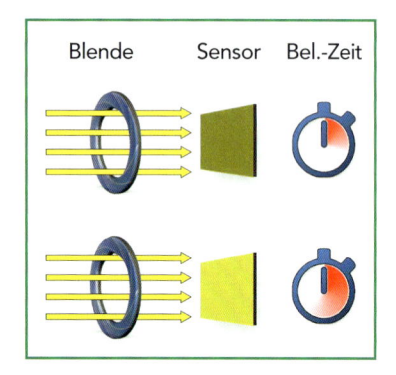

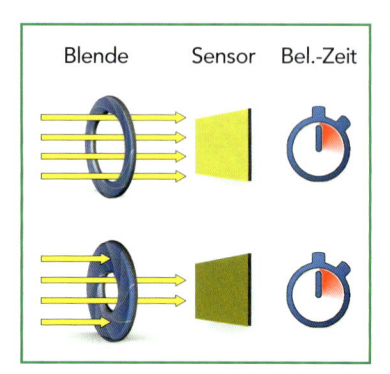

- **Belichtungszeit**: Sobald Sie den Auslöser Ihrer A7 ganz durchdrücken, klickt es kurz (oder auch länger) im Inneren der Kamera. Was Sie da klicken hören, ist der Verschluss. Er hebt sich bei der Aufnahme wie ein Bühnenvorhang und gibt den Blick auf den Bildsensor frei. Das Licht, das durch das Objektiv hindurchfällt, gelangt auf die lichtempfindlichen Sensorzellen. Dort löst es eine Reihe von Prozessen aus, die letztendlich Ihr Digitalfoto entstehen lassen. Je länger der Verschluss geöffnet ist, desto mehr Licht kann der Bildsensor einsammeln und desto heller wird Ihre Aufnahme.
- **Blendenwert**: Überdies regulieren Sie (oder die Belichtungsautomatik Ihrer A7) die Lichtmenge, die auf den Sensor fällt, mit der Blende im Objektiv. Ist sie weit geöffnet, trifft bei unveränderter Belichtungszeit eine höhere Lichtenergie auf den Bildwandler als bei einer fast geschlossenen Blende. Der Blendenwert ist eigentlich ein Bruch (Brennweite/Blendenöffnung), bei dem aber der Zähler nicht aufgeführt wird. Man spricht von »Blende 2,8« meint aber »Blendenwert 1/2,8«. Daher rührt auch der zunächst verwirrende Umstand, dass ein kleiner Blendenwert eine große Blendenöffnung bezeichnet.
- **ISO-Empfindlichkeit**: Wie viel Licht Ihre A7 für ein korrekt belichtetes Foto benötigt, hängt zudem davon ab, wie empfindlich der Sensor auf die auftreffende Lichtenergie reagiert. OK, die Lichtempfindlichkeit des Sensors ist natürlich fest vorgegeben – aber es gibt eine Art Restlichtverstärker in Ihrer A7, der die Empfindlichkeit erhöhen kann. Der Verstärkungsfaktor wird als ISO-Zahl angegeben, mit der schon früher die Lichtempfindlichkeit analoger Filme gekennzeichnet wurde.

Wie wird die Verschlusszeit gebildet?

A7 und A7R sind beide mit einem mechanischen, vertikal ablaufenden Schlitzverschluss ausgestattet. Dieses System besteht aus zwei Verschlussvorhängen: Zu Beginn der Belichtung öffnet sich der erste Vorhang und gibt den Blick auf den Sensor frei. Die Belichtung wird durch den zweiten Vorhang beendet, der dem ersten folgt und den Verschluss wieder schließt.

Bei einer Spiegelreflexkamera ist der Verschluss stets geschlossen und wird nur für die Dauer der Belichtung geöffnet. Nicht so bei der spiegellosen Systemkamera A7. Hier muss der Verschluss ja geöffnet sein, damit Licht auf den Sucher fällt und so das Sucherbild erzeugt werden kann. Daher beginnt hier der Belichtungsvorgang damit, dass der Verschluss zunächst geschlossen wird, anschließend öffnet sich der erste Vorhang.

Hier gibt es nun einen kleinen, aber feinen Unterschied zwischen A7 und A7R: Die A7 kann den ersten Verschluss elektronisch bilden – grob gesagt, indem sie einfach kurz das Auslesen des Sensors unterbricht. Der A7R fehlt dieser »elektronische erste Vorhang«, sie bildet die Belichtungszeit rein mechanisch. Das hat vor allem Auswirkungen auf die kürzeste Blitzsynchronzeit, mehr dazu in Kapitel 7.

Bei der A7 ist standardmäßig der elektronische erste Vorhang aktiviert. Haben Sie kein FE-Objektiv angesetzt, kann es in seltenen Fällen zu einer ungleichmäßigen Belichtung kommen. Schalten Sie in diesem Fall unter *MENU > Benutzereinstellungen > 4 > Elekt. 1. Verschluss.vorh. > Aus* den elektronischen ersten Vorhang aus.

Auf den ersten Blick mag es gleich sein, an welcher der drei Stellschrauben Sie drehen, um die korrekte Belichtung einzustellen. Doch jeder Parameter hat einen anderen Einfluss auf das Bildergebnis. Bevor es nun darum geht, wie Sie die Belichtung messen und an Ihrer A7 steuern, werfen wir einen kurzen Blick darauf, wie Belichtungszeit, Blendenzahl und ISO-Wert sich auf Ihre Aufnahme auswirken.

Wie die Stellschrauben zur Belichtungssteuerung voneinander abhängen

Die wichtigsten Stellschrauben zur Belichtungssteuerung sind Belichtungszeit und Blendenwert. Stellen Sie sich den Bildwandler Ihrer A7 wie einen Becher vor, den Sie mit Wasser füllen möchten. Zwei Faktoren bestimmen nun, wie voll der Becher wird:

- die Zeitspanne, für die Sie Ihren Becher unter den Wasserhahn halten, und
- wie weit Sie den Wasserhahn aufdrehen.

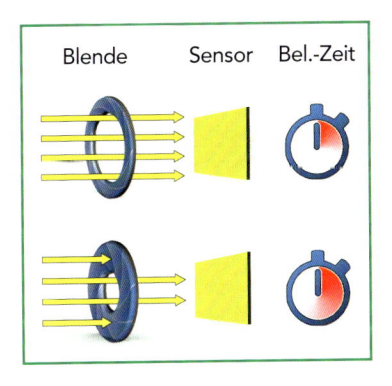

Stimmen Sie Blende und Belichtungszeit so aufeinander ab, dass Ihr Bild korrekt belichtet wird.

Beide Faktoren bedingen einander: Der Becher ist schneller voll, wenn Sie das Ventil weit aufdrehen. Andererseits müssen Sie ihn deutlich länger unter den Wasserhahn halten, wenn Sie nur ein dünnes Rinnsal hinauslaufen lassen.

Genauso verhält es sich auch mit der Beziehung zwischen Blendenzahl und Belichtungszeit. Die Blende im Objektiv wirkt wie ein Ventil, das die Lichtmenge reguliert. Je weiter Sie sie öffnen, desto kürzer muss Ihre A7 belichten. In der Fotografie wird die Blende in Stufen eingestellt (bei Filmobjektiven lässt sich die Blendenöffnung dagegen stufenlos steuern – wie das Ventil am Wasserhahn). Dabei sind die Stufen so gewählt, dass sich die durch das Objektiv fallende Lichtmenge von Blendenstufe zu Blendenstufe

- halbiert, wenn die Blendenzahl um eine Stufe erhöht wird (beispielsweise von f/5.6 auf f/8), und
- verdoppelt, wenn die Blendenzahl um eine Stufe verringert wird (beispielsweise von f/5.6 auf f/4).

Mit der Belichtungszeit verhält es sich ähnlich: Wird sie verdoppelt, verdoppelt sich auch die einfallende Lichtmenge. Halbieren Sie dagegen die Belichtungszeit, trifft auch nur noch halb so viel Licht auf den Sensor.

Zeit- und Blendenstufen sind so aufeinander abgestimmt, dass sie sich entsprechen.

Blendenwert	1,4	2	2,8	4	5,6	8	11	16	22	32
	+4 EV	+3 EV	+2 EV	+1 EV	+/- 0 EV	-1 EV	-2 EV	-3 EV	-4 EV	-5 EV
Belichtungszeit	1/2000	1/1000	1/500	1/250	1/125	1/60	1/30	1/15	1/8	1/4
	-4 EV	-3 EV	-2 EV	-1 EV	+/- 0 EV	+1 EV	+2 EV	+3 EV	+4 EV	+5 EV

Schließen Sie die Blende um zwei Stufen (–2 EV), müssen Sie im Gegenzug die Belichtungszeit um zwei Stufen erhöhen (+2 EV), damit die Aufnahme weiterhin korrekt belichtet wird.

Blendenwert	1,4	2	2,8	4	5,6	8	11	16	22	32
	+4 EV	+3 EV	+2 EV	+1 EV	+/- 0 EV	-1 EV	-2 EV	-3 EV	-4 EV	-5 EV
Belichtungszeit	1/2000	1/1000	1/500	1/250	1/125	1/60	1/30	1/15	1/8	1/4
	-4 EV	-3 EV	-2 EV	-1 EV	+/- 0 EV	+1 EV	+2 EV	+3 EV	+4 EV	+5 EV

Diese Beziehung zwischen Blendenzahl und Belichtungszeit ist praktisch: Um weiterhin ein korrekt belichtetes Foto zu erhalten, müssen Sie die

- Blendenzahl um eine Stufe verringern, wenn Sie die Belichtungszeit um eine Stufe verkürzen;

- Belichtungszeit um eine Stufe verlängern, wenn Sie die Blendenzahl um eine Stufe erhöhen.

Diese enge Beziehung zwischen Blendenstufe und Belichtungszeit hat dazu geführt, dass sich für beide eine gemeinsame Einheit eingebürgert hat: »Blendenstufe« oder »Lichtwert (LW)«. Ich spreche jedoch lieber von EV (für Exposure Value, »Belichtungswert«) – diese Bezeichnung verwendet auch Ihre A7. Wenn es also zum Beispiel heißt: »Erhöhen Sie die Belichtung um +1 EV«, bleibt es Ihnen überlassen, ob Sie die Belichtungszeit verdoppeln oder die Blende um eine Stufe öffnen.

Auch die ISO-Zahl ist so definiert, dass einer Verdopplung des ISO-Wertes eine Verdopplung der Lichtmenge entspricht. Geben Sie also statt ISO 200 die nächsthöhere Stufe ISO 400 vor, ändert sich die resultierende Belichtung nicht, wenn Sie zudem

- die Belichtungszeit um eine Stufe verringern (zum Beispiel von 1/125 Sek. auf 1/250 Sek.) oder
- die nächstgrößere Blendenzahl vorgeben (zum Beispiel f/8 statt f/5.6).

A7 steuert Belichtung in 1/3-EV-Stufen

Die Belichtungssteuerung Ihrer A7 erlaubt Ihnen, die Belichtung in sehr feinen 1/3-Stufen zu regulieren. Daher kennt sie »Drittel«-Blenden wie f6.3 oder ISO-Stufen wie ISO 320.

4.2 So wirkt sich die Belichtungszeit auf Ihre Aufnahme aus

Auf den ersten Blick mag es egal sein, ob Sie für Ihre Aufnahme eine kurze oder lange Belichtungszeit vorgeben – Hauptsache, Sie passen die übrigen Parameter (Blendenzahl und ISO-Wert) entsprechend an. Doch ganz so einfach ist es nicht: Je länger die Belichtungszeit ist, desto größer wird die Gefahr, dass Bewegungen des Motivs (und Ihrer Kamera!) sich als Bewegungsunschärfe im Bild bemerkbar machen.

Die Belichtungszeit bestimmt, wie Bewegung im Foto dargestellt wird. Das gilt nicht nur für Bewegungen im Motiv – etwa ein Sportler oder umhertollender Hund –, sondern auch für Bewegungen der Kamera relativ zum Motiv. Merken sollten Sie sich Folgendes:

- Eine kurze Belichtungszeit friert Bewegungen ein. Das gilt auch für Bewegungen der Kamera, die Gefahr verwackelter Aufnahmen ist bei einer kurzen Verschlusszeit sehr gering.

So belichten Sie Ihre Aufnahmen perfekt

Bewegung eingefroren

Hier hat eine knappe Belichtungszeit von 1/800 s dafür gesorgt, dass das spritzende Wasser gewissermaßen »eingefroren« wurde.

ISO 200 | 280 mm | 1/800 s | f/7.1

- Eine lange Verschlusszeit zeigt Bewegungen verwischt im Bild, es entsteht Bewegungsunschärfe. Das gilt auch, wenn nicht das Motiv, aber die Kamera während der Aufnahme bewegt war – dann entstehen verwackelte Aufnahmen.

Bewegungsunschärfe

Dieser Tourensportwagen war für eine Belichtungszeit von 1/250 s zu schnell. Er hat sich sichtbar fortbewegt, während der Verschluss geöffnet war.

ISO 100 | 300 mm | 1/250 s | f/8

Jetzt werden Sie zu Recht fragen: Was ist denn eine kurze Verschlusszeit und was eine lange? Bei Actionszenen hängt das vor allem von der Geschwindigkeit des Hauptmotivs ab. Bekommen Sie einen Fahrradfahrer vielleicht noch mit 1/250 s scharf aufs Bild, so ist ein Tischtennisball wahrscheinlich selbst bei 1/1.000 s noch verwischt. Eine klare Aussage lässt sich hier nicht treffen. Die Faustregel lautet: So kurz wie möglich. (Und was ist möglich? Dazu werden Sie gleich noch mehr erfahren.)

Verwackelte Aufnahmen vermeiden

In der Praxis besonders bedeutsam ist meist die Frage, ab welcher Verschlusszeit sich Bewegungen der Kamera als verwackelte Fotos bemerkbar machen. Das hängt vor allem von der Winkelgeschwindigkeit ab, mit der die Kamera relativ zum Motiv bewegt wird; oder kurz und knapp: von der Brennweite des Objektivs.

Seit Jahrzehnten wird in der Kleinbildfotografie die gerade noch verwacklungssichere Verschlusszeit mit der Faustformel **Belichtungszeit = 1/Brennweite** ermittelt. Wenn Sie also mit einem 200-mm-Tele fotografieren, sollte die Belichtungszeit nicht länger als 1/200 s sein, bei 20 mm Brennweite halten Sie dagegen mit etwas Übung auch noch 1/20 s sicher. Diese Regel befolgt übrigens auch die A7, wenn sie im Modus A oder P die Belichtung automatisch steuert. Beachten Sie jedoch: Die Faustformel stammt aus Zeiten, als auf Film aufgenommen wurde. Insbesondere das Auflösungsvermögen einer A7R ist deutlich höher als bei einem Film – verkürzen Sie hier zur Sicherheit die Belichtungszeit um –1 EV.

Mitzieher

Bewegt sich Ihr Motiv schnell, aber gleichförmig, ziehen Sie Ihre Kamera mit, während der Verschluss geöffnet ist. So fangen Sie wie hier den rasanten Sportwagen scharf ein, der Hintergrund zerfließt dagegen in Bewegungsunschärfe. Das Verfahren erfordert indes einige Übung, ein Einbeinstativ ist meist hilfreich.

ISO 125 | 105 mm | 1/125 s | f/9

Achtung Digitalzoom!

Die Faustregel gilt auch, wenn Sie einen anderen Digitalzoom als *Smart-Zoom* verwenden. Mit dem *Klarbild-Zoom* verkürzt sich die verwacklungssichere Belichtungszeit um –2 EV, beim *Digitalzoom* sind es gar –4 EV.

So belichten Sie Ihre Aufnahmen perfekt

Wichtig ist auch: Die Faustformel **1/Brennweite** gilt nur, wenn Sie auf Unendlich fokussiert haben. Je näher sich die Fokusebene an der Sensorebene befindet, desto höher ist die Verwacklungsgefahr. Insbesondere bei Nahaufnahmen (die ja zudem noch meist eine weit geschlossene Blende erfordern) sollten Sie daher Ihre A7 stets auf ein Stativ montieren.

Etwas mehr Reserve für eine längere Belichtungszeit haben Sie, wenn Sie ein Objektiv mit Bildstabilisator verwenden. Sony kennzeichnet diese Objektive mit dem Kürzel OSS (für *Optical Steady Shot*). Zur Vorstellung der A7 Ende 2013 waren alle verfügbaren Zoomobjektive mit OSS ausgestattet, die Festbrennweiten jedoch nicht.

Das Prinzip des OSS ist recht einfach: Kleine Gyrosensoren im Objektiv erkennen Zitterbewegungen oder leichtes Schwanken der Fotografenhand. Sie schicken Steuerbefehle an Stellmotoren, die eine beweglich gelagerte Linsengruppe im Objektiv blitzschnell verschieben – und zwar entgegengesetzt zur Richtung der Zitterbewegung. In gewissen Grenzen funktioniert der OSS verblüffend gut – vor allem, wenn Sie Folgendes beachten:

Bei einem Zoomobjektiv informiert Sie eine Skala auf dem Zoomring über die eingestellte Brennweite. Hier sind es 50 Millimeter.

- Der Bildstabilisator benötigt einen Moment, um Stärke und Richtung unerwünschter Kamerabewegungen zu analysieren. Halten Sie daher Ihre A7 bei angetipptem Auslöser für einen Augenblick aufs Motiv gerichtet, bevor Sie abdrücken.
- Der Bildstabilisator arbeitet zweidimensional. Er kann lediglich Bewegungen ausgleichen, die parallel zur Sensorebene gerichtet sind – also horizontales oder vertikales Verschieben. Wird die Kamera gedreht oder gekippt, ist er machtlos.
- Auch bei einem stabilisierten Objektiv sollten Sie stets für eine möglichst ruhige Kamerahaltung sorgen. Stützen Sie sich zum Beispiel mit dem Ellenbogen auf eine Stuhllehne auf oder lehnen Sie sich an eine Wand an.

Kein OSS bei Stativeinsatz?
Sony rät, den OSS abzuschalten, wenn Sie Ihre A7 auf ein Stativ montieren. Denn eine bombenfest fixierte Kamera könnte den Bildstabilisator zu Eigenresonanzen anregen. Er würde dann Bewegungen ausgleichen, die gar nicht vorhanden sind – und so ein verwackeltes Foto provozieren.
In der Praxis garantiert jedoch selbst ein Stativ nicht, dass Ihre A7 wirklich unbeweglich fixiert ist. Bei Landschaftsfotos reicht zum Beispiel schon ein vorbeifahrender Lastwagen, um den Untergrund, auf dem das Stativ steht, in leichte Schwingungen zu versetzen. Ich lasse den OSS daher auch beim Stativeinsatz stets aktiviert – und habe noch nie negative Auswirkungen feststellen können.

Sony gibt an, dass Ihnen der OSS eine um bis zu +4 EV längere Verschlusszeit ermöglicht als ohne Stabilisator. Nach dieser Angabe würden Sie bei ca. 100 Millimeter Brennweite noch mit einer Belichtungszeit von $1/10$ s ein scharfes Bild erhalten – anstelle von $1/125$ s nach meiner Faustformel. In der Praxis zeigt sich jedoch, dass der OSS nur die Wahrscheinlichkeit erhöht, dass Sie mit längeren Belichtungszeiten noch ein unverwackeltes Foto erhalten. Falls Sie auf grenzwertig lange Belichtungszeiten angewiesen sind, wiederholen Sie Ihre Aufnahme nach Möglichkeit mehrmals. Das steigert die Chance beträchtlich, dass Sie wenigstens ein verwacklungsfreies Foto erhalten.

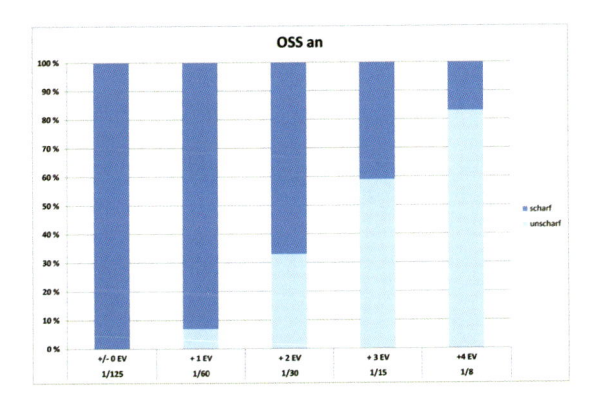

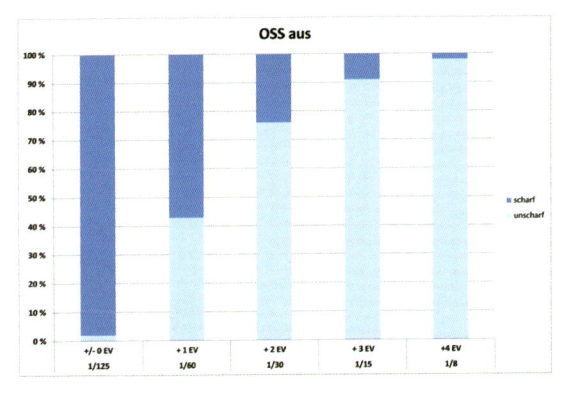

Bei aktiviertem OSS erhöht sich lediglich die Chance, dass Sie bei Überschreitung der verwacklungssicheren Zeit noch ein scharfes Foto erhalten.

Problemfall APC- und A-Mount-Objektive

Falls Sie ein E-Mount-Objektiv mit einem Bildkreis entsprechend APS-C an Ihrer A7 verwenden, speichert Ihre Kamera nur einen Bildausschnitt. Dadurch verlängert sich die Brennweite des Objektivs scheinbar um den Faktor 1,5. Beziehen Sie diesen Verlängerungsfaktor mit in Ihre Berechnung einer verwacklungssicheren Verschlusszeit ein. Die Faustformel lautet nun: 1 / Brennweite x 1,5.

Sollten Sie ein A-Mount-Objektiv via Adapter an Ihre A7 angeschlossen haben, greift Ihnen kein Bildstabilisator unter die Arme.

Wenn ich mit einem OSS-Objektiv fotografiere, lasse ich den Bildstabilisator eingeschaltet. Ob er aktiv ist oder nicht, signalisiert die A7 mit einem Symbol im Sucherbild – jedoch nur falls Sie den Display-Modus *Alle Infos anzeigen* oder *Für Sucher* eingeschaltet haben. Sie aktivieren oder deaktivieren den Bildstabilisator unter *MENU > Kamera > 6 > SteadyShot*. Das Statussymbol des Bildstabilisators blinkt im Sucher, falls Sie oder die Belichtungsautomatik eine nicht mehr verwacklungssichere Verschlusszeit gewählt haben.

Blinkt die OSS-Warnung und Sie möchten die Belichtungszeit verkürzen? Dann haben Sie zwei Möglichkeiten, die Sie auch kombinieren können: Öffnen Sie die Blende weiter und/oder erhöhen Sie die ISO-Empfindlichkeit. Letzteres kann Ihre A7 sogar automa-

Achten Sie auf das Statussymbol des Bildstabilisators. Blinkt es? Dann verringern Sie die Belichtungszeit und/oder erhöhen Sie die ISO-Empfindlichkeit.

Mit Bewegungsunschärfe gestalten
Bewegungsunschärfe kann durchaus auch ein gestalterisches Mittel sein. Hier lässt eine Belichtungszeit von 1/10 s das Wasser im wahrsten Sinne des Wortes fließen, anstatt die Bewegung einzufrieren.

ISO 100 | 105 mm | 1/10 s | f/7.1

tisch für Sie übernehmen, wenn Sie ISO auf AUTO gestellt haben (zum Beispiel im Schnellmenü). Mit dieser Einstellung passt Ihre A7 die Empfindlichkeit automatisch so an, dass Sie eine möglichst verwacklungssichere Verschlusszeit erhalten. Nun könnten Sie einwenden, dass mit steigender ISO-Zahl auch das Bildrauschen zunimmt. Das ist schon richtig, allerdings liefert Ihre A7 bis hinauf zu hohen ISO 3.200 detailreiche und rauscharme Bilder (mehr dazu in Kapitel 6). Mein Kredo lautet zudem: Lieber ein leicht verrauschtes Foto als eines, das ich im Eifer des Gefechts völlig verwackelt habe.

4.3 Blendenwert und Tiefenschärfe

Wie Sie Bewegungsunschärfe vermeiden oder als gestalterisches Mittel einsetzen, wissen Sie inzwischen. Doch damit ein Foto »scharf« im landläufigen Sinne wird, reicht es noch nicht, Bewegungsunschärfe zu vermeiden. Wie scharf eine Aufnahme wird oder nicht, steuern Sie auch mit der Irisblende im Objektiv. Sie dient also ebenfalls nicht nur dazu, lediglich die Lichtmenge zu regulieren. Mit der Blende legen Sie vielmehr auch fest, wie weit die Schärfe im Bild vor und hinter die eingestellte Fokusebene reichen soll. Dabei gilt:

- Eine **kleine Blendenzahl** bedeutet eine große Blende, die viel Licht hindurch lässt, aber nur einen sehr schmalen Bereich außerhalb der Fokusebene scharf abbildet.
- Eine große **Blendenzahl steht** für eine kleine Blende, die wenig Licht passieren lässt, jedoch einen weiten Bereich außerhalb des Fokusbereichs noch scharf abbildet.

Sicher wünschen auch Sie sich oftmals Fotos, die von vorne bis hinten knackscharf sind. Dafür würden Sie dann eben die Blende so weit wie nötig schließen. Doch da setzt die Physik des Lichts leider wieder Grenzen. Denn mit jeder Stufe, um die Sie Ihr Objektiv abblenden (wie das Schließen der Irisblende im Fachjargon

Tiefenschärfe im Vergleich

Diese Aufnahmereihe zeigt, wie sich die Tiefenschärfe in Abhängigkeit von der Blendenzahl ändert. Von links oben im Uhrzeigersinn: f/2.8, f/5.6, f/11, f/32.

der Fotografen heißt), lässt es nur noch halb so viel Licht passieren wie bei der nächsthöheren Blendenstufe.

Konkret: Setzen Sie die größte Blende f/2.8 des Objektivs 35/2.8 mit einer Lichtdurchlässigkeit von 100 Prozent gleich, so lässt es maximal abgeblendet auf f/22 nur 1,5 Prozent des Lichts passieren. Daraus ergibt sich eine bedauerliche Einschränkung: Die Tiefenschärfe lässt sich in der Praxis durch Abblenden nicht unendlich ausdehnen. (Es sei denn, Sie wollten Ihre Aufnahme unter Umständen stundenlang belichten, was mit einer A7 indes nicht möglich ist. Ihre längstmögliche Belichtungszeit beträgt 30 s.)

Ihrem Wunsch nach einer unendlichen Tiefenschärfe steht aber noch eine andere Unart des Lichts entgegen: Es wird hinter der Irisblende abgelenkt, technisch gesagt »gebeugt«. Die Beugung

> **»Tiefenschärfe« oder »Schärfentiefe«?**
>
> Heißt es nun »Tiefenschärfe« oder »Schärfentiefe«? Zunächst liegt die Antwort auf der Hand: »Schärfentiefe« – schließlich sagen Sie auch »Packmaß« und nicht »Maßpack«. In der Fotografie hat sich jedoch der Begriff »Tiefenschärfe« ebenso etabliert. Ich verwende diesen Begriff lieber, weil ich hier auch sein Antonym bilden kann: »Tiefenunschärfe«. »Schärfenuntiefe« ergibt dagegen keinen Sinn.

> **Was heißt eigentlich »scharf«?**
>
> Scharf ist ein Bild dann, wenn es einen realen Punkt auch als Punkt wiedergibt. Dazu wird ein Objektiv auf die gewünschte Aufnahmeentfernung eingestellt. Streng genommen bildet es nun nur eine unendlich dünne Ebene aus dem dreidimensionalen Raum scharf auf der zweidimensionalen Bildebene ab. Alle anderen Punkte werden als Scheibchen oder Kreise wiedergegeben. Diese Zerstreuungs- oder Unschärfekreise werden umso größer, je weiter der abzubildende Punkt bei der Aufnahme von der eingestellten Fokusebene entfernt war.
>
> Glücklicherweise ist das Auflösungsvermögen des menschlichen Auges begrenzt. Es kann bestenfalls Größenunterschiede zwischen den abgebildeten Punkten ausmachen, die mindestens das 1/1.500-fache der Bilddiagonalen betragen. Bevor Sie jetzt Ihren Taschenrechner herausholen: Bei Ihrer A7 darf auf dem Sensor ein in natura unendlich kleiner Punkt bis zur Größe von 0,03 Millimeter anwachsen, bevor Sie ihn als Unschärfekreis wahrnehmen.
>
> Je weiter Sie die Blende am Objektiv schließen, desto weniger werden die Lichtstrahlen aufgefächert, bevor sie auf den Sensor treffen. Und umso weniger schwellen Punkte, die nicht in der Fokusebene liegen, zu Unschärfekreisen an.
>
> Der Bereich außerhalb der Fokusebene, bei dem die Unschärfekreise kleiner als 0,03 Millimeter bleiben, wird als Tiefenschärfe bezeichnet.

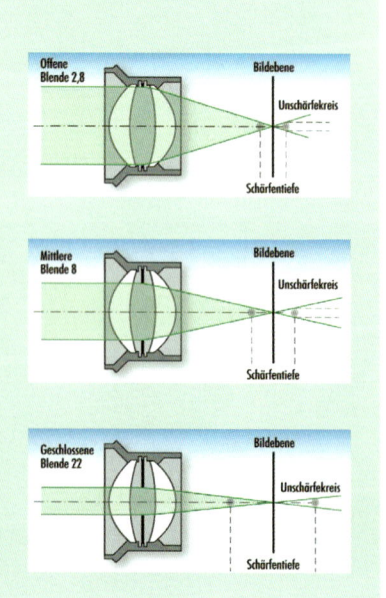

lässt die Abbildungsschärfe zurückgehen, und zwar umso mehr, je weiter die Blende geschlossen wird. Beugungsunschärfe tritt übrigens unabhängig von der Fokusunschärfe gleichmäßig über die gesamte Bildebene hinweg auf. Sie lässt Ihre Aufnahme weich und detailarm werden.

Das ist Ihnen jetzt alles viel zu hoch? Dann merken Sie sich einfach: Bei Ihrer A7 beträgt der optimale Blendenwert ca. f/11. Bei diesem Wert (Fotografen nennen ihn »kritische Blende«) werden Motivpartien innerhalb der Fokusebene mit maximaler Schärfe wiedergegeben. Blenden Sie weiter ab, nimmt zwar die Tiefenschärfe zu, die maximale Schärfe geht hingegen zurück. Wenn Sie bei Nahaufnahmen auf eine möglichst große Tiefenschärfe angewiesen sind, gilt es also einen Kompromiss zu finden zwischen

Schreckgespenst Beugungsunschärfe

Wird Licht durch ein Hindernis wie die Blendenöffnung des Objektivs gezwängt, zeigt es eine für den Fotografen unangenehme Eigenschaft: Es breitet sich hinter dem Hindernis nicht geradlinig aus, sondern wird gebeugt. Diese Beugung lässt eine weitere Spielart der Unschärfe entstehen, die Beugungsunschärfe. Deren »Beugungskreise« werden umso größer, je kleiner die Blendenöffnung ist.

Ab einem bestimmten Blendenwert werden die Beugungskreise größer als der zulässige Unschärfe- bzw. Zerstreuungskreis. Dieser Blendenwert markiert die »förderliche Blende«. Blenden Sie weiter ab, nimmt zwar die Tiefenschärfe zu, die Gesamtschärfe sinkt aber aufgrund der Beugungsunschärfe.

Ein Schlüssel zur Berechnung der »förderlichen Blende« ist also die zulässige Größe des Zerstreuungskreises. Geht man für den Betrachtungsabstand von der Länge der Bilddiagonalen aus, nimmt das menschliche Auge Zerstreuungskreise mit einem Durchmesser von 0,03 Millimeter noch als scharf wahr. Bei einer typischen Porträtaufnahme mit dem SEL5518 würde dann die »förderliche Blende« bei ca. f/42 liegen – ein theoretischer Wert!

Anders sieht es hingegen aus, wenn Sie die Aufnahmen mit Ihrer A7R in der 100%-Ansicht am Bildschirm ansehen. Bei einem Betrachtungsabstand von 30 Zentimetern würden Sie dann schon Bildpartien als unscharf erkennen, deren Zerstreuungskreis 0,01 Millimeter misst (0,012 Millimeter bei der A7). Unter dieser Voraussetzung sinkt die »förderliche Blende« auf ca. f/14 (f/17 bei der A7R).

In der Regel werden Sie ein Foto allerdings zur Gänze betrachten – und nicht nur einen Ausschnitt daraus quasi mit der Lupe analysieren. Sobald Sie eine Aufnahme drucken, die Sie mit Ihrer A7 gemacht haben, spielt Beugungsunschärfe praktisch keine Rolle mehr – egal, wie groß Sie Ihre Prints ausgeben. Ich ignoriere daher das »Schreckgespenst Beugungsunschärfe« ganz locker und blende so weit ab, wie es für die von mir beabsichtigte Tiefenschärfe erforderlich ist.

So belichten Sie Ihre Aufnahmen perfekt

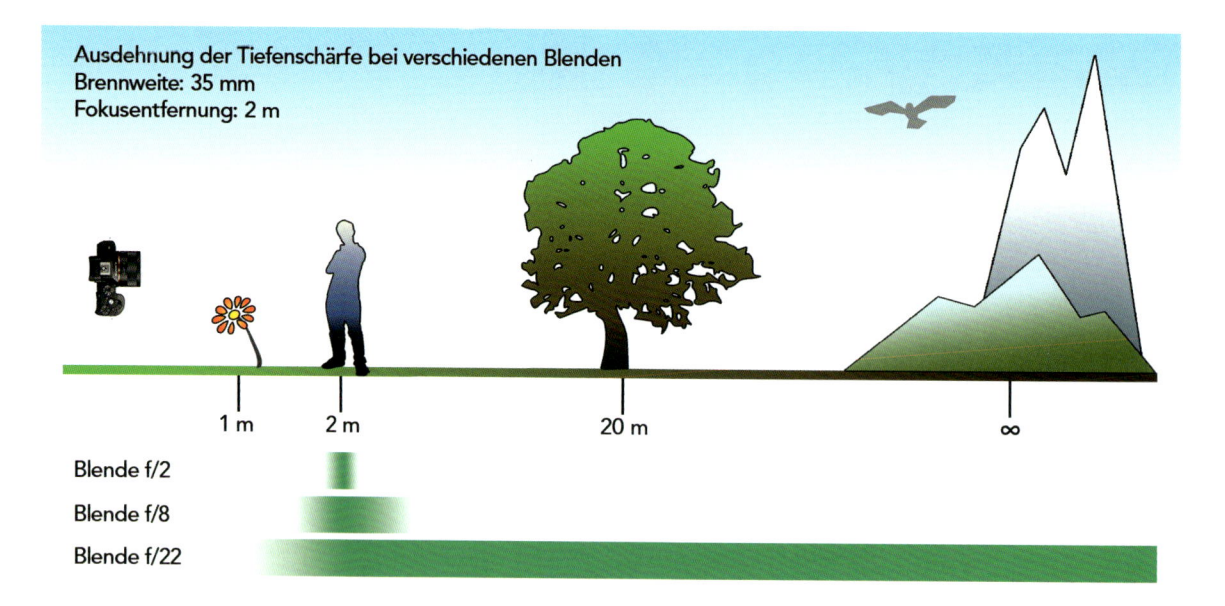

Ausdehnung der Tiefenschärfe bei verschiedenen Blenden
Brennweite: 35 mm
Fokusentfernung: 2 m

1 m   2 m   20 m   ∞

Blende f/2
Blende f/8
Blende f/22

Blendenwert und Tiefenschärfe in der Praxis: Hier wird mit einem Objektiv mit 35 Millimeter Brennweite auf die Person in zwei Meter Entfernung scharf gestellt. Bei Blende 2 (f/2) reicht die Tiefenschärfe gerade rund 60 Zentimeter weit. Blenden Sie auf f/8 ab, wächst die Tiefenschärfe bereits auf ca. 3,80 Meter an. Und mit f/22 erfassen Sie alles scharf – von den Blumen in einem Meter Entfernung bis zu den Bergen im Unendlichen.

Beugungsunschärfe und Tiefenschärfe. Diesen Kompromiss bildet die förderliche Blende, sie liegt bei Ihrer A7 bei etwa f/22.

Eine Sache habe ich bislang noch gar nicht angesprochen: Die erzielbare Tiefenschärfe hängt nicht nur vom Blendenwert, sondern auch von der Brennweite ab. Hier gilt: Bei ansonsten gleichen Parametern (Entfernungseinstellungen, Blende) ist die Tiefenschärfe umso größer, je geringer die Brennweite ist. Oder praktisch ausgedrückt: Bei einem Weitwinkelobjektiv haben Sie bereits bei recht kleinen Brennweiten und geringer Fokusdistanz hinreichend viel Tiefenschärfe; bei einer langen Telebrennweite fehlt es eigentlich fast immer an Tiefenschärfe (was Sie sich aber durchaus bei der Bildgestaltung zunutze machen können).

Um noch eins draufzusetzen: Auch die Fokusentfernung hat einen großen Einfluss auf die erzielbare Tiefenschärfe: Je kürzer die Fokusdistanz ist, desto geringer wird auch die Tiefenschärfe – Makrofotografen kennen diese Einschränkung nur zu gut.

Falls Ihnen jetzt der Kopf rauchen sollte, haben Sie mein volles Verständnis. Sie müssen sich das alles auch nicht exakt merken (bei Bedarf können Sie es ja hier noch einmal nachschlagen). Für die tägliche Fotopraxis beachten Sie einfach diese drei einfachen Regeln:

- Je kleiner die Blende ist (je größer der Blendenwert), desto größer ist die Tiefenschärfe.

Diese Zahlen sollten Sie sich merken

Eigentlich brauchen Sie sich nur zwei Blendenwerte merken – **f/8** und **f/16**:
f/8 geben Sie vor, wenn Sie Objekte innerhalb der Fokusebene mit maximaler Schärfe aufnehmen möchten.
f/16 nehmen Sie, wenn Sie eine möglichst große Tiefenschärfe ins Bild bringen möchten.

- Bei kurzen Weitwinkelbrennweiten haben Sie fast immer ausreichend Tiefenschärfe, bei Telebrennweiten erst ab einer mittleren Entfernungseinstellung.
- Je näher die Fokusdistanz ist, desto geringer wird die Tiefenschärfe. Im absoluten Nahbereich (Abbildungsmaßstab 1:1) beträgt sie auch voll abgeblendet meist nur wenige Millimeter.

Maximale Tiefenschärfe per Hyperfokaldistanz

Eine Aufnahme, die von der Sonnenblume im Bildvordergrund bis zum Kirchturm am Horizont durchgehend scharf ist – das ist der Traum eines jeden Landschaftsfotografen. Doch leider lassen die Gesetze der Physik diesen Traum schnell platzen – die Tiefenschärfe einer Aufnahme ist ja begrenzt.

Auch Ihre A7 kann die physikalischen Gesetze der Optik nicht aushebeln – aber sie lassen sich zumindest überlisten: Stellen Sie von Hand auf die Hyperfokaldistanz scharf. Dies ist die Entfernungseinstellung, ab der alles bis in die unendliche Ferne scharf aufgenommen wird. Und mehr noch: Die hyperfokale Tiefenschärfe dehnt sich zudem um rund die Hälfte vor die gewählte Entfernungseinstellung aus. Wenn Sie das Standardzoom SEL 2870 ganz auf die minimale Brennweite von 28 Millimetern auszoomen sowie Blende f/22 vorgeben, wird Ihr Bild vom vordersten Vordergrund bis zur unendlichen Ferne scharf, so Sie die Entfernung manuell auf die Hyperfokaldistanz von 181 Zentimetern einstellen. Zugegeben – nicht alles wird hundertprozentig scharf, aber eben doch so scharf, dass der Zerstreuungskreis niemals eine kritische Größe überschreitet.

Diesem Verfahren liegt folgende Überlegung zugrunde: Die Tiefenschärfe erstreckt sich bei großen Fokusdistanzen etwa zu

Welchen großen Einfluss die Brennweite auf die Tiefenschärfe hat, verdeutlicht dieses Beispiel. Dabei habe ich den Kaktus in der Mitte jeweils in annähernd gleicher Größe aufgenommen, links mit 24 Millimeter Brennweite und rechts mit 70 Millimeter. Beide Aufnahmen entstanden mit Blende f/7.1. Bei der Weitwinkelaufnahme links reicht die Tiefenschärfe fast vom Kaktus im Vordergrund bis zur Kaktee hinten. Bei der Teleaufnahme wird indes nur der zentrale Kaktus scharf abgebildet.

Tiefenschärfe kontrollieren

Sie vermissen eine Abblendtaste an Ihrer A7, um die Tiefenschärfe im Sucherbild zu kontrollieren? Die brauchen Sie nicht: Ihre A7 stellt standardmäßig in allen Betriebsmodi (bis auf P und M) das Sucherbild bereits bei Arbeitsblende dar. In den Modi P und M blendet sie ab, sobald Sie den Auslöser antippen. Mehr dazu lesen Sie ab Seite 141.

Hyperfokale Distanz

Eine Tiefenschärfe von den Gräsern und Blüten im Vordergrund bis zu den Bergen am Horizont – das Scharfstellen auf die Hyperfokaldistanz macht's möglich. Weil ich das Objektiv weit abgeblendet habe, entstehen scharf abgegrenzte Blendenflecken oben im Himmelsblau.

ISO 400 | 20 mm | 1/80 s | f/16

einem Drittel vor der eingestellten Entfernung und zu zwei Dritteln dahinter. Fokussieren Sie jetzt bei einer Landschaftsaufnahme auf Unendlich, verschenken Sie zwei Drittel Tiefenschärfereserve. Denn Unendlich plus zwei Drittel gibt wieder nur Unendlich. Also stellt man die Entfernung so ein, dass die Tiefenschärfe gerade an Unendlich heranreicht, und verlagert sie somit deutlich nach vorne.

Die Frage ist nur: Bei welcher Entfernungseinstellung liegt die Hyperfokaldistanz? Das hängt von einer Reihe von Faktoren ab. Wenn Sie es genau wissen wollen, berechnen Sie die Hyperfokaldistanz für eine beliebige Blenden-Brennweiten-Kombination zum Beispiel unter www.dofmaster.com/dofjs.html. Oder orientieren Sie sich einfach an der nachfolgenden Tabelle. Generell gilt: Die Hyperfokaldistanz rückt umso näher in den Vordergrund,

- je geringer die Brennweite Ihres Objektivs ist,
- je weiter Sie das Objektiv abblenden.

Blendenwert und Tiefenschärfe

Hyperfokaldistanz (HFD) in Abhängigkeit von Blende und Brennweite						
	f/11		f/16		f/22	
Brenn-weite	HFD in cm	Nahgrenze in cm	HFD in cm	Nahgrenze in cm	HFD in cm	Nahgrenze in cm
16 mm	99	49	73	36	60	30
20 mm	154	77	113	57	93	46
24 mm	220	110	163	81	133	67
28 mm	300	150	221	111	181	90
35 mm	468	234	345	172	282	141
50 mm	952	476	700	350	573	287

erlaubter Zerstreuungskreisdurchmesser: 0,025 mm, Beugung wird eingerechnet, Entfernungsangaben ab Hauptebene

Eine geringe Brennweite und eine kleine Blende beschränken das Verfahren naturgemäß auf bestimmte Motive. Es eignet sich insbesondere für die Landschaftsfotografie sowie für schnelle Schnappschüsse, jedoch keinesfalls für Available-Light-Fotografie und Porträtaufnahmen.

Doch wie stellen Sie mit Ihrer A7 auf den Zentimeter genau scharf? Schließlich haben E-Mount-Objektive keine Entfernungsskala am Fokusring. Kein Problem: Sobald Sie Ihre manuell fokussieren, erscheint im Sucherbild eine Skala, die die Fokusentfernung in Metern nennt. Mehr dazu lesen Sie in Kapitel 5.

Wenn Sie auf die Hyperfokaldistanz (HFD) scharf stellen, erweitern Sie den Tiefenschärfebereich nach vorne beträchtlich.

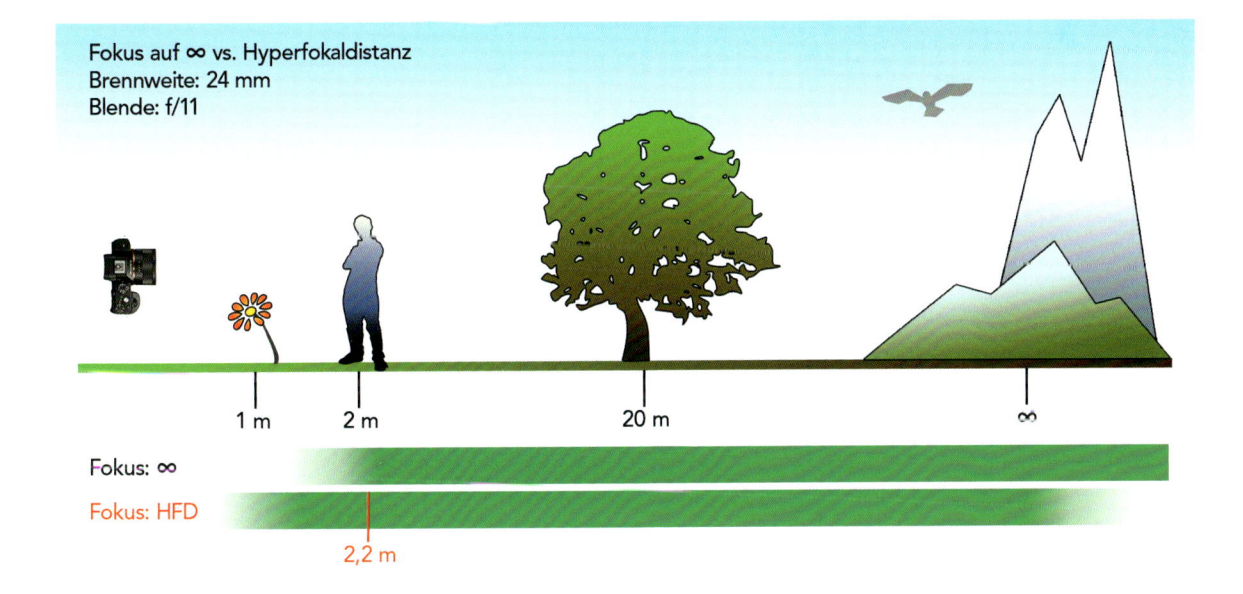

Fokus auf ∞ vs. Hyperfokaldistanz
Brennweite: 24 mm
Blende: f/11

1 m   2 m   20 m   ∞

Fokus: ∞

Fokus: HFD

2,2 m

113

Tiefenschärfe und -unschärfe als gestalterisches Mittel

OK, wie Sie die Tiefenschärfe möglichst weit ausdehnen, wissen Sie nun. Doch ein gutes Foto muss nicht unbedingt »von vorne bis hinten« scharf sein – im Gegenteil: Ziehen Sie die Tiefenunschärfe ganz gezielt bei der Bildgestaltung heran.

Tiefenunschärfe sorgt dafür, dass sich Ihr scharfes Hauptmotiv im Bildvordergrund von seinem unscharfen Hintergrund löst. Dazu halten Sie den Bereich der Tiefenschärfe möglichst klein, sodass er nur Ihr Hauptmotiv erfasst. Das gelingt umso besser, je länger die Brennweite des verwendeten Objektivs ist. Weitwinkelobjektive eignen sich meist nicht zum Spiel mit Schärfe und Tiefenunschärfe.

Denken Sie jedoch daran: Telebrennweiten egalisieren die Größenverhältnisse. Das lässt Ihre Fotos umso flacher und zweidimensionaler wirken, je länger die Brennweite wird. Für Porträtaufnahmen sollten Sie daher eine Brennweite von 70–135 mm verwenden. Blenden Sie bei 70 mm auf f/4 ab, bei 135 mm auf f/5.6 – dann wird alles von der Nasenspitze bis zum Ansatz der Ohren scharf.

Gezielte Tiefenunschärfe

Es muss nicht immer alles scharf sein: Dieses Foto habe ich mit ca. 150 mm Brennweite, f/4 und einer Fokusentfernung von etwa 1,5 m aufgenommen. Die Schärfeebene ist sehr schmal und lässt Vorder- wie Hintergrund weich in stimmungsvoller Unschärfe zerfließen.

ISO 100 | 150 mm | 1/$_{1.250}$ s | f/4

Eine weit geschlossene Blende lässt nicht nur die Tiefenschärfe anwachsen, sie hat auch noch weiteren Einfluss auf Ihre Aufnahmen. Befinden sich Lichtquellen im Bild, werden diese umso stärker als Sternchen wiedergegeben, je weiter Sie abblenden. Meist wird der Effekt ab Blende f/11 sichtbar, ich blende aber gerne noch weiter ab auf f/16 oder gar f/22, wenn ich den Sterneneffekt erzielen möchte. Falls Sie direkt in eine Lichtquelle fotografieren, sollten Sie jedoch Folgendes beachten:

Sterncheneffekt

Schließen Sie die Blende weit (hier jeweils auf f/16), so strahlen Lichtquellen sternchenförmig. Allerdings kann es je nach Objektiv zu unschönen Lensflares kommen (linkes Bild). Nach meiner Erfahrung sind vor allem die Zoomobjektive von Carl Zeiss anfällig für derartige Abbildungsfehler.

- Direktes Gegenlicht macht gnadenlos jedes Staubkörnchen und jeden Fingerabdruck sichtbar, die die Frontlinse des Objektivs verunreinigen. Blasen Sie Staub gründlich ab, erst dann wischen Sie anhaftenden Schmutz vorsichtig weg
- Je weiter Sie im Gegenlicht abblenden, desto größer wird die Gefahr, dass Blendenflecken und sogenannte »Flares« im Bild auftreten. Kontrollieren Sie das Sucherbild sorgfältig. Flares treten übrigens auch auf, wenn sich die Lichtquelle so eben nicht innerhalb des Bildausschnitts befindet.
- Visieren Sie auf keinen Fall die hochstehende Mittagssonne an, um den Effekt auszuprobieren! Kurz vor Sonnenauf- oder -untergang können Sie die Sonne indes gefahrlos mit ins Bild nehmen.

4.4 ISO-Zahl und Bildrauschen

Bislang haben Sie zwei Stellschrauben zur Belichtungssteuerung kennengelernt: Belichtungszeit und Blende. Sie stellen also jetzt die Belichtungszeit so ein, dass Ihre Aufnahme garantiert nicht verwackelt. Und die Blende geben Sie so vor, dass Sie die gewünschte Tiefenschärfe erhalten. In vielen Fällen werden Sie nun jedoch vor einem Problem stehen: Das Licht reicht für die gewählte Zeit-Blende-Kombination nicht aus, Ihre Aufnahme würde unterbelichtet werden.

Nun können Sie (oder die Belichtungsautomatik Ihrer A7) an einer weiteren Stellschraube drehen: der ISO-Empfindlichkeit.

> **Wie kommt es zu Bildrauschen?**
> Der Bildsensor Ihrer A7 besteht aus Millionen an Photodioden, die das einfallende Licht gemäß seiner Intensität in elektrische Energie (Spannung) umwandelt. Dieses analoge Signal wird sodann vom nachgeschalteten AD-Konverter digitalisiert.
>
> Die Empfindlichkeit dieser Photodioden ist nicht regelbar, sie entspricht bei der A7 ISO 100. Nehmen Sie nun ein Foto bei ISO 200 auf, liefert der Sensor ein Signal, das um −1 EV unterbelichtet ist. Bei ISO 400 wird die Aufnahme um −2 EV zu dunkel, bei ISO 800 um −3 EV usw. Damit Sie bei höherer ISO-Zahl dennoch ein korrekt belichtetes Foto erhalten, hellt die Bildbearbeitungs-Engine Ihrer A7 es entsprechend der gewählten ISO-Empfindlichkeit auf. Doch dabei kommt es zu unterschiedlichen Arten von Bildrauschen:
>
> **Photonenrauschen:** Bereits der Bildsensor selbst erzeugt Signale, ohne dass er durch einfallendes Licht dazu angeregt worden wäre. Diese Störsignale werden meist als Photonenrauschen bezeichnet.
>
> **Ausleserauschen:** Zwischen den Photodioden des Bildwandlers und dem DA-Wandler befindet sich ein Verstärker, der das analoge Signal so anhebt, dass es die Eingangsempfindlichkeit des DA-Wandlers optimal ausnutzt. Dabei wird jedoch auch das Photonenrauschen verstärkt, zudem fügt der Ausleseverstärker weiteres Rauschen hinzu.
>
> **Quantisierungsrauschen:** Wenn der DA-Wandler bei ISO 200 mit einem um das 0,5fache gedämpften Eingangssignal versorgt wird, kann er einfach jeden Helligkeitswert nach der Digitalisierung mit dem Faktor 2 multiplizieren, um das Bild mit der korrekten Helligkeit wiederzugeben. Bei ISO 400 multipliziert er mit 4, bei ISO 800 mit 8 etc. Das Problem dabei: Je größer der Multiplikationsfaktor ist, desto ungenauer wird der resultierende Wert – falsche Werte machen sich ebenfalls als Rauschen bemerkbar.
>
> Bei niedriger ISO-Empfindlichkeit wirkt sich das Ausleserauschen stärker aus als das Quantisierungsrauschen. Daher verstärkt die A7 bis etwa ISO 800 (genaue Angaben dazu macht Sony nicht) das Sensorsignal auf digitalem Wege, die Eingangsempfindlichkeit des DA-Wandlers wird so jedoch nicht optimal ausgenutzt. Bei noch höheren ISO-Werten wird die Empfindlichkeit zusätzlich vor der Digitalisierung erhöht.
>
> Es gibt zudem noch eine weitere Spielart des Bildrauschens, das »Dunkelrauschen«. Es ist genau genommen nichts anderes als Photonenrauschen, aber besonders stark ausgeprägtes. Dunkelrauschen stört nur bei sehr langen Belichtungszeiten, Ihre A7 kann es per »Dark Frame Substraction« praktisch gänzlich eliminieren.

Dahinter verbirgt sich eine Art Restlichtverstärker, der das schwache Signal des Bildwandlers derart anhebt, dass Ihr Bild korrekt belichtet wird. Wie hoch der Verstärkungsfaktor sein soll, geben Sie mit der ISO-Zahl vor. Auch sie funktioniert wieder nach demselben Prinzip wie die Blendenzahl: Erhöhen Sie den ISO-Wert um eine Stufe, wird die Lichtempfindlichkeit um +1 EV erhöht.

Bedauerlicherweise gibt es den Restlichtverstärker nicht ohne Risiken und Nebenwirkungen – und die heißen hier »Bildrauschen«. Als Bildrauschen werden Störpixel bezeichnet, die keine Bildinformationen transportieren, sondern durch die Empfindlichkeitserhöhung im Aufnahmeprozess entstehen – direkt im Sensor, aber auch bei der Signalverstärkung. Je stärker Sie die Empfindlichkeit erhöhen (also die ISO-Zahl hochsetzen), desto mehr Störpixel entstehen. Die Anzahl der Störpixel wächst dabei (theoretisch) exponentiell zur ISO-Zahl – deshalb wäre schon eine Aufnahme mit ISO 800 sichtbar verrauscht, würde Ihre A7 nichts dagegen unternehmen.

High-ISO-Foto
Falls erforderlich, können Sie bei Ihrer A7 ohne Reue sehr hohe ISO-Werte wählen.
ISO 3.200 | 180 mm | 1/160 s | f/4

> **Vorteil RAW-Format**
>
> Ich zeichne bevorzugt im RAW-Format auf. Insbesondere bei High-ISO-Aufnahmen bietet das RAW-Format einen entscheidenden Vorteil: Sie können ganz gezielt nur die Bildpartien entrauschen, in denen das Rauschen tatsächlich stört. Allerdings hat Sony bei der A7 die interne Rauschunterdrückung so verbessert, dass die arbeitsintensive Nachbereitung der RAW-Fotos kaum noch Vorteile bringt – zumindest nicht bis zu einer Empfindlichkeit von ISO 3.200.

Zum Glück hat Sony die A7 mit einer sehr wirkungsvollen Rauschunterdrückung ausgestattet, die jedoch nur bei JPEG-Bildern greift. Und sie ist auch nicht zum Nulltarif zu haben. Denn je stärker das Bildrauschen ausgeprägt ist, desto kräftiger muss die Rauschunterdrückung eingreifen und umso mehr fallen ihr dann mit den Störpixeln auch feinste Bilddetails zum Opfer.

Doch lassen Sie sich nicht ins Bockshorn jagen: Bildrauschen spielt eine deutlich geringere Rolle, als gemeinhin angenommen wird. Denn auch in Sachen »Rauschen« gilt: Je kleiner Sie Ihre Aufnahmen ausgeben, desto weniger machen sich Störpixel bemerkbar. Meine Faustregel: Mit jeder Halbierung der Ausgabemaße gewinnen Sie mindestens eine zusätzliche ISO-Stufe Reserve. Dabei macht es keinen großen Unterschied, ob Sie mit der A7R oder A7 fotografieren. Zwar rauscht die A7R aufgrund ihrer höheren Auflösung (und dem damit einhergehenden geringeren Pixelpitch) etwas stärker als ihre kleinere Schwester – aber beim

ISO-Rauschen A7R vs. A7

Zwei unbearbeitete RAW-Fotos aus dem Testlabor von digitalkamera.de, die jeweils bei ISO 3.200 entstanden sind – links mit der A7R, rechts mit der A7. In der 100%-Ansicht (Lupe) wirkt das Rauschen bei der A7R kräftiger.

ISO 3.200 bei DIN A3

Hier habe ich die Testaufnahmen jeweils auf die Ausgabegröße von DIN A3 (bei 300 ppi) reduziert. Rauschen spielt nun kaum noch eine Rolle, auch die Unterschiede zwischen A7R (links) und A7 (rechts) egalisieren sich.

ISO 100 vs. ISO 3.200 bei DIN A4

Hier habe ich zwei Aufnahmen mit der A7R auf das Ausgabemaß von DIN A4 heruntersktaliert. Links bei ISO 100, rechts mit ISO 3.200. Sehen Sie einen Unterschied?

ISO-Zahl und Bildrauschen

Auf die Größe kommt es an

Verkleinert auf 102 Millimeter Kantenlänge macht es kaum einen Unterschied, ob Sie mit der A7R bei ISO 100 (oben) fotografieren oder ISO 12.800 (unten). Erst der 100%-Ausschnitt bringt den Qualitätsverlust durch die hohe ISO-Empfindlichkeit an den Tag.

© Testbilder: digitalkamera.de

Herunterskalieren auf das gewünschte Ausgabemaß werden Aufnahmen mit der A7R auch stärker verkleinert, das Rauschen egalisiert sich dabei annähernd.

Kurzum: A7 und A7R können Sie selbst mit höchsten Ansprüchen an die Detailwiedergabe und Reinheit Ihrer Aufnahmen ohne Reue bis ISO 400 für großformatige Prints einsetzen. Geben Sie Ihre Fotos im DIN-A4-Format aus, liefert sogar ISO 3.200 gute Ergebnisse, bei ISO 6.400 ist die Bildqualität noch mehr als passabel. Eine noch höhere ISO-Empfindlichkeit werden Sie in der Praxis äußerst selten benötigen. Falls doch, bietet Ihnen Ihre A7

119

> **ISO-Zahl und Dynamikumfang**
> Bei hohen ISO-Zahlen nimmt nicht nur das Bildrauschen zu, es sinkt auch der Dynamikumfang. Das lässt die Aufnahmen härter wirken, die A7 verliert ihre Fähigkeit, feinste Kontrastabstufungen darzustellen. Sichtbar wird der mit hohen ISO-Werten einhergehende Dynamikverlust ab etwa ISO 3.200.
>
> Besonders dramatisch ist der Dynamikverlust übrigens bei einer Empfindlichkeit unter ISO 100. Bei ISO 50 verlieren Sie eine ganze Blendenstufe (−1 EV) an Dynamik.

mit der »Multiframe«-Rauschunterdrückung eine pfiffige Funktion, um das Bildrauschen deutlich zu reduzieren – mehr dazu lesen Sie gleich.

Problematisch werden hohe ISO-Zahlen, wenn Sie Ausschnittsvergrößerungen anfertigen möchten oder den Digitalzoom verwenden. Und noch einen Nachteil bringen hohe ISO-Werte mit sich: Sie verringern den nutzbaren Dynamikumfang, feinste Kontrastabstufungen gehen bei Werten jenseits der ISO 3.200 sichtbar verloren.

Das alles hält mich jedoch nicht davon ab, der ISO-Automatik meiner A7 standardmäßig Aufnahmen bis zu ISO 3.200 zu erlauben (wie's geht, lesen Sie gleich). Nur wenn es wirklich darauf ankommt, gebe ich die ISO-Zahl manuell vor. Die Tabelle gibt Ihnen einen schnellen Überblick, welche ISO-Einstellungen ich für verschiedene Ausgabemaße empfehle:

Ausgabegröße bei 300 ppi	ISO-Zahl optimal	ISO-Zahl maximal	Typische Anwendung
DIN A2	100	400	Fine-Art-Prints
DIN A3	400	800–1.600	Poster, Kalender
DIN A4	800	3.200–6.400	hochwertige Prints
10 x 15 cm	3200	12.800	Fotoalbum

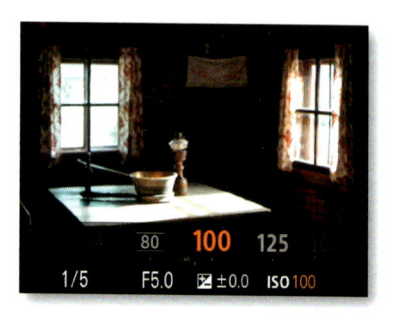

Standardmäßig stellen Sie die ISO-Empfindlichkeit mit dem Einstellring ein. Ich habe diese Funktion jedoch meist deaktiviert, weil sich damit die ISO-Zahl zu leicht unbeabsichtigt verstellt.

Betrachten Sie die Tabelle aber bitte nur als grobe Empfehlung. Für mich ist die Empfindlichkeit das am wenigsten kritische Glied in der Kette aus Belichtungszeit, Blende und ISO-Wert. Wenn Sie in einer dunklen Sporthalle kurze Belichtungszeiten brauchen, setzen Sie die ISO-Zahl entsprechend hoch – Bildrauschen können Sie noch nachträglich bekämpfen, Bewegungsunschärfe oder eine verwackelte Aufnahme dagegen nicht. Das gilt ebenso für eine zu geringe Tiefenschärfe, wenn Sie die Blende zu weit geöffnet haben, um die ISO-Zahl klein zu halten.

ISO-Empfindlichkeit in der Fotopraxis

In der Praxis erhöhen Sie die ISO-Empfindlichkeit vor allem, um die Belichtungszeit möglichst kurz zu halten – etwa bei Sport- und Actionfotos, aber auch bei schlechtem Licht etwa in Innenräumen oder nachts. Dazu drehen Sie in der Standard-Konfiguration Ihrer A7 einfach am Einstellring.

ISO-Zahl und Bildrauschen

Obwohl Sie die ISO-Empfindlichkeit via Einstellring schnell ändern können, ist es auf Dauer doch etwas lästig, neben der Belichtungszeit und der Blendenzahl auch noch den ISO-Wert anzupassen. Machen Sie's wie ich, und überlassen Sie diese Aufgabe getrost der ISO-Automatik. Ich gestatte ihr, die Empfindlichkeit auf ISO 3.200 hochzuregeln. Dazu stellen Sie Folgendes ein:

1 Rufen Sie mit der *Fn*-Taste das Schnellmenü auf und steuern Sie die aktuelle ISO-Vorgabe an. Sie befindet sich standardmäßig links in der zweiten Reihe.

2 Drücken Sie die *SET*-Taste. Es erscheint das Menü zur ISO-Wahl. Blättern Sie die Liste links durch bis zum Eintrag AUTO.

3 Unten sehen Sie nun links den Minimal- und rechts den Maximalwert, den Sie der Automatik gestatten. Um die Werte zu ändern, drücken Sie die ▶-Taste, dann stellen Sie mit dem Einstellring *ISO AUTO minimal* beziehungsweise *ISO AUTO maximal* ein. Meiner A7 gestatte ich einen Regelbereich von ISO 100 bis ISO 3.200.

Turbinenschaufel

Bei dieser Aufnahme im Museum war kein Stativ gestattet. Um dennoch bei Blende f/11 auf eine verwacklungssichere Belichtungszeit zu kommen, habe ich die Empfindlichkeit auf ISO 4.000 eingestellt.

ISO 4.000 | 100 mm | 1/80 s | f/11

Welchen ISO-Wert steuert die Automatik?

Wenn Sie die ISO-Automatik eingeschaltet haben, zeigt das Sucherbild zunächst nur die Information *ISO AUTO* (Bild links). Sobald Sie den Auslöser halb durchdrücken, beginnt Ihre A7 mit der Belichtungsmessung und zeigt dann den ISO-Wert, mit der sie Ihr Foto (oder Ihren Videofilm) aufnehmen wird (Bild rechts).

Rauschunterdrückung per Mehrfachaufnahme

Über ISO 3.200 sollten Sie in der Regel nicht gehen, um Bildrauschen oder die detailmindernde Wirkung der Rauschunterdrückung möglichst gering zu halten. Was aber, wenn das Licht einfach nicht ausreicht? Für diesen Fall hält Ihre A7 mit der »Multiframe-Rauschminderung« eine äußerst clevere Funktion bereit, die das Rauschen von High-ISO-Aufnahmen sichtbar reduziert. Bei der Multiframe-Rauschminderung nimmt Ihre Kamera nicht nur ein Bild auf, sondern gleich sechs. Diese sechs Aufnahmen kombiniert der Bildprozessor dann zu einem Bild, das merklich rauschärmer ist als jedes der einzelnen Fotos.

Die Kehrseite der Medaille allerdings ist: Wenn Sie in RAW aufzeichnen, funktioniert das Verfahren nicht. Auch stehen Ihnen die Funktionen zur Kontrastverbesserung (DRO und HDR) nicht zur Verfügung. Und noch einen weiteren Nachteil bringt die Multiframe-Rauschminderung mit: Sie eignet sich nur für statische Motive.

Wann lohnt sich die »Multiframe-RM«?

Die »Multiframe-Rauschminderung« ist umso wirkungsvoller, je höher die Empfindlichkeitseinstellung ist. Ich verwende sie praktisch nur, wenn Werte ab ISO 6.400 nötig werden.

Nur mit »Multiframe-RM« erlaubt die A7 übrigens eine maximale Empfindlichkeitseinstellung von ISO 51.200. Bei Einzelaufnahmen ist eine Blendenstufe vorher Schluss, nämlich bei ISO 25.600.

Multiframe-Rauschminderung

Zwei Fotos mit ISO 6.400 – links eine herkömmliche Einzelaufnahme, rechts eine Reihenaufnahme mit »Multiframe-Rauschminderung«. Im 100%-Ausschnitt ist der Vorteil der Mehrfachaufnahme klar zu erkennen.

Altes Waschgeschirr

Ein Stativ hatte ich leider nicht dabei, als ich in einer oberbayrischen Stube auf dieses Waschgeschirr stieß. Da kam mir die »Multiframe-Rauschminderung« gerade recht.

ISO 6.400 | 70 mm | 1/60 s | f/8

Trotz all dieser Einschränkungen verwende ich die Multiframe-Rauschminderung gerne, wenn ich mir später die aufwändige Rauschreduzierung am Rechner ersparen möchte, etwa bei Urlaubsfotos. Sie bringt unter idealen Bedingungen (Kamera sehr ruhig gehalten, kein Action-Motiv) in Sachen »Rauschen und Detailzeichnung« einen Vorteil von etwa +1,5 EV. Eine Aufnahme mit Multiframe-Rauschminderung mit ISO 6.400 zeigt dann ungefähr die Bildqualität einer Einzelaufnahme mit ISO 2.400. Alternativ lässt sich das Verfahren auch mit mehreren Einzelaufnahmen in Photoshop nachbilden. Das ist zwar aufwändiger, erlaubt dafür aber die Aufzeichnung im RAW-Format.

Sie stellen die Rauschminderung unter *Multiframe RM* im ISO-Menü ein, das Sie via Schnellmenü aufrufen. Dabei haben Sie die Wahl, ob Sie Ihre A7 mit *ISO AUTO* die Empfindlichkeit wählen lassen oder ob Sie die gewünschte ISO-Empfindlichkeit selbst vorgeben.

> **So funktioniert die »Multiframe-RM«**
>
> Bildrauschen ist ein stochastisches Phänomen. Die Störpixel sind zufällig verteilt, sie entstehen bei jeder Aufnahme an einer anderen Stelle.
>
> Das nutzt die »Multiframe-Rauschminderung« aus. Sie verrechnet sechs Einzelbilder nach der Methode »arithmetisches Mittel«. Dabei werden Helligkeitswerte, die in jedem Bild identisch sind (= Bildinformation), sehr viel stärker gewichtet als Werte, die jeweils nur in einem Bild vorkommen (= Bildrauschen).
>
> Das Verfahren können Sie in Photoshop nachbilden: Stapeln Sie mehrere identische Aufnahmen in Ebenen, diesen Ebenenstapel verwandeln Sie in ein Smartobjekt. Mit *Ebene > Smartobjekte > Stapelmodus > Arithmetisches Mittel* rechnen Sie dann die Störpixel aus den Einzelbildern heraus.

4.5 Belichtung richtig messen – so wird's gemacht

Die Grundlagen der Belichtungssteuerung kennen Sie nun. Jetzt können Sie sich also daran machen, die Belichtung auf den Punkt genau zu regulieren. Doch halt: Erst einmal müssen Sie oder Ihre Kamera die Belichtung messen.

Ihre A7 bietet drei verschiedene Verfahren für die Belichtungsmessung. Sie stellen sie ein unter *MENU > Kamera > 4 > Messmodus*. Alternativ greifen Sie auch via Schnellmenü auf den *Messmodus* zu. Zur Auswahl stehen:

- **Multi** unterteilt das gesamte Bild in 1.200 Segmente und ermittelt zunächst für jede einzelne Zelle den korrekten Belich-

Sie ändern das Verfahren für die Belichtungsmessung besonders fix unter »Messmodus« im Schnellmenü (links). Natürlich können Sie die Einstellung auch übers Hauptmenü aufrufen (rechts).

tungswert. Es fallen also 1.200 separate Messwerte an, die dann für den endgültigen Belichtungswert herangezogen werden. Dabei bildet Ihre A7 aber nicht einfach nur einen Durchschnittswert, sondern gewichtet einzelne Messwerte stärker oder schwächer. So werden zum Beispiel Segmente, die innerhalb der Fokusebene liegen, stärker berücksichtigt, ebenso Zellen, in denen die automatische Gesichtserkennung angesprungen ist. *Multi* ist die Standardvorgabe Ihrer A7 und liefert im Großen und Ganzen die besten Ergebnisse.

- **Mitte** steht für die »mittenbetonte Integralmessung«, ein Verfahren aus der Steinzeit der automatischen Belichtungsmessung in der Kamera. Dieses Messverfahren ermittelt die Belichtungswerte so, als sei der Bildausschnitt im Sucher mit 18 % Grau gefüllt. Dabei wird das Bildzentrum stärker gewichtet als die Außenbezirke. Dennoch ist dieses Verfahren deutlich grobschlächtiger als Multi – es gibt heute kaum noch einen Grund, es anzuwenden. Auch deshalb, weil die mittenbetonte Integralmessung keinen Unterschied zwischen dem scharfen Hauptmotiv und einem unscharfen Hintergrund macht.
- **Spot** misst die Belichtung gezielt nur für einen sehr kleinen Bereich im Bildzentrum. Dieses Verfahren empfiehlt sich bei sehr kontrastreichen Motiven und bei Gegenlichtsituationen. *Spot* sollte Ihre bevorzugte Wahl sein, wenn Sie mit der *AEL*-Taste den aktuellen Belichtungswert festhalten. Sie werden das Verfahren gleich noch ausführlich kennenlernen (ab Seite 147).

Ganz gleich für welchen Messmodus Sie sich entscheiden: Es gibt eine Reihe von Aufnahmesituationen, in denen die A7 so ihre liebe Not hat, die korrekten Belichtungswerte zu ermitteln.

Der Belichtungsmesser kennt nur Grau

Wenn Ihr Motiv kontrastreich ist, hat der Belichtungsmesser weniger Probleme: Er ermittelt einen Wert, bei dem die hellsten Bildpartien möglichst nicht übersteuern. Fehlen der Szenerie indes jegliche Kontraste, braucht der Belichtungsmesser einen Anhaltspunkt, wie hell die Aufnahme insgesamt werden soll. Dazu bedient er sich eines statistischen Tricks: Berechnet man die durchschnittliche Helligkeit aller Fotos, die jemals aufgenommen wurden, ergibt sich der Wert 18 % Grau. Daher kommt es, dass eine trübe Winterlandschaft zu knapp belichtet wird, ein Schornsteinfeger im Kohlenkeller dagegen zu reichlich.

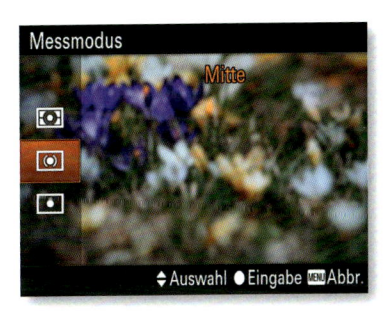

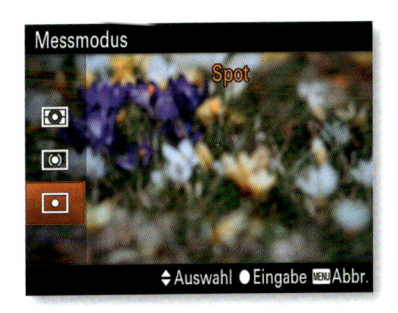

Insbesondere in den folgenden Situationen sollten Sie dem Belichtungsmesser Ihrer A7 eine gesunde Portion Misstrauen entgegenbringen:

- Bei insgesamt sehr dunklen Motiven, die einfach keine weißen oder sehr hellen Bereiche aufweisen. Ihre A7 weiß sich nicht anders zu helfen und wird dieses Motiv überbelichten, also zu hell wiedergeben. Das gilt umso mehr, wenn Sie im JPEG-Format aufzeichnen. Denn dann passt die Kamera unter Umständen auch noch die Tonwertkurve an, um das Bild aufzuhellen.

Sehr dunkle Motive erfordern oftmals eine knappere Belichtung, um ihren Charakter zu wahren.

- Bei sehr kontrastarmen Motiven, zum Beispiel einer Winterlandschaft im trüben Licht. Der Belichtungsmesser richtet die mittlere Helligkeit ja an 18 % Grau aus, damit gerät das Foto jedoch viel zu dunkel.

Fehlen bei hellen Motiven die Kontraste, wird es Ihre A7 zu dunkel belichten – wie diese Winterlandschaft im Trüben.

- Bei hartem (kontrastreichem) Licht, wenn Ihr Hauptmotiv nicht in den Lichterpartien liegt. Der Belichtungsmesser Ihrer A7

versucht stets, ausfressende Lichter (also überbelichtete Bildpartien) zu vermeiden. Das führt dazu, dass Ihr Hauptmotiv zu dunkel wiedergegeben wird. Wenn Sie im RAW-Format aufzeichnen, ist dieses Problem stärker ausgeprägt als bei JPEG-Aufnahmen.

Bei diesem sehr kontrastreichen Motiv hat die A7 den überwiegenden Teil des Fotos zu knapp belichtet. Der Belichtungsmesser versucht nämlich auf alle Fälle, ausfressende Lichter zu vermeiden.

Schatten aufhellen per DRO

Der Belichtungsmesser Ihrer A7 versucht unter allen Umständen, ausfressende Lichter zu vermeiden. Bereits ein paar wenige Spitzlichter im Motiv können schon dazu führen, dass das gesamte Bild zu dunkel wird (wenngleich die Lichterpartien korrekt belichtet sind). In diesem Fall hilft Ihre A7 mit einer Spezialfunktion, dem *Dynamic Range Optimizer* (DRO). Die DRO-Funktion hellt nachträglich die Schattenbereiche im Foto auf, sodass sich insgesamt eine ausgewogene Belichtung ergibt. Mehr dazu lesen Sie gegen Ende dieses Kapitels.

Problemfall satte Farben

Das leuchtende Gelb der Osterglocke hat die A7 etwas zu reichlich belichtet (links), die rot markierten Bildbereiche überstrahlen bereits. Mitte. In der Schwarzweiß-Variante des Fotos ist alles in Ordnung – so hat es der Belichtungsmesser gesehen. Rechts: Hier habe ich die Belichtung um –1 EV reduziert. Insgesamt wirkt das Bild jetzt zwar etwas dunkel, aber das Gelb der Blüte ist feinstens abgestuft, jedes Detail wird sichtbar.

- Wenn Sie sehr farbintensive Motive aufnehmen, zum Beispiel leuchtend rote Rosen oder strahlend gelbe Narzissen. Der Belichtungsmesser kennt keine Farben, sondern nur Grauwerte. Daher werden sehr starke Farben übersättigt, insbesondere Gelb und Rot geraten im Bild zu hell.

Korrekte Belichtung nur bei korrektem Weißabgleich

Der Belichtungsmesser Ihrer A7 arbeitet nur genau, wenn Sie den Weißabgleich auf die Farbtemperatur des vorherrschenden Lichts eingestellt haben. In der Regel erledigt das der automatische Weißabgleich. Ist die Farbtemperatur zu niedrig (zu kalt) eingestellt, wird Ihr Foto tendenziell zu dunkel. Haben Sie dagegen die Farbtemperatur zu hoch gewählt, riskieren Sie überbelichtete Aufnahmen. Je farbintensiver Ihr Motiv ist, desto gravierender wirkt sich ein falscher Weißabgleich auf die Belichtungsmessung aus. Mehr zum Weißabgleich lesen Sie in Kapitel 6.

Das Live-Histogramm: auf den Punkt genau belichten

Gut, Sie wissen jetzt, dass der Belichtungsmesser nicht immer die Werte liefert, die Ihr Foto wunschgemäß belichten. Wie aber können Sie schon vor der Aufnahme abschätzen, wie die Helligkeit im Bild verteilt sein wird? Ob die Aufnahme eher dunkel oder eher hell werden wird?

Einen ersten Eindruck vermittelt Ihnen bereits das Sucherbild. Es wird ja bei Ihrer A7 stets elektronisch erzeugt und spiegelt daher bereits die Belichtung wider, die Ihre Kamera gewählt hat. Erhöhen Sie zum Beispiel die Belichtung, wird auch das Sucherbild heller.

Ihre A7 kann aber noch mehr: Auf Knopfdruck liefert sie ein sogenanntes Histogramm. Diese Grafik zeigt die relative Helligkeit aller Pixel vom Tonwert 0 (Tiefschwarz) bis 255 (Reinweiß). Dabei nehmen die Tonwerte auf der x-Achse von links nach rechts zu. Und die Ausschläge auf der y-Achse geben an, wie häufig ein Tonwert (in Bezug zu den übrigen Werten) im Motiv vertreten ist. Sie schalten das Histogramm ein, indem Sie mehrfach auf die *DISP*-Taste drücken.

Live-Histogramm

Das Live-Histogramm ist ein wichtiger Indikator, ob der Belichtungsmesser wunschgemäß arbeitet. Im rechten Bild sehen Sie, wie sich das Histogramm nach rechts ausdehnt, nachdem ich die Belichtung um +0,7 EV erhöht habe.

Wie Sie ein Histogramm richtig lesen, verdeutlichen die folgenden Beispiele:

- Bei einem dunklen Motiv erhebt sich links im Histogramm ein Berg. Seine Flanke sollte möglichst nicht angeschnitten sein – es sei denn, die tiefschwarzen Pixel befinden sich alle im Bildhintergrund, wie im nachfolgenden Bild zum Beispiel.

- Bei einem sehr hellen Bild zeigt das Histogramm links praktisch keinen Ausschlag, die Tonwerte türmen sich alle am rechten Rand auf. Hier ist es der reinweiße Bildhintergrund, der den Graphen rechts bis an den Anschlag steigen lässt. Schwarze und dunkle Töne kommen dagegen fast nicht vor, daher läuft der Graph nach links zügig aus.

- Ist das Motiv sehr kontrastreich, zeigt das Histogramm mindestens zwei ausgeprägte Berge, vorzugsweise links und rechts. Im folgenden Beispiel recken sich gar drei Spitzen empor. Zu-

> **Live View aktivieren**
>
> Standardmäßig korrespondiert die Sucherhelligkeit mit den vorgegebenen Belichtungswerten. Haben Sie die Belichtung verringert, dunkelt das Sucherbild ab; erhöhen Sie die Belichtung, wird auch das Sucherbild heller. Falls das bei Ihrer A7 nicht der Fall sein sollte, ist die sogenannte Live-View-Anzeige nicht eingeschaltet. Mit der Befehlsfolge *MENU > Benutzereinstellungen > 2 > Anzeige Live-View > Alle Einstellung. Ein* aktivieren Sie sie.

Wann ist ein Histogramm »korrekt«?

Auf den ersten Blick mag es erscheinen, als könnte das Histogramm alle Probleme bei der Belichtungsmessung auf einen Streich lösen. Sie müssen ja die Belichtung nur so einstellen, dass das Histogramm korrekt ist.

Doch was heißt »korrekt«? In technischer Hinsicht bedeutet dies, dass die Grafik weder am linken noch am rechten Rand abgeschnitten wird. Bei sehr kontrastreichen Motiven ist das jedoch nicht möglich – hier werden immer Bildpartien unter- und/oder überbelichtet. Jetzt müssen Sie sich entscheiden: Sollen die Lichter korrekt wiedergegeben werden, aber dafür die Schatten zulaufen? Oder kommt es Ihnen auf perfekt durchgezeichnete Tiefen an, dafür nehmen Sie aber gerne ausfressende Lichter in Kauf?

Ihre Entscheidung ist auch bei kontrastarmen Motiven gefragt: Wenn Sie hier die Belichtung so weit nach oben korrigieren, dass das Histogramm am rechten Rand gerade nicht abgeschnitten wird, wird das Foto in den meisten Fällen zu hell wirken.

Generell gilt: Zu helle Bilder (jedoch ohne überbelichtete Bereiche) lassen sich praktisch ohne Qualitätsverlust in einem Bildbearbeitungsprogramm abdunkeln. Hellen Sie dagegen zu dunkle Aufnahmen auf, verstärken Sie Bildrauschen in den dunklen und mittleren Tönen.

dem sollte nach der reinen Lehre das Histogramm weder links noch rechts beschnitten sein. Diese Aufnahme an der Küste der Bretagne habe ich jedoch gezielt so unterbelichtet, dass sich die Klippen nur noch als Schattenriss vom abendlichen Himmel abheben.

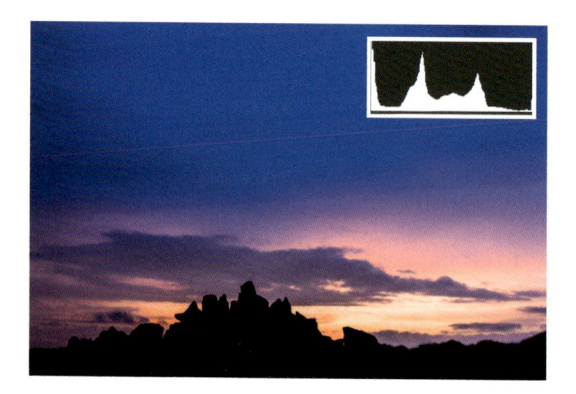

- Zeigt das Motiv keine Kontraste und hat es zudem einen geringen Helligkeitsumfang, drängeln sich die Tonwerte alle im Histogramm zusammen – so wie hier bei der Aufnahme eines Strandes im weichen Abendlicht:

Das letzte Beispiel illustriert abermals, dass der Belichtungsmesser Ihrer A7 kontrastarme Motive gern zu knapp belichtet. Dagegen hilft nur eines: Korrigieren Sie die Belichtung nach oben (wie es gemacht wird, erfahren Sie weiter hinten in diesem Kapitel). Nachdem ich die Belichtung um ca. +1 EV erhöht hatte, entsprach die Aufnahme weit mehr meinem Empfinden in der realen Situation:

Zebra-Warnung

Mit der A7 hat Sony eine Funktion für Fotoaufnahmen eingeführt, die es so bislang nur bei Videokameras gab: das Zebramuster, oder kurz *Zebra*. Das Prinzip: Sie geben einen Helligkeitswert vor (zum Beispiel 70 %), den Ihre A7 kennzeichnen soll. Jetzt werden alle Bildbereiche im Sucher schraffiert, deren Helligkeit ca. 70 % entspricht. Weil diese Schraffur changiert, sieht es ein wenig aus, wie das Muster eines Zebras – daher der eigenartige Name.

Sie aktivieren das Zebramuster unter *MENU > Benutzereinstellungen > 1 > Zebra*. Dann geben Sie vor, welcher Helligkeitsbereich schraffiert werden soll. Ich bevorzuge die Vorgabe *100* oder *100+*:

Links: Nachdem ich die Belichtung um +1 EV korrigiert hatte, entsprach die Aufnahme etwa meiner Wahrnehmung. Rechts: Sogar eine Korrektur um +2 EV war möglich, ohne dass die Aufnahme in technischer Hinsicht überbelichtet wurde. So wirkt sie indes eindeutig zu hell.

Zebra-Funktion im Einsatz

Hier habe ich »Zebra 90« vorgegeben, im Sucherbild werden alle Motivpartien mit einer Helligkeit von 90 Prozent schraffiert.

Links: »Zebra 70« markiert bei korrekten Belichtungswerten die Hautpartien. Rechts: Nachdem ich die Belichtung um +1 EV erhöht habe, zeigt »Zebra 100+«, welche Bildbereiche überbelichtet werden.

- *100* kennzeichnet die Bildbereiche, die gerade noch nicht überbelichtet werden. Korrigieren Sie die Belichtung so, dass in bildwichtigen Motivpartien die hellsten Stellen schraffiert werden.
- *100+* schraffiert die Bereiche, in denen die Lichter garantiert ausfressen. Bei dieser Vorgabe stellen Sie die Belichtung so ein, dass wichtige Motivpartien gerade nicht gekennzeichnet werden.

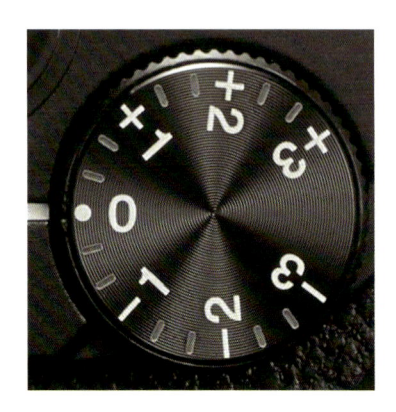

Bei professionellen Videofilmern ist auch *Zebra > 70* üblich. Damit ist die Belichtung bei Aufnahmen hellhäutiger Menschen korrekt, wenn die Haut mit dem Zebramuster markiert wird. Bei der A7 können Sie auf diese Belichtungshilfe allerdings getrost verzichten, wenn Sie die Gesichtserkennung verwenden – sie sorgt automatisch dafür, dass die Belichtung optimal auf das Antlitz abgestimmt wird.

4.6 Belichtungspraxis

Genug der grauen Theorie – jetzt geht's in die Praxis. Wie messen und steuern Sie die Belichtung mit Ihrer A7 auf den Punkt genau? Ihre Kamera bietet Ihnen vier unterschiedliche Methoden zur Belichtungssteuerung, mit dem Programmwählrad stellen Sie sie ein:

- **P** für **Programmautomatik**: Diese Belichtungsautomatik wählt eine Zeit-Blende-Kombination, die Ihre A7 für angemessen

Sie korrigieren die Belichtung besonders bequem mit dem eigens dafür vorgesehenen Wählrad. Ab Seite 143 lernen Sie das Verfahren und Alternativen näher kennen.

hält. Vorrang haben dabei eine verwacklungsfreie Verschlusszeit und eine rauscharme ISO-Empfindlichkeit, sofern Sie die ISO-Automatik eingeschaltet haben. Für welche Belichtungszeit sich Ihre A7 entscheidet, hängt auch von der Brennweite des Objektivs ab.

- **A** für Aperture, also **Blendenvorwahl**: Das Prinzip: Sie geben eine Blendenzahl vor, Ihre A7 wählt die dazu passende (verwacklungsfreie) Verschlusszeit. Falls Sie die ISO-Automatik eingeschaltet haben, erhöht die Kamera die Empfindlichkeit, um eine verwacklungsfreie Verschlusszeit steuern zu können. Da Sie bei diesem Verfahren die Blende vorgeben und Ihre Kamera die passende Verschlusszeit automatisch wählt, wird A meist als **Zeitautomatik** bezeichnet – so auch von mir.
- **S** für **Shutter Priority**, also **Verschlusszeitenpriorität**: Hier stellen Sie die Belichtungszeit ein, Ihre A7 wählt passend dazu den Blenden- und ISO-Wert (wenn Sie die ISO-Automatik eingeschaltet haben). Weil hier die Kamera die Blende automatisch steuert, wird S zumeist als **Blendenautomatik** bezeichnet.
- **M** für **manuelle Belichtung**: Hier übernehmen Sie die volle Kontrolle über Belichtungszeit und Blendenwert. Die ISO-Automatik ist auch im Modus M aktiv und sorgt so für korrekt belichtete Aufnahmen bei der von Ihnen vorgegebenen Zeit-/Blenden-Kombination.

Sie stellen die Art der Belichtungssteuerung mit dem Moduswählrad ein.

> **Gemeinsamkeiten im PASM-Modus**
>
> Anders als bei den Vollautomatiken steuern Sie mit den Modi P, A, S und M lediglich die Belichtung. Alle übrigen Parameter wie Gesichtserkennung, DRO, Bildstile etc. stellen Sie unabhängig davon ein. Diese Vorgaben gelten global für alle vier Belichtungsmodi. Deshalb spreche ich gerne vom PASM-Modus in Abgrenzung zu den Vollautomatiken.

Sie stellen den gewünschten Belichtungsmodus mit dem Moduswählrad ein. Jedes der vier Belichtungsverfahren hat indes seine spezifischen Vor- und Nachteile. Im Folgenden lernen Sie die Pros und Kontras kennen; zudem erfahren Sie, für welche Aufnahmesituation sich die unterschiedlichen Belichtungsverfahren jeweils am besten eignen.

Für jede Gelegenheit? Programmautomatik P

Mit der Programmautomatik sind Sie bei der Belichtungssteuerung meist auf der sicheren Seite. Sie stellt Verschlusszeit und Blende so ein, dass Sie ohne viel Federlesen gleich auf den Auslöser drücken können. Die Programmautomatik kümmert sich darum, dass die Belichtungszeit kurz genug bleibt, um verwackelte Aufnahmen zu vermeiden. Am besten stellen Sie der Programmautomatik noch die ISO-Automatik zur Seite.

Bei der Steuerung der Verschlusszeit orientiert sich die Programmautomatik an der Brennweite des verwendeten Objektivs. So wird sie bei einem 50-Millimeter-Objektiv die Belichtungszeit nicht höher als $1/50$ s wählen, bei einem 200er-Teleobjektiv lässt sie die Verschlusszeit möglichst nicht über $1/200$ s ansteigen. Dazu öffnet die Programmautomatik zunächst die Blende entsprechend weit. Falls selbst Offenblende (größtmögliche Blendenöffnung) keine hinreichend kurze Verschlusszeit ermöglicht, erhöht die Programmautomatik die ISO-Empfindlichkeit entsprechend – jedoch nur, wenn Sie die ISO-Automatik aktiviert haben.

Nicht immer werden Sie mit der Zeit-Blende-Kombination einverstanden sein, die Ihnen die Programmautomatik vorgibt. In diesem Fall können Sie die Vorgaben übersteuern, das Verfahren ist auch als »Programm-Shift« bekannt. Mit dem vorderen Einstellrad ändern Sie die Blendenzahl, mit dem hinteren die Belichtungszeit. Anders gesagt: Shiften Sie die Blende, verhält sich die Programmautomatik ähnlich wie die Zeitautomatik A, mit dem vorderen Einstellrad nähern Sie sich der Blendenautomatik S an.

Und noch einen weiteren Nachteil hat Programm-Shift: Wenn Sie abblenden, verlängert Ihre A7 die Belichtungszeit entsprechend – die ISO-Automatik greift dagegen kaum ins Geschehen ein. So entstehen schnell Verschlusszeiten, die keine verwacklungsfreien Aufnahmen mehr garantieren. Ebenso bleibt die ISO-

Programm-Shift nicht mit Blitz
Das Übersteuern der Zeit-Blende-Kombination im Modus P ist nicht möglich, wenn Sie einen Systemblitz an Ihrer A7 verwenden. Möchten Sie in die Blitzbelichtung eingreifen, gehen Sie anders vor – wie, das erfahren Sie in Kapitel 7 zur Blitzlichtfotografie.

Programm-Shift

Links: Die Programmautomatik hat bei Blende f/4.5 eine Belichtungszeit von $1/60$ s gewählt.
Mitte: Sie schließen die Blende auf f/5.6, die Belichtungszeit verlängert sich entsprechend auf $1/40$ s.
Rechts: Mit einem Sternchen am P-Symbol weist Ihre A7 daraufhin, dass Sie das Programm verschoben haben.

Automatik unwirksam, falls Sie die Verschlusszeit ändern – eine kürzere Belichtungszeit als die von der Programmautomatik vorgeschlagene ist nicht möglich!

Aufgrund dieser Einschränkungen spielt die Programmautomatik für mich nur eine untergeordnete Rolle. Im Modus S und insbesondere im Modus A haben Sie weitaus mehr Freiheiten, die Belichtung wunschgemäß zu steuern.

Wenn die Tiefenschärfe zählt: Zeitautomatik A

Bei der Zeitautomatik A geben Sie die Blende vor, Ihre A7 steuert die dazu passende Belichtungszeit. Sie ändern die Blende mit einem der beiden Einstellräder, mit welchem ist egal. Gewöhnen Sie sich dennoch an, die Blende mit dem vorderen Rad zu verstellen, dann können Sie das hintere Daumenrad so konfigurieren, dass es eine andere Aufgabe übernimmt – dazu später noch mehr.

Auf den ersten Blick ist die Zeitautomatik vor allem dann ideal, wenn es Ihnen auf eine genaue Steuerung der Tiefenschärfe ankommt. Geben Sie etwa f/4 vor, um ein Porträt vor einem unscharfen Hintergrund freizustellen. Und mit f/16 nehmen Sie eine Landschaft auf, die vom Vordergrund bis zum Horizont scharf wiedergegeben wird. Kombinieren Sie die Zeitautomatik mit der ISO-Automatik, wird Ihre A7 stets eine verwacklungssichere Verschlusszeit wählen und entsprechend die ISO-Empfindlichkeit erhöhen. Falls Sie einen festen ISO-Wert vorgeben, halten Sie unbedingt die Belichtungszeit oder das Verwacklungssymbol im Auge!

Die Zeitautomatik eignet sich durchaus auch dafür, die Belichtungszeit wie gewünscht kurz zu halten. Dazu aktivieren Sie die ISO-Automatik und geben ihr einen unteren Grenzwert vor, der die Belichtungszeit nicht über die von Ihnen gewünschte Dauer verlängert.

Bei Blende f/4.5 ist die kürzestmögliche Belichtungszeit von 1/60 s erreicht. Eine kürzere Zeit lässt sich nicht einstellen, obwohl die ISO-Automatik aktiv ist.

> **Modus A – ideal für adaptierte »Fremdobjektive«**
>
> Wenn Sie ein Objektiv eines anderen Herstellers an Ihre A7 adaptieren, kann die Kamera die Blende weder steuern noch erhält sie Informationen über die gewählte Arbeitsblende. Jetzt ist die Zeitautomatik der ideale Modus zur Belichtungssteuerung: Blenden Sie das Objektiv auf den gewünschten Wert ab (Arbeitsblende), Ihre A7 wird dann die zu diesem Blendenwert passende Belichtungszeit steuern. Allerdings wählt die A7 jetzt keine längere Verschlusszeit als 1/60 s. Falls es Ihnen darauf ankommt, geben Sie Blende und Belichtungszeit im Modus M vor und lassen die ISO-Automatik die Belichtung regulieren.

Ein weiterer Pluspunkt für die Zeitautomatik: Sie kann bei ansonsten unveränderten Bedingungen (Blendenzahl und ISO-Wert) die Belichtung in einem sehr weiten Bereich von 18,3 EV korrekt einstellen. Dennoch kann es vorkommen, dass die Zeitautomatik keinen Wert findet, der zu den Lichtbedingungen und den übrigen Parametern passt. Haben Sie etwa im hellen Sonnenschein ISO 6.400 und Blende f/2.8 vorgegeben, wird selbst die kürzestmögliche Belichtungszeit von 1/8.000 s noch zu lang sein, um ein überbelichtetes Foto zu vermeiden. Ihre A7 signalisiert das Problem mit einer blinkenden Anzeige der Belichtungszeit und der Belichtungskorrektur; die blinkenden Werte liegen außerhalb des Regelbereichs. Auch das Sucherbild offenbart die Misere: Es ist zu dunkel, wenn die Belichtungsautomatik nicht weiter aufblenden kann, und zu hell, wenn das Objektiv bereits maximal abgeblendet ist.

Unterm Strich ist für mich die Zeitautomatik das Schweizer Messer der Belichtungssteuerung. Eine wichtige Einschränkung gibt es indes auch bei der Zeitautomatik: Sie nagelt die Blitzsynchronzeit auf 1/60 s fest. Zwar lässt sich das umgehen (mehr dazu in Kapitel 7), doch in Verbindung mit einem Blitzgerät sind Sie mit den Modi S und M flexibler.

Falls Sie die Belichtung vorwiegend im Modus A steuern, empfehle ich Ihnen diese Vorgehensweise:

1 Richten Sie Ihre Kamera so ein, dass sie standardmäßig f/8 wählt, sobald Sie die Zeitautomatik aktivieren. Dazu legen Sie die entsprechenden Vorgaben auf dem Speicherplatz 1 ab (mehr dazu in Kapitel 10).

2 Aktivieren Sie die ISO-Automatik mit einer Obergrenze von mindestens ISO 1.600 (siehe Seite 120).

3 Richten Sie Ihre A7 aufs Motiv und tippen Sie den Auslöser an. Unten im Sucherbild werden die gewählte Belichtungszeit sowie die ISO-Zahl für Ihre Aufnahme eingeblendet.

4 Sie benötigen eine andere Blende, um die Tiefenschärfe zu verringern oder zu erweitern? Drehen Sie am vorderen Einstellrad, um die gewünschte Blende einzustellen.

Blende f/8.0 war mir zu viel des Guten (oben). Also habe ich auf f/5.0 abgeblendet (unten). Da die ISO-Automatik eingeschaltet ist, ändert sich die Belichtungszeit nicht.

5 Sie sind mit der Belichtungszeit nicht einverstanden, die Ihre A7 wählt? Um sie zu verkürzen, erhöhen Sie die ISO-Zahl respektive die untere Grenze der ISO-Automatik. Eine längere Belichtungszeit könnten Sie ebenfalls über die ISO-Zahl erzwingen (indem Sie einen kleinen Wert vorgeben) – doch dazu eignen sich die Modi S oder M besser.

Punktgenaue Steuerung der Belichtungszeit: Blendenautomatik S

Das Pendant zur Zeitautomatik ist die Blendenautomatik S. Hier geben Sie (vorzugsweise) mit dem vorderen Einstellrad die Verschlusszeit vor, Ihre A7 wählt dann die dazu passende Blende (und ISO-Zahl, falls Sie die ISO-Automatik aktiviert haben). Auch bei der Blendenautomatik signalisieren wieder blinkende Werte, dass Ihre A7 keinen korrekten Belichtungswert einstellen kann.

Sinnvoll ist der Modus S vor allem dann, wenn Sie auf eine kurze Belichtungszeit angewiesen sind. Etwa bei Sportfotos, um mit einer kurzen Verschlusszeit Bewegungsunschärfe zu vermeiden.

Wenn die Belichtungszeit zählt

Bei diesem Speedway-Fahrer kam es auf eine kurze Belichtungszeit an, um die Bewegungen einzufrieren. Also habe ich im Modus S 1/800 s vorgegeben.

ISO 100 | 200 mm | 1/800 s | f/4.5

Oder wenn Sie bei Verwendung eines Blitzlichts das spärliche Umgebungslicht mit in die Aufnahme einbeziehen möchten.

Die Blendenautomatik hat meines Erachtens ein paar gravierende Nachteile: Bei aktivierter ISO-Automatik priorisiert sie den Blendenwert, sie wird also zunächst die Blende möglichst weit öffnen und erst falls dann noch nötig die ISO-Empfindlichkeit erhöhen. So laufen Sie insbesondere bei langen Telebrennweiten mit einem lichtstarken Objektiv Gefahr, dass die Tiefenschärfe zu gering für Ihr Motiv ist. Aus diesem Grund verwende ich an meiner A7 die Blendenautomatik nicht so gerne. Falls es mir darauf ankommt, dass weder Verschlusszeit noch Blendenzahl für mein Motiv kritisch werden, nehme ich den Modus M. Auch hier kann Ihre A7 die Belichtung automatisch steuern, wie Sie jetzt sehen werden.

Keineswegs verzichtbar: manuelle Belichtungssteuerung

Auf Wunsch übergibt Ihnen Ihre A7 die komplette Kontrolle über die Belichtungssteuerung – im Modus M für »manuelle Belichtung«. Die Kamera misst die Belichtung lediglich und überlässt es Ihnen, passende Werte einzustellen. Doch auch im Modus M kann Ihre A7 die Belichtung automatisch regulieren – wenn Sie die ISO-Automatik einschalten (zu dieser cleveren Automatik lesen Sie gleich noch mehr).

Zunächst einmal geht es um die Frage, wozu die manuelle Belichtungssteuerung überhaupt gut sein soll. Dafür gibt es mehrere gewichtige Gründe:

> **Einschränkungen im Bulb-Modus**
>
> Sie haben M eingestellt, doch der Bulb-Modus lässt sich nicht anwählen? Dann ist mindestens eine dieser Funktionen aktiv, die sich nicht mit dem Bulb-Modus vertragen: *Auslösen bei Lächeln, Auto HDR, Bildeffekt > HDR Gemälde* oder *Sattes Monochrom, Multiframe RM* oder eine andere Funktion für den *Bildfolgemodus* als *Einzelaufnahme*.

- Nur im Modus M steht Ihnen die Belichtungszeit B für Bulb zur Verfügung. Hier starten und beenden Sie die Belichtung manuell: Solange Sie den Auslöser gedrückt halten, bleibt der Verschluss geöffnet. Diese Funktion erlaubt Ihnen Langzeitbelichtungen, die länger sind als die maximal 30 Sekunden, die die Belichtungsautomatik Ihrer A7 steuern kann. Sie können Ihre A7 also auch an ein Teleskop anschließen und so mit einer minutenlangen Belichtungszeit den nächtlichen Sternenhimmel aufnehmen. Drehen Sie das hintere Einstellrad soweit nach links, bis die Vorgabe BULB erscheint.
- Falls Sie ein externes Blitzgerät verwenden, lassen Sie dieses die exakte Lichtmenge für ein korrekt belichtetes Foto beisteuern. Sie geben lediglich grob eine Zeit-Blende-Kombination nebst ISO-Zahl vor, die zur Aufnahmesituation passt. Mehr

zu dieser Aufnahmetechnik lesen Sie in Kapitel 7 zum Thema Blitzen.

- Wenn Sie die Lichtbedingungen exakt kontrollieren können, etwa bei einer Blitzanlage im Studio, stellen Sie die Belichtung nur noch einmalig manuell ein.
- Die manuelle Belichtung empfiehlt sich ferner immer dann, wenn Sie eine Reihe gleich belichteter Fotos benötigen, unabhängig vom Inhalt der Aufnahmen. Ein typischer Fall sind Einzelaufnahmen, die Sie zu einem Panoramabild zusammensetzen möchten (also kein Schwenk-Panorama).
- Zudem eignet sich die manuelle Belichtung hervorragend für Filmaufnahmen. Wenn Ihre A7 im Video die Belichtung nicht nachführt, ergibt sich in der Regel ein deutlich ruhigerer Eindruck als bei Filmen, in denen sich permanent die Helligkeit ändert.

Wie gesagt: Im Modus M misst Ihre A7 die Belichtung lediglich, für die Steuerung sind Sie verantwortlich. Dazu stehen Ihnen alle

Modus M bei kontrolliertem Licht

Für diese Aufnahme im Fotoatelier habe ich zunächst die Lichtausbeute mit einem Blitzbelichtungsmesser ermittelt. Diese Werte dienten dann als Grundlage für die manuelle Belichtungssteuerung.

ISO 100 | 100 mm | 1/160 s | f/6.3

So belichten Sie Ihre Aufnahmen perfekt

> **Keine Belichtungskorrektur bei manueller Belichtung!**
> Wenn Sie die Belichtung manuell steuern (Modus M und deaktivierte ISO-Automatik), ist das Rad zur Belichtungskorrektur wirkungslos.

drei Stellschrauben zur Verfügung, also Blende, Belichtungszeit und ISO-Empfindlichkeit. Bei derart vielen Einstellmöglichkeiten kann man sich schnell verheddern – am besten gehen Sie folgendermaßen vor:

1 Zunächst richten Sie die ISO-Empfindlichkeit passend zur Aufnahmesituation ein (siehe Seite 120). Wählen Sie zum Beispiel ISO 200 bis ISO 400, wenn Sie eine Tabletop-Szene mit einem kräftigen Halogenlicht ausleuchten.

2 Stellen Sie den Moduswähler auf M und richten Sie Ihre A7 auf das Motiv aus. Sie sehen bereits am Sucherbild, in welche Richtung Sie die Belichtung korrigieren müssen: heller oder dunkler. Zudem blendet Ihre A7 unten im Sucher die aktuelle »Fehlbelichtung« ein – zum Beispiel –1.0, wenn Ihre Vorgaben das Foto um –1 EV unterbelichten würden.

3 Sie möchten eine korrekt belichtete Aufnahme erhalten, also verstellen Sie Zeit und/oder Blende so, dass Ihre A7 unten +/– 0.0 meldet. Mit dem vorderen Drehrad ändern Sie die Blendenzahl, mit dem hinteren die Belichtungszeit.

Belichtungssteuerung im Modus M

Links: Das Bild wird mit den voreingestellten Werten um –1 EV unterbelichtet. Also habe ich die Blende auf f/5.6 geöffnet (rechts).

Modus M und ISO-Automatik

Mitunter werden Sie in eine Situation geraten, in der Sie sowohl die Belichtungszeit als auch die Blende fest vorgeben möchten, Ihre A7 aber dennoch die Belichtung automatisch steuern soll. Genau das passiert, wenn Sie im Modus M die ISO-Automatik aktivieren. Praktisch ist das zum Beispiel in diesen Szenarien:

- Sie fotografieren ein Handballturnier in einer Sporthalle. Die Belichtungszeit soll nicht länger als 1/500 s sein, damit auch schnelle Bewegungen der Handballer noch scharf aufgenommen werden. Gleichzeitig wünschen Sie eine Tiefenschärfe, die selbst bei einer Brennweite von 200 Millimeter den Spieler im Fokus zur Gänze scharf erfasst – also geben Sie wenigstens f/4 vor (der Wert hängt auch von der Aufnahmeentfernung ab). Wenn Sie nun die ISO-Automatik (oberen Grenzwert nicht zu knapp wählen!) einschalten, kümmert sich Ihre A7 um die korrekte Belichtung – ganz gleich, ob sich die Spieler gerade im sonnenüberfluteten Torkreis befinden oder Sie die Ersatzbank im Schatten aufnehmen.

- Praktisch finde ich die ISO-Automatik im Modus M auch bei Naturmakros, wenn sich durch vorbeiziehende Wolken die Lichtverhältnisse ständig ändern. Dann gebe ich etwa zur Blende f/16 die Belichtungszeit 1/250 s vor, den Rest erledigt die ISO-Automatik.

Tiefenschärfe im PASM-Modus kontrollieren

Haben Sie bislang mit einer klassischen Spiegelreflexkamera fotografiert? Dann werden Sie sich vielleicht fragen, wie Sie mit der A7 die Tiefenschärfe kontrollieren. Von einer DSLR sind Sie es ja gewohnt, dass die Belichtung stets bei Offenblende gemessen wird. Hier dient dann eine Abblendtaste dazu, die Blende auf den vorgegebenen beziehungsweise auf den von der Belichtungsau-

ISO-Automatik ist nicht immer sinnvoll

Auf den ersten Blick mag es ja praktisch erscheinen, dass Ihnen die ISO-Automatik verwacklungssichere Verschlusszeiten ermöglicht. Doch das ist gar nicht nötig, wenn Sie Ihre Kamera auf ein Stativ montiert haben. Geben Sie dann besser die ISO-Empfindlichkeit von Hand vor. Das gilt auch für den Modus A.

Geringe Tiefenschärfe

Bei dieser Aufnahme kam es mir darauf an, dass die Tiefenschärfe lediglich den Blütenstand der Narzisse umfasst.

ISO 100 | 200 mm | 1/1.250 s | f/4

tomatik gewählten Wert zu schließen, damit Sie im Sucher die Tiefenschärfe kontrollieren können.

Der A7 fehlt indes eine Abblendtaste. Eingangs habe ich geschrieben, dass das Sucherbild bei Arbeitsblende erzeugt wird, Sie also stets die volle Kontrolle über die Tiefenschärfe haben. Nun möchte ich das für den PASM-Modus präzisieren: Es kommt darauf an, welchen Belichtungsmodus Sie gewählt haben:

- In den Modi A und M geben Sie die Blende vor, hier zeigt Ihre A7 stets das Sucherbild bei der eingestellten Arbeitsblende an.
- In den Modi P und S wählt die Belichtungsautomatik die Arbeitsblende. In diesen Modi blendet die Kamera erst ab, sobald Sie den Auslöser antippen.

Das alles gilt nur, falls Sie *MENU > Benutzereinstellungen > 2 > Anzeige Live-View > Alle Einstellung. Ein* (die Standardvorgabe) gewählt haben. Stellen Sie *Anzeige Live-View* auf *Alle Einstellung. Aus*, simuliert Ihre A7 nicht mehr das Aufnahmeergebnis im Sucherbild – das gilt auch für die Tiefenschärfe-Vorschau. Üblicherweise schalten Sie die Ergebnissimulation aus, wenn Sie ein Blitzlicht verwenden, mit dem Ihre A7 nicht kommunizieren kann – etwa eine Studioblitzanlage.

Falls Sie die »Anzeige Live-View« auf »Alle Einstell. Aus« eingestellt haben, zeigt Ihre A7 keine Tiefenschärfe-Vorschau mehr. Weisen Sie dann einer Funktionstaste »Erg. Aufn.vorschau« zu, zum Beispiel der SET-Taste. Sie übernimmt dann auch die Funktion einer Abblendtaste.

Doch gerade im Studio sind Sie häufig auf eine exakte Tiefenschärfekontrolle angewiesen. Damit Sie jetzt dennoch mit der Vorgabe *Anzeige Live-View > Alle Einstellung. Aus* die Tiefenschärfe kontrollieren können, konfigurieren Sie eine der »Custom«-Tasten als Abblendtaste. Um etwa mit der *SET*-Taste abzublenden, rufen Sie diese Befehlsfolge auf: *MENU > Benutzereinstellungen > 6 > Key-Benutzereinstlg. > 2 > Funkt. d. Mitteltaste > Blendenvorschau*. Ab sofort fungiert die *SET*-Taste als Abblendtaste.

Ganz anders sieht es aus, wenn Sie via Adapter LA-EA4 ein A-Mount-Objektiv an Ihre A7 anschließen. Jetzt funktioniert alles wie bei einer klassischen DSLR: Ganz gleich, welchen Belichtungsmodus Sie vorgegeben – die Messung erfolgt stets bei Offenblende. Auch der Trick mit dem halb gedrückten Auslöser funktioniert bei adaptierten Objektiven nicht, das Objektiv wird erst abgeblendet, wenn Sie den Auslöser ganz durchdrücken – also wirklich erst im Moment der Aufnahme. Richten Sie daher unbedingt wie oben beschrieben eine der Funktionstasten als Abblendtaste ein.

Kontrolle der Tiefenschärfe

Links: Da ich »Live-View > Alle Einstellung. Aus« vorgegeben habe, zeigt das Sucherbild das Motiv bei Offenblende f/2.8, die Tiefenschärfe im Sucher ist sehr gering.
Rechts: Bei mir ist die SET-Taste mit der Funktion »Blendenvorschau« belegt. Nachdem ich die Taste gedrückt habe, blendet die A7 auf die Arbeitsblende f/8 ab und ich kann die Tiefenschärfe beurteilen.

Aufnahme simulieren oder nur Abblendtaste einrichten?

Das Sucherbild zeigt standardmäßig nicht nur die Tiefenschärfe, sondern auch die Auswirkungen der Weißabgleich-Vorgabe, der Belichtungseinstellungen etc. auf Ihre Aufnahme. Kurzum, das Sucherbild simuliert Ihr Foto bereits vor der Aufnahme soweit als möglich.

Das alles entfällt, wenn Sie Anzeige Live-View > Alle Einstellung. Aus vorgeben. Haben Sie nun eine Funktionstaste mit Erg. Aufn.vorschau belegt, schaltet sie in die Simulation des Aufnahmeergebnisses um – inklusive Tiefenschärfe-Vorschau.

Weisen Sie hingegen einer Funktionstaste Blendenvorschau zu, übernimmt sie ausschließlich die Aufgabe einer Abblendtaste. Für meinen Geschmack ist das die bessere Wahl – so bleibt auch im Fotostudio das Sucherbild hell, wenn Sie abblenden.

Belichtung anpassen – so geht's

Standardmäßig korrigieren Sie die Belichtungsautomatik mit dem eigens dafür vorgesehenen Wählrad. Ich habe meine A7 so eingerichtet, dass auch das Daumenrad zur Belichtungskorrektur

So belichten Sie Ihre Aufnahmen perfekt

*Links: Drehen Sie am Belichtungskorrekturad, erscheint der Korrekturwert für einen Moment in Orange.
Rechts: Verwenden Sie ein Wählrad zur Belichtungskorrektur, erscheint eine Skala.*

dient. Dazu rufen Sie diese Befehlsfolge auf: MENU > Benutzereinstellungen > 6 > Regler Ev-Korrektur > Regler hinten. Das hat mehrere Vorteile:

- Mit dem Belichtungskorrekturrad steht Ihnen nur ein Regelbereich von +/–3 EV zur Verfügung. Legen Sie die Belichtungskorrektur auf das vordere oder hintere Einstellrad, reicht der Regelbereich von +/–5 EV.
- Die Einstellungen gelten auch für den Hochformatgriff VG-C1EM – für mich der entscheidende Vorteil. Andernfalls müssten Sie bei Hochformataufnahmen sehr umständlich zum Belichtungskorrekturrad greifen, das dann weit weg an der Kameraseite liegt.

Ganz unnütz wird das Belichtungskorrekturrad bei dieser Konfiguration übrigens nicht: Sie können damit nämlich auch im Modus M die Belichtungsmessung übersteuern. Mit den Wählrädern ist das nicht möglich; im Modus M geben Sie ja mit dem einen die

Sie erreichen die Belichtungskorrektur auch übers Schnellmenü (links). Steht Ihr Belichtungskorrekturrad jedoch nicht in der Neutralposition, bleiben Ihnen alle Alternativen zur Korrektur verwehrt (rechts).

Blende vor, mit dem anderen die Belichtungszeit. Was aber, wenn Sie im Modus M eine größere Korrektur als +/–3 EV benötigen? Dann rufen Sie die Belichtungskorrektur via Schnellmenü auf.

Einen kleinen Nachteil hat es jedoch auch, wenn Sie die Belichtungsautomatik nicht mit dem Belichtungskorrekturrad übersteuern: Sie können dann nicht mehr mit einem Blick auf der Skala am Korrekturrad ablesen, ob und welche EV-Korrektur Sie eingestellt haben. Werfen Sie daher immer auch einen Blick auf die EV-Korrekturanzeige unten im Sucherbild. Übrigens: Die Stellung des Belichtungskorrekturrads hat Vorrang – falls es nicht auf 0 steht, können Sie die Belichtung mit keinem anderen Rad oder per Menü korrigieren.

> **Keine individuelle Funktion für das Belichtungskorrekturrad**
>
> Sie haben die Belichtungskorrektur auf das Daumenrad gelegt. Jetzt benötigen Sie ein eigenständiges Rad für diese Funktion eigentlich nicht mehr. Wie schön wäre es da, wenn sich nun dem EV-Korrekturrad eine andere Funktion zuweisen ließe – etwa die Blitzbelichtungskorrektur. Leider hat Sony das nicht vorgesehen, die Funktion des Belichtungskorrekturrads lässt sich nicht ändern.

4.7 Motive mit hohem Kontrastumfang meistern

Solange ein Motiv nicht allzu kontrastreich ist, bringt es die Belichtungsautomatik ungefähr so aufs Foto, wie Sie es auch mit Ihren eigenen Augen gesehen haben. Wenn aber die Mittagssonne heiß vom Himmel brennt, sind die Helligkeitsunterschiede zwischen den dunkelsten Schatten und den hellsten Lichtern im Motiv um ein Vielfaches höher, als der Bildsensor Ihrer A7 verarbeiten kann. Zum Glück hat Sony auch an dieses Problem gedacht und Ihrer A7 gleich zwei clevere Funktionen mit auf den Weg gegeben, die hohe Motivkontraste bändigen.

Unter der Mittagssonne ist eine weiße Pappe im Sonnenschein etwa eine Million Mal heller als eine schwarze Pappe im Schatten. Der Helligkeitsunterschied oder – wie es technisch heißt – der Kontrastumfang beträgt 1:1.000.000. Das entspricht 20 EV.

Das menschliche Auge kann ohne Helligkeitsanpassung einen Kontrastumfang von etwa 1:10.000 oder 14 EV verarbeiten. Dass

Natur: 1:1.000.000 / 20 EV

Auge: 1:10.000 / 14 EV

Sensor: 1:1.000 / 10 EV

Ihre A7 kann einen Kontrastumfang von 1:1.000 verarbeiten, in der Natur können aber Kontraste von 1:1.000.000 (und mehr) auftreten. Es bedarf also einiger Tricks, um dennoch ein ansehnliches Bild zu erhalten.

wir dennoch im hellen Mittagslicht feinste Details im Schatten fast ebenso gut wahrnehmen wie in den Lichtern, hängt mit der Adaptionsfähigkeit des Auges zusammen. Es passt sich blitzschnell an die Umgebungshelligkeit an – nur wenn Sie von sehr heller Umgebung einen dunklen Raum betreten (oder umgekehrt), dauert es etwas länger.

Der Bildsensor Ihrer A7 kann dagegen lediglich einen Kontrastumfang von gut 1:1.000 verarbeiten, das entspricht etwa zehn Blendenstufen. Und weil die Belichtungsautomatik vorrangig versucht, überstrahlte Lichter zu vermeiden, fehlt es bei kontrastreichen Motiven schnell an Tiefenzeichnung im Bild: Die Schattenpartien sind im schlimmsten Fall reinschwarz oder wie Fotografen sagen: »Die Tiefen saufen ab«. Würden Sie nun die Belichtung derart korrigieren, dass die Tiefen fein durchgezeichnet werden, sind die Lichterpartien gnadenlos überbelichtet, die Lichter »brennen aus«.

Egal wie Sie es drehen und wenden: Den Dynamikumfang sehr kontrastreicher Motive kann Ihre A7 einfach nicht einfangen. Es ist

Kontraste bändigen

Bei dieser Aufnahme sorgte die tiefstehende Sonne für gleißende Reflexionen auf der Wasseroberfläche. Doch mit den richtigen Einstellungen meistert Ihre A7 auch derart kontrastreiche Szenen.

ISO 200 | 135 mm | 1/200 s | f/11

nun Ihnen überlassen: Wenn Sie wollen, dass die Schatten im Bild perfekt durchgezeichnet werden, so müssen Sie den Belichtungswert erhöhen, den die Automatik Ihrer A7 ermittelt hat. Legen Sie dagegen Wert auf Zeichnung in den Lichtern, so müssen Sie die Belichtung nach unten korrigieren. Die Frage ist nur: Um welchen Wert müssen Sie korrigieren? Einen Anhaltspunkt liefert vielleicht das Live-Histogramm (siehe Seite 128) – doch es verrät nicht, ob Ihr Hauptmotiv innerhalb der korrekt belichteten Zone liegt oder nicht.

Sie haben aber auch noch eine andere Option: Lassen Sie Ihre A7 einen sehr hohen Kontrastumfang automatisch bändigen. Dazu hat sie gleich zwei Spezialfunktionen an Bord:

- **DRO** nimmt ein Foto auf, das korrekt auf die Lichter belichtet ist. Der Bildprozessor hellt dann die Schattenpartien in der Aufnahme so auf, dass die Tiefen mehr Zeichnung erhalten.
- **Auto HDR** nimmt gleich dreimal auf: ein dunkles Foto, das korrekt auf die Lichter belichtet ist, zudem ein helles, bei dem die Schatten perfekt durchgezeichnet sind, und schließlich noch ein durchschnittlich belichtetes Foto. Die drei Aufnahmen werden dann so miteinander kombiniert, dass im Idealfall ein Bild mit perfekt durchgezeichneten Tiefen und Lichtern entsteht.

Sie werden diese Sonderfunktionen gleich näher kennenlernen, mit denen Ihre A7 harte Motivkontraste in den Griff bekommt. Doch zunächst geht es darum, wie Sie bei Szenen mit hohem Dynamikumfang Ihr Hauptmotiv korrekt belichten.

Spotmessung und Messwertspeicher im Einsatz

Bei kontrastreichen Motiven kann (und muss) nicht alles gleichermaßen korrekt belichtet sein. Es reicht ja völlig, wenn Ihr Hauptmotiv mit optimaler Helligkeit wiedergegeben wird und fein durchgezeichnet ist. Dazu bringen Sie den Messmodus *Spot* ins Spiel.

Im einfachsten Fall schalten Sie einfach auf Spotmessung um und visieren Ihr Hauptmotiv an. Dann halten Sie den Auslöser halb gedrückt, legen den endgültigen Bildausschnitt fest und drücken ab.

Dieses Verfahren funktioniert indes nur, wenn Sie mit der Belichtung gleich auch die Fokusentfernung festhalten möchten. Das wird zwar meistens der Fall sein, aber nicht immer. Zudem soll-

Spotmessung bei Gegenlicht

Ein klassischer Fall für die Spotmessung sind Gegenlichtsituationen, wie bei diesem Plüschbären auf der Fensterbank. Die Mehrfeldmessung (oben) belichtet ausgewogen, das Hauptmotiv gerät indes zu dunkel. Unten habe ich per Spotmessung auf den Teddy belichtet. Dass dabei der unwichtige Hintergrund zu hell wird, ist kein Problem.

So belichten Sie Ihre Aufnahmen perfekt

Links: Die Mehrfeldmessung hätte das Motiv für meinen Geschmack zu dunkel belichtet.
Rechts: Mir kam es darauf an, die Blüte in der Schärfeebene mit mittlerer Helligkeit wiederzugeben – der überbelichtete Hintergrund stört mich nicht im Geringsten.

te die mit dem Spotmessfeld anvisierte Bildpartie eine mittlere Helligkeit aufweisen. Ist sie dunkler, wird Ihr Bild zu hell – und umgekehrt.

Möchten Sie die Belichtung unabhängig von der Entfernungseinstellung speichern, bevor Sie Ihren endgültigen Bildausschnitt festlegen, gehen Sie anders vor: Messen Sie die Belichtung auf einer beliebigen Bildpartie und halten Sie die dabei ermittelten Einstellungen im Messwertspeicher fest. Anschließend stellen Sie den gewünschten Bildausschnitt ein und fokussieren auf eine beliebige Motivpartie. So funktioniert das Verfahren im Einzelnen:

1 Zunächst richten Sie Ihre A7 so ein, dass die *AEL*-Taste automatisch auf Spotmessung umschaltet und den dabei ermittelten Messwert so lange speichert, bis Sie den Messwertspeicher wieder löschen. Dazu dient die Befehlsfolge *MENU > Benutzereinstellungen > 6 > Key-Benutzereinstlg. > 1 > Funkt. d. AEL-Taste > Spot AEL Umschalt*. Legen Sie falls nötig auch noch den Hebel an der Taste *AF/MF* auf *AEL* um.

Ich habe die AEL-Taste eingerichtet, wie links zu sehen. Vergessen Sie nicht, den Hebel auf AEL umzustellen, um die Taste als Messwertspeicher zu verwenden (rechts).

148

2 Geben Sie via Schnellmenü *Fokusfeld > Mitte* vor (Sie werden gleich sehen, warum). Dann richten Sie Ihre Kamera auf Ihr kontrastreiches Motiv. Zoomen Sie so ein (oder treten Sie näher an Ihr Motiv heran), dass sich eine Bildpartie mittlerer Helligkeit im Rahmen des Fokusfeldes befindet.

Geeignete Motivpartie anvisieren

Richten Sie Ihre Kamera so aus, dass eine bildwichtige Motivpartie vom zentralen Fokusfeld abgedeckt wird.

3 Drücken Sie die *AEL*-Taste. Jetzt passiert zweierlei: Zum einen ermittelt der Belichtungsmesser den korrekten Wert nur noch innerhalb der kleinen Zone, die vom AF-Feld abgedeckt wird. Und zum anderen erscheint rechts unten im Sucherbild ein Stern. Er signalisiert: Die Belichtung ist nun auf den soeben ermittelten Wert fixiert. Leider blendet die *AEL*-Taste keine Markierung für das Spotmessfeld ein – deshalb verwende ich hilfsweise das mittlere Fokusfeld.

Messwert speichern

Drücken Sie die AEL-Taste. Ihre A7 misst die Belichtung für die Motivpartie im Bildzentrum (Spotmessung) und speichert den Wert. Das Sternchen rechts unten im Sucher signalisiert: Die Belichtung ist auf den Wert im Speicher fixiert.

So belichten Sie Ihre Aufnahmen perfekt

> *AEL*-Taste einrichten
>
> Die Bezeichnung »AEL« steht für »Auto Exposure Lock«, zu deutsch »Belichtungsspeicher«. Wird sie gedrückt, friert Ihre A7 die Belichtungssteuerung auf den zuletzt gemessenen Wert ein.
>
> Standardmäßig ist die Taste mit der Funktion *AEL Halten* belegt. Sie misst dabei die Belichtung mit der aktuell gewählten Messmethode und hält den Wert fest, solange Sie die Taste gedrückt halten. Alternativ geben Sie mit *AEL Umschalt.* vor, dass der Messwertspeicher so lange aktiv ist, bis Sie ihn wieder löschen.
>
> Alternativ können Sie die Taste auch mit *Spot AEL Halten* bzw. *Spot AEL Umschalt.* belegen – letztere ist meine bevorzugte Einstellung. In beiden Fällen schaltet Ihre A7 auch noch auf die Messmethode *Spot* um, sobald Sie die *AEL*-Taste drücken.

4 Nachdem Sie die Belichtung gemessen und gespeichert haben, fokussieren Sie. Zoomen Sie gegebenenfalls aus, dann schwenken Sie die Kamera so, dass sich die gewünschte Bildpartie im Fokusfeld befindet. Drücken Sie den Auslöser halb durch, bis der Fokus bestätigt wird (grünes Messfeld, Bestätigungssignal links unten im Sucher).

Fokus einstellen und speichern

Zoomen Sie gegebenenfalls aus, dann fokussieren Sie auf eine wichtige Partie im Bild.

5 Schließlich legen Sie den endgültigen Bildausschnitt fest: Halten Sie den Auslöser weiterhin halb gedrückt, dann schwenken Sie Ihre Kamera. Zoomen Sie nicht mehr, während Sie den Auslöser halb gedrückt halten – dadurch könnte sich die Schärfeebene ändern. Jetzt endlich können Sie den Auslöser ganz durchdrücken, und Ihre Aufnahme landet im Kasten!

Motive mit hohem Kontrastumfang meistern

Die endgültige Bildkomposition

Schwenken Sie Ihre A7 auf den endgültigen Bildausschnitt, dann lösen Sie aus.

6 Vergessen Sie nach der Aufnahme nicht, den Messwertspeicher wieder zu löschen (es sei denn, Sie möchten weitere Fotos mit den Werten im Belichtungsspeicher aufnehmen). Dazu drücken Sie die *AEL*-Taste erneut.

Ich verwende Spotmessung und Belichtungsspeicher nicht so häufig an meiner A7. Das Verfahren ist etwas kompliziert, die A7 bietet eine Reihe bequemer Alternativen:

- Bei den üblichen Messverfahren (Messmodus/Multi und AF-Feld/Multi) berücksichtigt die A7 ja die Bildpartien stärker, die innerhalb der Fokusebene liegen. Dadurch besteht eine gute Chance, dass bereits die vollautomatische Belichtungsmessung ein angenehmes Ergebnis liefert.
- Wenn Sie die automatische Gesichtserkennung eingeschaltet haben, findet die A7 auch Gesichter am Bildrand zuverlässig und richtet die Belichtung darauf aus. Bei extremem Gegenlicht, etwa einer Person vor einem Fenster, verwenden Sie jedoch besser die Spotmessung oder einen Aufhellblitz.
- Im Zweifelsfall geht es deutlich schneller, wenn Sie per Belichtungskorrektur die Bildhelligkeit nach Ihren Wünschen einstellen. So mache ich es meist, meine A7 zeigt mir ja die Auswirkungen der Korrektur ohne Verzögerung auf dem Display an.
- Wenn Sie es genau nehmen möchten: Schalten Sie *MENU > Benutzereinstellungen > 1 > Zebra > 70* ein. Dann regulieren Sie die Belichtung so, dass die bildwichtigen Partien schraffiert werden (siehe Seite 131).

Belichtungsdifferenz messen

Nur im EVF zeigt Ihre A7 eine Belichtungsskala unter dem Sucherbild an (auf dem Display erscheint die Skala nur im DISP-Modus *Für Sucher*). Mit ihrer Hilfe können Sie die Differenz zwischen den Belichtungswerten im Messwertspeicher und den Werten für den aktuellen Bildausschnitt (oder einen anderen Messmodus) ermitteln. Sobald der aktuelle Wert von dem im Speicher abweicht, erscheint eine zweite Markierung auf der Skala. Sie gibt an, um welchen Betrag die aktuelle Motivhelligkeit von dem Wert im Speicher abweicht. Steht die zweite Markierung zum Beispiel auf +1, würde Ihre Aufnahme um +1 EV überbelichtet werden.

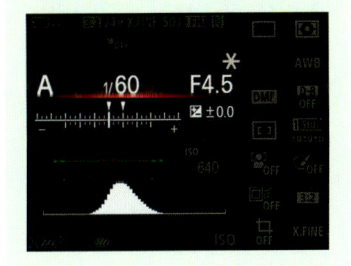

> **AEL mit Belichtungskorrektur kombinieren**
>
> Die Belichtungskorrektur funktioniert auch, wenn Sie zuvor die Belichtung mit der *AEL*-Taste gespeichert haben. Selbstredend, dass sich Ihre Korrekturvorgaben dann auf den Wert im Speicher beziehen.

- Anstatt mühsam vor Ort die korrekte Belichtung bis aufs Lux genau zu ermitteln, passen Sie die Bildhelligkeit später mit Ihrem Bildbearbeitungsprogramm an (zum Beipiel Sony Image Data Converter oder Lightroom). Wenn Sie wie ich im RAW-Format aufzeichnen, haben Sie einen großen Spielraum zur nachträglichen Belichtungskorrektur von ca. +/−2 EV.
- Alternativ können Sie auch eine Belichtungsreihe aufnehmen (dazu gleich mehr) und dann das Bild heraussuchen, das Ihren Vorstellungen am nächsten kommt. Das ist vor allem dann die beste Methode, wenn es schnell gehen muss.

Völlig missen möchte ich die Möglichkeit aber nicht, die Belichtung punktgenau messen und speichern zu können. Hilfreich ist das Verfahren vor allem in folgenden Situationen:

- Wenn Sie eine Graukarte verwenden und sich die Belichtungswerte für eine Reihe von Aufnahmen nicht ändern sollen – etwa für Einzelbilder, die Sie zu einem Panoramafoto zusammensetzen möchten. Richten Sie in diesem Fall das Spotmessfeld auf die Graukarte, dann drücken Sie die *AEL*-Taste.
- Wenn Sie ein Systemblitzgerät verwenden, gelten die im Belichtungsspeicher festgehaltenen Werte ebenfalls. Ihre A7 wird das Blitzlicht dann entsprechend der gespeicherten Werte regulieren – das hilft, einen »überblitzten« Bildvordergrund zu vermeiden.

Belichtungsreihe als Alternative zur exakten Belichtungsmessung

Ihnen ist es zu kompliziert, Ihre Aufnahme unter schwierigen Lichtverhältnissen auf den Punkt genau zu belichten? Mir ehrlich gesagt oftmals auch. Aber da hält Ihre A7 ja noch eine alternative Funktion bereit: die Belichtungsreihe. Sie nimmt drei oder fünf unterschiedlich belichtete Aufnahmen auf: zunächst eine mit dem Belichtungswert, den Ihre Kamera ermittelt hat. Es folgt eine Aufnahme, die dunkler ist, und eine weitere, die heller ist. Dabei geben Sie vor, um welchen Wert die weiteren Fotos unter- bzw. überbelichtet werden sollen. Nachdem die drei oder fünf Aufnahmen im Kasten sind, wählen Sie das Foto aus, das so ganz nach Ihrem Geschmack belichtet ist. Unverzichtbar sind Belichtungsreihen, wenn Sie selbst ein HDR-Bild erzeugen möchten.

Motive mit hohem Kontrastumfang meistern

Sie aktivieren die Belichtungsreihe im Schnellmenü Bildfolgemodus, das Sie mit der ◀-Taste aufrufen. Dort stehen Ihnen zwei verschiedene Modi zur Auswahl:

- **Serienreihe**: Die Kamera nimmt die von Ihnen vorgegebene Anzahl an Aufnahmen (drei oder fünf) in einem Rutsch auf – solange Sie den Auslöser gedrückt halten. Bei langen Belichtungszeiten kann das tückisch werden – halten Sie unbedingt den Auslöser gedrückt, bis die letzte Aufnahme im Kasten ist. *Serienreihe* ist meine bevorzugte Option.

Belichtungsreihe in der Praxis

Mit welchem Belichtungswert wirkt das Bild am besten? Dazu habe ich eine Belichtungsreihe mit einer Spreizung von 0,66 EV aufgenommen. Die mittlere Aufnahme der Reihe mit den zuvor ermittelten Belichtungswerten gefiel mir am besten.

ISO 100 | 135 mm | 1/60 s | f/20

- **Einzelreihe**: Sie lösen jede Aufnahme einzeln aus, drücken also den Auslöser drei oder fünf Mal. Die Vorgabe *Einzelreihe* empfiehlt sich dann, wenn Sie ein Blitzgerät verwenden, dem Sie ausreichend Zeit zum Nachladen einräumen möchten.

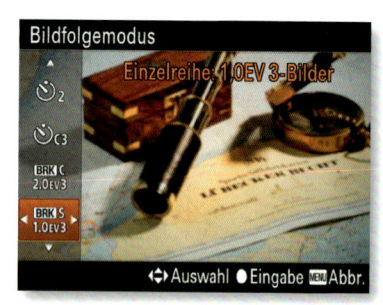

Sie stellen die Art der Belichtungsreihe im Schnellmenü »Bildfolgemodus« ein.

Nachdem Sie sich für die Art der Reihenaufnahme entschieden haben, legen Sie mit der ◀-Taste beziehungsweise der ▶-Taste die Belichtungsdifferenz sowie gegebenenfalls die Anzahl der Fotos fest. Bei einer Spreizung von 0,3 EV, 0,5 EV und 0,7 EV können Sie zwischen drei oder fünf Aufnahmen wählen. Geben Sie eine Belichtungsdifferenz von 1,0 EV, 2,0 EV oder 3,0 EV vor, besteht eine Belichtungsreihe immer nur aus drei Aufnahmen.

Wie Ihre A7 die Belichtung zwischen den einzelnen Aufnahmen variiert, hängt vom gewählten Belichtungsmodus und Ihrer Vorgabe für die ISO-Empfindlichkeit ab:

Reihenfolge der Aufnahmen

Standardmäßig nimmt Ihre A7 Belichtungsreihen in dieser Reihenfolge auf: normal, dunkler, heller. Ich bevorzuge indes die Reihenfolge dunkler, normal, heller. Sie ändern das unter MENU > Benutzereinstellungen > 4 > Reihenfolge.

- **ISO AUTO**: Haben Sie ISO AUTO vorgegeben, variiert die Belichtungsautomatik die Empfindlichkeitseinstellung zwischen den Aufnahmen – jedenfalls soweit die Belichtungsdifferenz innerhalb des Regelbereichs der ISO-Automatik liegt. Das gilt auch, falls Sie ISO AUTO im Modus M aktiviert haben.
- **Fester ISO-Wert**: Geben Sie einen fixen ISO-Wert vor, variiert die A7 in den Modi P, A und M die Belichtungszeit; im Modus S ändert sie die Blendenzahl.
- **Blitzgerät**: Falls Sie ein Systemblitzgerät verwenden, steuert Ihre A7 die Belichtung vorrangig über die Blitzleistung. Je leistungsfähiger das Blitzgerät ist, desto größer wird der Regelbereich. Sorgen Sie unbedingt für eine weiche Ausleuchtung (indirekt blitzen) – andernfalls zeigen die einzelnen Fotos Ihrer Belichtungsreihe möglicherweise eine höchst unterschiedliche Ausleuchtung.

Motive mit hohem Kontrastumfang meistern

Am besten nehmen Sie Belichtungsreihen stets im Modus A oder M auf. So stellen Sie sicher, dass die Blendenzahl bei allen Aufnahmen identisch ist und jedes Foto der Serie dieselbe Tiefenschärfe aufweist. Die ISO-Automatik sollten Sie nur zuschalten, wenn es Ihnen auf kurze Belichtungszeiten ankommt – etwa bei Actionmotiven. Für statische Motive stellen Sie einen festen ISO-Wert ein. Wählen Sie die ISO-Empfindlichkeit so, dass bei der hellsten Aufnahme Ihrer Serie die von Ihnen gewünschte maximale Belichtungszeit nicht überschritten wird.

Haben Sie eine Belichtungsreihe aktiviert, sehen Sie im Sucher drei oder fünf Markierungen, die für die EV-Korrektur der einzelnen Aufnahmen stehen. Auf dem Display erscheint die Skala lediglich im Modus *Für Sucher*. Praktisch ist diese Skala, wenn Sie Ihre Belichtungsreihe mit einer Belichtungskorrektur kombinieren. Dann verschiebt sich der von der Reihenaufnahme abgedeckte Bereich entsprechend nach links oder rechts auf der Skala.

> **Ausschalten nicht vergessen!**
>
> Ob Sie eine Belichtungsreihe aufnehmen, sehen Sie auf der Belichtungsskala im Sucher oder auf dem Display im Modus *Für Sucher*. Ansonsten informiert Sie das Display nur im Modus *Alle Infos anzeigen*, ob Sie eine Reihe aufnehmen. Vergessen Sie daher nicht, die Funktion nach Aufnahme der Belichtungsreihe abzuschalten.

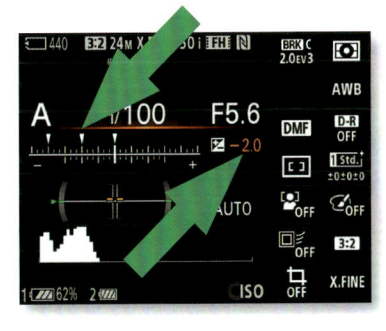

Belichtungsreihen können Sie auch mit der Belichtungskorrektur kombinieren. Der Korrekturwert bezieht sich immer auf das mittlere, »neutrale« Foto der Belichtungsreihe.

So clever sich die Funktion für Belichtungsreihen zunächst anhört – in der Digitalfotografie hat sie indes einiges an Bedeutung eingebüßt. Ihre A7 kann einen Motivkontrast von rund 11 EV verarbeiten – da haben Sie selbst bei einer deutlichen Fehlbelichtung noch genügend Reserve, um die Belichtung nachträglich mit einem Bildbearbeitungsprogramm zu korrigieren. Das gilt umso mehr, wenn Sie im RAW-Format aufzeichnen. Es bietet Ihnen ungefähr +/–2 EV Spielraum für die nachträgliche Belichtungskorrektur im RAW-Konverter (zum Beispiel im Image Data Converter von Sony – ihn lernen Sie im Kapitel 6 kennen).

Ich verwende Belichtungsreihen fast nur dann, wenn ein sehr hoher Motivkontrast den Dynamikumfang der A7 um wenigstens 2 EV übertrifft. Wenn ich dann eine Reihe mit einer Spreizung von 1 EV aufnehme, erhalte ich so in der Summe 2 EV zusätzliche Dynamik.

> **Der Selbstauslöser-Bug**
>
> Die Firmware der A7 (und anderer Sony-Kameras) weist einen bösen Bug auf: Sie können Reihenaufnahmen nicht mit dem Selbstauslöser kombinieren – beide Vorgaben schließen sich gegenseitig aus. Wenn Sie Ihre A7 auf ein Stativ montieren, geht Ihnen so die Möglichkeit verloren, Erschütterungen durch eine verzögerte Aufnahme zu minimieren. Hier muss Sony für meinen Geschmack unbedingt noch nachbessern! Auch die *Auto HDR*-Funktion ist davon betroffen.

Das HDR-Prinzip

Sie nehmen drei (oder mehr) unterschiedlich belichtete Fotos auf. Diese Belichtungsreihe vereinen Sie dann zu einem Bild, das von den dunkelsten Tiefen bis zu den hellsten Lichtern fein durchgezeichnet ist. Diese Arbeit nimmt Ihnen auf Wunsch die HDR-Automatik der A7 ab.

ISO 400 | 24 mm | 1/25 s | f/8

Das gilt jedoch nicht für die einzelnen Aufnahmen – bei mindestens einer werden die Lichter ausfressen, bei der anderen die Tiefen zulaufen. Aber ich kann mich später entscheiden, ob mir die auf die Tiefen belichtete (hellere) Aufnahme besser gefällt oder die auf die Lichter belichtete. Oftmals fasse ich die Aufnahmen der Reihe jedoch zu einem HDR-Bild zusammen, bei dem der Kontrastumfang aller Einzelfotos aufsummiert wird. Dazu benötigen Sie allerdings ein geeignetes Bildbearbeitungsprogramm oder eine spezielle HDR-Software. Falls Sie diesen Aufwand scheuen – Ihre A7 kann HDR-Bilder auch direkt bei der Aufnahme anfertigen.

Motive mit hohem Kontrastumfang meistern

Erweiterter Dynamikumfang per »Auto HDR«

Anstatt die Einzelaufnahmen aus einer Belichtungsreihe selber zu einem HDR-Bild zu verarbeiten, können Sie diese Aufgabe auch Ihrer A7 überlassen. Dazu dient die Funktion *Auto HDR*. Sie nimmt drei unterschiedlich belichtete Aufnahmen auf, die sie dann zu einem HDR-Bild vereint. Dabei landen zwei Dateien auf der Speicherkarte: Zum einen das HDR-Bild und ferner die »neutrale« Aufnahme aus der Belichtungsreihe.

Sie aktivieren die Funktion unter *MENU > Kamera > 4 > DRO/ Auto HDR*. Alternativ rufen Sie die Einstellung via Schnellmenü auf. Sie haben die Wahl zwischen *HDR Auto* oder *HDR 1.0 EV* bis *HDR 6.0 EV* – also einer fixen Vorgabe für die Belichtungsdifferenz zwischen dunkelster und hellster Aufnahme von 1 EV bis 6 EV.

Besonders bequem konfigurieren Sie die HDR-Aufnahmen via Schnellmenü.

Theoretisch können Sie mit der HDR-Funktion den Dynamikumfang beträchtlich erweitern. In der Praxis wirken jedoch Bilder mit der Vorgabe *HDR 5.0 EV* oder *HDR 6.0 EV* unnatürlich – ich verwende die beiden höchsten Stufen nicht. Nehmen Sie im Zweifelsfall ruhig *HDR Auto* – die Automatik geht sehr zurückhaltend zu Werke, einen seltsam anmutenden »Tonemapping«-Effekt verkneift sie sich.

Wie bei allen »Verbundprogrammen« (so nennt Sony Funktionen, die mehrere Aufnahmen zu einem Bild kombinieren), gibt es auch bei *Auto HDR* eine Reihe von Einschränkungen:

- *Auto HDR* funktioniert nur im PASM-Modus, RAW-Aufnahmen sind damit nicht möglich.
- Sie können *Auto HDR* nicht mit Reihenaufnahme oder anderen Verbundprogrammen kombinieren.
- Der Bildinhalt der drei Aufnahmen sollte möglichst identisch sein. Zwar erkennt die Automatik leichte Verwackler oder klei-

HDR-Einstellungen im Vergleich

Vermeiden Sie allzu hohe Level für »Auto HDR«. Links habe ich »HDR 4.0 EV« vorgegeben, damit wirkt das Bild so gerade noch natürlich. Mit der höchsten Stufe »HDR 6.0 EV« gehen die Kontraste fast völlig verloren, das Bild kommt fad und flach daher.

nere Bereiche im Bild, die sich verändert haben. Doch wenn die Abweichungen zu groß werden, kommt es zu eigenartigen Geisterbildern. Im schlimmsten Fall versagt die Kombination der drei Einzelbilder gänzlich. Am besten montieren Sie Ihre A7 auf ein Stativ, wenn Sie *Auto HDR* verwenden möchten. Aber Achtung: Der »Selbstauslöser-Bug« (siehe Seite 155) gilt auch für Auto HDR, eine verzögerte Aufnahme durch den Selbstauslöser ist nicht möglich.

- *Auto HDR* funktioniert durchaus auch in Verbindung mit einem Blitzlicht. Aber da die A7 hierbei die Belichtungsunterschiede vorrangig über die Leistung des Blitzgeräts reguliert, bleibt der Dynamikgewinn sehr gering.

Zulaufende Schatten vermeiden

Die Funktion *Auto HDR* werden Sie häufig in Gegenlichtsituationen verwenden, etwa bei der Aufnahme von Innenräumen, bei denen sonnendurchflutete Fenster mit im Bild sind. Ihre A7 richtet dann wie immer die Belichtung an den hellsten Stellen im Motiv aus. Da werden dann schnell sehr hohe HDR-Level nötig, um auch noch die tiefsten Schatten ausreichend aufzuhellen. Wenn Sie diese meiden möchten, hilft ein kleiner Trick: Regulieren Sie die Belichtung um ca. +1,0 EV nach oben. Die Belichtungskorrektur funktioniert nämlich auch in Verbindung mit *Auto HDR*.

Verbesserte Tiefenzeichnung mit der DRO-Funktion

So wirkungsvoll *Auto HDR* auch ist – in vielen Situationen hilft die Funktion nicht weiter. Insbesondere für Actionmotive und schnelle Schnappschüsse taugt sie nicht. Für diesen Fall hält Ihre A7 eine weitere Funktion bereit, um hohe Kontraste zu bändigen: *DRO*.

Motive mit hohem Kontrastumfang meistern

DRO steht für »Dynamic Range Optimizer« (Dynamikbereich-Optimierung), die Funktion hellt die Schatten im Bild auf. Die Lichter tastet DRO jedoch nicht an, auch ändert die Funktion nicht die Belichtungswerte. Sie aktivieren die Dynamikbereich-Optimierung unter MENU > Kamera > 4 > DRO/Auto HDR oder via Schnellmenü. Sie haben die Wahl zwischen DRO Auto beziehungsweise DRO Lv 1 bis DRO Lv 5. Je höher Sie den DRO-Level einstellen, desto stärker werden die Schattenpartien aufgehellt.

Starten Sie im Schnellmenü mit der aktuellen Vorgabe für »Auto HDR« bzw. »DRO« – hier »DRO off«.

Im fotografischen Alltag erledigt die DRO-Funktion ihren Job unauffällig und recht gut. Das gilt umso mehr, je heller es ist und umso niedriger die ISO-Empfindlichkeit gewählt werden kann. Wenn ich in JPEG aufzeichne, gebe ich auch bei Standardmotiven DRO Auto vor. Die Automatik hellt die Schattenpartien nur behutsam auf, gerade so viel, dass die Tiefen Zeichnung erhalten.

Im Gegensatz zu Auto HDR gibt es bei der DRO-Funktion deutlich weniger Einschränkungen. So funktioniert DRO auch in Verbindung mit Serienaufnahmen oder dem Selbstauslöser. Unter

So wirkt DRO

Die linke Aufnahme entstand ohne jegliche Dynamikoptimierung. Beim Foto rechts habe ich »DRO Lv 3« aktiviert. Hier sind die Tiefen deutlich aufgehellt.

DRO und Auto HDR im Vergleich

Die linke Aufnahme entstand mit »DRO Lv 3«, die rechte mit »HDR 3.0 EV«. Hier ist gut zu sehen, dass »Auto HDR« die Tiefen besser strukturiert und auch in die Wiedergabe der Lichter eingreift.

Reihenaufnahme können Sie sogar *DRO-Reihen* vorgeben, zur Auswahl stehen *DRO Lo* mit geringer Differenz des DRO-Levels zwischen den Einzelaufnahmen und *DRO Hi* mit größerer Spreizung. Ein weiterer Pluspunkt für die DRO-Funktion: Das Sucherbild vermittelt Ihnen bereits einen Eindruck davon, wie sich Ihre DRO-Einstellung auf die Aufnahme auswirken wird. Aber Achtung: Das gilt auch bei der Aufzeichnung im RAW-Format.

Dem stehen zwei Nachteile im Vergleich zu *Auto HDR* gegenüber – ein kleiner und ein unter Umständen gravierender:

- Die DRO-Funktion hat auf RAW-Aufnahmen keine Wirkung. Das lässt sich allerdings verschmerzen, denn Sie können die Tiefen bei RAW-Fotos ebenso gut nachträglich mit Ihrem RAW-Konverter aufhellen. Schön auch, dass sich die DRO-Funktion mit der Qualitätseinstellung *RAW* nicht ins Gehege kommt.
- Deutlich ins Hintertreffen gegenüber der Funktion *Auto HDR* gerät *DRO* bei sehr großen Motivkontrasten – wenn hohe DRO-Level nötig werden, um die Kontraste zu bändigen. Dann

DRO Lv 5 bei ISO 6.400

Je höher Sie die ISO-Empfindlichkeit schrauben, desto schlimmer wirkt sich DRO aufs Bildrauschen aus. Dieser 100%-Ausschnitt zeigt links die Aufnahme mit »DRO Aus«, rechts mit »DRO Lv5«. Beide Aufnahmen entstanden bei ISO 6.400.

verlieren die Aufnahmen in den Schattenbereichen sichtbar an Zeichnung. Sind hohe ISO-Werte nötig, verstärkt sich das Problem noch. Sobald *DRO* die Schatten aufhellt, wird nämlich automatisch auch das Bildrauschen in den aufgehellten Bereichen verstärkt. Ich vermeide daher bei einer Empfindlichkeit von über ISO 1.600 nach Möglichkeit höhere DRO-Level als *DRO Lv 3*.

Lichter abdunkeln mit DRO
Von Haus greift die DRO-Funktion nicht in die Wiedergabe der Lichter ein. Wenn Sie nicht nur die Schatten aufhellen möchten, sondern zusätzlich ausfressende Lichter vermieden wollen, kombinieren Sie Ihre DRO-Vorgabe mit einer negativen Belichtungskorrektur. Als Faustregel gilt dabei: Mit jeder halben ISO-Stufe, die Sie die Belichtung nach unten korrigieren, sollten Sie einen DRO-Level höher wählen, um etwa dieselbe Tiefenzeichnung zu erhalten wie ohne Belichtungskorrektur. Reduzieren Sie zum Beispiel die Belichtung um –1 EV, nehmen Sie *DRO Lv 4* statt *DRO Lv 2*.

Sonnenuntergang

Wenn die Sonne stimmungsvoll hinter dem Horizont versinkt, arbeite ich gerne mit einer Unterbelichtung von –0,66 EV. Die knappe Belichtung lässt die Farben noch dramatischer leuchten. Hier hat mir zudem »DRO Lv3« geholfen, die Felsen im Vordergrund schön durchzuzeichnen.

ISO 200 | 20 mm | 1/125 s | f/11

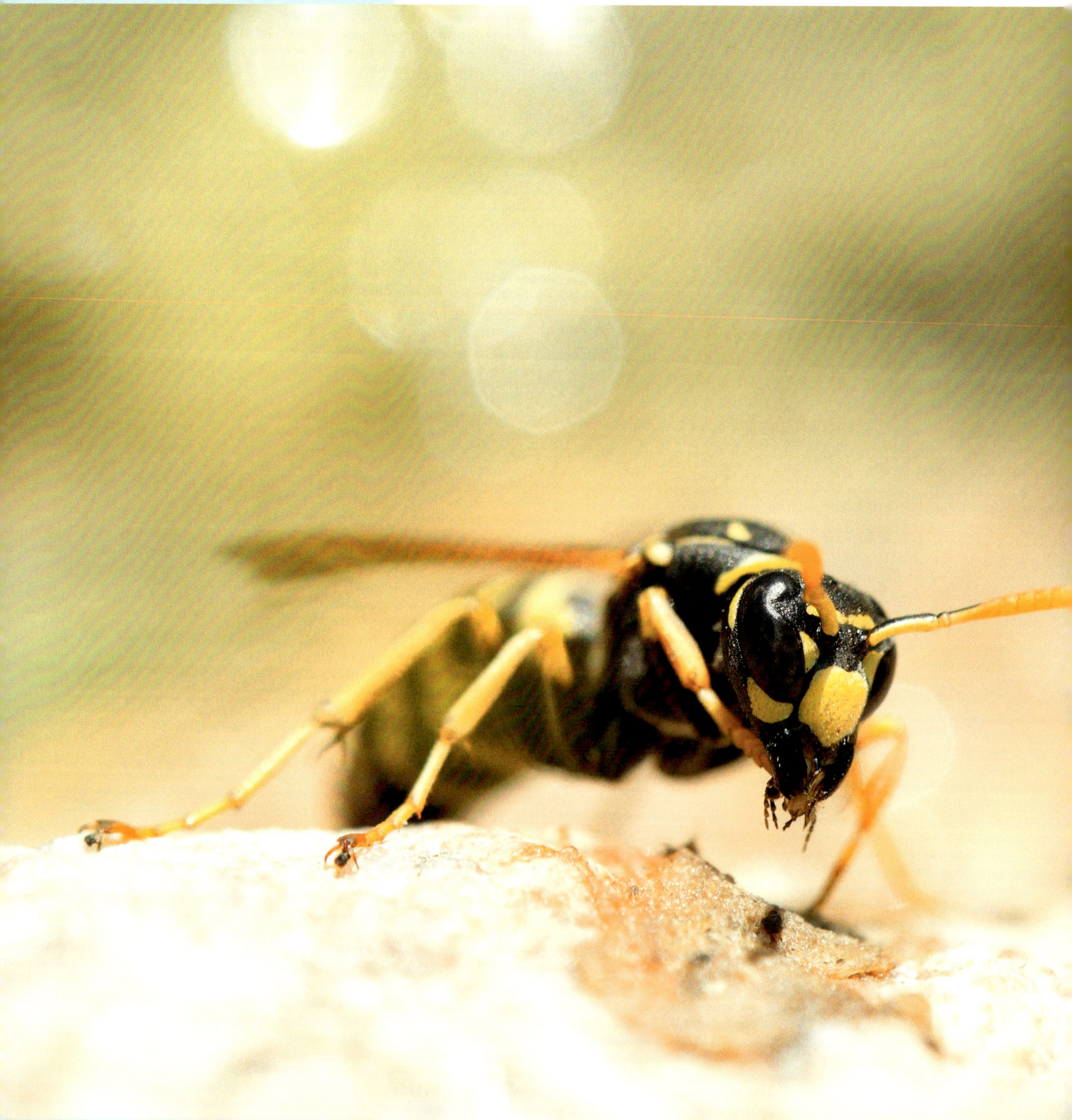

5
Auf den Punkt genau scharf stellen

Zu einem guten Foto trägt nicht nur eine optimale Belichtung bei, auch die Schärfe muss stimmen. Ihre A7 unterstützt Sie tatkräftig beim Fokussieren, die Möglichkeiten dazu lernen Sie in diesem Kapitel kennen.

Mit Ihrer A7 legen Sie die Schärfe exakt auf den Punkt, auf den es Ihnen ankommt.
ISO 320 | 180 mm | 1/800 s | f/5.6

© Wolfram Gudz

5.1 Einführung: Die Fokusverfahren Ihrer A7

Damit ein Foto (oder zumindest der bildwichtige Part) scharf aufgenommen wird, stellen Sie oder der Autofokus Ihrer A7 die Brennweite des Objektivs auf die gewünschte Aufnahmeentfernung ein. Meist werden Sie diese Aufgabe dem Autofokus überlassen. Doch wenn Sie möchten (oder darauf angewiesen sind), lässt sich mit Ihrer A7 auch bequem von Hand scharf stellen.

Wie ermittelt der Autofokus Ihrer A7 die korrekte Entfernungseinstellung? Bei den Verfahren gibt es einen grundlegenden Unterschied zwischen der A7 und der A7R:

- **Autofokus per Kontrastmessung**: Zunächst einmal ermitteln beide A7-Schwestern die korrekte Entfernungseinstellung per Kontrastmessung auf dem Bildsensor. Dabei verschieben die Kameras die Entfernungseinstellung so lange, bis das anvisierte Hauptmotiv den größtmöglichen Kontrast zeigt. Der Kontrast-AF ist sehr genau, aber zeitintensiv. Denn aus der

Im Fokus

Obgleich der Autofokus der A7 und besonders der A7R langsamer arbeitet als bei einer vergleichbaren DSLR, sind damit durchaus scharfe Actionfotos möglich. Die Aufnahmetechnik dafür lernen Sie in diesem Kapitel kennen.

ISO 200 | 280 mm | 1/1.600 s | f/4

Kontrastmessung geht nicht hervor, ob die aktuelle Entfernungseinstellung vor dem Motiv liegt oder dahinter. Daher muss der Autofokus die Schärfeebene in immer kleiner werdenden Schritten überfahren, bis er die optimale Einstellung ermittelt hat.

- **Autofokus per Phasenvergleichsverfahren**: Bei diesem Verfahren vergleichen spezielle AF-Sensoren die aufgenommenen Bildinformationen. Sind diese identisch, ist der Fokus exakt eingestellt. Weichen die Informationen hingegen voneinander ab, ist nicht korrekt fokussiert. Dabei erkennt das System durch den »Versatz« der beiden Bilder (die Phasenlage), ob die Fokusentfernung zu kurz oder zu lang gewählt ist. Und noch mehr: Sogar die ungefähre Abweichung von der idealen Brennweite kann das System vorab ermitteln. Daher ist der Phasen-AF (wie das Verfahren oft kurz bezeichnet wird) deutlich schneller als der Kontrast-AF, wenn auch nicht ganz so genau. Einen Phasen-AF weist nur die A7 auf, die A7R muss mit einem reinen Kontrast-AF auskommen.

Sony hat bei der A7 (wie gesagt: nicht bei der A7R!) die Sensoren für den Phasen-AF direkt in den Bildwandler integriert. Über die Anzahl der »AF-Pixel« macht der Hersteller indes keine Angaben, wohl aber über die der Messpunkte: Es sind 117 (99, wenn Sie kein FE-Objektiv verwenden, sondern eines für APS-C). Die Phasen-AF-Sensoren decken nur das Bildzentrum ab, mit *MENU > Benutzereinstellungen > 2 > Phasenerk.bereich > Ein* blenden Sie eine Markierung dieses Bereichs ins Sucherbild ein.

Bei Bedarf blendet Ihre A7 (nicht die A7R) eine Markierung im Sucherbild ein, die die vom Fast Hybrid AF abgedeckte Zone kennzeichnet. Ich verzichte auf die Anzeige dieser Markierung, um das Sucherbild übersichtlich zu halten.

Der Phasen-AF der A7 dient lediglich zur Unterstützung der Kontrastmessung. Der Kontrast-AF übernimmt stets die Feinarbeit, die A7 stellt also genauso exakt scharf wie die A7R. Sony nennt

> ### Das Fokussystem der A-Mount-Adapter LA-EA3 und LA-EA4
>
> Mit den Adaptern LA-EA3 und LA-EA4 können Sie A-Bajonett-Objektive von Sony und Minolta an Ihre A7 anschließen. Die Adapter unterscheiden sich vor allem in ihrem Fokussystem.
>
> Der kleinere LA-EA3 weist kein eigenständiges AF-Modul auf, er nutzt das Autofokus-System Ihrer A7. Das funktioniert indes nur bei Objektiven mit eigenem Fokusantrieb, Sie erkennen diese am Kürzel SSM oder SAM in der Typbezeichnung. Allerdings ist der Autofokus derart langsam (mehrere Sekunden), dass er nahezu unbrauchbar ist. Ich werde daher nicht weiter auf den Adapter LA-EA3 eingehen.
>
> Den LA-EA4 hat Sony dagegen mit einem eigenen AF-Modul ausgestattet, das nach dem Phasenvergleichsverfahren arbeitet. Es sitzt unten in der Basis des Adapters, ein teildurchlässiger, feststehender Spiegel zweigt etwas Licht aus dem Strahlengang für das AF-Modul ab.
>
> Der LA-EA4 ist mit 15 AF-Sensoren ausgestattet, drei sind als Kreuzsensoren ausgelegt. Wenn Sie den Autofokus Ihrer A7 in Verbindung mit dem LA-EA4 verwenden, ändern sich viele AF-Optionen; ich werde jeweils knapp darauf eingehen. Mit an Bord hat der LA-EA4 übrigens auch einen Stellmotor, über den AF-Objektive mit Stangenantrieb (»Minolta-Stange«) scharf gestellt werden.
>
> Die nebenstehende Abbildung illustriert das Prinzip in Verbindung mit einer NEX-Kamera.

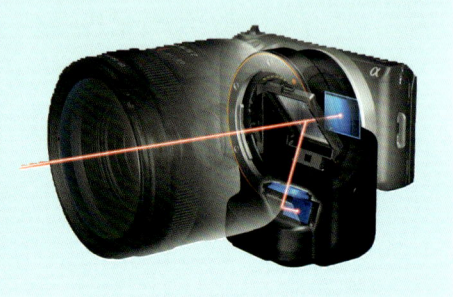

das Fokussystem der A7 daher »Fast Hybrid AF«. Die Bezeichnung macht klar, dass der Phasen-AF der A7 vor allem dazu dient, schneller scharf zu stellen. Seine Vorteile spielt der »Fast Hybrid AF« folglich vor allem dann aus, wenn Sie Serienbilder aufnehmen, bei denen für jedes Foto der Serie die Schärfe nachgeführt werden soll. Bei Einzelfotos ist sein Geschwindigkeitsvorteil geringer. Falls es Ihnen auf einen besonders flotten Autofokus schon beim ersten Schuss ankommt, bietet Ihre A7 Alternativen.

Einen direkten Einfluss darauf, ob Ihre A7 den »On-Sensor-Phasen-AF« verwendet oder nicht, haben Sie nicht. Sie erhalten auch keine Rückmeldung über die aktuelle Messmethode. Sicher ist nur: Der »Hybrid Fast AF« funktioniert lediglich in Verbindung mit aktuellen F- und FE-Objektiven (bzw. mit Objektiven, deren Firmware aktuell ist). Ob es gegebenenfalls für Ihre Objektive ein entsprechendes Firmware-Update gibt, schlagen Sie unter http://www.sony.de/support/de/hub/lens nach.

Einführung: Die Fokusverfahren Ihrer A7

Motive, die dem Autofokus Probleme bereiten

Ganz gleich, nach welchem Verfahren ein Autofokus-System arbeitet – in bestimmten Situationen hat der AF Ihrer A7/A7R oder des LA-EA4 so seine liebe Müh und Not. Dann dauert das automatische Scharfstellen ungewöhnlich lange oder Ihre Kamera kann überhaupt nicht fokussieren bzw. stellt die Schärfe falsch ein:

- Bei sehr kontrastarmen Motiven wie einer gleichförmigen Wand oder einer Winterlandschaft im Nebel.

Der Autofokus benötigt ein Minimum an Kontrast. Eine strukturlose Schneelandschaft bereitet ihm Schwierigkeiten. Visieren Sie in diesem Fall zunächst eine kontrastreiche Bildpartie an, etwa den Tank rechts.

- Wenn es sehr dunkel ist. Der Autofokus benötigt ein wenig Umgebungslicht, um überhaupt etwas erkennen zu können. Gegebenenfalls illuminiert Ihre A7 die Szenerie mit einem grell orangefarbenen AF-Hilfslicht, dessen Reichweite allerdings auf einige Meter begrenzt ist. Zudem wird das AF-Hilfslicht bisweilen als störend empfunden – dann schalten Sie es mit *MENU > Kamera > 3 >AF-Hilfslicht > Aus*. Diese Vorgabe gilt übrigens auch, wenn Sie ein Blitzgerät an Ihrer A7 verwenden, das mit einem separaten AF-Hilfslicht ausgestattet ist.

Wenn der Autofokus in dunkler Umgebung kein Ziel finden kann, greift ihm automatisch das AF-Hilfslicht unter die Arme. Falls Sie der grell-orange Lichtschein stört, können Sie das Hilfslicht deaktivieren.

- Motive, die sich schnell bewegen. Das gilt insbesondere für Motive, die fortwährend ihre Entfernung zur Kamera ändern, etwa ein Hund, der auf Sie zuläuft.

Rast meine Hündin Janna auf mich zu, hat der Autofokus der A7 kaum eine Chance, die Schärfe schnell genug nachzustellen. Die Hinterläufe liegen hier in der Fokusebene, der Kopf dagegen nicht mehr ganz.

- Wenn sich prägnante Objekte zwischen Ihrer A7 und dem Hauptmotiv befinden, etwa ein Maschendrahtzaun. Möglicherweise stellt Ihre A7 dann auf den Maschendraht scharf und nicht auf Ihr Motiv. Abhilfe schafft da nur eins: Regeln Sie die Fokusentfernung manuell nach (siehe Seite 181).

Hier habe ich das Model hinter einen Busch gestellt und durch das Blätterwerk hindurch aufgenommen. Der Autofokus meiner Kamera hätte hier unweigerlich auf das Laub im Vordergrund scharf gestellt. Also habe ich von Hand fokussiert.

- Bei Motiven, die Sie so nah vor der Linse haben, dass sie von der minimalen Fokusdistanz des Objektivs (Naheinstellgrenze) nicht erfasst werden können. In diesem Fall hilft auch manuelles Fokussieren nicht weiter – verwenden Sie ein Makroobjektiv oder versehen Sie Ihr Standardobjektiv mit einer Nahlinse.

5.2 Für jedes Motiv den passenden Fokusmodus

Der Autofokus Ihrer A7 kennt verschiedene Betriebsarten und Messmodi. So können Sie wählen, ob Ihre A7 automatisch scharf stellen soll oder nicht, oder ob Sie jederzeit die Möglichkeit haben möchten, von Hand in den Autofokus eingreifen zu können. Diesen Modus stellen Sie unter MENU > Kamera > 2 > Fokusmodus ein – alternativ rufen Sie Fokusmodus via Schnellmenü auf. Hier haben Sie vier Optionen:

Fokusmodus

Auch dem »Fokusmodus« hat Sony ein Plätzchen im Schnellmenu spendiert, sodass sie ihn fix ändern können.

- **AF-S – Einzelbild-AF**: Der Autofokus tritt in Aktion, sobald Sie den Auslöser halb durchdrücken. Hat er sein Ziel gefunden, bleibt die einmal ermittelte Entfernungseinstellung gespeichert, solange Sie den Auslöser halb gedrückt halten. Lassen Sie den Auslöser los und drücken ihn erneut halb, stellt der Autofokus die Entfernung erneut ein. AF-S verwenden Sie üblicherweise bei Einzelbild-Aufnahmen von vorwiegend statischen Motiven.
- **AF-C – Nachführ-AF**: Solange Sie den Auslöser halb gedrückt halten, regelt Ihre A7 die Entfernungseinstellung zum Motiv permanent nach. Das gilt auch bei Reihenaufnahmen (jedoch nicht bei Reihenaufnahmen mit Zeitpriorität bei der A7R). AF-C ist Ihre bevorzugte Wahl bei Actionaufnahmen und Reihenaufnahmen
- **DMF – Direct Manual Focus**: DMF funktioniert wie AF-S, jedoch mit einem wichtigen Unterschied: Während Sie den Auslöser halb gedrückt halten, können Sie manuell fokussieren. Ihre manuelle Entfernungseinstellung bleibt so lange gespeichert, wie Sie den Auslöser gedrückt halten. Diese Funktion ist zum Beispiel praktisch, wenn der Autofokus nicht auf die Motivpartie scharf stellt, auf die es Ihnen ankommt.
- **MF – manueller Fokus**: Sie stellen von Hand scharf. Dabei unterstützt Sie Ihre A7 mit einer ganzen Reihe cleverer Funktionen – mehr dazu ab Seite 176.

> **DMF und Stangenantrieb**
>
> Sie haben via LA-EA4 ein Objektiv adaptiert, dessen Fokus per Stange angetrieben wird? Dann gibt Ihre A7 ein deutliches Klacken von sich, sobald das Fokussieren beginnt und endet. Verantwortlich für das Geräusch ist die Kupplung, die die Stange ein- und wieder auskuppelt.

Worauf soll der Autofokus scharf stellen?

Wenn Sie Ihre A7 automatisch scharf stellen lassen, stellt sich natürlich die Frage: Worauf soll die Automatik fokussieren? Das können Sie dem Autofokus überlassen oder Sie geben den Fokuspunkt von Hand vor.

Automatiken, die Ihnen helfen, auf bildwichtige Motivpartien scharf zu stellen, sind die *Gesichtserkennung*, der *Augen-AF* sowie die *AF-Verriegelung*. Allerdings stehen Ihnen diese Automatiken nicht in jedem Fokusmodus zur Verfügung, *Augen-AF* funktioniert zudem nicht in Kombination mit dem LA-EA4. Ferner haben Ihre Vorgaben für *Fokusfeld* teilweise Vorrang vor den Automatiken – diese sollten Sie daher zunächst kennen. Auf welches Feld (im Sucherbild) Ihre A7 fokussieren soll, geben Sie unter MENU > Kamera > 3 > *Fokusfeld* vor oder im Schnellmenü. Vier Optionen stehen Ihnen zur Wahl:

- **Breit**: Ihre A7 unterteilt das Sucherbild in 25 Zonen. Der AF stellt auf eine Motivpartie scharf, die sich mindestens in einer dieser Zonen befindet. Falls Sie die Gesichtserkennung nicht aktiviert haben oder sich kein Gesicht im Sucherausschnitt befindet, bevorzugt der AF Motivbereiche in der Nähe. *Breit* verwende ich gerne in Kombination mit der Gesichtserkennung sowie bei Actionfotos, bei denen meine A7 den Fokus kontinuierlich nachführen soll (also in Verbindung mit AF-C).
- **Feld**: Im Sucherbild erscheint ein Feld, das etwa die Hälfte des Bildausschnitts abdeckt. Dieses Fokusfeld besteht aus neun Zonen und lässt sich verschieben. Der Autofokus stellt nur auf Bereiche innerhalb des Feldes scharf – auf welche der neun Zonen darin, entscheidet er selbstständig. Ähnlich wie *Breit* gibt mir *Feld* zu wenig Kontrolle darüber, auf welche Bildpartie die A7 scharf stellt – daher verwende ich diese Vorgabe praktisch nie.
- **Mitte**: Ihre A7 stellt auf einen engen Bereich innerhalb des Bildzentrums scharf. *Mitte* ist meine bevorzugte Vorgabe, wenn ich auf zusätzliche Assistenten wie *Gesichtserkennung* und *Augen-AF* verzichte: Ich richte die Kamera so aus, dass das zentrale Fokusfeld mein Hauptmotiv erfasst, drücke den Auslöser halb durch (um Fokus und Belichtung zu speichern) und schwenke dann die A7 bei weiterhin halb gedrücktem Auslöser auf den endgültigen Bildausschnitt.
- **Flexible Spot**: Das Sucherbild wird in bis zu 323 Zonen aufgeteilt, die Sie einzeln ansteuern können. *Flexible Spot* verwende ich gerne bei statischen Motiven, insbesondere wenn meine A7 auf ein Stativ montiert ist. Dann kann ich sehr genau festlegen, auf welchen Bildbereich die Kamera fokussieren soll.

Fokusfelder und LA-EA4

Sobald Sie Objektive via LA-EA4 an Ihre A7 adaptieren, übernimmt der Adapter die Fokussteuerung. Damit ändern sich auch grundlegend Anzahl, Anordnung und Auswahlmöglichkeiten für die Vorgabe *Fokusfeld*:

Breit: Ihre A7 entscheidet selbstständig, auf welche der 15 Fokusfelder sie scharf stellt. *Breit* empfiehlt sich wieder vor allem in Verbindung mit AF-C.

Mitte: Der AF stellt nur auf das zentrale Messfeld scharf. Empfehlenswert ist diese Option, falls Sie erst die Entfernung einstellen und dann die Kamera auf den endgültigen Bildausschnitt schwenken.

Flexible Spot: Sie können festlegen, auf welches der 15 Fokusfelder Ihre A7 scharf stellen soll.

Beachten Sie, dass der Autofokus des Adapters nur einen relativ geringen Bereich innerhalb des Bildzentrums abdeckt. Sie werden daher wesentlich häufiger als mit F-Objektiven zunächst scharf stellen und dann erst Ihre Kamera auf den Bildausschnitt schwenken. Auch bei der Gesichtserkennung und der AF-Verriegelung bringt diese geringe AF-Abdeckung des Bildausschnitts empfindliche Einschränkungen mit sich.

Wenn Sie häufig die *Fokusfeld*-Optionen ändern möchten, legen Sie die Funktion am besten auf die *SET*-Taste. Dazu rufen Sie MENU > *Benutzereinstellungen* > 6 > *Key-Benutzereinstlg.* > 2 auf. Dann wählen Sie *Funkt. d. Mitteltaste* und weisen ihr *Fokusfeld* zu. Diese Vorgabe empfiehlt sich insbesondere, falls Sie den *Flexible Spot* intensiv nutzen. Dann können Sie nämlich mit der *SET*-Taste blitzschnell Position und Größe des Spot-Feldes ändern.

So legen Sie das Fokusfeld fest

Für *Fokusfeld* > *Feld* oder *Flexible Spot* geben Sie Zonen im Sucherbild vor, auf die Ihre A7 scharf stellen soll. Sobald Sie eine dieser beiden Fokusfeld-Optionen aktivieren, erscheinen die verfügbaren Fokusfelder in Orange auf dem Display. Sie können nun

- die Felder mit den Tasten auf der Vierwegewippe verschieben und
- die Größe des *Flexible Spot* mit dem Einstellring ändern.

Legen Sie die Option »Fokusfeld« auf die SET-Taste. Dann können Sie die Position des Fokusfeldes besonders bequem steuern.

Ihre Änderungen werden sofort wirksam, sobald Sie den Auslöser antippen – eigens bestätigen brauchen Sie sie nicht.

Vorgabe »Feld«

Mit »Feld« legen Sie den groben Bereich fest, auf den Sie scharf stellen möchten (links). Grüne Markierungen zeigen dann, welche Partien im Fokus sind (rechts).

Vorgabe »Flexible Spot«

»Flexible Spot« erlaubt Ihnen genau festzulegen, auf welche Bildpartie der AF scharf stellen soll.

Wenn Sie die *Fokusfeld*-Optionen *Feld* oder *Flexible Spot* mit der *Gesichtserkennung* kombinieren, erkennen diese nur solche Motivpartien, die sich innerhalb des durch die AF-Felder abgedeckten Bereichs befinden (das gilt jedoch nicht für den *Augen-*

Auf den Punkt genau fokussiert

Insbesondere bei Makroaufnahmen hilft Ihnen der »Flexible Spot«, die Schärfe exakt auf die gewünschte Motivpartie zu legen.

ISO 640 | 200 mm | 1/500 s | f/7.1

AF). Haben Sie AF-C als Fokusmodus vorgegeben, hält Ihre A7 einmal erkannte Motive auch dann weiterhin im Fokus, wenn sie den Bereich des Fokusfeldes verlassen. Das gilt jedoch nicht in Verbindung mit dem LA-EA4 – er kann den Fokus nur innerhalb der Bildbereiche nachführen, die von den AF-Sensoren im Bildzentrum abgedeckt werden.

Gesichtserkennung und Augen-AF

Die automatische *Gesichtserkennung* und der *Augen-AF* sind zwei weitere Funktionen, die Ihnen beim Scharfstellen tatkräftig assistieren. Beide Assistenten können Sie gemeinsam verwenden oder auch jeden für sich. Auf den ersten Blick mögen sich beide Funktionen sehr ähneln, doch es gibt gewichtige Unterschiede:

- Die *Gesichtserkennung* wird ohne Ihr Zutun aktiv, sobald Ihre A7 ein Antlitz im Bild entdeckt hat. In Verbindung mit dem Modus AF-C führt der Autofokus die Entfernungseinstellung auf ein einmal scharf gestelltes Gesicht (grüner Rahmen) nach, solange Sie den Auslöser halb gedrückt halten. Allerdings ignoriert die Gesichtserkennung Konterfeis, die sich beim Fokussieren nicht innerhalb der vorgegebenen AF-Zone befinden (sie werden grau eingerahmt). Verwenden Sie die Gesichtserkennung daher bevorzugt mit der Vorgabe *Breit* für *Fokusfeld*.

Gesichtserkennung und Fokusfeld

Links: Geben Sie »Fokusfeld > Breit« vor, berücksichtigt die Gesichtserkennung Porträts im gesamten Sucherausschnitt (weißer Rahmen).

Rechts: Bei der Vorgabe »Mitte« für »Fokusfeld« ignoriert der AF das Gesicht (grauer Rahmen), weil es nicht vom AF-Feld erfasst wird.

- Der *Augen-AF* wird nur auf Anforderung aktiv und stellt dann die Schärfe auf eine Pupille im Bild ein. Hat die Automatik mehrere Augen erkannt, bevorzugt sie das am nächsten liegende. Ein kleiner grüner Rahmen signalisiert für einen Moment, auf welches Auge die A7 scharf gestellt hat. Der *Augen-AF* funktioniert nicht im Modus AF-C, die Entfernungseinstellung ändert sich also nicht mehr. Dafür ignoriert der *Augen-AF* Ihre

Vorgabe für *Fokusfeld*, er stellt also auf ein Auge scharf, unabhängig davon, wo im Sucherbild es platziert ist.

Augen-AF

Der »Augen-AF« findet sein Ziel unabhängig von Ihrer Einstellung für »Fokusfeld« und der Position des Auges (links). Allerdings verschwindet der Markierungsrahmen sogleich wieder, auch wenn Sie die Entfernungseinstellung speichern. Lediglich das Fokus-Bestätigungssignal (Pfeil) zeigt noch an, dass Sie die Fokuseinstellung speichern.

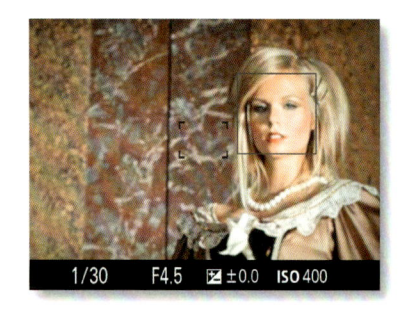

- Kombinieren Sie *Augen-AF* mit der *Gesichtserkennung*, gelten zunächst dieselben Einschränkungen, wie wenn Sie den *Augen-AF* solo verwenden. AF-C ist dann zum Beispiel nicht möglich. Ihre A7 berücksichtigt jedoch weitere Parameter, die an die Gesichtserkennung gekoppelt sind – etwa Ihre Vorgaben für den *Soft-Skin-Effekt*. Wenn Sie *Augen-AF* in Verbindung mit der *Gesichtserkennung* aktivieren, erscheint kurz ein grüner Rahmen um das Auge, auf das Ihre A7 fokussiert hat. Anschließend wird das entsprechende Gesicht so lange im Sucher grün eingerahmt, bis Sie die Aufnahme auslösen oder den Auslöser loslassen. Das gilt auch dann, wenn sich das anvisierte Gesicht nicht innerhalb eines aktiven Fokusfeldes befindet – eine weitere Möglichkeit, um auf Porträts am Bildrand scharf zu stellen.

Augen-AF und Gesichtserkennung

Kombinieren Sie »Augen-AF« mit der Gesichtserkennung, erscheint zunächst wieder die kleine Markierung auf der Pupille (links). Sie wechselt dann sogleich zum Porträtrahmen des entsprechenden Gesichts (rechts) – und zwar unabhängig davon, wo im Bildausschnitt es sich befindet.

Für meinen Geschmack ist der *Augen-AF* eine der wichtigsten Neuerungen, die Sony mit der A7 eingeführt hat. Allerdings ist diese bei Porträtaufnahmen sehr clevere Funktion etwas kompliziert zu handhaben. Der *Augen-AF* hält die Schärfe nämlich nur so lange fest, wie Sie die entsprechende »Augen-AF-Lock-Taste«

Für jedes Motiv den passenden Fokusmodus

> **Gesichtserkennung, Augen-AF und LA-EA4**
> *Augen-AF* steht Ihnen nicht zur Verfügung, wenn Sie den Adapter LA-EA4 verwenden. Anders die automatische *Gesichtserkennung*. Sie kann jedoch nur auf Gesichter scharf stellen, die sich innerhalb der Messfeldzone befinden. Das gilt auch im Modus AF-C. Verlässt ein Gesicht im Modus AF-C die AF-Zone, ändert sich die Farbe des Markierungsrahmens von Grün auf Grau.
>
> Trotz dieser Einschränkungen erleichtert die Gesichtserkennung auch in Verbindung mit dem LA-EA4 das Scharfstellen auf ein Antlitz: Geben Sie AF-S vor, visieren Sie das Porträt zunächst mittig an und schwenken Sie dann Ihre Kamera bei halb gedrücktem Auslöser auf den gewünschten Bildausschnitt.

gedrückt halten. Tippen Sie den Auslöser danach an, fokussiert Ihre Kamera erneut. Umgehen lässt sich das mit der Vorgabe *MENU > Benutzereinstellungen > 3 > AF b. Auslösung > Aus*. Die Kehrseite der Medaille: Jetzt können Sie überhaupt nicht mehr durch Antippen des Auslösers scharf stellen. Lassen Sie daher *AF b. Auslösung* besser eingeschaltet und richten Sie Ihre A7 folgendermaßen für den *Augen-AF* ein:

1 Zunächst weisen Sie einer der benutzerdefinierbaren Tasten die Funktion *Augen-AF* zu. Ich habe diese Funktion auf die *AF/MF*-Taste gelegt. Diese Taste bietet nämlich auch der Vertikalgriff VG-C1EM, sodass ich bei Hochformataufnahmen den Augen-AF ebenfalls bequem anfordern kann. Rufen Sie also

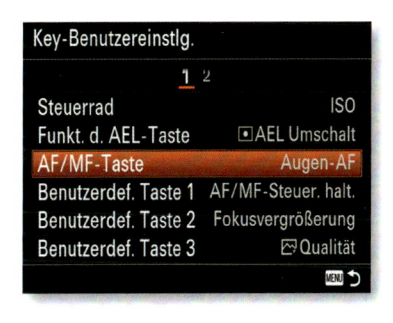

Damit Sie den »Augen-AF« bequem aktivieren können, legen Sie die Funktion am besten auf die AF/MF-Taste.

Vorteil Augen-AF

Der Augen-AF spielt seine Stärke vor allem dann aus, wenn Sie bei einer sehr geringen Tiefenschärfe den Fokus exakt aufs Auge setzen möchten.

ISO 200 | 55 mm | 1/250 s | f/2.2

diese Befehlsfolge auf: *MENU > Benutzereinstellungen > 6 > Key-Benutzereinstlg. > 1 >AF/MF-Taste > Augen-AF*.

2 Um den *Augen-AF* zu verwenden, geben Sie den Modus AF-S vor. Ihre Einstellung für *AF-Feld* spielt keine Rolle, der *Augen-AF* findet auch Pupillen, die sich außerhalb Ihres aktuellen AF-Feldes befinden. Richten Sie Ihre Kamera auf ein menschliches Antlitz und aktivieren Sie den *Augen-AF* mit der *AF/MF*-Taste.

3 Halten Sie die *AF/MF*-Taste gedrückt, bis Sie die Aufnahme ausgelöst haben.

5.3 Manuell fokussieren

So ausgefuchst die AF-Funktionen Ihrer A7 auch sein mögen – in gewissen Situationen werden Sie lieber von Hand scharf stellen. Falls Sie Fremdobjektive adaptiert haben, bleibt Ihnen sogar gar nichts anderes übrig. Alte Hasen werden sich daran kaum stören, zumal Ihnen die A7 eine Reihe cleverer Funktionen bietet, die das manuelle Scharfstellen sehr erleichtern. Doch auch wenn Sie bislang keine Erfahrung mit dem manuellen Fokus haben – probieren Sie ihn bei Gelegenheit ruhig einmal aus. Sie werden sehen: Mit Ihrer A7 ist das deutlich einfacher, als Sie vielleicht denken.

Selbst wenn Sie den Fokusmodus MF vorgegeben haben, können Sie mit nur einem zusätzlichen Knopfdruck den Autofokus anfordern und das Scharfstellen wieder Ihrer A7 überlassen. Umgekehrt ist es ebenso gut möglich, den AF manuell zu übersteuern. Sie werden diese Funktionen gleich noch im Detail kennenlernen. Jetzt geht es zunächst um die Assistenten, mit denen Ihnen Ihre A7 beim manuellen Fokussieren unter die Arme greift:

Entfernungsskala

Fokussieren Sie E-Mount-Objektive von Hand, blendet Ihre A7 eine Entfernungsskala ein. Der Fokusring des Objektivs arbeitet übrigens geschwindigkeitsabhängig: Je langsamer Sie ihn drehen, desto feiner ändert er die Fokusentfernung.

- **Entfernungsskala**: Sobald Sie am Fokusring des Objektivs drehen, blendet Ihre A7 eine Skala ein, die die ungefähre Fokusdistanz nennt. Diese Einstellhilfe erscheint nur, wenn Sie kompatible Objektive verwenden, die die aktuelle Fokusentfernung an die Kamera übermitteln. Per LA-EA4 adaptierte Objektive mit Stangenantrieb zählen nicht dazu.
- **Fokuslupe**: Die Fokuslupe zeigt einen kleinen Bildausschnitt stark vergrößert und ermöglicht Ihnen so ein sehr exaktes

Scharfstellen. Vergrößerungsfaktor und Lage des Ausschnitts können Sie einstellen.
- **Fokus-Peaking**: Dieser Assistent markiert Kontrastkanten im Motiv, die sich innerhalb der Fokusebene befinden. Farbe und Stärke der Markierungen können Sie anpassen.

Ich verlasse mich bevorzugt auf den Autofokus. Er stellt in der Regel schneller und zuverlässiger scharf, als ich es von Hand vermag. Doch bisweilen ist der manuelle Fokus klar im Vorteil:

- Wenn ich im Studio Produktfotos aufnehme, lege ich die Schärfe von Hand fest. Dann kann ich andere Aufnahmeparameter variieren, der Fokus ändert sich dabei nicht.
- Ähnlich verhält es sich mit Makroaufnahmen in der freien Natur. Hier habe ich meist eine sehr geringe Tiefenschärfe; wel-

Produktaufnahme

Bei statischen Bedingungen im Fotoatelier stelle ich bevorzugt von Hand scharf.

ISO 64 | 135 mm | 1/160 s | f/14

Auf den Punkt genau scharf stellen

Keine Fokusbestätigung bei MF

Vielleicht sind Sie es von einer Sony-SLT oder -DSLR gewohnt, dass die Fokusindikatoren auch beim manuellen Scharfstellen kurz signalisieren, welche AF-Sensoren eine korrekte Entfernungseinstellung messen. Diese Funktion fehlt der A7. Das gilt ebenso für den Adpater LA-EA4 – auch er gibt keine Rückmeldung über die Fokuslage.

che Motivpartien in der Schärfeebene liegen, gebe ich schneller von Hand vor.
- Wenn ich bei Actionfotos eine Fokusfalle einrichte. Dieses Verfahren lernen Sie weiter hinten in diesem Kapitel kennen (siehe Seite 188).
- Um größtmögliche Tiefenschärfe zu erzielen, stelle ich die Entfernung manuell auf Hyperfokaldistanz (siehe Kapitel 4) ein.
- Falls Sie Fremdobjektive an Ihre A7 adaptieren, bleibt Ihnen gar keine andere Wahl, als manuell scharf zu stellen.

Fokuslupe in der Praxis

Die Fokuslupe zeigt Ihnen einen frei wählbaren Bildausschnitt in einer von zwei Vergrößerungsstufen an. Standardmäßig aktivieren Sie die Fokuslupe mit der *C2*-Taste. Sie können die Lupe aber auch so einrichten, dass sie automatisch anspringt, sobald Sie am Fokusring des Objektivs drehen. Alternativ rufen Sie die Fokuslupe mit *MENU > Kamera > 5 > Fokusvergrößerung* auf. Sobald die Fokuslupe aktiv ist, haben Sie folgende Einstellmöglichkeiten:

- Mit den Tasten auf der Vierwegewippe verschieben Sie den sichtbaren Bildausschnitt. Unten links im Sucherbild erscheint ein kleine Übersichtsgrafik, in der ein oranges Rechteck die aktuelle Position der Lupe im Bildausschnitt markiert.
- Mit der *SET*-Taste schalten Sie zwischen den beiden Vergrößerungsstufen um. Bei der A7 wechseln Sie zwischen 1-, 5,9- und 11,7facher Vergrößerung, bei der A7R wählen Sie zwischen 1-, 7,2- und 14,4facher Vergrößerung.

Von Haus ist die Fokuslupe nur für fünf Sekunden aktiv, dann zeigt Ihre A7 wieder das komplette Sucherbild. Wesentlich praktikabler ist es jedoch, wenn Sie die Lupenfunktion von Hand beenden.

Fokuslupe

Links: Zunächst legen Sie mit den Pfeiltasten den Ausschnitt fest, den Sie vergrößern möchten. Mitte: Mit der SET-Taste zeigen Sie den Ausschnitt in der ersten Vergrößerungsstufe. Rechts: Drücken Sie die SET-Taste erneut, rufen Sie die zweite Vergrößerungsstufe auf.

Dazu geben Sie vor: *MENU > Benutzereinstellungen > 1 > Fokusvergröß.zeit > Unbegrenzt*. Bei dieser Vorgabe schalten Sie die Vergrößerung ab, indem Sie den Auslöser antippen.

> **Fokuslupe automatisch aktivieren**
> Sie nehmen beim manuellen Scharfstellen generell die Fokuslupe zur Hilfe? Dann können Sie Ihre A7 so einrichten, dass die Vergrößerung automatisch anspringt, sobald Sie am Fokusring des Objektivs drehen. Dazu dient die Befehlsfolge *MENU > Benutzereinstellungen > 1 > MF-Unterstützung > Ein*. Ich rufe die Fokuslupe jedoch bei Bedarf lieber von Hand auf – denn mit der Peaking-Funktion kann ich flotter von Hand fokussieren.

Fokus-Peaking markiert, was scharf ist

Neben der Fokuslupe hält Ihre A7 eine weitere pfiffige Funktion bereit, die Ihnen das manuelle Fokussieren erleichtert: das Fokus-Peaking. Sony nennt diese Funktion etwas umständlich »Kantenanhebung«, gemeint ist aber dasselbe: Fokus-Peaking markiert Kontrastkanten, die sich innerhalb der Schärfezone befinden.

Sie aktivieren das Fokus-Peaking unter *MENU > Benutzereinstellungen > 2 > Kantenanheb.stufe*, dort stehen Ihnen die drei Optionen *Hoch*, *Mittel* und *Niedrig* sowie *Aus* zur Wahl. Je höher Sie die Empfindlichkeitsstufe wählen, desto stärker berücksichtigt die Peaking-Funktion auch feine Kontrastunterschiede. Für eher flächige Motive sollten Sie eine hohe Empfindlichkeit vorgeben, für fein strukturierte eine niedrigere Stufe.

Standardmäßig markiert das Fokus-Peaking Kontrastkanten innerhalb der Schärfezone in Weiß. Ich bevorzuge rote Markierungen, alternativ steht Ihnen auch Gelb zur Verfügung. Sie ändern die Markierungsfarbe unter *MENU > Benutzereinstellungen > 2 > Kantenanheb.farbe*.

Fokus-Peaking

Auf Wunsch markiert Ihre A7 Kontrastkanten innerhalb der Schärfeebene. Falls Sie die Markierungen schlecht erkennen können, zeichnen Sie Schwarzweiß-Fotos im RAW-Format auf.

Fokus und adaptierte Fremdobjektive

An Ihre A7 lassen sich wie an kaum eine andere Kleinbildkamera Objektive nahezu aller Hersteller und Anschlusssysteme adaptieren. Dadurch wird die A7 zum Beispiel auch als Systemträger für hochwertige und kleine Leica-M-Objektive äußerst interessant, ebenso für Objektive von Minolta mit MD- oder MC-Bajonett.

Bei Objektiven aus der Prä-AF-Ära erleichtert ein langer Schneckengang sowie eine aufgeprägte Entfernungsskala das manuelle Fokussieren. Allerdings hat die A7 keinerlei Möglichkeit, mit einem adaptierten Fremdobjektiv zu kommunizieren, sie erkennt es nicht einmal. Damit Sie dennoch eine Aufnahme auslösen können, rufen Sie folgende Befehlsfolge auf: *MENU > Benutzereinstellungen > 3 > Ausl. ohne Objektiv > Aktivieren*.

Weist Ihr Motiv vorwiegend gelbe und rote Farben auf (wie hier mein Beispielbild), sind die Markierungen nicht so gut zu erkennen. Besser wäre es, wenn auch Grün und Blau zur Auswahl ständen – doch diese Markierungsfarben verwehrt Sony. Bei schwierigen Motiven behelfe ich mir daher mit einem Trick: Ich gebe den Kreativmodus *Schwarzweiß* vor und zeichne im RAW-Format auf. Dann erscheint auch das Sucherbild in Schwarzweiß, die Farbmarkierungen sind nun mühelos auszumachen. Da das RAW-Format jedoch die Vorgaben für *Kreativmodus* ignoriert, erhalte ich dennoch eine Farbaufnahme.

Für dieses Verfahren stellen Sie zunächst *MENU > Kamera > 1 > Qualität > RAW* ein. Zudem geben Sie *MENU > Kamera > 4 > Kreativmodus > Schwarz/Weiß* vor. Vergessen Sie nicht, *Kreativmodus* wieder zurückzusetzen, falls Sie JEPG-Dateien in Farbe aufzeichnen möchten!

Fokus-Peaking und Fokuslupe lassen sich miteinander kombinieren. Ich verwende jedoch beide Assistenten nicht gerne gleichzeitig – im vergrößerten Sucherbild der Fokuslupe arbeitet die Peaking-Funktion nicht immer so zuverlässig. Meist verlasse ich mich aufs Peaking, die Kantenmarkierungen sind in der Praxis einfacher zu handhaben als die Fokuslupe. Allerdings gibt es beim Fokus-Peaking eine kleine Einschränkung: Wenn Sie das Sucherbild auf einen externen Monitor legen, erscheinen dort die Farbmarkierungen nicht.

Schneller Wechsel zwischen AF und MF

In der alltäglichen Fotopraxis werden Sie hin und wieder auf Situationen stoßen, in denen der Autofokus nicht wie gewünscht funktioniert. Wenn Sie nun erst umständlich im Schnellmenü von AF auf MF umschalten würden, hat sich so manches Motiv in der Zwischenzeit in Luft aufgelöst.

Aber auch daran hat Sony gedacht: Standardmäßig deaktivieren Sie den Autofokus mit der MF/AF-Taste. Haben Sie dagegen Ihre A7 auf MF umgeschaltet, fordern Sie mit der MF/AF-Taste den Autofokus vorübergehend an. So funktioniert's:

- **MF** (manueller Fokus): Halten Sie die MF/AF-Taste gedrückt und richten Sie Ihre A7 aufs Motiv. Solange Sie die Taste gedrückt halten, ist der Autofokus aktiv (mit den zuletzt gewählten AF-Feldern) und stellt scharf. Lassen Sie die Taste los, befindet sich Ihre A7 wieder im Modus MF.

- **AF** (Autofokus): Während Sie die MF/AF-Taste gedrückt halten, ist der Autofokus inaktiv. Ihre Kamera verhält sich nun so, als hätten Sie MF vorgegeben. Ähnlich, aber komfortabler funktioniert der Fokusmodus DMF.

Falls Sie nun aber wie ich der MF/AF-Taste die Funktion *Augen-AF* zuweisen, geht der an sich praktische Umschalter verloren. Ich habe daher die *C1*-Taste mit der Funktion *AF/MF-Strg.wechs.* belegt (unter *MENU > Benutzereinstellungen > 6 > Key-Benutzereinstlg. > 1 > Benutzerdef. Taste 1*). Jetzt schalte ich mit der *C1*-Taste dauerhaft zwischen AF und MF um.

So praktisch der *AF/MF*-Umschalter auf den ersten Blick sein mag, so hat er doch auch seine Kehrseite: Wenn Sie mit dem *AF/MF*-Umschalter den aktuellen Fokusmodus ändern, können Sie diesen nicht konfigurieren. Wechseln Sie etwa von MF auf AF, erhalten Sie die AF-Felder, die Sie zuletzt verwendet haben. Zudem gelangen Sie von MF stets zu AF-C – AF-S können Sie nicht wählen. Der *AF/MF*-Umschalter kann also die Wahlmöglichkeiten für den Fokusmodus nicht gänzlich ersetzen.

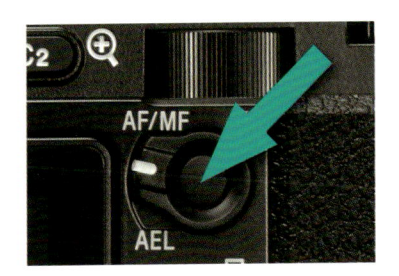

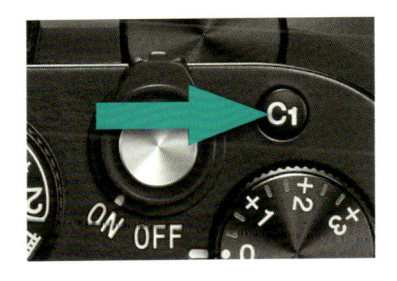

AF/MF-Taste konfigurieren

Standardmäßig schalten Sie mit der AF/MF-Taste zwischen Autofokus und manuellem Fokus um (oben). Sie können diese Funktion jedoch auch auf eine andere Funktionstaste legen. Ich habe die C1-Taste als AF/MF-Umschalter konfiguriert und fordere mit der AF/MF-Taste den »Augen-AF« an.

DMF: Automatisch fokussieren, von Hand nachregulieren

Mit dem Fokusmodus DMF (*Direct Manual Focus*) verbinden Sie die Vorteile des Autofokus mit denen des manuellen Fokussierens. Das Prinzip: Zunächst stellen Sie wie gewohnt automatisch scharf, dann regulieren Sie die Schärfe von Hand nach. Umgekehrt geht's natürlich auch: Sie stellen erst die Entfernung grob von Hand ein, die Feinarbeit lassen Sie den Autofokus erledigen.

Sie können von Hand scharf stellen, solange Sie den Auslöser halb gedrückt halten. Dabei gelten alle Ihre Vorgaben für den MF-Modus. Haben Sie zum Beispiel das Fokus-Peaking aktiviert, sehen Sie permanent die Kantenmarkierungen (ein Grund mehr, warum ich den DMF-Modus so praktisch finde).

5.4 Motive fokussieren, die sich bewegen

Bislang ging es vor allem darum, wie Sie auf statische Motive scharf stellen. Doch nicht jedes Motiv tut Ihnen den Gefallen und hält still, bis Sie fokussiert und ausgelöst haben. Spielende Kinder, umhertollende Hunde oder Sportwagen auf einer Rennstrecke – es gibt vieles, was ständig in Bewegung ist. Jetzt reicht es nicht, wenn Ihre A7 die Schärfe einmal einstellt; der Fokus muss vielmehr kontinuierlich nachgeführt werden. Das gilt umso mehr, wenn Sie nicht nur ein Foto, sondern eine ganze Serie aufnehmen – dann soll natürlich möglichst jedes einzelne Bild der Serie scharf sein.

Wenn Bewegung ins Spiel kommt und Ihre A7 die Schärfe ständig nachführen soll, schalten Sie in den Fokusmodus AF-C um – bequem unter *Fokusmodus* im Schnellmenü oder mit MENU > *Kamera* > *2* > *Fokusmodus* > *Nachführ-AF*. Entsprechend ändert sich das Symbol der Fokusbestätigung links unten im Sucherbild:

- ◖◗ Der Autofokus arbeitet und hat das Scharfstellen noch nicht abgeschlossen.
- ◉ Ihre A7 hat scharf gestellt.
- ● Der Autofokus Ihrer A7 findet kein Ziel oder kann auf die anvisierte Bildpartie nicht scharf stellen.

Falls Sie im Modus AF-C für *Fokusfeld* > *Breit* oder *Feld* vorgegeben haben, erhalten Sie keine Rückmeldung darüber, auf welches Fokusfeld Ihre A7 scharf stellt. Der Autofokus beschränkt sich aber auf die Zonen, die durch Ihre Vorgabe abgedeckt werden – halten Sie den Fokusindikator links unten im Sucher im Auge!

Anders verhält es sich bei den Fokusfeld-Einstellungen *Mitte* oder *Flexible Spot*: Nun signalisiert ein grüner Rahmen um das Fokusfeld, dass die Bildpartie darunter scharf gestellt ist. Allerdings sind jetzt Sie als Fotograf besonders gefordert: Sie müssen Ihre A7 stets so mitführen, dass Ihr Hauptmotiv innerhalb des aktiven Fokusfeldes liegt – oftmals eine kaum zu meisternde Herausforderung.

Fokusbestätigung und AF-C

Auf welchen Motivbereich der AF-C scharf stellt, meldet er nur bei der Feldwahl »Flexible Spot« oder »Mitte« (links). Geben Sie dagegen »Breit« oder »Feld« vor, signalisiert nur der Fokusindikator (Pfeil), dass Ihre A7 scharf gestellt hat (Mitte). Dennoch bevorzuge ich »Breit«, andernfalls laufen Sie Gefahr, dass Ihre A7 nicht aufs Hauptmotiv fokussiert (rechts).

Glücklicherweise kann Ihre A7 Motive auch erkennen und selbstständig im Fokus halten. Dazu geben Sie *Fokusfeld > Breit* vor. Dann haben Sie diese Möglichkeiten:

- Sie aktivieren die *Gesichtserkennung*. Sobald Sie den Auslöser halb durchdrücken, fokussiert Ihre A7 auf Gesichter im Bildausschnitt und hält sie im Fokus, solange Sie den Auslöser halb gedrückt halten. Eingehend habe ich das Verfahren bereits ab Seite 173 beschrieben.
- Sie verwenden die Funktion *AF-Verriegelung*. Hier legen Sie fest, welche Bildpartie im Fokus gehalten werden soll.

> **Sorgenkind A7R**
> Da die A7R ohne Unterstützung durch spezielle Phasen-AF-Sensoren auskommen muss, ist ihr Autofokus spürbar langsamer als der der A7. Bei statischen Motiven fällt das kaum ins Gewicht, bei Actionmotiven hingegen schon. Objekte, die ihre Entfernung zur Kamera ständig ändern, kann die A7R allenfalls im Fokus halten, wenn sie sich gemächlich bewegen. Falls Sie mit dem Nachführ-AF keine befriedigenden Ergebnisse erzielen, richten Sie eine Fokusfalle ein (siehe Seite 188).

AF-Verriegelung

Mit der Funktion *AF-Verriegelung* halten Sie ein Objekt, das sich bewegt, sicher im Fokus. Und noch mehr: Ihre A7 signalisiert fortwährend, ob sie das markierte Objekt erfasst und fokussiert hat. Das klingt praktisch, hat aber einen Haken: Die Objektverfolgung ist etwas umständlich zu handhaben. Falls Sie häufiger Actionfotos schießen, sollten Sie den Umgang mit der AF-Verriegelung trainieren.

Ihre A7 kennt zwei Betriebsarten für die AF-Verriegelung: eine dynamische und eine statische. Für meinen Geschmack ist die dynamische AF-Verriegelung einfacher zu handhaben – so gehen Sie vor:

1. Die dynamische AF-Verriegelung funktioniert nur in Verbindung mit *Fokusmodus > AF-C* (Nachführ-AF) – stellen Sie AF-C ein.

2. Unter *Fokusfeld* geben Sie vor, in welchem Bildausschnitt die A7 nach Ihrem Hauptmotiv suchen soll. Ich bevorzuge *Fokus-*

feld > Mitte, weil damit die zentrale Bildpartie markiert wird, auf die die A7 zunächst fokussieren wird.

3 Um die AF-Verriegelung zu starten, rufen Sie *MENU > Kamera > 5 > AF-Verriegelung > Ein (Start b. Auslös.)* auf.

4 Die Objektverfolgung ist damit scharf geschaltet. Richten Sie Ihre A7 so aufs Motiv, dass es vom zentralen AF-Feld erfasst wird.

Warten statt zielen
Oftmals können Sie die Bewegung eines Actionmotivs abschätzen. Warten Sie einfach, bis es sich unter das AF-Messfeld bewegt hat, dann tippen Sie den Auslöser an. Das ist oftmals einfacher, als das Objekt direkt anzuvisieren.

5 Haben Sie Motiv und AF-Feld zur Deckung gebracht? Dann tippen Sie den Auslöser an und halten ihn halb gedrückt. Ihre A7 stellt nun auf das Objekt scharf, ein grüner Rahmen signalisiert, dass es der AF erfasst hat.

6 Halten Sie den Auslöser weiterhin halb gedrückt und führen Sie Ihre Kamera so mit dem Objekt mit, dass der grüne Rahmen im Sucherausschnitt bleibt. Lösen Sie die Aufnahme aus, solange der Rahmen grün ist.

> **LA-EA4 und AF-Verriegelung**
> Prinzipiell funktioniert die AF-Verriegelung auch mit Objektiven, die Sie via LA-EA4 an Ihre A7 angeschlossen haben. Als Haken erweist sich dabei aber, dass die Kamera den Fokus nur innerhalb des engen Bereichs nachführen kann, der durch die AF-Sensoren des Adapters abgedeckt wird. Sie müssen Ihr Motiv also stets im Bildzentrum halten, was auf Dauer eher einfallslos komponierte Bilder zur Folge haben wird. Neuere Objektive mit SSM- oder SAM-Antrieb führen den Fokus recht flott nach, bei Objektiven mit Stangenantrieb hat der AF-C hingegen seine liebe Müh und Not.

Hat die AF-Verriegelung ein Objekt erst einmal erfasst, hält es Ihre A7 auch dann weiterhin im Fokus, wenn es die ursprünglich vom AF-Feld abgedeckte Zone verlässt. Nur an den äußersten Rand des Sucherausschnitts darf es nicht wandern, der Autofokus Ihrer A7 deckt nämlich lediglich 80 Prozent des Bildausschnitts ab. Sollte ein erfasstes Objekt diesen Bereich verlassen, wechselt der Markierungsrahmen seine Farbe von Grün auf Weiß. Sobald Sie die Kamera so schwenken, dass das Objekt wieder in die AF-Zone zurückkehrt, fokussiert es Ihre A7 erneut. Das funktioniert sogar dann noch, wenn das Objekt zwischenzeitlich den Sucherausschnitt verlassen hat und jetzt wieder dorthin zurückgekehrt ist.

Die dynamische AF-Verriegelung bleibt solange aktiv, bis Sie sie ausschalten oder den Fokusmodus ändern. Solange Sie *AF-Verriegelung > Ein (Start b. Auslös.)* vorgegeben haben, ist die Funktion sofort aktiv, wenn Sie *Fokusmodus > AF-C* einschalten.

Die statische *AF-Verriegelung* funktioniert etwas anders: Sie führt den Fokus nicht automatisch nach, sondern stellt erst in dem Moment scharf, in dem Sie auf den Auslöser drücken. Zudem müssen Sie zunächst explizit das Objekt definieren, auf das Sie scharf stellen möchten. Das ist leider etwas umständlich:

1 Ihre Vorgaben für *Fokusfeld* spielen für die »statische Objektverfolgung« keine Rolle. Rufen Sie also gleich *MENU > Kamera > 5 > AF-Verriegelung > Ein* auf.

2 In der Mitte des Sucherbildes erscheint eine Markierung. Richten Sie Ihre A7 so aus, dass das zu verfolgende Objekt von dieser Markierung erfasst wird. Sie können auch warten, bis sich Ihr Motiv unter diese Markierung bewegt hat.

3 Sobald sich die zentrale Markierung und das Actionobjekt decken, drücken Sie die *SET*-Taste, das Motiv wird weiß eingerahmt.

4 Sie brauchen nichts weiter zu unternehmen. Solange sich das erfasste Objekt im Sucherausschnitt befindet, folgt ihm der

weiße Rahmen. Weiß signalisiert: Das Objekt ist erfasst, aber (noch) nicht fokussiert.

5 Lösen Sie die Aufnahme aus. Der Autofokus stellt erst im Moment des Auslösens auf das markierte Objekt scharf.

Nachdem Sie Ihre Aufnahme ausgelöst haben, ist die statische *AF-Verriegelung* wieder inaktiv. Dies und die Tatsache, dass Sie die statische Objektverfolgung umständlich initialisieren müssen, macht sie in meinen Augen wenig attraktiv. Wenn Sie schon möchten, dass der Autofokus Ihrer A7 das Objekt Ihres Interesses automatisch verfolgt, dann setzen Sie besser auf die dynamische AF-Verriegelung.

Die automatische Objektverfolgung funktioniert am besten, wenn sich Ihre Actionmotive parallel zur Kamera bewegen, also innerhalb der Fokusebene bleiben. Allerdings können Sie in diesem Fall auch gut darauf verzichten – fokussieren Sie einfach auf einen Gegenstand in der Fokusebene und fixieren Sie die Entfernungseinstellung (zum Beispiel mit dem *AF/MF*-Umschalter). Bewegt sich ein Actionmotiv auf Sie zu (oder von Ihnen weg), muss Ihre A7 dagegen die Fokusentfernung ständig nachregulieren. Das gelingt dem AF-System umso schlechter, je kürzer die Aufnahmeentfernung und/oder die Brennweite ist. Probleme bekommt die AF-Verriegelung zudem, wenn sich mehrere gleichartige Objekte durch die Szenerie bewegen – etwa ein Schwarm Möwen oder ein Pulk Speedway-Fahrer. Dann verliert die Automatik schnell den Faden und springt von einem Objekt zum nächsten.

Fokusfalle statt Nachführ-AF

Oftmals können Sie schon im Voraus abschätzen, in welcher Entfernung sich Ihr Actionmotiv befindet, wenn Sie abdrücken möchten. Etwa der Fußballer, der kurz vor dem Fünf-Meter-Raum zum Torschuss ansetzt. Oder der Speedway-Fahrer, der als Erster die Kurve verlassen wird. Dann ist es gar nicht nötig, dass Sie den Fokus permanent mitführen – Sie brauchen ja nur im entscheidenden Moment auszulösen.

Doch wann ist der entscheidende Moment? Dabei hilft Ihnen das Fokus-Peaking. Richten Sie Ihre A7 folgendermaßen ein:

Action und Fokus-Peaking

Auch bei Actionmotiven eignet sich das »Fokus-Peaking« hervorragend. Stellen Sie zunächst die Entfernung manuell ein. Warten Sie dann, bis sich Ihre Objekte in die Schärfezone bewegen, Ihre A7 markiert die Kontrastkanten. Wenn es soweit ist, lösen Sie die Aufnahme aus.

- Aktivieren Sie unter *MENU > Benutzereinstellungen > 2 > Kantenanheb.stufe* das Fokus-Peaking.
- Wählen Sie *Fokusmodus > DMF* oder *MF*, damit die Kantenmarkierungen im Sucherbild erscheinen.

Nun brauchen Sie nur noch Ihre A7 auszurichten und den Fokus auf die Entfernung einzustellen, in der Sie Ihr Motiv aufnehmen möchten (im Modus DMF halten Sie den Auslöser halb gedrückt). Sobald sich Ihr Actionmotiv in die Schärfezone bewegt, lösen Sie die Aufnahme aus.

5.5 Autofokus beschleunigen und präzisieren

Der Autofokus Ihrer A7 benötigt umso weniger Zeit zum exakten Scharfstellen, je näher er bereits vorab am Ziel liegt. Da erscheint es sinnvoll, dass Sie Ihre Kamera schon einmal grob scharf stellen (lassen) und dann die Feinarbeit erst bei der Bildkomposition anfordern. Sony hat dafür eigens zwei Funktionen vorgesehen:

- Mit *MENU > Benutzereinstellungen > 3 > Vor-AF > Ein* (Standardeinstellung) fokussiert Ihre A7 beständig, sobald sie aktiv ist (also nicht im Stand-by-Modus). Natürlich verkürzt das die Zeit zum exakten Scharfstellen. Die Schattenseite aber ist: Da der Fokusantrieb ständig die Entfernung verstellt (auch wenn Ihre A7 nur am Gurt über der Schulter baumelt), ist der Akku schneller leer, als Sie gucken können. Um den Akku zu schonen, habe ich daher bei meiner A7 *Vor-AF > Aus* eingestellt. Ich tippe den Auslöser an, wenn ich meine A7 für eine Aufnahme hochnehme – das weckt sie nicht nur aus dem Stand-by-Modus auf, sondern initialisiert auch den Autofokus.
- Nur in Verbindung mit dem Adapter LA-EA4 steht Ihnen die Option *MENU > Benutzereinstellungen > 3 > Eye-Start-AF* zur Verfügung. Wählen Sie hier *Ein*, startet der Autofokus, sobald Sie durch den Sucher blicken. Das Problem hierbei ist ähnlich wie beim *Vor-AF*: Der Sensor am Okkular kann nicht erkennen, ob Sie in den Sucher blicken oder die Kamera nur vor Ihrem Bauch baumelt. So lässt auch der *Eye-Start-AF* den Fokus immer wieder losrattern und verschlingt kostbare Akku-Energie – ich belasse daher auch *Eye-Start-AF* auf *Aus* (Standardvorgabe).

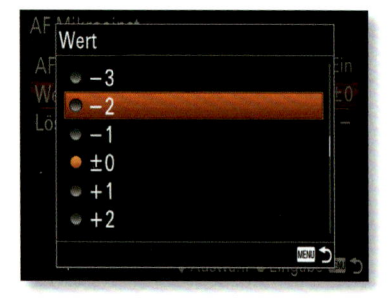

Ebenfalls nur in Verbindung mit dem LA-EA4 bietet Ihnen Ihre A7 die Möglichkeit zur Feinjustierung des Autofokus. Hintergrund dafür ist: Beim Adapter wird die Fokusentfernung ja nicht auf der Sensorebene gemessen, sondern mit einem eigenständigen Modul in der Basis des Adapters. Hier kann es nun theoretisch zu Übersetzungsfehlern kommen; das heißt, der Adapter stellt den Fokus minimal falsch ein.

Diese Abweichungen können Sie unter MENU > Benutzereinstellungen > 5 > AF Mikroeinst. korrigieren – und zwar separat für jedes Objektiv. Schalten Sie hier AF-Regelung zunächst Ein. Dann geben Sie unter Wert Ihre Korrektur vor. Mit positiven Werten korrigieren Sie einen Backfokus (der AF stellt die Entfernung zu kurz ein), mit negativen Werten einen Frontfokus.

Die manuelle AF-Korrektur ist aufwändig und fehlerträchtig, sie lohnt sich aus meiner Sicht höchstens bei hochlichtstarken Teleobjektiven, die Sie vorwiegend bei Offenblende verwenden. Hinzu kommt: Korrekturwerte für Zoomobjektive können Sie nur für eine Brennweite speichern. Ich verzichte daher auf die »AF-Mikrokorrektur« (auch bei meiner A99). Sollte eines Ihrer A-Mount-Objektive gepaart mit dem LA-EA4 nicht korrekt fokussieren, lassen Sie es besser beim Sony-Service auf einer optischen Bank justieren.

5.6 Autofokus und Serienaufnahmen

Der besondere Moment

Wenn Sie einen ganz besonderen Moment nicht verpassen möchten, helfen Serienaufnahmen.

Wer häufiger Actionmotive einfangen möchte, kennt das Problem: Wenn Sie nicht exakt im richtigen Augenblick abdrücken, verpassen Sie den entscheidenden Moment. Dann ist der Ball vielleicht schon aus dem Bild heraus, oder die eben noch charmant lächelnde Person zeigt bereits wieder ein eher ausdrucksloses Gesicht.

Wenn Sie sich nicht darauf verlassen wollen, dass Sie den Auslöser genau im richtigen Moment drücken, bietet Ihnen Ihre A7 eine Alternative: Schießen Sie Serienfotos. Dabei nimmt Ihre Kamera so lange Fotos auf, wie Sie den Auslöser gedrückt halten.

Ihre A7 kennt zwei Modi für Serienfotos: *Serienaufnahme* und *Serienaufnahme mit Zeitpriorität*. Sie rufen sie im Schnellmenu *Bildfolgemodus* auf, das Sie mit der ◀-Taste auf der Vierwegewippe öffnen. Serienaufnahme mit Zeitpriorität erlaubt deutlich höhere Serienbildraten als die einfache Serienaufnahme. Gemessen wird sie übrigens in »Fotos pro Sekunde«, kurz »fps«. Aber es gibt noch weitere Unterschiede – nicht nur zwischen den Modi, sondern auch den Modellen A7 und A7R:

- **Serienaufnahme**: A7 und A7R verhalten sich weitgehend so, wie Sie es bei Einzelaufnahmen gewohnt sind. Sie führen auf Wunsch für jedes Bild der Serie den Fokus nach (im Modus AF-C), ebenso können sie jedes einzelne Foto der Serie eigenständig belichten. Das Sucherbild wird während der eigentlichen Aufnahme kurz abgedunkelt. Zwischen der A7 und der A7R gibt es folgenden Unterschied: Während die A7 Bildserien mit rund 2,5 fps schießt, geht ihre größere Schwester mit rund 1,7 fps deutlich gemütlicher zu Werke.
- **Serienaufnahme mit Zeitpriorität**: Im »High-Speed«-Modus gehen beide Kameras deutlich schneller zur Sache, die A7 mit rund 5 fps, die A7R mit ca. 4 fps. Doch das hohe Tempo hat seinen Preis: Im Sucher erscheint jetzt nach der Dunkel-

phase (während der eigentlichen Aufnahme) nicht mehr das Sucherbild, stattdessen sehen Sie das zuletzt aufgenommene Foto. Im High-Speed-Modus kann die A7R den Fokus nicht nachführen, alle Bilder der Serie werden mit der Entfernungseinstellung für das erste Fotos aufgenommen. Bei der A7 ist AF-C möglich, jedoch nur wenn ein E-Mount-Objektiv (das den Phasen-AF unterstützt) angesetzt ist und Sie nicht weiter als bis f/9 abblenden.

Welche maximale Bildrate Ihre A7 erreicht, hängt von vielen Faktoren ab. Als Faustregel gilt: Je weniger der Bildprozessor rechnen muss, desto höhere Serienbildraten sind möglich. Wenn es wirklich auf das letzte Zehntel ankommt, geben Sie möglichst viel manuell vor – zum Beispiel Belichtung, Fokus, ISO-Zahl, Weißabgleich etc.

Keine der beiden Kameras hält die höchstmögliche Serienbildgeschwindigkeit beliebig lange durch, falls Sie im RAW-Format aufzeichnen. Und der A7R geht im High-Speed-Modus auch bei JPEG-Aufnahmen nach ungefähr 20 Bildern die Puste aus. Verantwortlich dafür ist der Pufferspeicher, der jedes Foto zunächst zwischenspeichert, bevor es auf die Speicherkarte geschrieben wird. Ist er voll, geht es nur noch mit dem Tempo weiter, in dem die Daten aus dem Puffer auf die Speicherkarte übertragen werden. Eine sehr schnelle Speicherkarte kann die Anzahl der Bilder, die im schnellen »Sprint« möglich sind, um ein, zwei Fotos erhöhen – mehr aber auch nicht.

Ist der Pufferspeicher voll, geht es mit einer gemächlicheren Serienbildrate weiter, dem »Dauerlauf«. Auch in dieser Disziplin ist die A7 etwas flotter unterwegs als die A7R, insgesamt sind beide Schwestern jedoch im Dauerlauf recht langsam. Rechnen Sie also bei RAW-Aufnahmen damit, dass die Serienbildrate nach ca. fünf Sekunden Dauerfeuer dramatisch einbricht. Falls es Ihnen auf eine möglichst lange Aufnahmeserie mit hohem Tempo ankommt, geht das nur mit der A7 und einer Aufzeichnung im JPEG-Format.

Die Tabelle fasst die Unterschiede zwischen den beiden Serienbildmodi und den Kameras nochmals zusammen. Ich habe die Werte unter Idealbedingungen selbst gemessen, in der Praxis können sich leicht geringere Serienbildraten ergeben.

Sucherbild und Mitzieher

Sie stehen mit Ihrer A7 an der Zielgeraden einer Rennstrecke und möchten die vorbeibrausenden Sportwagen aufnehmen. Dazu schwenken Sie Ihre Kamera so mit den Wagen mit, dass sie immer im Sucher bleiben. Wenn Sie nun diese Mitzieher im High-Speed-Modus aufnehmen, gibt es ein Problem: Anstelle des Sucherbildes sehen Sie die letzte Aufnahme, es gibt also einen Zeitversatz zwischen der Anzeige und der realen Szenerie. Sie laufen dadurch Gefahr, dass Sie die Kamera zu langsam mitziehen, Ihr Motiv also mit jedem Bild der Serie weiter auswandert. Dagegen ist leider kein Kraut gewachsen, Ihre einzige Möglichkeit ist: Halten Sie Ihre Kamera weit genug vor. Das ist zwar etwas knifflig, gelingt mit einiger Übung aber.

Autofokus und Serienaufnahmen

		A7		A7R	
		JPEG	RAW	JPEG	RAW
Serienaufnahme	Sprint (fps)	2,5	2,6	1,7	1,8
	Anzahl	∞	43	∞	41
	Dauerlauf (fps)	–	1,5	1,2	1,1
	Nachführ-AF	möglich		möglich	
	Nachführ-AE	möglich		möglich	
Zeitpriorität	Sprint (fps)	4,8	4,8	3,9	3,8
	Anzahl	∞	28	22	18
	Dauerlauf (fps)	–	1,4	1,2	1,1
	Nachführ-AF	möglich (Phasen-AF)		nein	
	Nachführ-AE	möglich		möglich	

Belichtung nachführen oder auf erstes Foto fixieren?

Standardmäßig speichern Sie die aktuellen Belichtungsparameter, sobald Sie den Auslöser halb gedrückt halten. Dieser Belichtungsspeicher ist jedoch nicht aktiv, wenn Sie AF-C als Fokusmodus vorgegeben haben – jetzt führt Ihre A7 die Belichtung so lange nach, bis Sie Ihre Aufnahme im Kasten haben.

Verwenden Sie AF-C in einem Serienbildmodus, verhält sich der Belichtungsspeicher erneut anders: Solange Sie den Auslöser halb gedrückt halten, führt Ihre A7 die Belichtung nach. Sobald Sie aber den Auslöser ganz durchdrücken und die Aufnahmeserie starten, friert Ihre A7 die Belichtungsparameter auf das erste Bild der Serie ein – alle Fotos einer Serie werden also mit identischer Belichtungseinstellung aufgenommen. In den meisten Fällen ist das auch gut so, denn unterschiedlich belichtete Fotos wirken oftmals unruhig, wenn Sie sie als Serie präsentieren.

Bisweilen kann es aber sinnvoll sein, jedes Bild einer Serie individuell zu belichten – etwa wenn Sie eine Bühnenshow fotografieren, bei der sich die Lichtverhältnisse rasch ändern.

Bei dieser Serienaufnahme hatte ich »AEL mit Auslöser > Aus« vorgegeben, die A7 hat jedes Bild der Serie separat belichtet. Das letzte Foto ist leicht überbelichtet und lässt die gesamte Serie unruhig wirken.

Ob Ihre A7 die Belichtung bei Serienaufnahmen in Kombination mit AF-C nachführen soll oder nicht, stellen Sie unter *MENU > Benutzereinstellungen > 4 > AEL mit Auslöser* ein. Standardmäßig ist hier *Auto* vorgegeben, Ihre A7 funktioniert dann wie oben beschrieben. Möchten Sie hingegen, dass Ihre A7 die Belichtung für jedes Bild der Serie nachführt, geben Sie *AEL mit Auslöser > Aus* vor. Aber Achtung: Jetzt funktioniert der Auslöser nicht mehr als Messwertspeicher, auch nicht bei Einzelbildern – vergessen Sie daher nicht, nach Abschluss der Serienaufnahmen wieder auf *AEL mit Auslöser > Auto* umzuschalten!

Die Vorgabe *AEL mit Auslöser > Ein* friert hingegen die Belichtungswerte immer auf die Parameter ein, die Ihre A7 in dem Moment ermittelt hat, als Sie den Auslöser halb gedrückt haben. In Verbindung mit dem Fokusmodus *AF-C* ist diese Vorgabe wenig sinnvoll, auch nicht bei Serienaufnahmen.

Die Tabelle fasst nochmals die vielfältigen Kombinationsmöglichkeiten von *AEL mit Auslöser* sowie diversen Fokus- und Bildfolgemodi zusammen:

AEL mit Auslöser	AF-C Einzelbild	AF-C Serienbild	nicht AF-C Einzel-/Serienbild
Auto	Belichtung wird nachgeführt	Belichtung wird bis zur ersten Aufnahme nachgeführt und dann fixiert	Belichtung wird nicht nachgeführt
Ein	Belichtung wird auf den zu Beginn der Messung ermittelten Wert fixiert	Belichtung wird auf den zu Beginn der Messung ermittelten Wert fixiert	Belichtung wird auf den zu Beginn der Messung ermittelten Wert fixiert
Aus	Belichtung wird nachgeführt	Belichtung wird während der gesamten Aufnahmeserie nachgeführt	Belichtung wird während der gesamten Aufnahmeserie nachgeführt

Serienaufnahmen in der Praxis

Echte Sportskanonen sind die A7-Schwestern also nicht, das gilt insbesondere für die A7R. Dennoch sind die Serienbildfunktionen keineswegs nutzlos; ich verwende sie gerne in folgenden Situationen:

- Spontane Porträtfotos nehme ich bevorzugt im Modus *Serienaufnahme (langsame Bildrate)* auf. Dazu verwende ich *AF-C*

Porträt-Serie

Bei Porträtfotos helfen Serienaufnahmen, den gewünschten Gesichtsausdruck einzufangen.

gepaart mit der Gesichtserkennung, die das Porträt stets im Fokus hält. Ich halte den Auslöser für die Aufnahmen etwa zwei Sekunden gedrückt, sodass ich mit meiner A7 rund fünf Aufnahmen erhalte (bei der A7R wären es ca. vier Bilder). Meistens entspannt sich die porträtierte Person bereits nach dem ersten Klicken, auf den nachfolgenden Aufnahmen wirkt sie deutlich lockerer.

- Auch für Schnappschüsse ohne lange Bildkomposition sind Serienaufnahmen ideal. Wenn der Hund wieder einmal den Kater jagt (oder umgekehrt), gebe ich *Serienaufnahme mit Zeitpriorität* vor. Die Belichtung steuere ich im Modus M mit 1/250 s und f/8 bei ISO Auto. Hinzu kommt der Fokusmodus AF-C, den ich standardmäßig mit *AF-Verriegelung > Ein (Start b. Auslös.)* gepaart habe.
- Bei klassischen Actionaufnahmen bevorzuge ich Motive, die sich parallel zur Sensorebene bewegen (also nicht auf mich zu oder von mir weg). Auch dafür wähle ich *Serienaufnahme mit Zeitpriorität*, aber mit dem Fokusmodus AF-S. Dass dabei die

A7 schnell umkonfigurieren

Für schnelle Serienaufnahmen stellen Sie gleich eine Vielzahl an Parametern anders ein als für wohlüberlegte Einzelfotos. Aber gerade Action- oder Schnappschussmotive lassen Ihnen meistens nicht die Zeit, Ihre A7 optimal einzurichten. Glücklicherweise können Sie zwei komplette Konfigurationen speichern und dann bequem über das Programmwählrad abrufen. Legen Sie zum Beispiel eine Konfiguration für Actionmotive in den Speicher – ausführlich behandle ich das Thema in Kapitel 10

Während Ihre A7 auf die Speicherkarte schreibt, ist sie teilweise blockiert; eine Kontrollleuchte auf dem Kamerarücken weist Sie darauf hin.

Entfernungseinstellung auf das erste Bild der Serie fixiert wird, spielt kaum eine Rolle – Motive, die sich annähernd parallel zur Sensorebene bewegen, ändern ja ihre Entfernung zur Kamera kaum.

Zwar zeichne ich überwiegend im RAW-Format auf, doch für schnelle Serienaufnahmen bevorzuge ich das JPEG-Format. Bei JPEG-Serien hält die A7 das hohe Tempo einfach länger durch (siehe Tabelle auf Seite 193). Hinzu kommt: Nachdem Sie eine Serienbildreihe aufgenommen haben, genehmigt sich die A7 eine gewisse Zeit, bis alle Daten aus dem Pufferspeicher auf die Speicherkarte übertragen sind. Währenddessen können Sie weder in den Wiedergabemodus wechseln noch einen Menübefehl aufrufen (auch nicht aus dem Schnellmenü). Diese »Teilblockade« dauert bei JPEG-Serien rund 10 Sekunden, bei RAW-Aufnahmen aber fast 20 Sekunden. Eine Kontrollleuchte unten rechts am Kamerarücken weist Sie auf diese »Teilblockade« hin, bis der Schreibvorgang abgeschlossen ist.

5.7 Autofokus und Selbstauslöser

Auf Gruppenfotos fehlt immer einer: der Fotograf. Das muss jedoch nicht sein: Wenn Sie auch mit aufs Bild möchten, montieren Sie Ihre A7 auf ein Stativ und nehmen Sie per Selbstauslöser auf. Er verzögert die Aufnahme um zwei oder zehn Sekunden, nachdem Sie ausgelöst haben. Sie rufen den *Selbstauslöser* im *Bildfolge*-Menü auf, das Sie mit der ◄-Taste öffnen. Alternativ nehmen Sie MENU > Kamera > 2 > Bildfolgemodus > Selbstauslöser und wählen die gewünschte Verzögerung. Die unterschiedlichen Verzögerungszeiten sind für verschiedene Zwecke gedacht:

Der Countdown läuft

Nachdem Sie eine Aufnahme mit dem Selbstauslöser ausgelöst haben, blinkt das AF-Hilfslicht an der Kamerafront. Bei zehn Sekunden Verzögerung verdoppelt sich die Blinkfrequenz zwei Sekunden vor Ablauf des Countdowns.

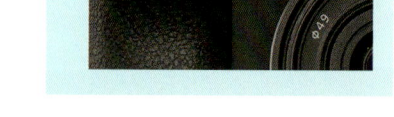

- **10 Sekunden**: Verzögern Sie die Aufnahme um zehn Sekunden, haben Sie ausreichend Zeit, selbst noch mit ins Bild zu flitzen.
- **2 Sekunden**: Die kürzere Verzögerungszeit ist dafür gedacht, Ihre Kamera erschütterungsfrei auszulösen. Allerdings lässt sich der Selbstauslöser nicht mit anderen Bildfolgemodi kombinieren (etwa Belichtungs- oder Weißabgleichreihen), was wenig praxistauglich ist.

Autofokus und Selbstauslöser

Selbstauslöser einrichten

Lassen Sie den Selbstauslöser ein Einzelbild aufnehmen, können Sie zwischen zwei und zehn Sekunden Vorlauf wählen (links). Nur bei zehn Sekunden Vorlauf steht Ihnen auch die »Selbstauslöser-Serie« mit wahlweise drei oder fünf Aufnahmen zur Verfügung (rechts).

Neben dem klassischen Selbstauslöser, der ein einzelnes Bild aufnimmt, finden Sie im *Bildfolge*-Menü auch die *Selbstauslöser-Serie*. Hier können Sie wählen, ob drei oder fünf Aufnahmen ausgelöst werden. Die Serienaufnahme wird mit zehn Sekunden Verzögerung gestartet, die Serie selbst nimmt Ihre A7 im High-Speed-Modus auf.

Alle Selbstauslöser-Modi fixieren Fokus und Belichtung auf die Werte, die Ihre Kamera im Moment des Auslösens ermittelt. Konsequenterweise lässt sich der Fokusmodus *AF-C* gar nicht erst mit dem Selbstauslöser kombinieren. Das bedeutet für Sie: Fokussieren Sie auf die Entfernung, in der sich Ihr Hauptmotiv zum Zeitpunkt der Aufnahme (und nicht des Auslösens!) befinden wird. Relativ einfach ist das, wenn Sie inmitten einer Personengruppe mit aufs Bild kommen möchten – stellen Sie vorab auf die Gruppe scharf. Für ein Selbstporträt stellen Sie den Fokus im Zweifelsfall manuell auf die Entfernung ein, in der Sie sich vor Ihrer A7 platzieren werden.

Alternative zum Selbstauslöser: Fernauslöser

Wenn Sie häufiger mit ins Bild wollen oder Ihre A7 erschütterungsfrei auslösen möchten, ist der Selbstauslöser nur ein Nothelfer. Am meisten stört mich, dass sich der Selbstauslöser nicht mit anderen Bildfolgemodi kombinieren lässt. Diese Beschränkungen lassen Sie hinter sich, wenn Sie einen Fernauslöser verwenden.

Sie können Ihre A7 per Kabel auslösen oder per Infrarot-Fernsteuerung. Von Sony gibt es den Kabelfernauslöser RM-VPR1, den die USB-Buchse Ihrer A7 aufnimmt. Diesen Kabelfernauslöser verwende ich, um meine auf ein Stativ montierte A7 erschütterungsfrei auszulösen. Die Infrarot-Fernbedienung RMT-DSLR2 empfiehlt sich, wenn Sie mit ins Bild möchten. Mit ihr können Sie übrigens auch die Wiedergabefunktionen Ihrer A7 steuern – das ist praktisch, wenn Sie Ihre Kamera mit einem TV-Gerät verbunden haben. Oder lösen Sie Ihre A7 via Smartphone aus – mehr dazu lesen Sie in Kapitel 11.

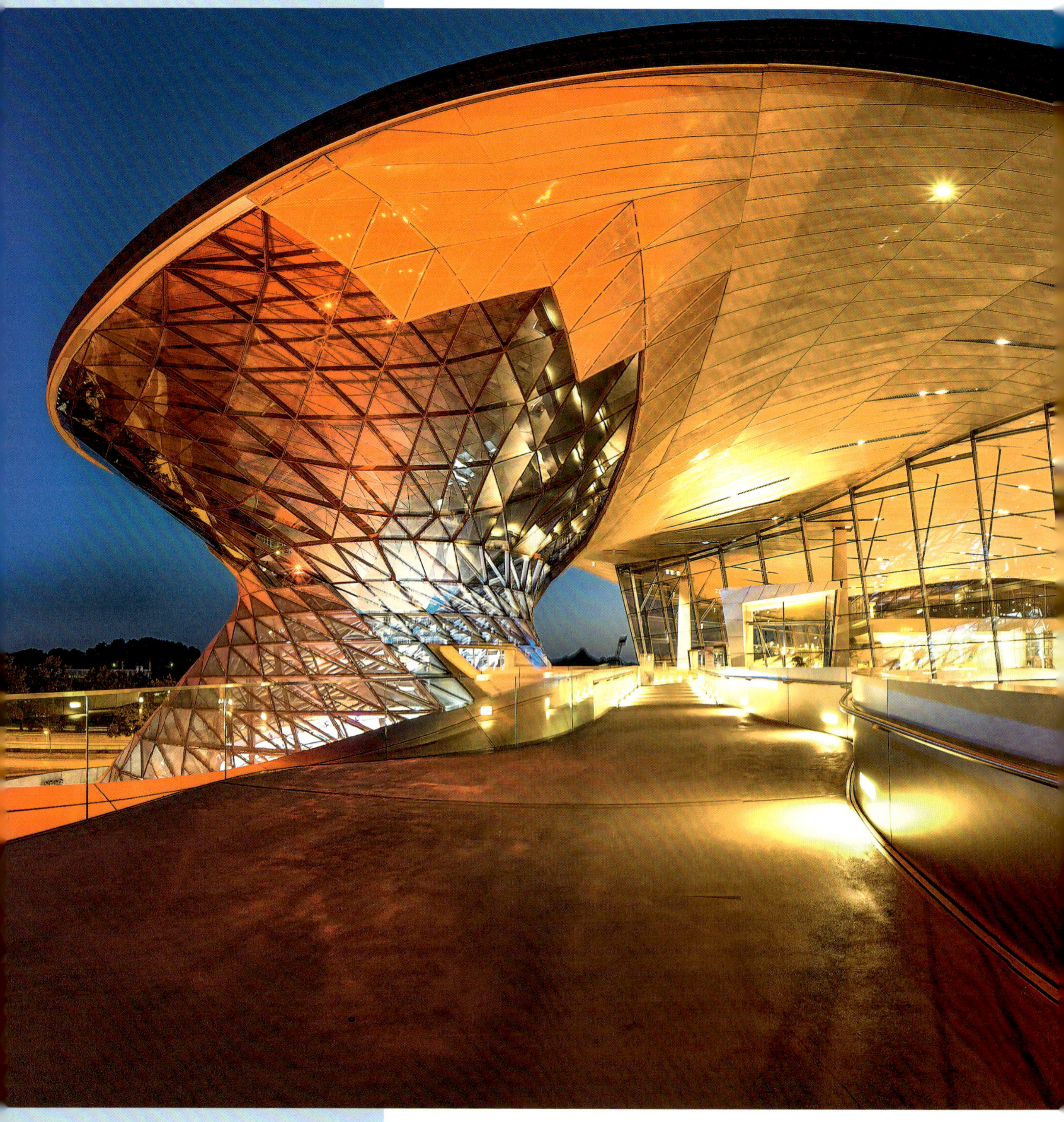

6

Bildaufbereitung nach Wunsch

Ihre A7 liefert Ihnen quasi auf Knopfdruck Bilder, deren Farben, Kontraste, Scharfzeichnung etc. Sie genau vorgeben können. Alternativ zeichnen Sie im RAW-Format auf und entwickeln Ihre Aufnahmen nachträglich am Rechner.

Bei Motiven wie diesem dürfen die Farben gerne etwas kräftiger leuchten.
ISO 200 | 20 mm | 8 s | f/8

6.1 Ihre A7 als Bildbearbeitungs-Computer

Ihre A7 nimmt nicht nur Bilder auf, sondern bearbeitet die Bilddaten auch gleich noch. Dabei passt sie die Gamma-Kurve an, stellt die Kontraste ein oder korrigiert Verzeichnungsfehler des verwendeten Objektivs – um nur ein paar Beispiele zu nennen. Ob und in welcher Weise die Bildbearbeitungs-Engine der A7 aktiv werden soll, können Sie sehr stark beeinflussen. Grundsätzlich gilt: Zeichnen Sie im RAW-Format auf, erhalten Sie weitgehend unbearbeitete Rohdaten. Lassen Sie Ihre A7 dagegen JPEG-Dateien speichern, liefert sie fertig bearbeitete Bilder gemäß Ihren Vorgaben.

RAW oder JPEG – Qualität vs. Bequemlichkeit?

Ob Ihre A7 die aufgenommenen Bilddaten bereits vor dem Speichern bearbeitet oder nicht, legen Sie zunächst einmal unter *MENU > Kamera > 1 > Qualität* fest: Geben Sie hier *RAW* vor, speichert Ihre A7 im Wesentlichen die Rohdaten, so wie sie nach der Digitalisierung durch den AD-Wandler angefallen sind. Stellen Sie dagegen für *Qualität > Extrafein*, *Fein* oder *Standard* ein, durchlaufen die Daten einen recht komplexen Bildbearbeitungsprozess, bevor sie auf der Speicherkarte landen.

Signalweg RAW vs. JPEG

Links: Zeichnen Sie im RAW-Format auf, werden die Daten direkt nach Durchlauf des AD-Konverters gespeichert.

Rechts: JPEG-Dateien durchlaufen hingegen den Bildbearbeitungsprozessor der A7, der sie vielfältig aufbereitet.

RAW (ARW)

- Signal digitalisieren
- ARW-Datei speichern 14 Bit

JPEG

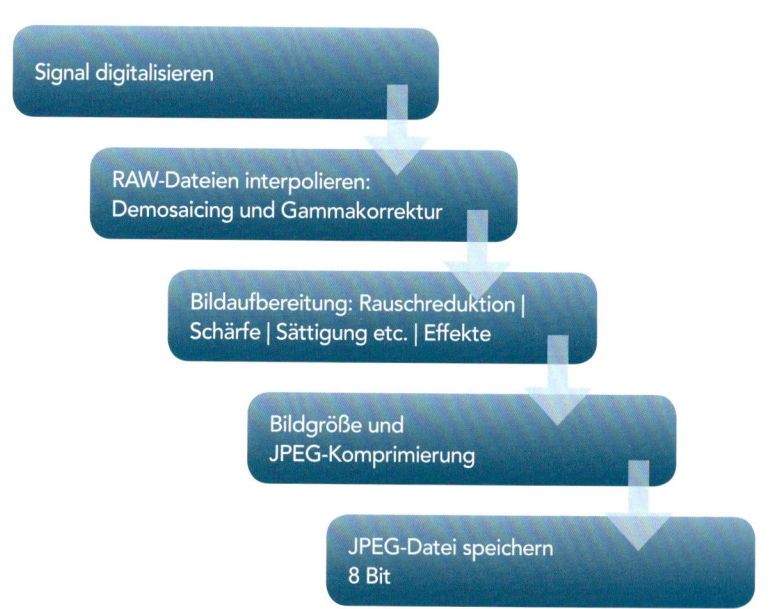

- Signal digitalisieren
- RAW-Dateien interpolieren: Demosaicing und Gammakorrektur
- Bildaufbereitung: Rauschreduktion | Schärfe | Sättigung etc. | Effekte
- Bildgröße und JPEG-Komprimierung
- JPEG-Datei speichern 8 Bit

Der Vorteil des JPEG-Formats: Sie können die Bilddaten direkt so weiterverwenden, wie sie Ihre A7 gespeichert hat, indem Sie sie zum Beispiel drucken oder im Web verteilen. JPEG-Dateien sind gewissermaßen Sofortbilder.

Das geht mit RAW-Dateien nicht, sie müssen zwingend erst in ein übliches Bildformat überführt werden. Daher werden RAW-Dateien in Abgrenzung zum JPEG-Format häufig auch als »digitales Negativ« bezeichnet.

Was sind RAW-Dateien?

Um das Besondere an RAW-Dateien zu verstehen, werfen Sie einmal einen Blick auf das Funktionsprinzip des Bildsensors Ihrer A7: Ihr Bildwandler kann von Haus aus nur Helligkeitsunterschiede aufzeichnen, jedoch keine Farben. Dass Sie dennoch Farbfotos aufnehmen können, ist das Verdienst des US-amerikanischen Physikers Bryce E. Bayer. Bayer arbeitete in den 70er-Jahren in der Entwicklungsabteilung von Eastman Kodak und hatte eine einfache, aber recht wirkungsvolle Idee, um einen Bildsensor für Farben empfindlich zu machen: Er versah die lichtempfindlichen Zellen auf dem Chip abwechselnd mit einem Rot-, Grün- und Blaufilter. Und da sich aus diesen drei Grundfarben jede Farbe des Spektrums mischen lässt, war der Farbsensor fertig – im Prinzip.

Weil das menschliche Auge für feinste Nuancen bei Grüntönen besonders empfindlich ist, entschied sich Bayer dafür, gleich die Hälfte der Sensorzellen mit einem Grünfilter zu versehen. Die andere Hälfte versah er dann anteilig mit einem Rot- bzw. Blaufilter. Dieses Muster trägt noch heute den Namen des 2012 verstorbenen Erfinders, also Bayer-Muster oder Bayer-Pattern.

Dabei bleibt allerdings ein Problem bestehen: Sämtliche Pixel enthalten zwar die korrekten Helligkeitswerte, aber nur rudimentäre Farbinformationen. Wenn Sie beispielsweise ein Porträt aufnehmen, werden die Hauttöne vor allem aus den Grundfarben Rot und Grün gemischt. Aber wie hoch soll der Anteil der jeweiligen Farbe sein? Das lässt sich nur erraten oder – mathematisch ausgedrückt – interpolieren. Bei der Rekonstruktion der kompletten Farbinformationen für jedes einzelne Pixel werden die Farb- und Helligkeitswerte der Nachbarpixel miteinbezogen, das Verfahren wird Demosaicing genannt.

Wenn Sie also im RAW-Format aufzeichnen, enthalten die Bilddateien nicht alle Informationen, die fehlenden Farbwerte müssen

Bayer-Pattern

Der Sensor Ihrer A7 registriert von Haus aus nur Helligkeitsunterschiede, jedoch keine Farben. Erst Farbfilter vor den einzelnen Sensorzellen machen es möglich, dass auch Farbinformationen aufgezeichnet werden können.

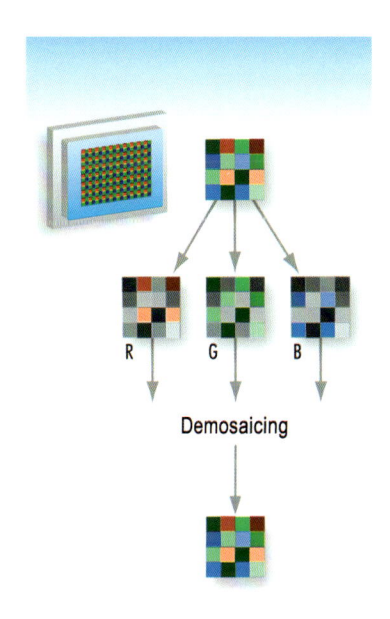

> **RAW & JPEG sinnvoll?**
>
> Ihre A7 bietet unter *MENU > Kamera > 1 > Qualität* die Möglichkeit zur Aufzeichnung in *RAW & JPEG*. Damit speichert sie Ihre Aufnahme einmal als RAW- und zusätzlich einmal als JPEG-Datei.
>
> Auf den ersten Blick erscheint das praktisch, erhalten Sie doch zur Sicherheit noch eine RAW-Datei, falls die JPEG-Aufnahme nicht Ihren Vorstellungen entspricht.
>
> Ich halte indes nicht viel davon, ein »RAW-Backup« mit aufzuzeichnen. Falls Sie die Sicherheit des RAW-Formats wünschen, beschränken Sie sich von vornherein darauf – eine JPEG-Datei erzeugt Ihr RAW-Konverter im Handumdrehen daraus.

nachträglich am Rechner interpoliert werden (und einiges mehr). Das ist die Aufgabe eines RAW-Konverters, bei den RAW-Dateien Ihrer A7 übernimmt zum Beispiel der »Image Data Converter« von Sony diese Aufgabe.

Zeichnen Sie hingegen im JPEG-Modus auf, »entwickelt« Ihre A7 die Rohdaten direkt. Doch das ist noch nicht alles: Sie kümmert sich zum Beispiel um die Rauschunterdrückung, bereitet Ihre Bilder gemäß Ihren Vorgaben unter *Kreativmodus* auf und versieht sie unter Umständen noch mit Effekten.

Ein weiterer, wichtiger Unterschied zwischen RAW- und JPEG-Aufnahmen ist: RAW-Dateien werden mit einer Bandbreite von 14 Bit je Farbkanal gespeichert, JPEG-Fotos dagegen nur mit 8 Bit je Farbkanal. Das bedeutet: Eine JPEG-Datei kann pro Farbkanal 256 Helligkeitsstufen von tiefstem Schwarz bis zu reinem Weiß aufnehmen und so maximal rund 16,8 Millionen Farbtöne unterscheiden. Eine 14-Bit-RAW-Datei kann dagegen rechnerisch fast vier Billionen Farb- und Helligkeitsabstufungen unterscheiden.

Die Wortbreite oder Bittiefe der Dateien hat also direkten Einfluss darauf, welcher maximale Kontrastumfang gespeichert werden kann. Bei JPEG-Dateien sind es 8 EV, im RAW-Format 14 EV. Der Bildsensor der A7 kann einen Kontrastumfang von rund 11 EV differenzieren, das JPEG-Format schöpft diesen also bei Weitem nicht aus. Die Aufgabe des Bildprozessors ist daher ferner, den Original-Kontrastumfang so umzurechnen, dass er auch im beschränkten JPEG-Format möglichst naturgetreu wiedergegeben wird.

Fazit: Für allerhöchste Qualitätsansprüche sollten Sie stets im RAW-Format aufzeichnen und die Rohdaten dann anschließend am Rechner entwickeln (mehr dazu ab Seite 224). Zudem ist das

Potenzial RAW-Aufnahme

Links: Diese Aufnahme habe ich korrekt auf den Vordergrund belichtet, der helle Himmel frisst dabei jedoch völlig aus. Rechts: Die RAW-Aufnahme enthielt noch genügend Informationen, um den Himmel nachträglich zu rekonstruieren.

ISO 100 | 28 mm | 1/200 s | f/8

Rohdatenformat deutlich toleranter, wenn Sie Aufnahmefehler korrigieren möchten, etwa eine falsch belichtete Aufnahme.

Falls Sie den Aufwand der RAW-Bearbeitung scheuen, können Sie indes auch sehr gute Bildergebnisse mit JPEG-Aufnahmen erzielen. Hierbei kommt es aber darauf an, dass Sie Ihre Kamera penibel einstellen. Einen Teil der Möglichkeiten haben Sie bereits in Kapitel 4 kennengelernt, gleich (ab Seite 211) erfahren Sie, wie Sie das Bildergebnis noch weiter an Ihre Vorstellungen anpassen können.

RAW-Format wählen

Zeichnen Sie im RAW-Format auf, wenn Sie das volle Potenzial Ihrer A7 nutzen möchten.

6.2 Weißabgleich

Damit Ihre A7 Farben korrekt wiedergeben kann, benötigt sie einen Bezugspunkt für neutrales Weiß. Was Weiß ist, hängt vor allem von der Farbe – oder genauer: der Farbtemperatur – der Lichtquelle ab. Dazu ein Beispiel: Die Seiten in diesem Buch sind vorwiegend weiß. Wenn Sie es im schummrigen Licht einer Petroleumlampe lesen, erscheinen die Seiten aber eher gelb. Halten Sie das Buch dagegen unter den Lichtbogen eines Schweißgerätes, wirken die Seiten eher bläulich. Ihnen wird das nur auffallen, wenn Sie genau darauf achten. Die menschliche Wahrnehmung passt sich nämlich sehr gut an die Farbtemperatur des Lichts an, sodass Sie Weiß immer als Weiß sehen – egal, ob eine warme Funzel die Buchseiten beleuchtet oder das gleißende Licht eines Halogenstrahlers.

Ganz ähnlich wie die menschliche Wahrnehmung muss auch Ihre A7 zunächst die Farbtemperatur so eichen, dass Weiß ohne Farbstich wiedergegeben wird. Diese Aufgabe übernimmt in der Regel der automatische Weißabgleich. Er analysiert eine helle Motivpartie und richtet die Wiedergabe der übrigen Farben daran aus. Das funktioniert in der Regel gut, solange nur eine Lichtquelle mit einer Farbtemperatur vorherrscht.

Farbtemperatur

Die Lichtfarbe wird in Kelvin (K) gemessen. Sie hat einen großen Einfluss darauf, ob wir (und Ihre A7) Objektfarben korrekt wahrnehmen. Stellen Sie den Weißabgleich der A7 auf ca. 5.500 K ein, wird Weiß im Licht der Mittagssonne auch als Weiß aufgenommen.

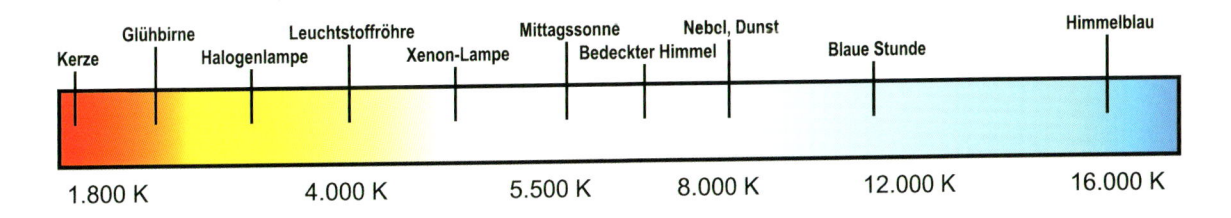

Kerze	Glühbirne	Halogenlampe	Leuchtstoffröhre	Xenon-Lampe	Mittagssonne	Nebel, Dunst	Blaue Stunde	Himmelblau
						Bedeckter Himmel		
1.800 K		4.000 K		5.500 K		8.000 K	12.000 K	16.000 K

Weißabgleich

Wie originalgetreu Ihre A7 die Objektfarben aufnimmt, steuert der Weißabgleich. Wenn er nicht stimmt, kommt es zu einem Farbstich.

Links: Bei korrektem Weißabgleich mit der Farbtemperatur 6.300 K wird die weiße Hauswand im Schatten neutralgrau wiedergegeben.

Mitte: Hier habe ich die Farbtemperatur auf 9.300 K erhöht, das Bild wirkt sehr warm, fast schon gelbstichig.

Rechts: Wird der Weißabgleich zu niedrig gewählt (hier 4.300 K), erhält das Bild einen Blaustich.

Sie werden jedoch immer mal wieder in Situationen geraten, in denen nicht eine einzige Lichtquelle mit einer klar definierten Farbtemperatur Ihre Szenerie illuminiert. Dabei kann durchaus schon eine farbige Hauswand, die zum Beispiel diffuses Rotlicht aufs Motiv reflektiert, als Lichtquelle angesehen werden. Das Motiv erhält dadurch eine rötliche Tonung und stellt den automatischen Weißabgleich Ihrer A7 vor ein Problem: Gehören die Rottöne zur Objektfarbe und müssen erhalten bleiben? Oder sind sie Folge der Lichtfarbe und gehören eliminiert? Die Automatik wird schwerlich stets die richtige Antwort finden, die Farbwiedergabe gerät so zum Vabanquespiel.

Gemessen wird die Farbtemperatur in der Einheit Kelvin (K). Das Sonnenlicht weist um die Mittagszeit eine Farbtemperatur von etwa 5.600 K auf. Das ist übrigens auch die Farbtemperatur des Blitzlichts Ihrer A7. Morgens und abends ist das Sonnenlicht mit rund 5.000 K deutlich wärmer. Die Grafik auf der vorherigen Seite zeigt Ihnen die jeweilige Farbtemperatur weiterer Lichtquellen.

Ein technisch korrekter Weißabgleich ist vor allem wichtig, wenn Sie Farben so naturgetreu wie möglich wiedergeben möchten – etwa bei Produktaufnahmen im Studio. Andere Fotos leben hingegen geradewegs davon, dass Sie den Weißabgleich nicht technisch korrekt abstimmen. Sitzt zum Beispiel eine gemütliche Runde im Glühlampenlicht am Wirtshaustisch beisammen, sollte die A7 die warme Lichtstimmung bei der Aufnahme möglichst wahren (was ihr in der Praxis oftmals mehr als nötig gelingt, wie Sie gleich noch sehen werden). Würden Sie den Weißabgleich technisch korrekt auf das gemütliche Wirtshauslicht abstimmen, käme Ihre Aufnahme viel zu kühl daher.

Generell gilt, dass wir warme Farben als freundlich und ansprechend empfinden, kühle dagegen als sachlich und distanziert. Oftmals entscheiden beim Weißabgleich schon einige 100 K mehr oder weniger darüber, wie sympathisch Ihnen ein Foto ist – oder nicht.

Weißabgleich einstellen

Den Weißabgleich Ihrer A7 können Sie nur im PASM-Modus verstellen, die Vollautomatiken und Motivprogramme richten ihn stets automatisch ein. Manuell können Sie den Weißabgleich unter *MENU > Kamera > 4 > Weißabgleich* einrichten. Alternativ greifen Sie via Schnellmenü (unter *WB*) auf die Einrichtung des Weißabgleichs zu oder drücken die ▶-Taste. Ihre A7 präsentiert Ihnen eine Vielzahl an Vorgaben und Einstellmöglichkeiten:

- AWB (automatischer Weißabgleich) ist die Standardvorgabe. Die Automatik versucht, die hellste Stelle im Bild reinweiß oder neutralgrau darzustellen. Sie erkennt aber durchaus spezielle Lichtsituationen wie Glühlampenlicht oder das Licht der blauen Stunde und wahrt deren Lichtstimmung möglichst.

Warme Farben

Hier habe ich den Weißabgleich gezielt so eingestellt (8.600 K), dass das Farbenspiel des Sonnenuntergangs besonders warm und stimmungsvoll wiedergegeben wird.

ISO 400 | 135 mm | 1/5 s | f/9

- Mit **Vorgaben** wie *Tageslicht*, *Schatten*, *Bewölkt*, *Glühlampe* etc. passen Sie den Weißabgleich an die Farbtemperatur der genannten Lichtquellen an.
- Unter **Farbtemperatur** geben Sie direkt den Kelvin-Wert der vorherrschenden Lichtquelle ein. Nützlich ist diese Funktion zum Beispiel im Fotostudio, wenn Sie die Farbtemperatur Ihrer Blitzanlage exakt ausgemessen haben.
- Mit **Anpassung 1** bis **Anpassung 3** stehen Ihnen drei Speicherplätze für Ihre individuellen Weißabgleich-Vorgaben zur Verfügung.
- Unter **Benutzer-Setup** messen Sie den Weißabgleich mit Ihrer A7 exakt aus und stellen die dabei ermittelten Werte ein (siehe Seite 208).

In alltäglichen Aufnahmesituationen belasse ich den Weißabgleich meiner A7 in der Automatik (*AWB*). Da ich bevorzugt im RAW-Format fotografiere, kann ich auch noch nachträglich die Farbtemperatur auf 50 K genau abstimmen. Nur bei sehr schwierigen Lichtsituationen gebe ich schon einmal grob die Richtung vor, in der meine A7 die Farben reproduzieren soll (um die Feinabstimmung kümmere ich mich dann wiederum später bequem am PC-Monitor). Praktisch dabei ist, dass die A7 jede Änderung des Weißabgleichs auch im Sucherbild anzeigt (wenn Sie *MENU > Benutzereinstellungen > 2 > Anzeige Live-View > Alle Einstellung. Ein* vorgegeben haben). Damit können Sie bereits vor der Aufnahme halbwegs korrekt abschätzen, in welche Richtung Sie den Weißabgleich für die gewünschte Bildwirkung ändern sollten.

> **Auch bei RAW-Aufnahmen: Weißabgleich sollte halbwegs stimmen**
>
> Immer wieder liest und hört man: Wer im RAW-Format aufnimmt, braucht sich um den korrekten Weißabgleich nicht zu kümmern – schließlich lässt sich die Farbtemperatur ja noch nachträglich fast aufs Kelvin genau einstellen. Das stimmt allerdings nur, solange es ausschließlich um die Farben geht. Der Weißabgleich hat jedoch auch einen nicht zu unterschätzenden Einfluss auf die Belichtungsmessung. Geben Sie die Farbtemperatur zu niedrig vor, werden Ihre Aufnahmen bei korrekter Farbwiedergabe tendenziell überbelichtet. Haben Sie die Farbtemperatur dagegen zu hoch eingestellt, erhalten Sie Fotos, die mit korrekten Farben eventuell zu dunkel sind. Achten Sie daher darauf, dass der Weißabgleich zumindest grob stimmt, so auf 1.000 K genau.

Vorsicht bei der Vorgabe »Blitz«!

Sobald Sie ein Systemblitzgerät auf Ihre A7 aufstecken und einschalten, stellt sich der *Automatische Weißabgleich* auf die Farbtemperatur des Blitzlichts ein (ca. 5.600 K). Dadurch erhalten Sie Aufnahmen mit einer möglichst neutralen Farbstimmung (Abbildung links).

Alternativ bietet Ihnen die A7 die Weißabgleichvorgabe *Blitz*, sie verleiht Ihren Fotos eine recht warme Note. Das ist Fluch und Segen zugleich. Ihre A7 geht bei der Vorgabe *Blitz* davon aus, dass Sie einen Aufhellblitz unter Kunstlicht verwenden, etwa abends im Wohnzimmer. In diesem Fall ist es durchaus erwünscht, dass trotz des Blitzlichts die warme Grundstimmung erhalten bleibt. Ist hingegen das Blitzlicht die vorherrschende Lichtquelle, liefert es nicht die erwünschten neutralen Farben (Abbildung rechts).

Ich manipuliere die Farbstimmung bei Blitzlichtaufnahmen nicht so gerne über den Weißabgleich, sondern passe mit entsprechenden Filterfolien die Lichtfarbe des Blitzgeräts an die des Umgebungslichts an (mehr dazu lesen Sie in Kapitel 7).

Die Weißabgleich-Vorgaben und die Automatik lassen sich leicht via Schnellmenü einschalten. Kaum aufwändiger wird es, wenn Sie die Werte der Vorgaben (auch der Automatik) ändern möchten oder sie gleich unter *Farbtemperatur* direkt vorgeben.

1 Rufen Sie das *Weißabgleich*-Menü auf und wählen Sie eine der Vorgaben. Die meisten Einstellmöglichkeiten haben Sie unter *Farbtemperatur/Filter*.

2 Drücken Sie die ▶-Taste, Sie gelangen zur Auswahl des Kelvin-Wertes. Drehen Sie am Einstellring, um den vorgegebenen Wert in 100er-Schritten zu ändern.

3 Wenn Sie die ▶-Taste erneut drücken, gelangen Sie zur *Weißabgleichanpassung*. Hier passen Sie mit den Tasten auf der Vierwegewippe die Farbwiedergabe auf zwei Achsen an:
- Auf der horizontalen Achse verstellen Sie die Farbe zwischen Blau und Amber (bernsteinfarben).
- In vertikaler Richtung korrigieren Sie zwischen Grün und Magenta.

Die Weißabgleichanpassung steht Ihnen bei allen Vorgaben zur Verfügung, auch für den automatischen Weißabgleich (*AWB*). Falls Sie zum Beispiel die etwas wärmeren Kodak-Farben bevorzugen, korrigieren Sie in der Weißabgleichanpassung zwei Schritte nach rechts (A-B: A2) und einen Schritt nach unten (G-M: M1). Wünschen Sie dagegen eher kühlere Fujifilm-Farben, justieren Sie die Weißabgleichanpassung entsprechend in die Gegenrichtung. Ihre Weißabgleicheinstellungen und -korrekturen bleiben übrigens dauerhaft erhalten, auch nach dem Abschalten der Kamera. Prüfen Sie daher mit einem Blick in den Sucher oder aufs Display, ob der Weißabgleich Ihrer A7 wie gewünscht eingerichtet ist.

Weißabgleichanpassung

Haben Sie die Weißabgleichanpassung verwendet, informiert Sie das Sucherbild über Ihre Vorgaben – jedoch nur im Sucherlayout »Alle Infos anzeigen«.

Weißabgleich punktgenau messen

Alle Weißabgleichvorgaben haben einen Nachteil: Sie müssen die Farbtemperatur der Lichtquelle(n) kennen, um die exakten Werte eingeben zu können. Andernfalls lässt sich der Weißabgleich bestenfalls grob nach Augenschein einstellen. Falls es Ihnen auf eine möglichst naturgetreue Reproduktion der Farben ankommt, eichen Sie Ihre A7 auf die vorherrschende Lichtfarbe.

Ihre A7 kann die Farbtemperatur sehr genau messen – jedoch nur indirekt. Sie messen nicht die Farbtemperatur der Lichtquelle, sondern die des Lichts, das von einem Objekt in Ihre A7 fällt. Dazu benötigen Sie also eine farbneutrale Stelle im Bild. Am besten haben Sie für diese Situationen eine Graukarte oder Weißabgleichkarte in Ihrer Fototasche parat. Notfalls tut es auch ein Stück graue Pappe. Platzieren Sie die Weißabgleichkarte im Bild, dann gehen Sie folgendermaßen vor:

Weißabgleich

Objekt- oder Lichtfarbe?

Links: Im dichten Unterholz reflektiert das Grün des Laubes auf das helle Fell meiner Hündin, durch die grün gefilterte Lichtfarbe erhält das Fell einen Grünstich. Der automatische Weißabgleich hat dies jedoch als Objektfarbe interpretiert und den Grünstich bewahrt.

1 Rufen Sie *MENU > Kamera > 4 > Weißabgleich > Benutzer-Setup* auf. Oder wählen Sie *Benutzer-Setup* via Schnellmenü.

Rechts: Nachdem ich den Weißabgleich exakt geeicht habe, ist der Grünstich verschwunden.

2 Richten Sie Ihre Kamera so auf die Referenzkarte, dass diese vom zentralen Messfeld erfasst wird. Dann drücken Sie die *SET*-Taste im Zentrum des Einstellrings.

Kein benutzerdefinierter Weißabgleich im Videomodus

Wenn Sie Ihre A7 mit dem Programmwählrad in den Videomodus geschaltet haben, ist der benutzerdefinierte Weißabgleich nicht möglich. Stellen Sie daher den Weißabgleich zunächst im Fotomodus ein, dann rufen Sie den entsprechenden Speicherplatz ab – Letzteres funktioniert auch im Videomodus.

Bildaufbereitung nach Wunsch

3 Ihre A7 löst eine Aufnahme aus (die nicht gespeichert wird). Nach Abschluss der Messung zeigt die Kamera die ermittelten Werte für den Weißabgleich. Speichern Sie diese auf einem der drei Speicherplätze für den benutzerdefinierten Weißabgleich.

Hier lege ich den benutzerdefinierten Weißabgleich im »Register 2« ab. Sie wählen den gewünschten Speicherplatz mit der ▶- oder ◀-Taste auf der Vierwegewippe aus, dann drücken Sie SET.

4 Ihre Einstellungen für den benutzerdefinierten Weißabgleich sind dauerhaft auf dem von Ihnen gewählten Speicherplatz abgelegt. Bei Bedarf ändern Sie die Werte in der Weißabgleichanpassung (siehe Seite 208).

Auch die Vorgaben für den benutzerdefinierten Weißabgleich passen Sie bei Bedarf weiter an.

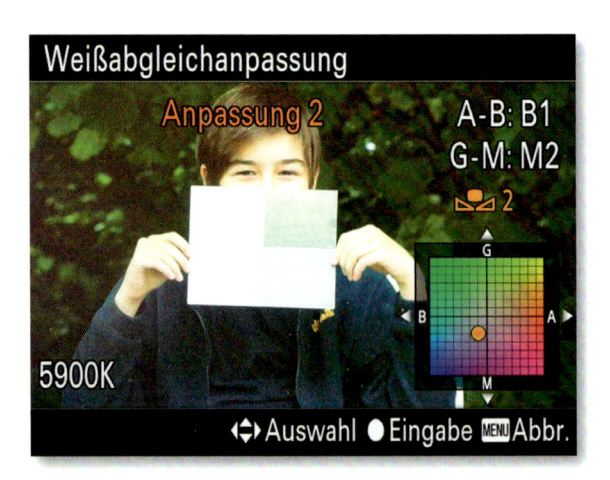

Das Verfahren funktioniert übrigens auch, wenn Ihre A7 eine Studioblitzanlage auslöst. Sie können also notfalls auf ein kostspieliges Colorimeter verzichten.

6.3 Bildbearbeitung in der A7

Die nachträgliche Aufbereitung von RAW-Dateien ist nicht Ihre Sache? Stattdessen bevorzugen Sie Aufnahmen, die möglichst fix und fertig von Ihrer A7 geliefert werden? Dann zeichnen Sie im JPEG-Format auf. Nur dann bietet Ihnen Ihre A7eine Reihe von Bildbearbeitungsfunktionen. Einige davon stehen Ihnen aber auch beim Entwickeln von RAW-Aufnahmen zur Verfügung (mehr dazu ab Seite 224).

Farbraum

Falls Sie im JPEG-Format aufzeichnen, sollten Sie einmal grundsätzlich entscheiden, in welchem Farbraum die A7 Ihre Aufnahmen speichern soll. Ihre A7 bietet Ihnen unter MENU > Kamera > 6 die Wahlmöglichkeit zwischen *sRGB* und *Adobe RGB*:

- **sRGB** ist ein Quasi-Standard, den heutzutage alle Ausgabegeräte und Bildbearbeitungsprogramme beherrschen. Wenn Sie Ihre A7 Farben im Farbraum sRGB speichern lassen, werden Ihr Drucker oder das Online-Labor die Farben ziemlich exakt so zu Papier bringen, wie Ihr Bildschirm sie anzeigt und auch Ihre A7 sie aufgenommen hat. Hört sich gut an, nicht wahr? Die Sache hat nur einen kleinen Haken: In den Farbraum sRGB passen deutlich weniger Farben, als die Natur zu bieten hat. Das fällt zwar in der Regel nicht auf – doch wenn Sie die Farben möglichst naturgetreu wiedergeben möchten, ist sRGB nicht immer die erste Wahl. Dennoch: Wenn Sie sich keine weiteren Gedanken über das Farbmanagement machen möchten, belassen Sie den Farbraum Ihrer A7 in der Standardvorgabe *sRGB*.
- **Adobe RGB** kann mehr Farbtöne unterscheiden als sRGB, dieser Farbraum ist daher größer als sRGB. Einen Vorteil haben Sie davon aber nur, wenn Ihre Ausgabegeräte wie Drucker, Monitor oder auch der Laserprinter im Online-Labor damit umgehen können. Adobe RGB bietet sich vor allem an, wenn Sie Ihre Aufnahmen nachträglich mit einem dafür geeigneten Bildbearbeitungsprogramm in den Farbraum des Ausgabegeräts überführen möchten, also in den Farbraum Ihres Fotodruckers oder des Laserprinters im Online-Labor. Da heute praktisch alle Fotodrucker den Farbraum Adobe RGB nahezu

Farbraum vorgeben

Adobe RGB deckt einen größeren Farbraum ab, wird aber nicht von allen Ausgabegeräten beherrscht.

Für JPEG sRGB

Ich zeichne sicherlich gut 80 Prozent meiner Fotos in RAW auf. Da muss ich mir über den Farbraum keine Gedanken machen. RAW-Dateien erhalten erst im RAW-Konverter einen Farbraum zugewiesen.

Wenn ich doch einmal JPEG-Dateien aufnehme (weil es schnell gehen muss), behalte ich bei *Farbraum* die Standardvorgabe *sRGB bei*. So erhalte ich automatisch Digitalfotos, die ich ohne viel Federlesen weitergeben kann – etwa die Bilder von einer Party.

Bildaufbereitung nach Wunsch

abdecken und gute Online-Labore ebenso, lässt sich der größere Reichtum an Farbtönen auch gut zu Papier bringen.

Kreativmodus – Bildaufbereitung nach Maß

Bevorzugen Sie Aufnahmen mit knackigen Kontrasten und kräftigen Farben? Oder lieben Sie es etwas zurückhaltender? Wie Ihre A7 die Bilddaten aufbereiten soll, stellen Sie unter *MENU > Kamera > 4 > Kreativmodus* ein. Hier stehen Ihnen 13 unterschiedliche Bildstile zur Auswahl:

- **Standard**: Ihre Fotos werden für die Druckausgabe eher kräftig aufbereitet, mit knackigen Kontrasten und kräftigen Farben.
- **Lebhaft**: Liefert noch stärker gesättigte Farben als *Standard*.
- **Neutral**: Greift nur sehr moderat ein und liefert sanfte Kontraste sowie zurückhaltende Farben. Eignet sich vor allem, wenn Sie JPEG-Dateien am Rechner nachbearbeiten möchten.
- **Klar**: Betont die Mikrokontraste und mittleren Tonwerte. Besonders geeignet zur Aufnahme technischer Motive.
- **Tief**: Dunkelt untere Mitteltöne ab und lässt das Bild dunkler, schwerer wirken. Eignet sich vor allem für kontrastarme Motive.
- **Hell**: Das Pendant zu *Tief*. Hellt obere Mitteltöne auf und lässt das Bild dadurch leichter wirken.
- **Porträt**: Reduziert die Schärfe und gibt (eurasische) Hauttöne warm und weich wieder.
- **Landschaft**: Erhöht Kontrast und Schärfe, sättigt Blau- und Grüntöne stärker. Nur bei Landschaftsaufnahmen im Sonnenlicht zu empfehlen.
- **Sonnenuntergang**: Sättigt den Farbbereich zwischen Gelb und Rot besonders stark.
- **Herbstlaub**: Betont ähnlich wie Sonnenuntergang die Gelb- und Rottöne.
- **Nachtszene**: Reduziert den Kontrast.
- **Schwarz/Weiß**: Zeichnet keine Farben auf. Empfehlenswert nur für klassische Schwarzweiß-Fotografie, bei der Sie Farbfilter vor dem Objektiv verwenden möchten.
- **Sepia**: Ähnlich wie *Schwarz/Weiß*, tont die Aufnahme jedoch in Sepia.

Bei jedem Bildstil können Sie zudem noch *Kontrast*, *Sättigung* und *Schärfe* im Bereich von –3 bis +3 einstellen (*Sättigung* nicht

Kreativmodus

Unter »Kreativmodus« geben Sie vor, wie Ihre A7 die Rohdaten aufbereiten soll. Kontrast, Sättigung und Schärfe passen Sie bei Bedarf für jeden Bildstil individuell an.

Bildstile bei RAW-Aufnahmen

Falls Sie in RAW aufzeichnen, können Sie Bildstile nachträglich zuweisen. Im *Entwickeln*-Modul von Lightroom finden Sie die Vorgaben unter *Kamerakalibrierung > Profil* (jedoch nur die in der nebenstehenden Liste unterstrichenen). Im Image Date Converter von Sony sind sie im *Bearbeiten*-Bereich unter *Kreativmodus* aufgelistet.

Bildbearbeitung in der A7

Standard  *Lebhaft*  *Neutral*

Klar  *Tief*  *Hell*

für *Schwarzweiß* und *Sepia*). Dazu wählen Sie zunächst den gewünschten Kreativmodus (zum Beispiel *Klar*), dann blättern Sie mit der ▶-Taste die entsprechenden Werte durch. Sie ändern den aktuellen Wert mit der ▼- bzw. ▲-Taste.

- **Kontrast** regelt, wie hart dunkle und helle Bildbereiche voneinander abgegrenzt sind. Ein hoher Kontrast lässt Ihre Aufnahmen härter wirken, bei niedrigem Kontrast erscheinen sie weicher.

Kontrast −3  *Kontrast 0*  *Kontrast +3*

- **Sättigung** gibt vor, wie kräftig die Farben in Ihrem Bild leuchten sollen. Eine hohe Sättigung lässt schnell feinste Details in sehr farbigen Bereichen untergehen.

213

Sättigung –3  Sättigung 0  Sättigung +3

- **Schärfe** regelt, wie sehr Ihre A7 Kontrastkanten betonen soll. Ein hoher Kantenkontrast lässt Ihr Bild schärfer wirken, kann aber durch sogenannte Überschwinger auch zu hässlichen Leuchtkonturen (Pfeil) an ausgeprägten Kanten führen.

Schärfe –3  Schärfe 0  Schärfe +3

Ich verwende die Kreativmodi der A7 kaum. Bei den recht wenigen Aufnahmen, die ich in JPEG aufzeichne, gebe ich den Bildstil *Standard* vor, mit *Schärfe –1*. Sollte mir das Ergebnis zu weich erscheinen, lässt sich ein Foto mit diesen Vorgaben jederzeit in einem Bildbearbeitungsprogramm nachschärfen. Ist die Aufnahme hingegen überschärft, können Sie das nachträglich kaum noch verbessern.

Falls Sie die Kreativmodi Ihrer A7 intensiv verwenden möchten, können Sie bis zu sechs Ihrer individuellen Vorgaben speichern. Dazu rufen Sie zunächst das Untermenü *Kreativmodus* auf (auch via Schnellmenü), dann blättern Sie ans Ende der Liste. Dort finden Sie sechs Vorgaben, die Sie im Prinzip so einstellen, wie beschrieben – allerdings mit einem kleinen Unterschied:

1 Wählen Sie zunächst den gewünschten Speicherplatz, zum Beispiel *1 Hell*.

2 Drücken Sie die ▶-Taste, Sie gelangen zur Wahl des *Bildmodus*. Legen Sie hier den gewünschten Bildstil fest, etwa *Klar*.

3 Drücken Sie die ▶-Taste erneut. Erst jetzt geben Sie Ihre Werte für *Kontrast*, *Sättigung* und *Schärfe* vor.

> **Bildstile per Funktionstaste aufrufen**
> Falls Sie noch fixer als via Schnellmenü auf Ihre Bildstile zugreifen möchten, legen Sie die Funktion *Kreativmodus* auf eine der vielen frei konfigurierbaren Tasten Ihrer A7, etwa auf die *C3*-Taste. Dazu dient die Befehlsfolge *MENU > Benutzereinstellungen > 6 > Key-Benutzereinstlg. > 2 Unten-Taste > Kreativmodus*.

Bildeffekte – die ganz besondere Note für Ihre Fotos

Auf Wunsch verfremdet die A7 Ihre Aufnahmen effektvoll. Dafür stehen Ihnen 13 Bildeffekte zur Auswahl, einige davon mit weiteren Effektoptionen. Ich verwende die »kreativen« Effekte so gut wie nie, andere Fotografen schwören darauf. Für meinen Geschmack nutzen sich die Effekte relativ schnell ab, sodass ich höchstens hin und wieder ein Foto mit *HDR Gemälde*, *Soft High-Key* oder *Sattes Monochrom* aufnehme.

Was mich am meisten stört: Ist ein Bildeffekt vorgegeben, zeichnet die A7 kein unverfälschtes Bild auf, nicht einmal eine RAW-Datei. Bildeffekte sind nur bei JPEG-Aufnahmen möglich. Insbesondere bei Motiven, die Ihnen wichtig sind, sollten Sie da-

Bildeffekt einrichten

Manche Bildeffekte (wie »Spielzeugkamera«) bieten weitere Optionen. Sie rufen sie mit der ▶- oder ◀-Taste auf.

HDR-Gemälde

Für meinen Geschmack wirkt der Effekt »HDR Gemälde« besonders ausdrucksstark, wenn man Landschaften bei starker Bewölkung aufnimmt.

her stets ein zweites Foto schießen, bei dem Sie *Bildeffekt* auf *Aus* gestellt haben.

Hinzu kommt: Wie sich ein Bildeffekt auf Ihre Aufnahmen auswirken wird, zeigt das Sucherbild nicht bei allen Vorgaben. Dann sehen Sie erst bei der Bildwiedergabe, was der Effektprozessor aus Ihrem Bild gemacht hat.

Sie stellen den gewünschten Bildeffekt unter *MENU > Kamera > 4 Bildeffekt* ein. Falls ein Effekt weitere Optionen bietet, wählen Sie diese mit der ◀- bzw. ▶-Taste aus. Ihre A7 stellt Ihnen die folgenden Bildeffekte zur Verfügung:

Spielzeugkamera
Das Foto sieht aus, als wäre es mit einer Spielzeugkamera aufgenommen: starke Vignette sowie auf Wunsch Farbstich. Der Effekt eignet sich gut für Kinderporträts.
Vorschau: ja
Optionen: *Farbstich aus* oder Farbe wählbar

Pop-Farbe
Erzeugt überbetonte, poppige Farben. Besonders geeignet für Motive mit ausgeprägten Farben.
Vorschau: ja
Optionen: keine

Posterisation
Starke Betonung einer wählbaren Farbe bzw. Schwarz oder Weiß. Sehr harte Kontraste. Empfiehlt sich für Fotos, die für Plakate etc. verwendet werden sollen.
Vorschau: ja
Optionen: Farbe, die betont werden soll.

Retro-Foto

Foto sieht aus wie gealtert, mit Sepia-Tonung, schwache Kontraste. Schöner Effekt bei alten Gegenständen oder um Personenaufnahmen einen historischen Look zu verleihen.

Vorschau: ja
Optionen: keine

Soft High-Key

Aufnahmen wirken kühl, hell und zart mit etwas reduzierten Details. Eignet sich insbesondere für zarte Motive wie weibliche Porträts oder Blumen.

Vorschau: ja
Optionen: keine

Teilfarbe

Nimmt ein Schwarzweiß-Bild auf, bei dem Motivpartien mit der vorgegebenen Farbe farbig erhalten bleiben (Color Keying). Interessanter Effekt, um das Hauptmotiv besonders zu betonen.

Vorschau: ja
Optionen: Farbe, die erhalten bleiben soll

Hochkontr.-Mono.

Erzeugt ein Schwarzweiß-Bild mit stark ausgeprägtem Kontrast. Wirkt besonders gut bei technischen, kantigen Motiven.

Vorschau: ja
Optionen: keine

Weichzeichnung

Weiche bis sehr softe Kontraste und sehr geringe Schärfe. Empfohlen, um Formen aufzulösen.
Vorschau: nein
Optionen: Effektstärke

HDR Gemälde

Erzeugt per Mehrfachaufnahme HDR-Bilder mit typischem Tonemapping-Effekt. Besonders geeignet für Architektur- oder Landschaftsaufnahmen bei stark bewölktem Himmel.
Vorschau: nein
Optionen: Effektstärke

Sattes Monochrom

Erzeugt per Mehrfachaufnahme Schwarzweiß-Bilder mit sehr fein abgestuften Tonwertdetails. Ideal für Motive mit sehr vielen Details.
Vorschau: nein
Optionen: keine

Miniatur

Nur eine enge Zone im Bild wird scharf wiedergegeben, der Rest verschwimmt in Unschärfe. Ort und Ausrichtung der Schärfezone lassen sich vorgeben. Fotos aus der realen Welt wirken so wie Aufnahmen einer Spielzeuglandschaft. Fotografieren Sie von einem erhöhten Standpunkt aus.
Vorschau: nein
Optionen: Schärfezone

Wasserfarbe

Bild wirkt wie mit zerlaufenden Wasserfarben gemalt. Eine interessante Verfremdung, vor allem bei kleinteiligen Motiven.
Vorschau: ja
Optionen: keine

Illustration

Betont Kanten und füllt Fläche, Bild wirkt wie eine Farbzeichnung. Der Effekt wirkt besonders gut bei Motiven mit harten Kanten und ausgeprägten Flächen.
Vorschau: nein
Optionen: Effektstärke

6.4 Rauschreduzierung

Bildrauschen ist ein unvermeidlicher, jedoch keineswegs erwünschter Begleiter der Digitalfotografie. Ausführlich habe ich das Thema bereits in Kapitel 4 besprochen. Dort ging es auch um die Frage, mit welchen Kameraeinstellungen und Aufnahmetechniken Sie Bildrauschen minimieren können.

Falls Sie im JPEG-Format aufzeichnen, greift noch eine weitere Maßnahme: Die Bildverarbeitungs-Engine Ihrer A7 reduziert Bildrauschen per Software. Das Rauschen wird also erst eliminiert, nachdem es bereits aufgetreten ist. Es liegt auf der Hand, dass diese Art der Rauschreduktion zwangsläufig nicht nur Störpixel wegbügelt, sondern auch feinste Bilddetails. Daher ist es wichtig, dass Sie die Rauschreduzierung gemäß Ihren Vorstellungen und den Erfordernissen des Motivs einrichten.

ISO-Rauschen mindern

In der Praxis stört vor allem das sogenannte »ISO-Rauschen«, das mit steigender ISO-Empfindlichkeit immer lästiger wird. Es besteht im Wesentlichen aus zwei Komponenten:

- Farbrauschen, bei dem einzelne Pixel oder Pixelgruppen nicht die zu erwartenden Farbwerte zeigen. Farbrauschen gilt als besonders lästig, da es nicht nur zulasten der Detailtreue geht, sondern auch die Farbwiedergabe verfälscht.
- Helligkeitsrauschen, das sich vor allem als feines Korn in gleichmäßigen Flächen mittlerer Helligkeit störend bemerkbar macht.

Ob und wie kräftig Ihre A7 ISO-Rauschen unterdrücken soll, geben Sie unter MENU > Kamera > 5 Hohe ISO-RM vor. Hier haben Sie drei Möglichkeiten:

- **Normal**: Priorität hat die Rauschunterdrückung, feinste Bilddetails gehen unter Umständen verloren – umso mehr, je höher Sie die ISO-Empfindlichkeit eingestellt haben. Die Vorgabe *Normal* empfiehlt sich vor allem dann, wenn Sie etwaiges Bildrauschen nachträglich nicht gesondert in einem Bildbearbeitungsprogramm minimieren möchten.
- **Niedrig**: Wahrt feine Details besser, im Gegenzug tritt in flächigen Bildbereichen Rauschen stärker hervor. Empfehlenswert vor allem dann, wenn Sie bei hohen ISO-Werten sehr detaillierte Motive aufnehmen.
- **Aus**: Die Bilddaten werden ohne Rauschunterdrückung aufgezeichnet. Die Vorgabe ist bestenfalls bei Werten bis ISO 400 zu empfehlen, wenn Sie leichtes Rauschen in Kauf nehmen möchten, um feinste Bilddetails auf allerhöchstem Niveau zu schonen.

Denken Sie auch daran: Wenn Sie gezwungen sind, bei sehr hohen ISO-Werten zu fotografieren (höher als ISO 3.200), liefert die Multiframe-Rauschminderung bessere Ergebnisse als eine Einzelaufnahme (siehe Kapitel 4).

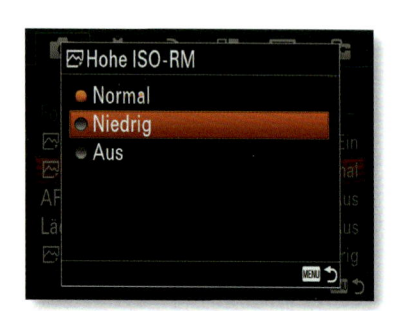

Rauschminderung einrichten

In der Regel sollten Sie die »Hohe ISO RM« nicht auf »Aus« stellen.

> **Optimale Rauschreduzierung nur bei RAW-Aufnahmen**
> Nur wenn Sie im RAW-Format aufzeichnen, können Sie die Balance zwischen Rauschunterdrückung und Detailzeichnung optimal einstellen. Gängige RAW-Konverter (wie Lightroom, jedoch nicht der Image Data Converter von Sony) ermöglichen Ihnen nämlich, die Rauschminderung je nach Motiv zu steuern. So entrauschen Sie beispielsweise flächige oder unscharfe Bildbereiche stärker, bildwichtige Motivpartien mit feinen Details entsprechend schwächer.

© Testbilder: digitalkamera.de

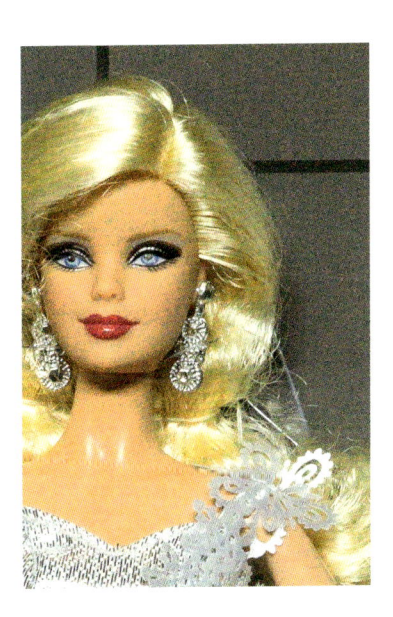

Dunkelrauschen reduzieren

Ihre A7 kann nicht nur ISO-Rauschen reduzieren, sondern auch Dunkelrauschen. Dunkelrauschen entsteht, wenn eine Sensorzelle Elektronen emittiert, ohne dass sie durch einfallende Photonen dazu angeregt wurde. Die Wahrscheinlichkeit für derartige »Hot Pixel« ist umso größer, je länger die Belichtungszeit dauert.

Ihre A7 reduziert Dunkelrauschen automatisch bei Belichtungszeiten ab einer Sekunde per »Darkframe Reduction«. Dabei nimmt sie nach der eigentlichen Aufnahme ein zweites Mal bei geschlossenem Verschluss auf. Die bei diesem Dunkelbild ermittelten »Hot Pixel« werden dann aus der eigentlichen Aufnahme subtrahiert. Falls Sie auf die spezielle Form der Rauschunterdrückung bei Langzeitbelichtungen verzichten möchten, stellen Sie MENU > Kamera > 5 Langzeit-RM auf Aus.

Rauschminderung im Vergleich

Links: Mit »Hohe ISO-RM > Normal« wird das Rauschen wirkungsvoll unterdrückt, feinste Details leiden indes sichtbar.

Mitte: Die Vorgabe »Niedrig« wahrt die Details deutlich besser, der flächige Hintergrund wirkt jedoch körnig.

Rechts: Die Vorgabe »Aus« ist nicht zu empfehlen, weil es hierbei auch zu schwer behebbaren Farbstörungen kommt.

Aufnahmen mit der A7R bei ISO 6.400 – bei geringeren ISO-Werten sind die Auswirkungen moderater.

6.5 Automatische Korrektur von Abbildungsfehlern

Kein Objektiv kann die reale, dreidimensionale Welt perfekt auf der Fläche des Bildsensors abbilden – da stellen die Gesetze der Physik einfach unüberwindbare Hürden auf. Auch Ihre A7 beziehungsweise die angeschlossenen Objektive sind diesen Gesetzen unterworfen. Aber die Physik lässt sich ein wenig überlisten: Ihre A7 ist in der Lage, die unvermeidlichen Abbildungsfehler bereits

Bildaufbereitung nach Wunsch

bei der Aufnahme zu korrigieren. Dazu bietet sie unter *MENU > Benutzereinstellungen > 5 > Objektivkomp. > 1* drei Korrekturoptionen, die Sie jeweils auf *Auto* oder *Aus* schalten können:

Korrektur von Abbildungsfehlern

Ihre A7 korrigiert auf Wunsch Abbildungsfehler, die durch das Objektiv hervorgerufen werden, wie Vignettierung, laterale chromatische Aberration oder Verzeichnung.

- **Schattenaufhellung** sorgt dafür, dass die Bildränder ebenso hell wiedergegeben werden wie das Zentrum. Oftmals fällt die Helligkeit zu den Bildrändern hin ab, das Objektiv »vignettiert«. Schalten Sie die Korrektur ein, hellt der Bildprozessor Ihrer NEX die abgedunkelten Bildbereiche entsprechend auf.
- **Farbabweich.korrek.** korrigiert Farbsäume, die an Kontrastkanten auftreten können. Diese chromatische Aberration entsteht dadurch, dass die Brechkraft der Linsen im Objektiv von der Wellenlänge des Lichts abhängt. Chromatische Aberration tritt zumeist an den Bildrändern auf und ist in der Regel bei Weitwinkelobjektiven stärker ausgeprägt als bei langen Brennweiten.

Vignettierung

Vignettiert das Objektiv, sind die Bildecken und -ränder deutlich abgeschattet.

Chromatische Aberration

Chromatische Aberration äußert sich in Farbkonturen, die sich an Kontrastkanten zeigen. Sie lassen die Aufnahme unscharf wirken (links). Ihre A7 kann die Farbsäume automatisch eliminieren (rechts).

- **Verzeichnungskorr.** behebt Abbildungsfehler, die Fotografen Verzeichnung nennen. Viele Objektive wölben das Bildfeld. Bei kurzen Brennweiten treten in der Regel tonnenförmige Verzeichnungen auf, das Bild wirkt bauchig. Im Telebereich verzeichnen Objektive eher kissenförmig, das Bildzentrum wirkt leicht gestaucht. Meist fallen kissenförmige Verzeichnungen deutlich weniger auf als ein tonnenförmig verzeichnetes Weitwinkelfoto.

Verzeichnung

Links: Das Weitwinkelobjektiv hat die Aufnahme sichtbar verzeichnet, die Gebäudefront wirkt bauchig. Rechts: Auch diesen Abbildungsfehler kann Ihre A7 automatisch korrigieren.

Es liegt auf der Hand, dass Ihre A7 durch das Objektiv hervorgerufene Abbildungsfehler nur dann korrigieren kann, wenn ihr auch entsprechende Korrekturdaten vorliegen. Das gilt derzeit (zum Zeitpunkt der Drucklegung) für die meisten Objektive mit E-Bajonett und für alle FE-Objektive.

Schalten Sie alle drei Korrekturoptionen ruhig ein, die Automatiken funktionieren hervorragend. Denken Sie jedoch daran, dass sich die Korrektur von Abbildungsfehlern nur auf JPEG-Aufnahmen auswirkt – RAW-Dateien werden (noch) nicht korrigiert.

Verzeichnungskorrektur und RAW-Aufnahmen

Auf den ersten Blick scheint es logisch zu sein, dass Abbildungsfehler bei RAW-Dateien nicht korrigiert sind – schließlich werden ja bei der Korrektur von chromatischen Aberrationen und Verzeichnungen Pixel verschoben.

Im Prinzip gilt das auch für die RAW-Dateien, die Sie mit Ihrer A7 aufzeichnen. Doch Sony beschreitet hier einen relativ neuen Weg: Die RAW-Dateien Ihrer A7 enthalten eingebettete Korrekturprofile, die den RAW-Konverter anweisen, wie er bereits beim Demosaicing die Verzeichnung entzerren soll. Derzeit wertet nur der Image Data Converter von Sony diese Korrekturdaten aus, Lightroom 5.3 ignoriert sie. Da Lightroom indes die Korrekturprofile älterer Sony-Kameras berücksichtigt, wird wohl mit dem nächsten Update auch Lightroom die entsprechenden Daten Ihrer FE-Objektive auswerten. Abschalten lässt sich diese automatische Korrektur übrigens nicht.

6.6 Basiswissen RAW-Bearbeitung

Falls Sie Rohdaten anstelle von fertig entwickelten JPEG-Dateien aufzeichnen, stehen Ihnen viele Korrektur- und Bildbearbeitungsfunktionen Ihrer A7 nicht zur Verfügung. Dafür erhalten Sie weitgehend unverfälschte Daten, die Ihnen dank ihrer deutlich größeren Bittiefe auch noch ein deutlich größeres Bearbeitungspotenzial eröffnen als JPEG-Aufnahmen. Allerdings benötigen Sie zwingend einen RAW-Konverter oder ein Bildbearbeitungsprogramm, das RAW-Dateien lesen und in ein herkömmliches Dateiformat überführen kann.

Von Sony gibt es dazu kostenlos den *Image Data Converter* (IDC) wahlweise für Mac oder Windows (unter http://www.sony.de/support/de/product/ILCE-7/updates). Als einziger RAW-Konverter bildet der IDC spezielle Funktionen Ihrer A7 nach, etwa die DRO-Funktion. Aus vielerlei Gründen verwende ich den IDC dennoch nicht; meine wichtigsten Kritikpunkte sind: Das Programm reagiert äußerst zäh auf Eingaben (insbesondere, wenn es die 36-Megapixel-Dateien der A7R verarbeitet), zudem fehlt ihm die Möglichkeit zu lokalen Korrekturen. In meinen Augen eignet sich der Image Data Converter bestenfalls, um einmal im Ausnahmefall eine einzelne RAW-Datei zu entwickeln.

Mein Favorit bei der RAW-Bearbeitung ist *Adobe Photoshop Lightroom*, oder kurz: Lightroom. Lightroom bietet nicht nur einen sehr funktionsreichen RAW-Konverter inklusive der Mög-

Für Photoshop und Photoshop Elements: Adobe Camera RAW

Mit Lightroom bearbeiten Sie Ihre RAW-Dateien im *Entwickeln*-Modul. Falls Sie Photoshop CC besitzen, übernimmt diese Aufgabe der integrierte RAW-Konverter *Adobe Camera Raw* (ACR). Dessen Funktionsumfang ist weitgehend identisch mit dem des *Entwickeln*-Moduls von Lightroom.

Photoshop CS6 sowie Photoshop Elements 12 können die RAW-Dateien Ihrer A7 ebenfalls lesen und entwickeln. Allerdings ist insbesondere bei Photoshop Elements der Funktionsumfang sehr beschränkt.

Image Data Converter von Sony

Passend für die RAW-Dateien Ihrer A7 gibt es den Image Data Converter von Sony. Der Funktionsumfang dieses RAW-Konverters geht in Ordnung, leider reagiert das Programm sehr zäh auf Eingaben.

lichkeit zu lokalen Korrekturen, sondern glänzt zudem mit einer hervorragenden Bildverwaltung. Das Programm kostet etwa 100 Euro – eine Investition, die ich Ihnen wärmstens empfehlen kann, wenn Sie das volle Potenzial der RAW-Dateien Ihrer A7 ausschöpfen möchten.

Naturgemäß kann ich hier bei Weitem nicht den gesamten Funktionsumfang von Lightroom erläutern. Im Rahmen dieses Handbuchs zur A7 beschränke ich mich auf spezielle Funktionen und grundlegende Einstellungen für die RAW-Dateien Ihrer A7.

Bildstile per Kamerakalibrierung nachbilden

Wenn Sie im RAW-Format aufzeichnen, stehen Ihnen die Bildstile im Kreativmodus (siehe Seite 212) nicht zur Verfügung. Sie können jedoch in Lightroom die Tonwertkurven der meisten Bildstile nachbilden. Dazu öffnen Sie im *Entwickeln*-Modul die Palette *Kamerakalibrierung*, die Bildstile finden Sie dann in der Liste *Profil*.

Ihre Vorgaben unter *Profil* wirken sich auch auf die automatische Belichtungs- und Kontrastkorrektur von Lightroom aus. Ändern Sie daher zunächst das Profil, bevor Sie Ihre Aufnahmen in den *Grundeinstellungen* weiter bearbeiten. Ich ziehe seit Kurzem das Profil *Camera Standard* Lightrooms Vorgabe *Adobe Standard* vor.

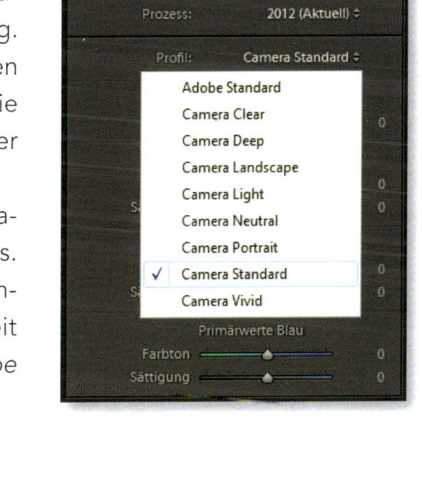

Adobe Photoshop Lightroom

Nach meinem Dafürhalten ist Lightroom von Adobe das ideale Werkzeug, um RAW-Dateien aus der A7 zu entwickeln.

Bildaufbereitung nach Wunsch

Details herausarbeiten

Bei dieser sehr kontrastreichen Gegenlichtaufnahme ermöglichte es mir das RAW-Format, die Details wunschgemäß herauszuarbeiten.

ISO 250 | 70 mm | 1/80 s | f/20

Vorgaben für Schärfe und Rauschunterdrückung

RAW-Dateien müssen zwingend nachgeschärft werden. Durch die Interpolation der vollen Farbinformationen wirken ungeschärfte RAW-Dateien flau und unansehnlich. In Lightroom stellen Sie die Schärfe in der Palette *Details* ein. Innerhalb dieser Palette kümmern Sie sich auch um die Rauschreduzierung.

Für meinen Geschmack passen die Standardvorgaben von Lightroom nicht sonderlich gut zu den RAW-Dateien Ihrer A7. Beim Nachschärfen hält sich Lightroom arg zurück, die Reduzierung des Farbrauschens ist dagegen allzu forsch. Ich beginne daher mit folgenden Basiseinstellungen:

1 Geben Sie zunächst *Rauschreduzierung > Farbe > 5* vor – die Standardvorgabe *25* ist viel zu hoch.

2 Als Ausgangspunkt für das Schärfen dienen mir diese Einstellungen: *Betrag > 50; Radius > 1; Details > 33; Maskieren > 30*. Stellen Sie dann die Regler je nach Motiv weiter ein:

Für technische Motive erhöhen Sie den *Betrag*, eventuell auch *Details*. Porträts profitieren hingegen von einem kleineren Wert für *Details*. Bei stark verrauschten Aufnahmen dämpfen Sie das Rauschen in den Flächen, indem Sie *Maskieren* weiter aufziehen. Halten Sie die *Alt*-Taste gedrückt, während Sie am *Maskieren*-Regler ziehen – Lightroom zeigt dann Schwarz auf Weiß, welche Bildbereiche vom Schärfen nicht betroffen werden.

3 Falls sich bei High-ISO-Aufnahmen jetzt noch Farbrauschen zeigt, ziehen Sie *Rauschreduzierung > Farbe* sachte soweit auf, dass die Störpixel gerade nicht mehr farbig erscheinen. Nach meiner Erfahrung sind höhere Werte als 5 erst jenseits der ISO 1.600 nötig.

4 Schließlich regulieren Sie mit *Rauschreduzierung > Luminanz* das Helligkeitsrauschen. Die optimalen Einstellungen hängen stark von Ihren Einstellungen unter *Schärfen* ab. Bügeln Sie das Luminanzrauschen nicht völlig weg, dadurch gehen zu viele Details verloren, die sich auch mit *Rauschreduzierung > Details* nicht mehr rekonstruieren lassen.

Details einstellen

In der »Details«-Palette von Lightroom beginne ich mit diesen Grundeinstellungen.

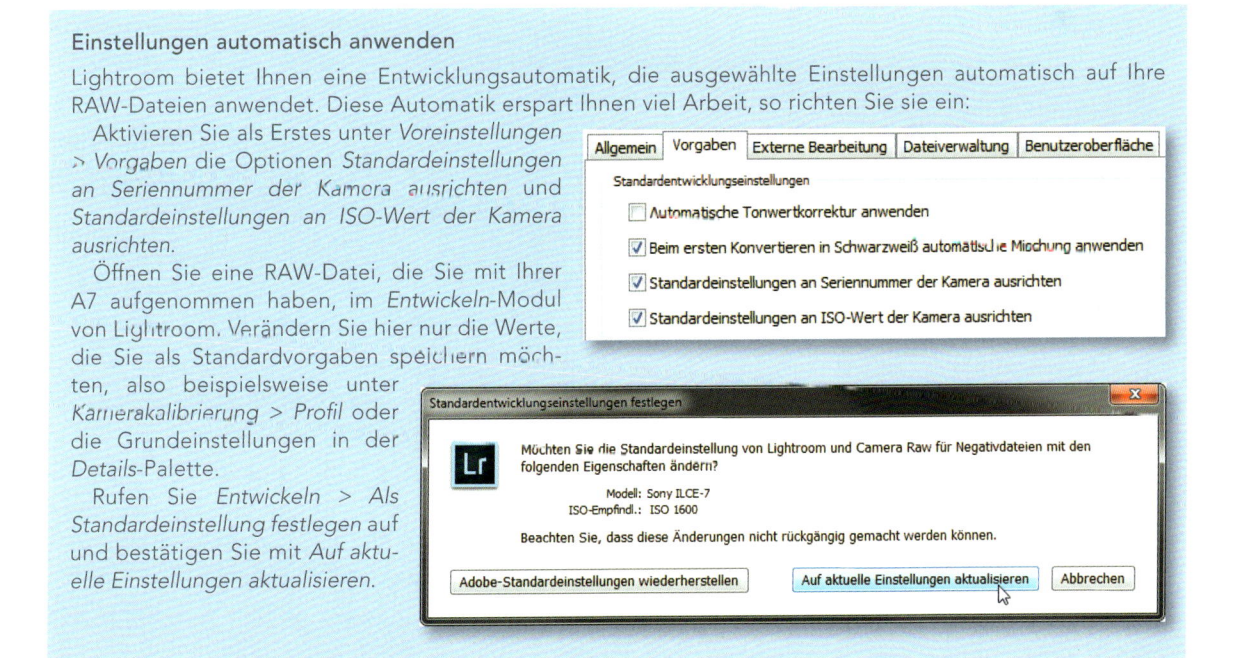

Einstellungen automatisch anwenden

Lightroom bietet Ihnen eine Entwicklungsautomatik, die ausgewählte Einstellungen automatisch auf Ihre RAW-Dateien anwendet. Diese Automatik erspart Ihnen viel Arbeit, so richten Sie sie ein:

Aktivieren Sie als Erstes unter *Voreinstellungen > Vorgaben* die Optionen *Standardeinstellungen an Seriennummer der Kamera ausrichten* und *Standardeinstellungen an ISO-Wert der Kamera ausrichten*.

Öffnen Sie eine RAW-Datei, die Sie mit Ihrer A7 aufgenommen haben, im *Entwickeln*-Modul von Lightroom. Verändern Sie hier nur die Werte, die Sie als Standardvorgaben speichern möchten, also beispielsweise unter *Kamerakalibrierung > Profil* oder die Grundeinstellungen in der *Details*-Palette.

Rufen Sie *Entwickeln > Als Standardeinstellung festlegen* auf und bestätigen Sie mit *Auf aktuelle Einstellungen aktualisieren*.

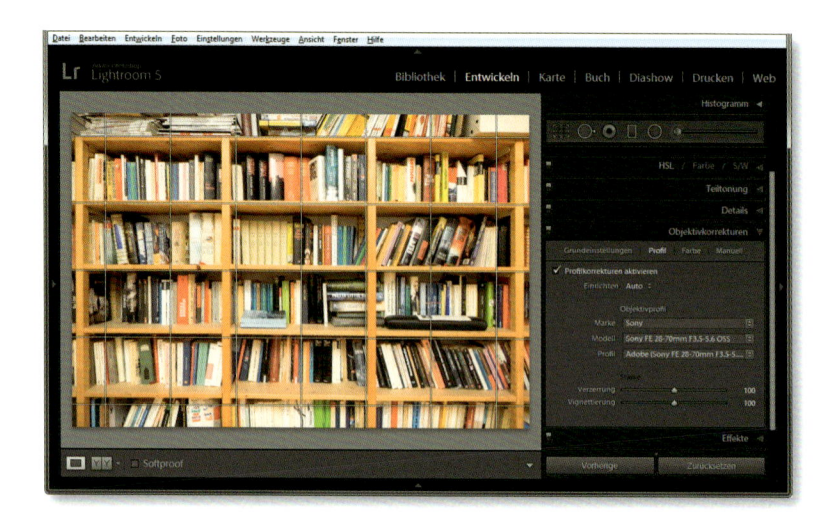

Exposing to the right

Oben: Die Aufnahme ohne Belichtungskorrektur habe ich nachträglich aufgehellt. Unten: Hier habe ich »nach rechts belichtet« und dann abgedunkelt. Tiefen und Mitteltöne wirken bei der Variante rechts detailreicher und sind besser durchgezeichnet.

Objektivkorrekturen

Auch wenn Lightroom (derzeit) nicht die in den RAW-Dateien hinterlegten Profile zur Korrektur von Verzeichnung und Vignettierung auswerten kann, so korrigieren Sie damit dennoch Abbildungsfehler automatisch. Voraussetzung dafür ist allerdings, dass Lightroom über interne Korrekturprofile verfügt. Zum Zeitpunkt der Drucklegung dieses Buches war Lightroom 5.3 aktuell, diese Programmversion bringt Korrekturprofile für die folgenden FE-Objektive mit: SEL 2870, SEL 35F28Z, SEL 55F18Z. Profile für weitere Objektive wird Lightroom-Hersteller Adobe erfahrungsgemäß mit neueren Programmversionen nachreichen.

Sie aktivieren die automatische Korrektur in der Palette *Objektivkorrekturen* unter *Profil > Profilkorrekturen aktivieren*, geben Sie hier für *Einrichten > Auto* vor.

Exposing to the right

RAW-Dateien bieten aufgrund ihrer größeren Bittiefe prinzipiell einen deutlich größeren Tonwertreichtum als JPEG-Aufnahmen. Bei der Digitalisierung der Helligkeitswerte einer Aufnahme kommt es jedoch zu einem mathematischen Problem: Je höher die Werte sind, desto feinere Abstufungen sind zwischen einzelnen Werten möglich. Teilt man das Histogramm (das ja die Helligkeitsverteilung zeigt) beispielsweise in acht Zonen ein, so würde für die Zone 8 die Hälfte aller Werte zur Verfügung stehen, für Zone 1 jedoch nur noch $1/256$. Die Folge: In den Tiefen (Zone 1) werden die Tonwerte deutlich weniger differenziert.

Michael Reichmann, der Betreiber der empfehlenswerten Webseite luminous-landscape.com hat ein Verfahren entwickelt, wie sich die Tiefenzeichnung bei RAW-Aufnahmen verbessern lässt: Exposing to the right (kurz: ETTR, zu Deutsch etwa »nach rechts belichten«). Dabei werden RAW-Aufnahmen gezielt so belichtet, dass das Histogramm nach rechts bis zur äußersten Grenze ausgeschöpft wird – die Belichtung wird also erhöht. Bei der RAW-Entwicklung reduziert man dann die Helligkeit und passt eventuell die Tonwertkurven in den Tiefen zusätzlich so an, dass wieder ein natürlicher Helligkeitseindruck entsteht. Da durch diese Technik für die dunklen Bildbereiche zunächst höhere und damit mehr Werte zur Verfügung stehen, verbessert sie die Tiefenzeichnung.

Ein Allheilmittel für besser durchgezeichnete Tiefen ist ETTR indes nicht. Die Technik funktioniert nur, wenn der Motivkontrast geringer ist als die Eingangsdynamik Ihrer A7 (also rund 11 EV). Bei kontrastarmen Motiven kann sie aber durchaus die Tiefenzeichnung verbessern.

Hamburger Hafen bei Nacht

Diese Aufnahme im RAW-Format eröffnete mir alle Möglichkeiten, Tonwertmodulation, Farben und Schärfe wunschgemäß einzustellen.

ISO 200 | 100 mm | 3,2 s | f/18

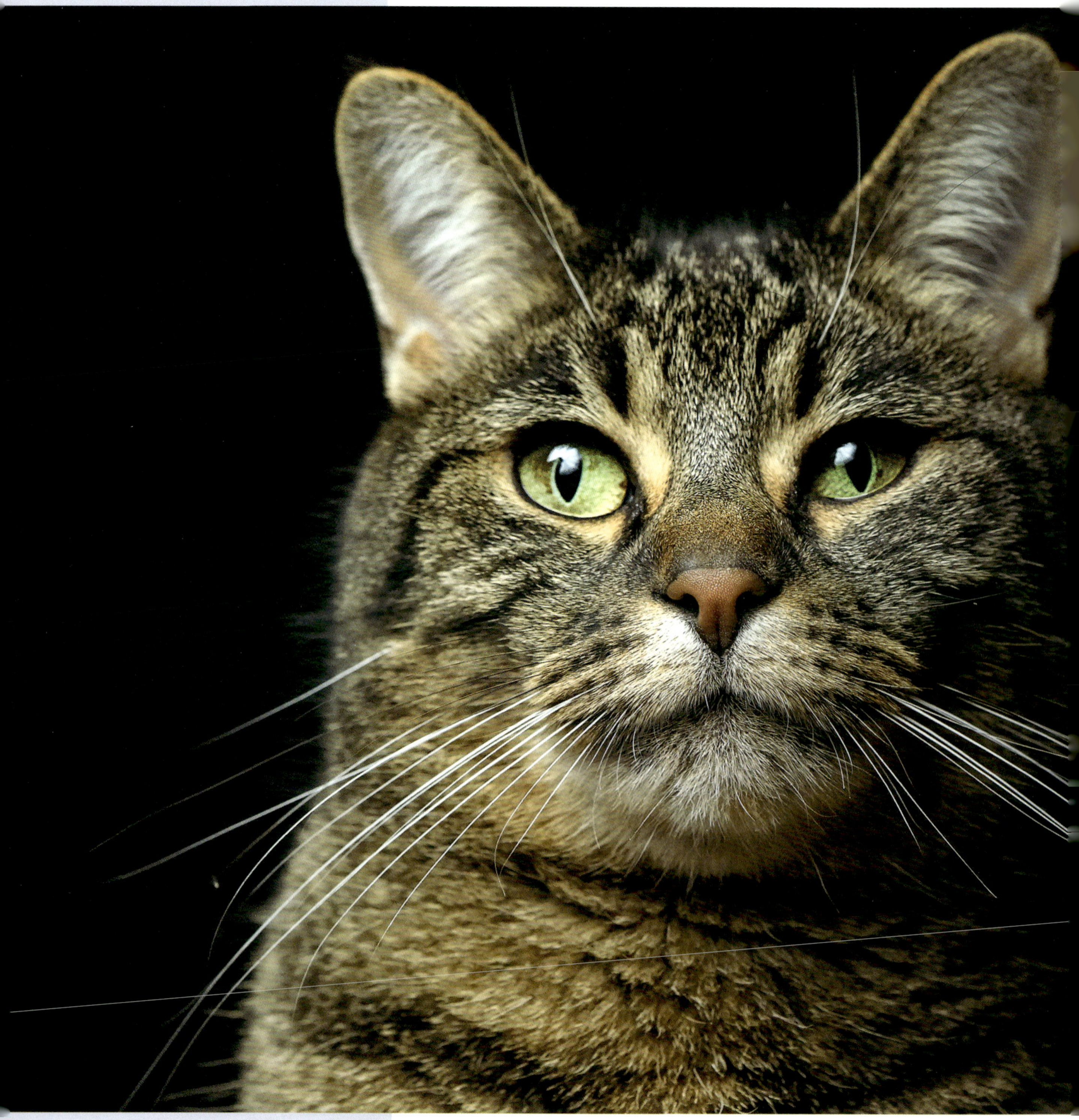

7

Blitzbelichtung mit Ihrer A7

Klar, wenn Ihr Motiv im Dunkeln liegt, holt es ein Blitzgerät ans Licht. Doch das ausgeklügelte Blitzsystem Ihrer A7 leistet weitaus mehr, als einfach nur für mehr Licht zu sorgen.

Dieses Porträt von meinem Kater Scotty habe ich mit einem Studioblitz ausgeleuchtet. Ein großer Reflektor von links oben sorgt für lebhafte Reflexionen in den Augen. Vergleichbare Ergebnisse erzielen Sie auch mit den Systemblitzgeräten von Sony.

ISO 320 | 100 mm | 1/125 s | f/5.6

7.1 Das leistet das Blitzsystem von Sony

Nicht nur Goethe verlangte nach »mehr Licht«, auch dem Fotografen fehlt es oft daran. Wenn das Umgebungslicht nicht ausreicht, illuminieren Sie Ihr Motiv mit einem Blitzlicht. Ihre A7 bietet dazu fast unbegrenzte Möglichkeiten.

Anders als viele andere Systemkameras wartet die A7 nicht mit einem integrierten Bordblitz auf. Das ist einerseits etwas schade, ermöglicht aber andererseits erst das überaus kompakte Gehäuse der A7.

Blitzgeräte für Ihre A7

Im Prinzip können Sie an Ihrer A7 jedes Blitzgerät verwenden, das über einen sogenannten ISO-Schuh verfügt und dessen Auslösespannung maximal 2,5 Volt beträgt. In den Genuss aller Funktionen des Sony-Blitzsystems kommen Sie indes nur, wenn Sie ein Systemblitzgerät von Sony, Minolta oder Metz verwenden. Eine Reihe weiterer Hersteller bietet zwar elektronisch und mechanisch kompatible Blitzgeräte zu Ihrer A7 an, Funktionen wie »High Speed Synchronisation« (HSS), drahtlose Steuerung und viele mehr sind mit derartigen Fremdgeräten aber meist nicht möglich.

> **Auslösespannung beachten!**
> Der mechanische und elektrische Anschluss von Blitzgeräten ist genormt und wird deshalb als »ISO-Schuh« bezeichnet. Aber Achtung: Ältere Geräte weisen eine Auslösespannung von bis zu 400 Volt auf, Ihre A7 verträgt aber nur eine Auslösespannung von maximal 2,5 Volt. Wird dieser Wert von einem Blitzgerät überschritten, zerstört es Ihre A7 unwiderruflich!

Sony/Minolta	Aktuelle Modelle	
	HVL-F60M	HVL-F43M
Leitzahl	60	43
Anschluss Minolta-Schuh/Multi Interface	- / •	- / •
Reflektor schwenkbar/drehbar/Quick Shift Bounce	• / • / •	• / • / •
Auto Zoom/APS-C Zoom	• / •	• / •
HSS/HSS Wireless	• / •	• / •
WL Master/WL Slave	• / •	• / •
Manueller Betrieb/Leistungsstufen	• / $1/1 - 1/256$	• / $1/1 - 1/128$
AF-Hilfslicht/Videoleuchte	• / •	• / -

Das leistet das Blitzsystem von Sony

Anschluss

Ihre A7 ist mit dem sogenannten »Multi Interface Terminal« ausgestattet, das Sony im Jahr 2012 eingeführt hat. Dieser Anschluss ist mechanisch und elektronisch kompatibel zum ISO-Schuh, weist aber eine Reihe zusätzlicher Schnittstellen auf; etwa zur Tonaufzeichnung über das Stereomikrofon ECM-XYST1M. Blitzgeräte mit dem Multi-Interface-Schuh erkennen Sie an dem Suffix *M* in der Typbezeichnung.

Sie können mit Ihrer A7 jedoch auch ältere Blitzgeräte (Suffix *AM*) verwenden, die noch den bis 2012 verwendeten Minolta-Schuh aufweisen. Dann benötigen Sie den Adapter ADP-MAA (ca. 25 Euro), den Sie auf den Anschluss des Blitzgeräts stecken.

Blitzgerät fixieren
Der Minolta-Schuh ist mit einem Bajonettverschluss ausgestattet, der das Blitzgerät bombenfest im Anschluss der Kamera beziehungsweise im Adapter festhält. An Ihrer A7 wird ein Blitzgerät hingegen lediglich mit einer Rändelschraube fixiert. Ziehen Sie diese Schraube regelmäßig fest, wenn Sie ein Blitzgerät verwenden!

Leitzahl

Die maximale Leistung eines Blitzgeräts wird mit der »Leitzahl« (LZ) angegeben. Sie besagt, wie weit das Blitzlicht reicht bei ISO 100 und f/1.0. Sony lässt zusätzlich noch die Stellung des Zoomreflektors mit in die Angabe der Leitzahl einfließen.

Bereits der kleine HVL-F20M reicht völlig, um Wohnräume mit üblicher Größe auszuleuchten. Dennoch haben leistungsstärke-

HVL-F20M	Ältere Modelle (Auswahl)			
	HVL-F58AM	HVL-F56AM 5600 HS (D)	HVL-F42AM	HVL-F36AM 3600 HS (D)
20	58	56	42	36
- / •	• / -	• / -	• / -	• / -
• / - / -	• / • / •	• / • / -	• / • / -	• / - / -
(manuell) / -	• / •	• / -	• / •	• / -
- / -	• / •	• / •	• / •	• / -
• / -	• / •	• / •	- / •	- / •
- / -	• / $1/_1 - 1/_{32}$	• / $1/_1 - 1/_{32}$	• / $1/_1 - 1/_{32}$	- / -
- / -	• / -	• / -	• / -	• / -

233

re Geräte wie das HVL-F60M einen unschätzbaren Vorteil: Sie müssen deutlich seltener die volle Leistung abgeben und sind entsprechend schneller wieder für die nächste Aufnahme aufgeladen.

Reflektor

Bei allen Systemblitzgeräten von Sony lässt sich der Reflektor nach oben schwenken, teilweise sogar nach hinten. Das ermöglicht Ihnen indirektes Blitzen, zum Beispiel über eine Zimmerdecke. Die größeren Modelle (ab HVL-F43M) weisen zudem einen drehbaren Reflektor auf, sodass Sie das Blitzlicht auch über eine Wand lenken können.

Die neueren Geräte (ab HVL-58AM) sind zudem mit dem »Quick Shift Bounce«-Mechanismus ausgestattet. Er ermöglicht es, die komplette Reflektoreinheit um bis zu 180 Grad um die Hochachse zu verdrehen. Dank dieser cleveren Funktion können Sie auch bei Hochformatfotos Ihr Blitzlicht mit nur einem Handgriff so einrichten, dass es das Licht indirekt über eine Zimmerdecke lenkt.

Mit Ausnahme des HVL-F20M bieten die aktuellen Systemblitze (und viele ältere Geräte) einen automatischen Zoomreflektor. Er bündelt das Licht und erhöht so die Reichweite, in Abhängigkeit zur Zoombrennweite. Aktuelle Geräte berücksichtigen dabei sogar, ob Sie FE-Objektive verwenden oder E-Objektive mit kleinerem Bildkreis (und einer daraus resultierenden scheinbar längeren Brennweite).

High-Speed-Synchronisation

Abgesehen vom kleinen HVL-F20M bieten Sonys Blitzgeräte eine High-Speed-Synchronisation (HSS). In diesem Modus funktioniert die Blitzbelichtung auch bei Verschlusszeiten, die kürzer sind als die minimalen Blitzsynchronzeiten der Kameras ($1/250$ s bei der A7, $1/160$ s bei der A7R). Allerdings nimmt dabei die Leistung des Blitzgeräts deutlich ab. Mehr zu diesem Verfahren lesen Sie ab Seite 236.

Entfesselter Blitz

Ihre A7 löst auch Blitzgeräte aus, die Sie nicht auf die Kamera gesteckt haben. Dazu benötigen Sie allerdings einen weiteren Blitz als Steuergerät auf der Kamera.

Entfesselt blitzen

Mit Ausnahme des HVL-F20M lösen Sie Blitzgeräte auch entfesselt aus. Dazu platzieren Sie ein oder gleich mehrere »Slave«-Geräte an einer nahezu beliebigen Position im Raum. Auf Ihre A7 stecken Sie einen »Master«-Blitz, der die drahtlos angebundenen Kollegen steuert. Das Verfahren ermöglicht Ihnen eine sehr differenzierte Lichtführung oder das Ausleuchten großer Räume. Ausführlich lernen Sie es ab Seite 244 kennen.

Sie benötigen für das WL-Setup (WL = wireless, drahtlos) mindestens zwei Blitzgeräte: einen Steuerblitz (Master) sowie einen weiteren, der gesteuert wird und für das eigentliche Blitzlicht sorgt (Slave). Als Slave lassen sich praktisch alle gängigen Modelle verwenden, nur nicht das kleine HVL-F20M. Dieses können Sie hingegen als Steuerblitz (Master) einsetzen, was wiederum mit einigen älteren Geräten nicht möglich ist.

7.2 Blitzbelichtung

Ihre A7 belichtet auch dann automatisch, wenn Sie das Blitzlicht hinzuschalten. Das ist keine Selbstverständlichkeit – denn schließlich kann die Kamera ja die Wirkung des Blitzlichts nicht vorab messen. Daher reguliert Ihre A7 das Blitzlicht erst in dem Moment, in dem Sie eine Aufnahme auslösen. Sie feuert dazu vor der eigentlichen Aufnahme eine kurze Salve an Messblitzen ab,

HVL-F20M

Das handliche Blitzgerät HVL-F20M bietet für viele Gelegenheiten ausreichend Leistung (oben betriebsbereit, unten in Parkposition). Es sollte meiner Meinung nach in keiner Fototasche fehlen.

Aufhellblitz

Auch in ausreichend heller Umgebung leistet ein Blitzgerät gute Dienste. Etwa um wie hier das Hauptmotiv aufzuhellen und so hervorzuheben.

ISO 100 | 70 mm | $1/500$ s | f/6.3

Advanced Distance Integration (ADI)

Damit Ihre A7 das Blitzlicht korrekt anhand der Fokusentfernung regulieren kann (ADI-Messung), muss die Kamera diese natürlich kennen. Entsprechende Entfernungsangaben übermitteln alle FE- und E-Objektive. Bei A-Mount-Objektiven, die Sie adaptiert haben, funktioniert das nur, wenn diese mit einer entsprechenden Entfernungskodierung versehen sind. Sie erkennen diese Objektive an einem (D) in der Typbezeichnung. Ist eine ADI-Messung nicht möglich, fällt Ihre A7 automatisch in den klassischen TTL-Modus.

die je nach Entfernung und Reflexionseigenschaften des Motivs unterschiedlich stark zurückgeworfen werden. Erst nachdem die Kamera das reflektierte Blitzlicht gemessen hat, löst sie die Aufnahme aus. Das alles geschieht innerhalb weniger Millisekunden, sodass Sie die minimale Auslöseverzögerung nicht wahrnehmen.

Bei der Steuerung der Blitzleistung orientiert sich Ihre A7 zudem an der Entfernung, auf die Sie fokussiert haben. Die Blitzhelligkeit wird automatisch so ausgerichtet, dass Motive innerhalb der Fokusebene optimal belichtet werden. Weiter Entferntes kommt also dunkler aufs Bild, Motive im unscharfen Vordergrund werden dagegen tendenziell überbelichtet.

Blitzsynchronzeit und HSS-Modus

Sobald Sie ein Blitzlicht an Ihrer A7 aktivieren, steigt die kürzestmögliche Belichtungszeit auf $1/250$ s bei der A7 und gar auf $1/160$ s bei der A7R. Diese Grenze wird als Blitzsynchronzeit bezeichnet.

Verantwortlich für diese Beschränkung ist die Art und Weise, wie bei Ihrer A7 die Verschlusszeit gebildet wird: Während der Belichtung laufen zwei Verschlussvorhänge über den Sensor. Der erste gibt den Bildwandler frei, der zweite Vorhang deckt den Sensor wieder zu.

Bei Belichtungszeiten, die nicht kürzer sind als die Blitzsynchronzeit, läuft der zweite Verschlussvorhang erst ab, nachdem sich der erste Vorhang zur Gänze geöffnet hat. Der Sensor liegt also einen Moment komplett frei, in diesem Augenblick zündet der Blitz.

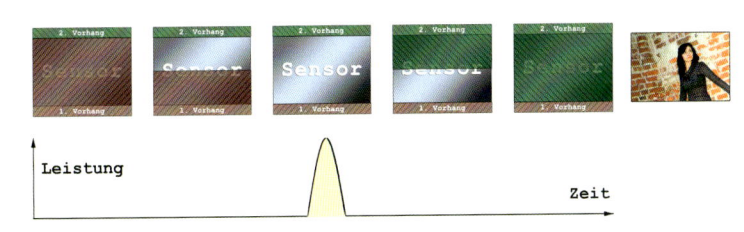

Blitzsynchronzeit

Entspricht die Belichtungszeit der Blitzsynchronzeit oder ist sie länger, öffnet sich der Verschluss komplett. Der Blitz feuert, wenn der Sensor zur Gänze frei liegt.

Bei kürzeren Belichtungszeiten senkt sich der zweite Vorhang bereits wieder, bevor der erste gänzlich geöffnet war. Der Sensor liegt also niemals komplett frei, die beiden Vorhänge bilden lediglich einen Schlitz, der über die Sensorfläche wandert. Ganz gleich, zu welchem Zeitpunkt der Blitz nun zündet: Es wird immer nur ein schmaler Streifen vom Blitzlicht erfasst.

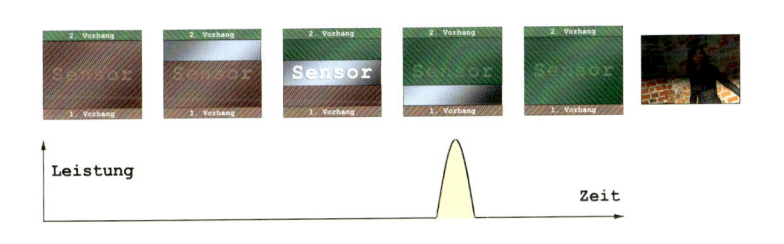

Belichtungszeit zu kurz

Bei Belichtungszeiten unterhalb der Blitzsynchronzeit gibt der Verschluss den Sensor niemals komplett frei. Das Blitzlicht würde stets nur einen schmalen Streifen erfassen.

Umgehen lässt sich dieses Problem mit einem Blitzgerät im High-Speed-Modus (HSS). Jetzt zündet das Blitzgerät nicht nur einmal, sondern gibt die geforderte Leistung als Salve mehrerer Blitze ab. Der Nachteil dieser Methode ist: Die maximale Blitzleistung ist stark begrenzt (umso mehr, je kürzer Sie die Belichtungszeit wählen). Aus diesem Grund können Sie Ihr Blitzgerät nur in den HSS-Modus schalten, wenn der Reflektor sich in seiner Grundstellung befindet, also direkt aufs Motiv gerichtet ist.

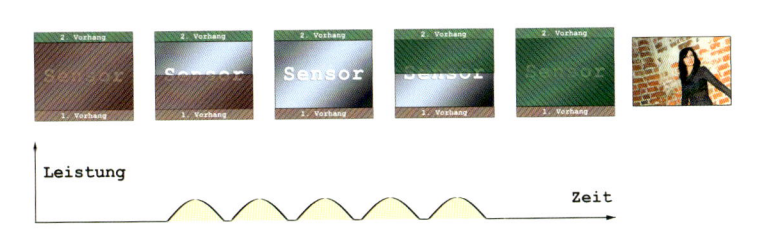

High-Speed-Synchronisation

Im HSS-Modus zündet das Blitzgerät mehrmals und sorgt so für eine homogene Belichtung auch bei nicht gänzlich freigegebenem Sensor.

Sie benötigen den HSS-Modus, wenn Sie in sehr heller Umgebung den Vordergrund per Blitz aufhellen möchten – etwa bei einem Porträt (siehe Beispiel auf Seite 236 oben). Hier hat die

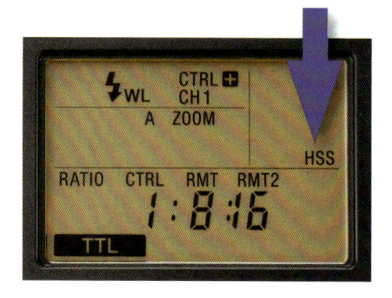

HSS-Modus einschalten

Sie aktivieren den HSS-Modus am Blitzgerät. Erst dann stehen Ihnen Belichtungszeiten zur Verfügung, die kürzer sind als die Blitzsynchronzeit.

Kamera bei vorgegebener Blende f/6.3 und ISO 100 eine Verschlusszeit von 1/500 s ermittelt. Ohne HSS-Modus wäre die Aufnahme so unweigerlich überbelichtet worden.

> **Neutraldichtefilter – Alternative zum HSS-Modus**
>
> Unter Umständen kann es problematisch sein, dass der HSS-Modus nur in Verbindung mit einem Blitzreflektor in Neutralstellung zur Verfügung steht. Falls Sie nicht auf den HSS-Modus zurückgreifen können oder möchten, gibt es eine Alternative: Dämpfen Sie das Licht mit einem Neutraldichtefilter (ND-Filter) vor dem Objektiv.
>
> Ich verwende bevorzugt einen »ND 0,66«-Filter, er reduziert das Licht um –2 EV. Nützlich sind ND-Filter auch, wenn Sie sehr lange Belichtungszeiten wünschen, etwa um fließendes Wasser in Bewegungsunschärfe aufzulösen.

Aufnahmemodus und Blitzmodus

Ihre A7 bietet eine Reihe von Blitzmodi, die Sie unter *MENU > Kamera > 2 > Blitzmodus* beziehungsweise via Schnellmenü vorgeben:

- **Blitz aus** und **Blitz-Automatik** stehen Ihnen nur bei den Vollautomatiken sowie den Motivprogrammen zur Auswahl. Mit *Blitz-Automatik* überlassen Sie es Ihrer A7, ob und in welchem Modus ein aktives Blitzgerät für die Aufnahme feuert oder nicht. *Blitz aus* geben Sie vor, wenn ein Blitzgerät explizit nicht ausgelöst werden soll.
- Die übrigen Modi **Aufhellblitz, Langzeitsync., Sync. 2. Vorh.** und **Drahtlos Blitz** können Sie ausschließlich im PASM-Modus vorgeben.

Elektronischer Verschluss und Blitzsynchronzeit bei der A7

Die A7 erreicht die kürzestmögliche Blitzsynchronzeit von 1/250 s nur, wenn Sie *MENU > Benutzereinstellungen > Elekt. 1. Verschl.vorh. > Ein* vorgeben (Standardeinstellung). Möglicherweise funktioniert der erste elektronische Vorhang jedoch nicht, wenn Sie Fremdobjektive an Ihre A7 adaptieren – schalten Sie die Funktion dann *Aus*. Die Blitzsynchronzeit der A7 verlängert sich dadurch auf 1/160 s wie bei der A7R.

Im Regelfall werden Sie ein Blitzlicht an Ihrer A7 im Modus *Aufhellblitz* betreiben (zu den Sonderfällen gleich noch mehr ab Seite 239). Aus Sicht der Belichtungssteuerung ist jetzt ein weiterer Parameter hinzugekommen (nämlich das Blitzlicht), die kürzestmögliche Belichtungszeit wird allerdings auf die Blitzsynchronzeit beschränkt. Ihre A7 steuert nun die Belichtung nach verschiedenen Prioritäten:

- In den Modi P und A sowie bei den Vollautomatiken wählt die Belichtungssteuerung keine Verschlusszeit länger als 1/60 s. Im

Modus P und bei den Vollautomatiken gibt die Belichtungssteuerung zudem bevorzugt Offenblende vor oder zumindest kleine Blendenzahlen. Haben Sie die ISO-Empfindlichkeit auf *Auto* eingestellt, hat die Verschlusszeit von 1/60 s Vorrang, die ISO-Zahl wählt die Automatik entsprechend.

- Im Modus S geben Sie eine Verschlusszeit vor, Ihre A7 steuert die Blende sowie gegebenenfalls die ISO-Zahl. Auch hierbei wird Offenblende bevorzugt. Geben Sie eine Belichtungszeit länger als 1/60 s vor, geht das Blitzgerät automatisch in den Modus *Langzeitsynchronisation*.
- Nur im Modus M haben Sie die volle Kontrolle über die Belichtungszeit (bis hinab zur Blitzsynchronzeit) wie auch über die Blendenzahl. Die Gesamtbelichtung wird dann über die Leistung des Blitzgeräts sowie gegebenenfalls die ISO-Empfindlichkeit gesteuert.

Falls ich in (moderat) heller Umgebung lediglich einen Aufhellblitz benötige, belasse ich meine A7 im Modus A (den ich ja sowieso bevorzuge) und gebe die gewünschte Blende vor, um die Tiefenschärfe zu steuern. Falls in sehr heller Umgebung und/oder bei sehr weit geöffneter Blende eine Verschlusszeit kürzer als die Blitzsynchronzeit nötig würde, weist eine blinkende Zeitangabe im Sucher auf das Problem hin. Reduzieren Sie in diesem Fall die ISO-Empfindlichkeit, schalten Sie das Blitzgerät in den HSS-Modus oder verwenden Sie einen ND-Filter.

Blinkende Zeitanzeige

Sollte Ihre A7 im Modus A eine Belichtungszeit benötigen, die kürzer als die Blitzsynchronzeit ist, blinkt die Zeitanzeige. Ihre Aufnahme würde überbelichtet.

Blitzlicht und Umgebungslicht mischen

Fotografieren Sie in dunkler Umgebung, etwa auf einer nächtlichen Straße oder während einer Party, wirken Aufnahmen mit Blitzlicht oftmals wie totgeblitzt. Ihre A7 richtet in diesen Situationen die Belichtung am vom Blitz erfassten Vordergrund aus, das Umfeld gerät dadurch zu dunkel aufs Foto.

Dieses Problem lösen Sie, indem Sie *MENU > Kamera > 2 > Blitzmodus > Langzeitsync.* oder gleich *Sync. 2. Vorh.* vorgeben. Beide Modi weisen Ihre A7 an, trotz Blitzlicht längere Verschlusszeiten als 1/60 s zu steuern – falls erforderlich. Die längeren Verschlusszeiten bewirken, dass das (schwache) Umgebungslicht stärker in der Aufnahme repräsentiert wird, Blitzlicht und Umgebungslicht werden harmonisch gemischt. Denselben Effekt erzielen Sie übrigens, wenn Sie die ISO-Empfindlichkeit erhöhen.

Langzeitsynchronisation

Links: Im Modus »Aufhellblitz« richtet Ihre A7 die Belichtung vorwiegend am vom Blitzlicht erfassten Hauptmotiv aus.

Rechts: Im Blitzmodus »Langzeitsynchronisation« steuern Sie die Belichtung so, dass das Umgebungslicht mit in die Aufnahme einbezogen wird.

Geben Sie im Modus M oder S eine längere Verschlusszeit als 1/60 s vor, geht Ihre A7 automatisch in den Modus *Langzeitsynchronisation*. Der Modus S hat aber den Nachteil, dass Ihre A7 die Blende weit öffnet.

Wenn ich auf einer Party oder einer Veranstaltung mit Blitzlicht fotografiere, bevorzuge ich daher den Modus M mit folgenden Einstellungen:

- **Belichtungszeit**: Für Reportagefotos verwende ich meist das Objektiv SEL2470Z. Hier gebe ich eine Belichtungszeit von 1/30 s vor – also gerade noch kurz genug, um auch bei 70 Millimeter Brennweite verwackelte Aufnahmen zu vermeiden.
- **Blende**: Die Blendenzahl stelle ich für jede Aufnahme ganz nach Gusto ein, etwa f/8 für Übersichtsfotos bei 24 Millimeter oder f/4 für Porträts mit 70 Millimeter Brennweite.
- **ISO-Empfindlichkeit**: Für die ISO-Empfindlichkeit gebe ich *Auto* vor. Jetzt steuert die A7 die ISO-Zahl so, dass auch das Umgebungslicht noch hinreichend auf den Fotos zur Geltung kommt.

Überbelichtung droht

Nur im Modus M zeigt Ihre A7 auch, um welchen Betrag das Umgebungslicht Ihre Aufnahme bei den aktuellen Einstellungen unter- oder überbelichten würde. Hier sind +2 EV.

Bei meinem Verfahren sollten Sie stets die Anzeige der Belichtungskorrektur im Auge halten. Macht sie mit blinkenden positiven Werten auf sich aufmerksam, kann Ihre A7 die ISO-Empfindlichkeit nicht so weit reduzieren, wie es für das vorherrschende Umgebungslicht nötig wäre. Schließen Sie in diesem Fall die Blende mit dem vorderen Einstellrad so weit, bis die Belichtungskorrektur 0.0 anzeigt.

Halten Sie auch die Belichtungszeit im Auge. Es droht nämlich durchaus die Gefahr verwackelter Fotos – obwohl Sie blitzen.

Sobald Sie mit Telebrennweiten arbeiten, verkürzen Sie die Belichtungszeit entsprechend. Zwar besteht dabei theoretisch die Gefahr, dass die nicht vom Blitzlicht erfasste Umgebung zu dunkel aufs Bild gerät – typischerweise ist dieser Bereich bei Teleaufnahmen jedoch sehr klein, sodass Sie dieses Problem in der Praxis vernachlässigen können.

So funktioniert das Verfahren

Sobald Sie *Blitzmodus > Langzeitsynchronisation* vorgeben oder eine Verschlusszeit länger als 1/60 s vorgeben, erkennt die A7, dass Sie das Umgebungslicht mit in die Belichtung einbeziehen möchten. Betreiben Sie Ihre A7 im Modus M mit ISO-Automatik, steuert die Kamera die ISO-Empfindlichkeit automatisch so, dass das Umfeld korrekt belichtet wird.

Sie können jedoch durch die Vorgabe eines festen ISO-Wertes auch exakt festlegen, wie hell das nicht vom Blitzlicht erfasste Umfeld wiedergegeben wird. Reduzieren Sie die ISO-Empfindlichkeit, um das Umfeld abzudunkeln. Der Belichtungsmesser informiert Sie, um welchen Wert das Umfeld unterbelichtet wird.

Sonderfall: Synchronisation auf den zweiten Vorhang

Normalerweise wird das Blitzlicht ohne Verzögerung in dem Moment ausgelöst, in dem sich der Verschluss Ihrer A7 öffnet, also wenn die Belichtung beginnt. Wenn Sie nun ein Actionmotiv aufnehmen, friert das Blitzlicht dessen Bewegung am Anfang der Belichtung ein. Es entstehen Wischspuren, die von Scharf in Richtung Unscharf verlaufen. Das kehrt scheinbar die Bewegungsrichtung um: Ein Auto scheint rückwärts zu fahren, der Ball aus dem Tor hinauszufliegen und nicht hinein.

Um diesen Eindruck zu vermeiden, lassen Sie Ihre A7 den Blitz erst am Ende des Belichtungszeitraums zünden. Dazu wählen Sie *MENU > Kamera > 2 > Blitzmodus > Sync 2. Vorh.* Mit der Synchronisation auf den zweiten Vorhang friert das Blitzlicht die

Synchronisation auf den 2. Vorhang

Links: Bei der Langzeitsynchronisation wird das Blitzlicht zu Beginn der Belichtungszeit ausgelöst. Da sich der Zug während der Belichtung von links nach rechts fortbewegt hat, verlaufen die Wischspuren der Bewegungsunschärfe nach rechts – der Zug scheint rückwärts zu fahren.

Rechts: Synchronisieren Sie den Blitz auf den zweiten Verschlussvorhang, wird er erst am Ende der Belichtungszeit ausgelöst. Jetzt stimmen die Wischspuren der Bewegungsunschärfe mit der tatsächlichen Bewegungsrichtung überein.

Bewegung eines Actionmotivs am Ende der Belichtungszeit ein. Die Wischspuren der Bewegungsunschärfe verlaufen also in die Richtung, in die sich Ihr Motiv während der Belichtung bewegt hat.

Auch wenn es auf den ersten Blick nicht ersichtlich ist: Die Synchronisation auf den zweiten Vorhang ist einfach eine Variante der Langzeitsynchronisation. Allerdings mit einem wichtigen Unterschied: *Sync 2. Vorh.* müssen Sie stets explizit via Menü aktivieren. In die herkömmliche Langzeitsynchronisation wechselt Ihre A7 dagegen selbsttätig, sobald Sie im Modus M oder S eine entsprechende Belichtungszeit vorgeben.

Blitzlicht regulieren

Genau wie bei Aufnahmen ohne Blitzgerät, misst der Belichtungsmesser auch mit Blitzlicht auf eine mittlere Helligkeit von 18 Prozent Grau. Das führt in dunkler Umgebung (in der ja ein Blitzlicht vorwiegend eingesetzt wird) leicht zu überbelichteten Bildern.

Aber auch in heller Umgebung, wenn Sie ein Blitzlicht nur verwenden, um den Vordergrund aufzuhellen, meint es das Belichtungssystem Ihrer A7 oftmals zu gut und dosiert den Blitz etwas reichlich.

Da ist es gut zu wissen, dass die Belichtungskorrektur auch in Verbindung mit einem Blitzlicht funktioniert. Und noch mehr: Sie können das Blitzlicht auch unabhängig von der allgemeinen Belichtungskorrektur regulieren.

Standardmäßig wirkt sich eine Belichtungskorrektur gleichzeitig auf die allgemeine Belichtungseinstellung und auf die Blitzleistung aus. Stellen Sie das Korrekturrad zum Beispiel auf –1 EV ein, dosiert die A7 auch das Blitzlicht entsprechend schwächer. Ich reguliere jedoch das Blitzlicht lieber völlig unabhängig von der allgemeinen Belichtungseinstellung. Damit sich Ihre Belichtungskorrektur nicht auf das Blitzlicht auswirkt, geben Sie vor: *MENU > Benutzereinstellungen > 4 > Bel.korr einst. > Nur Umlicht.*

Wie stark das Blitzlicht bei Ihren Aufnahmen ins Spiel kommt, stellen Sie unter *MENU > Kamera > 2 > Blitzkompens.* ein oder via Schnellmenü. Hier lässt sich die Blitzleistung im Bereich von +/– 3 EV dosieren.

Blitzlicht generell abschwächen

Für meinen Geschmack sollte ein Blitzlicht so wenig wie möglich im Foto auffallen. Ich setze es daher insgesamt sparsam ein, dank der guten High-ISO-Fähigkeiten der A7 kann ich oftmals ganz auf ein Blitzlicht verzichten.

Wenn ein Blitzlicht nötig wird, dosiere ich es schwächer, als es die Belichtungsautomatik meiner A7 vorsieht. Daher habe ich die Blitzbelichtungskorrektur an meiner Kamera generell auf –0,7 EV eingestellt.

Falls Sie Ihr Blitzgerät ausgiebig einsetzen (etwa als Event-Fotograf), sollten Sie die Blitzbelichtungskorrektur auf eine der frei konfigurierbaren Funktionstasten legen, etwa auf F3. Dazu dient die Befehlsfolge *MENU > Benutzereinstellungen > 6 > Key-Benutzereinstlg. > 1 > Benutzerdef. Taste 3 > Blitzkompens.*

Sie stellen die Blitzbelichtungskorrektur wie ich von der allgemeinen Belichtungskorrektur getrennt ein? Dann eröffnet sich Ihnen eine weitere Möglichkeit, um Blitz- und Umgebungslicht einfach zu mischen. Stellen Sie zum Beispiel am Belichtungskorrekturrad + 0,7 EV ein, um das Umgebungslicht stärker zur Geltung zu bringen.

Blitzbelichtungskorrektur

Links: Vor einem dunklen Hintergrund bemisst die A7 die Blitzleistung gern etwas reichlich – die Aufnahme gerät ein wenig zu hell.

Rechts: Hier habe ich die Blitzbelichtung um –1 EV herabgeregelt. Der dunkle Hintergrund wird nun kaum noch vom Blitzlicht erfasst, das Hauptmotiv ist dennoch korrekt belichtet.

7.3 Fortgeschrittene Techniken

In der Regel werden Sie mit einem Blitzlicht direkt auf Ihrer A7 durchaus ansprechende Fotos aufnehmen. Das gilt umso mehr, wenn Sie das Blitzlicht indirekt über eine Zimmerdecke oder -wand lenken und so weich auffächern. Bei Bedarf bauen Sie mithilfe mehrerer Blitzgeräte sogar ein komplettes Licht-Setup auf, das sich drahtlos steuern lässt. Und für Nahaufnahmen hat Sony spezielle Blitzgeräte beziehungsweise Leuchten im Programm. Flächenleuchten mit LED-Dauerlicht gibt es übrigens auch für Videoaufnahmen, mehr dazu in Kapitel 8.

Blitzgeräte und Leuchten für Nahaufnahmen

Mit einem auf Ihrer A7 angebrachten Blitzgerät sollten Sie eine Aufnahmeentfernung von etwa einem Meter nicht unterschreiten. Das weit außerhalb der optischen Achse liegende Blitzgerät schießt nämlich bei sehr kurzer Fokusentfernung quasi am Motiv vorbei und wird zudem noch vom Objektiv abgeschattet.

Das ist kein Problem, solange Sie für Nahaufnahmen eine lange bis sehr lange Brennweite verwenden und einen entsprechend weiten Abstand zum Motiv einhalten können. Das aber ist nicht immer möglich, etwa in engen Räumen.

Falls Sie eine kurze Aufnahmedistanz nicht umgehen können und dafür ein Blitzlicht benötigen, hilft die Ringleuchte HVL-RL1 (Abbildung links) weiter. Sie erzeugt kein Blitzlicht, sondern ihre LEDs geben ein Dauerlicht ab. Die Leistung reicht in etwa aus, um abgeblendet auf f/8 und bei ISO 200 Objekte in bis zu einem Meter Entfernung auszuleuchten.

Das Gerät besteht aus zwei Einheiten: dem eigentlichen Ringlicht, das ins Filtergewinde des Objektivs geschraubt wird, sowie einer Steuereinheit, die der Blitzschuh aufnimmt. Ganz ähnlich funktioniert übrigens der Zangenblitz HVL-MT24AM, der über zwei einzeln steuerbare Blitzköpfe verfügt.

Entfesselte Blitzbelichtung

Ein auf Ihrer A7 angebrachtes Systemblitzgerät stellt eine Punktlichtquelle dar, das Licht wird wie von einem harten Spot frontal aufs Motiv geworfen. Die Folge sind harte Schlagschatten und ein Licht, das Ihr Motiv kaum modelliert (siehe auch Seite 247).

Soll das Licht Ihr Motiv formen, lösen Sie das Blitzgerät von der Kamera und platzieren Sie es zum Beispiel so, dass es Ihr Motiv von der Seite beleuchtet. Möglich macht dies Ihre A7 mit ihrer Fähigkeit zur drahtlosen Blitzsteuerung (siehe auch Seite 235).

Alternativen zum WL-Modus

So ausgefuchst der WL-Modus von Sony zur drahtlosen Steuerung externer Blitzgeräte auch ist – er hat doch einen Nachteil: Sie benötigen mindestens zwei geeignete und entsprechend kostspielige Blitzgeräte, wovon nur eines zur Belichtung beiträgt.

Doch es geht auch günstiger: Im Prinzip lässt sich jedes Blitzgerät fernauslösen, egal wie alt es ist. Dazu benötigen Sie für dieses Blitzgerät einen sogenannten Optokoppler (ca. 20 Euro, Pfeil), der es auslöst. Auf Ihre A7 stecken Sie ein Blitzgerät, das sich in den manuellen Modus schalten lässt (also keine Messblitze sendet) – auch das kann gerne ein älteres Gerät sein. Sind die Blitzgeräte mit einer sogenannten Eigenautomatik ausgestattet, steuern sie in gewissen Grenzen sogar die Belichtung automatisch.

Falls Sie hingegen noch mehr Möglichkeiten wünschen, als Ihnen der WL-Modus Ihrer A7 bietet, ist der »Odin Flash Trigger« von Phottix das Richtige für Sie. Das System besteht aus einem Steuergerät, das in den Blitzschuh Ihrer A7 kommt, sowie je einem Empfänger für die entfesselten Blitzgeräte. Die Datenübertragung erfolgt hier per Funk und nicht via Blitz wie im WL-Modus.

Der große Vorteil dieses Systems: Es verhält sich Ihrer A7 gegenüber wie ein Systemblitzgerät im Blitzschuh der Kamera. Somit ist etwa die Langzeitsynchronisation für die angesteuerten Blitzgeräte ebenso möglich wie der HSS-Modus. Die Kehrseite ist: Mit knapp 400 Euro für das Set aus Sender und Empfänger ist das System recht kostspielig.

Bevor Sie ein Systemblitzgerät von Sony im WL-Modus drahtlos ansteuern können, richten Sie zunächst eine Partnerschaft zwischen dem Blitzgerät und Ihrer A7 ein. Das ist schnell erledigt und nur ein Mal nötig:

Blitzbelichtung mit Ihrer A7

WL-Modus am Blitz einschalten

Nachdem Sie einmal wie hier beschrieben eine Partnerschaft zwischen Ihrer Kamera und den Slaves eingerichtet haben, brauchen Sie das Verfahren nicht mehr zu wiederholen: Schalten Sie direkt an Ihrem entfesselten Blitzgerät den WL-Modus ein. Das auf Ihrer A7 aufgesteckte Gerät wird mit *Blitzmodus > Drahtlos Blitz* zum Steuergerät. Sie beenden die drahtlose Steuerung, indem Sie einen anderen Blitzmodus vorgeben oder den Master von der Kamera entfernen.

1 Montieren Sie als Erstes den Slave-Blitz auf Ihre A7 – also das Gerät, das Sie drahtlos auslösen möchten. Bei meinem Setup ist dies der HVL-F58AM. Schalten Sie den externen Blitz ein. Dann wählen Sie an Ihrer A7 *MENU > Kamera > 2 > Blitzmodus > Drahtlos Blitz*.

2 Drücken Sie den Auslöser halb durch. Dadurch wird die Einstellung *Drahtlos Blitz* an den Slave-Blitz übertragen.

3 Entfernen Sie den Slave-Blitz von Ihrer A7 und montieren Sie ihn auf den mitgelieferten Standfuß oder ein Stativ. An der Front des Blitzes blinkt eine LED – sie signalisiert: Der Blitz wartet auf ein drahtloses Steuersignal. Platzieren Sie den entfesselten Blitz so, dass er Ihr Motiv wie gewünscht beleuchtet.

4 Sie möchten weitere Blitzgeräte drahtlos ansteuern? Dann wiederholen Sie für jedes Gerät die Schritte 1 bis 4.

5 Zum Schluss kommt der Steuerblitz auf Ihre A7, zum Beispiel das Modell HVL-F20M. Solange Sie Ihre Kamera im Modus *Drahtlos Blitz* betreiben, wird es automatisch als Master dienen – also die angebundenen Slaves steuern.

6 Sie möchten vorab prüfen, ob alles wie gewünscht funktioniert? Drücken Sie die AEL-Taste an Ihrer A7. Der Steuerblitz

Entfesselter Blitz

Hier leuchten gleich zwei entfesselte Blitzgeräte den Hintergrund der Höhle aus. Die Stalagmiten erscheinen so nahezu als Silhouette, werden aber von einem weiteren Blitzgerät im Vordergund noch leicht aufgehellt.

© Foto: Klaus Scheller

auf der Kamera löst aus und rund eine halbe Sekunde später antworten die Slaves.

Damit das drahtlose Blitzsetup funktioniert, benötigen die Slave-Blitze eine Sichtverbindung zum Steuergerät auf Ihrer Kamera. Die Slaves nehmen die Steuersignale mit einer Photodiode auf, die sich unter der roten Frontplatte befindet. Stellen Sie Ihre Slave-Blitze daher so auf, dass deren Front in Richtung Kamera weist. Drehen und schwenken Sie dann den Reflektor der Slaves in die gewünschte Richtung.

Lichtführung

Die drahtlose Blitzsteuerung ermöglicht eine spannende Lichtführung. Links: Hier habe ich indirekt über die Zimmerdecke geblitzt – das Motiv ist weich, aber auch langweilig ausgeleuchtet. Rechts: Hier fällt das Blitzlicht von links aufs Motiv, sogleich wirkt die Aufnahme wesentlich spannender.

Keine Belichtung durch Master-Blitz
Der auf Ihre A7 aufgesteckte Steuerblitz trägt nicht zur Belichtung Ihres Motivs bei. Er sendet lediglich per Blitzsalve Informationen an die Slaves. Daher reicht das wenig leistungsstarke Modell HVL-F20M völlig als Master. Falls Sie auch ein Frontallicht benötigen, verwenden Sie ein weiteres drahtlos angebundenes Blitzgerät.

Praxis: Indirekt blitzen
Ich habe es ja bereits mehrfach angesprochen: Ein direkt aufs Motiv gerichtetes Blitzlicht erzeugt ein hartes Frontallicht, das in den wenigsten Fällen erwünscht ist. Hart wird das Licht durch die kleine Abstrahlfläche des Blitzgeräts. Als Faustregel gilt: Die Abstrahlfläche des Lichts sollte mindestens so groß sein wie Ihr Motiv – aus diesem Grund stehen im Fotostudio oftmals riesige Reflektoren und Diffusoren.

Die Abstrahlfläche eines Systemblitzgeräts lässt sich indes für die wenigsten Motive wie erforderlich vergrößern. Da hilft nur eines: Richten Sie Ihr Blitzlicht indirekt aufs Motiv. Als Reflektor

Sichtkontakt erforderlich

Damit ein Slave-Blitz die Steuersignale empfangen kann, benötigt die Photodiode (Pfeil) Sichtkontakt zum Master.

Direkter vs. indirekter Blitz

Links: Das direkt auf das Motiv gerichtete Blitzlicht erzeugt harte Schatten. Rechts: Hier habe ich den Reflektor meines externen Blitzgeräts HVL-58AM über die Zimmerdecke gelenkt. Das Motiv ist deutlich weicher ausgeleuchtet, aber es erhält etwas wenig Frontallicht.

Mit Bouncer LumiQuest 80-20

Meine Lieblingsmethode: Ich habe das Blitzgerät mit dem Bouncer »80-20« von LumiQuest ausgestattet. Er lenkt etwa 20 Prozent des Blitzlichts direkt auf das Motiv, der Rest fällt indirekt über die Zimmerdecke darauf.

kann jede halbwegs farbneutrale Fläche dienen, etwa eine weiße Wand oder Zimmerdecke, aber auch der metallene Fotokoffer oder eine Styroporplatte.

Das indirekte Blitzen hat allerdings auch einen kleinen Nachteil: Die nutzbare Leistung des Blitzgerätes sinkt rapide. In geschlossenen Wohnräumen fällt dies kaum ins Gewicht, ein Kirchenschiff oder eine Sporthalle können Sie jedoch mit nur einem Blitzgerät nicht ausleuchten.

Hinzu kommt: Insbesondere in kleinen Räumen wirkt indirektes Blitzlicht gerne zu weich und konturlos. Und fällt das Licht vorwiegend von einer Zimmerdecke auf Ihr Motiv, schattet es sich unter Umständen selbst ab. Ich verwende daher gerne einen sogenannten »Bouncer«, das Modell »80-20« von Lumi-

Quest (Vertrieb in Deutschland: Novoflex) Fr lenkt einen Teil des Lichts direkt aufs Motiv, den Löwenanteil jedoch über die Zimmerdecke. Der Bouncer wird per Klettband am Blitzkopf befestigt und lässt sich bei Bedarf mit verschiedenfarbigen Reflektorfolien versehen.

Problemfall Mischlicht

Wie jede andere Lichtquelle auch, weist das Blitzlicht eine spezifische Farbtemperatur auf, sie beträgt ca. 5.600 K. Auf diese Farbtemperatur stimmt Ihre A7 auch den automatischen Weißabgleich ab, wenn Sie ein Blitzlicht hinzuschalten.

Das geht völlig in Ordnung, solange Ihr Blitzlicht die Hauptlichtquelle ist. Mischen Sie jedoch Blitz- und Umgebungslicht, stimmen die Farbtemperaturen der unterschiedlichen Lichtquellen meist nicht überein. Das geschieht zum Beispiel, wenn Sie in einer schummrigen Wirtshausstube fotografieren, die nur von ein paar Glühbirnen erhellt wird. Dann ist das Blitzlicht viel zu kalt, dadurch wirken die nicht vom Blitz erfassten Bildpartien schon fast

Lichtfarbe und Blitzlicht

Links: Meine A7 hat den Weißabgleich auf das Blitzlicht abgestimmt, das ich auf den Plüschbären gerichtet habe. Dessen Farben werden zwar neutral wiedergegeben, wirken im Vergleich zur Zimmerbeleuchtung jedoch unterkühlt.

Rechts: Hier habe ich mein Blitzgerät mit einer goldfarbenen Filterfolie versehen. Dadurch erhält das Blitzlicht annähernd die Farbtemperatur der Zimmerbeleuchtung. Der Bär wird jetzt zwar mit recht warmen Farben wiedergegeben, sie passen indes gut zur Farbstimmung der Aufnahme.

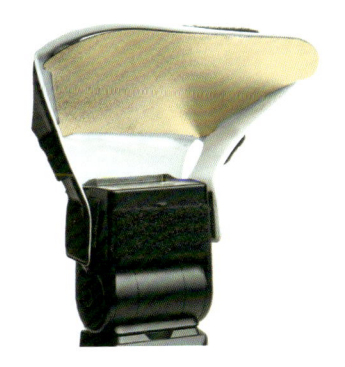

Farbe des Blitzlichts

Mit farbigen Filterfolien passen Sie die Farbtemperatur des Blitzlichts an die des Umgebungslichts an (links). Ähnlich, aber nicht so kräftig wirken Farbreflektoren (rechts).

Goldreflektor

Hier hat ein auf dem Blitzgerät befestigter Goldreflektor Wärme aufs Hauptmotiv gebracht, das Blitzlicht verleiht dem Pilz zudem Tiefe und Struktur.

ISO 400 | 100 mm | 1/20 s | f/7.1

Wann ist der Blitz wieder aufgeladen?

Nachdem Ihre A7 das Blitzgerät gezündet hat, dauert es einen Moment, bis das Blitzgerät wieder bereit ist. Zunächst müssen die Kondensatoren geladen werden, die den Zündimpuls für die Blitzröhre liefern. Ihre A7 signalisiert ein noch nicht wieder betriebsbereites Blitzgerät mit einem orangefarbenen Punkt am Blitzsymbol.

gelbstichig. Besonders evident zeigt sich dies, wenn Sie warme Lichtquellen wie Kerzen oder Glühbirnen mit in Ihre Aufnahme einbeziehen. Mit einem manuellen Weißabgleich können Sie das Problem bestenfalls mildern, jedoch keinesfalls beheben.

Abhilfe schaffen Sie, indem Sie die Farbtemperatur des Blitzlichts an die des Umgebungslichts anpassen. Dafür gibt es spezielle Filterfolien, die Sie vor dem Blitzreflektor anbringen, etwa von der Firma Lee, oder ein System inklusive Filterhalter von LumiQuest. Ihre Kamera wird den automatischen Weißabgleich weiterhin auf die originale Farbtemperatur des Blitzlichts abstimmen, sodass die warme Farbstimmung der Gaststube gewahrt bleibt.

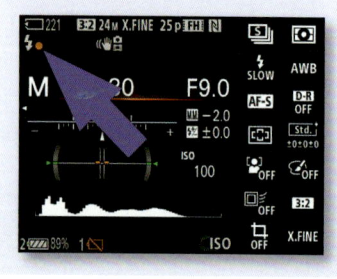

7.4 Situationen, in denen der Blitz nicht funktioniert

Ihre A7 stellt längst nicht alle Blitzfunktionen in allen Betriebsarten bereit. Einige Aufnahmemodi schließen sogar die Verwendung eines Blitzlichts explizit aus, etwa das *Schwenk-Panorama*. Wenn Sie Ihre Kamera im PASM-Modus betreiben, sollten Sie vor allem diese Einschränkungen kennen:

- **Belichtungsreihen**: *Bildfolgemodus > Serienreihe* ist mit Blitzlicht nicht möglich, Ihre A7 nimmt nur ein Foto auf. Um Belichtungsreihen mit Blitzlicht aufzunehmen, geben Sie *Bild-*

folgemodus > *Einzelreihe* vor und lösen jedes Bild der Reihe separat aus.

- **Serienaufnahmen**: Ihre A7 löst ein Blitzlicht im *Bildfolgemodus > Serienaufnahme* und *Serienaufnahme-Zeitpriorität* (High-Speed-Serie) aus. Im Modus *Serienaufnahme* gibt das Blitzgerät die Geschwindigkeit vor – ein weiteres Foto wird erst aufgenommen, wenn das Blitzgerät wieder aufgeladen ist. Bei High-Speed-Serien ignoriert Ihre A7 dagegen den Ladestand des Blitzes, er löst dann möglicherweise nicht aus oder mit zu geringer Leistung.
- **Verbundaufnahmen**: Bei Sonderprogrammen, die mehrere Einzelaufnahmen benötigen (etwa HDR oder Hochkontrast-Mono) löst das Blitzlicht nur für die erste Aufnahme aus. Das ergibt in den wenigsten Fällen Sinn, schalten Sie das Blitzgerät daher besser ab, wenn Sie ein Verbundprogramm wählen. Nicht nötig ist dies, falls Sie die *Multiframe-Rauschminderung* in den ISO-Einstellungen gewählt haben – sie deaktiviert ein Blitzgerät automatisch.

Unmerklicher Aufhellblitz

Setzen Sie das Blitzlicht so ein, dass es nicht direkt auffällt. Hier habe ich die Blitzbelichtung um –2 EV korrigiert, das Blitzlicht hellt so das Porträt nur ganz sanft auf.

ISO 200 | 135 mm | 1/4.000 s | f/2.0

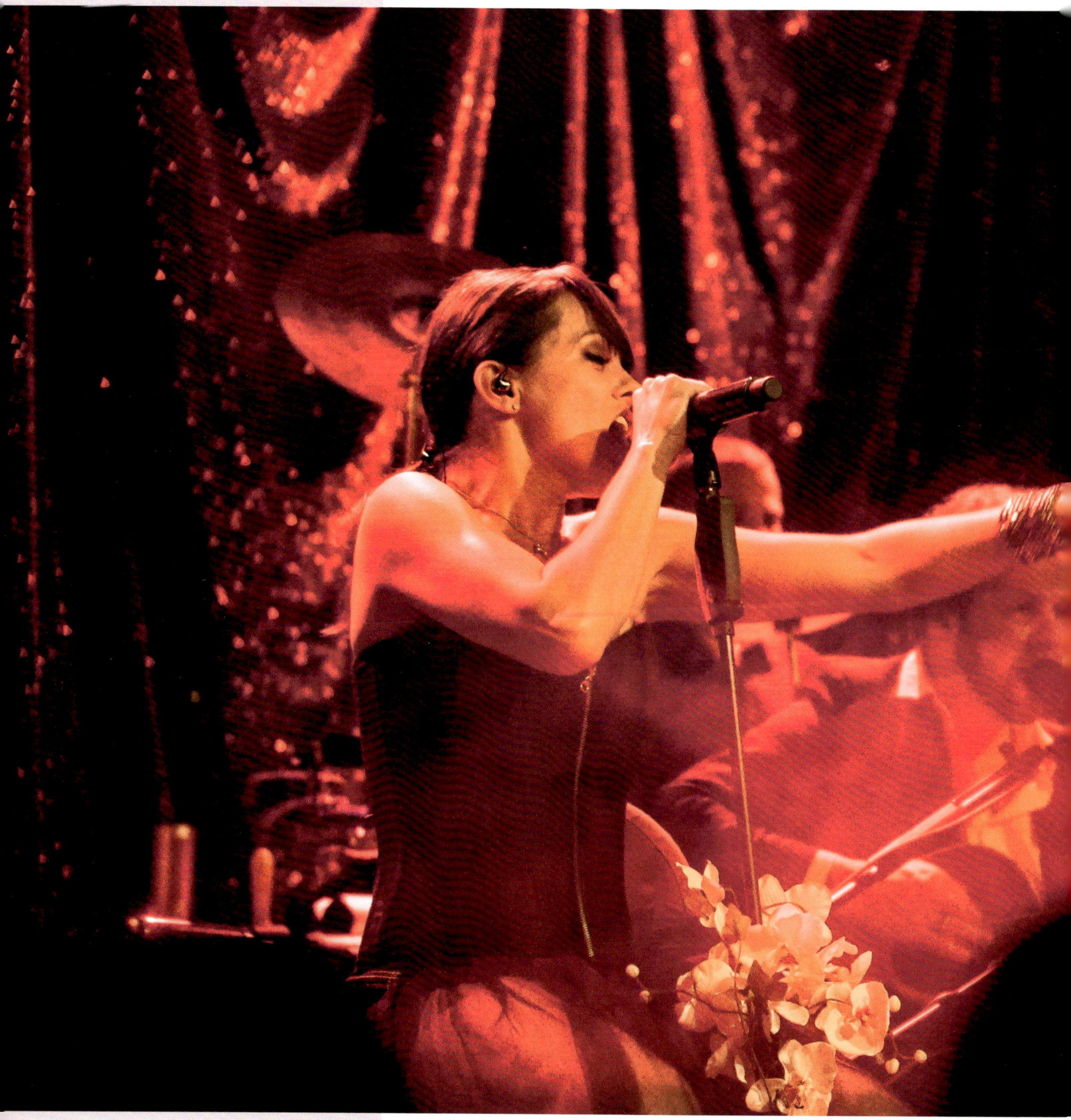

8

Film ab! Videodreh mit der A7

Ihre A7 ist zwar in erster Linie eine hervorragende Fotokamera, doch mit ihr gelingen ebenso fantastische Videoaufnahmen. Beim Umschalten vom Foto- in den Videobetrieb gibt es jedoch einiges zu beachten.

Wann immer sich etwas tut, zeichnen Sie es mit Ihrer A7 als Video auf. Hier ein Konzert der Ulmer Band »Die Happy« mit der Frontfrau Marta Jandová.
ISO 2.500 | 70 mm | 1/125 s | f/4

8.1 Der Filmmodus

Mit Ihrer A7 haben Sie nicht nur einen hervorragenden Fotoapparat, sondern auch eine professionelle Videokamera. Drücken Sie einfach auf die Movie-Taste und schon beginnt die Filmaufnahme.

Ihre A7 zeichnet Videos in Full-HD-Auflösung (1.920 x 1.080 Pixel) mit bis zu 60 Vollbildern je Sekunde (60p) im NTSC-Format beziehungsweise mit 50p im PAL-Format auf. Den Ton nimmt sie in Stereo auf, gespeichert wird im platzsparenden AVCHD-Format, wahlweise auch als MP4. Videoprofis wird freuen, dass die A7 über ihren HDMI-Ausgang das Videosignal unkomprimiert an ein externes Aufzeichnungsgerät weiterreicht.

Dank ihres Sensors im Kleinbildformat eröffnet die A7 dem Videografen Gestaltungsmöglichkeiten, die bislang deutlich kostspieligeren DSLRs oder Videokameras vorbehalten waren. Zudem hat Sony die A7 reichhaltig mit Anschlussmöglichkeiten speziell für Video-Zubehör versehen. So nimmt etwa der Multi-Interface-Zubehörschuh diverse Mikrofone auf (etwa das Stereomikrofon ECM-XYST1M) oder Videoleuchten (zum Beispiel HVL-LE1). Und mit dem XLR-Adapter-Set XLR-K1M erhält Ihre A7 die Fähigkeit zum Anschluss hochwertiger Mikrofone mit symmetrischem Anschluss. Für das Monitoring leitet die A7 das Videosignal an einen externen HDMI-Monitor weiter, einen Kopfhörerausgang zum Mithören der Tonaufnahme hat sie ebenfalls an Bord.

Zwar können Sie prinzipiell Filme mit den Fotoobjektiven für Ihre A7 aufzeichnen, spezielle Videooptiken eignen sich indes besser. Sie verfügen über eine stufenlose Blendensteuerung (im Gegensatz zur in der Fotografie üblichen Rastblende) und sind oftmals mit einem Mitnehmer für die Schärfezieh-Einrichtung versehen. Kostengünstig steigen Sie mit Objektiven der Handelsmarke Walimex in die Welt der Videografie ein, aber auch professionelle Filmoptiken zum Beispiel von Carl Zeiss sind mit Anschluss für das E-Bajonett Ihrer A7 erhältlich.

Im Großen und Ganzen eröffnet Ihnen Ihre A7 beim Videodreh Möglichkeiten, die bis vor Kurzem noch einem Equipment für mehrere 10.000 Euro vorbehalten war. Im Vergleich zu einer Videokamera gibt es nur eine kleine Einschränkung: Ihre A7 beendet eine Videoaufnahme spätestens nach 29 Minuten. Das hat vor allem wirtschaftliche Gründe: Bei der Einfuhr von Camcordern in die EU werden Importzölle fällig, nicht aber bei Fotokameras. Als Camcorder gelten dabei Geräte, die ununterbrochene Videoaufnahmen von 30 Minuten und mehr ermöglichen. Die kleine Einschränkung lässt sich glücklicherweise leicht umgehen: Drücken Sie nach dem Stopp der Filmaufnahme einfach erneut die *Movie*-Taste, um sogleich eine weitere Filmaufnahme zu starten.

Denken Sie auch daran, dass bei Filmaufnahmen der Akku Ihrer A7 schnell in die Knie geht. Wenn Sie zur Dokumentation eines Ereignisses die maximale Aufzeichnungslänge von rund einer halben Stunde ausschöpfen möchten, gönnen Sie Ihrer A7 unbedingt einen frisch aufgeladenen Energiespender. Andernfalls laufen Sie Gefahr, dass die Videoaufnahme wegen akuten Strommangels vorzeitig beendet wird.

Videoobjektive

Für anspruchsvolle Videoaufnahmen sollten Sie spezielle Filmobjektive verwenden – wie diese hier von Carl Zeiss.

8.2 Aufzeichnungsformate

Bevor Sie eine Filmaufnahme starten, sollten Sie das Aufzeichnungsformat festlegen. Damit legen Sie zum einen das Verfahren zur Datenkompression fest (AVCHD oder MP4), zum anderen aber auch Bildgröße und Framerate. In welchem der beiden Dateiformate Sie aufnehmen möchten, geben Sie unter *MENU > Kamera > 1 > Dateiformat* vor. Die wichtigsten Unterschiede sind:

- **AVCHD** zeichnet einen Film mit 1.920 x 1.080 Bildpunkten (Full HD) auf. Sie können wählen, ob ein Film mit 50 Voll- bzw. Halbbildern aufgezeichnet werden soll (bei Vorgabe PAL) oder mit 25 Vollbildern. Der Filmton wird mit einer Rate von 48 kHz gesampelt und einer Datenrate von 256 Kbit/s gespeichert.
- **MP4** nimmt Ihre Bilder stets mit 25 Vollbildern auf und speichert sie im inzwischen etwas angestaubten MPEG-4-Format. Sie haben die Wahl zwischen einer Auflösung von 1.440 x 1.080 oder 640 x 480 Pixeln. Die Samplingrate der Tonauf-

Dateiformat

Filme zeichnen Sie wahlweise im Format AVCHD oder MP4 auf.

zeichnung beträgt ebenfalls 48 kHz, die Tonspur wird aber auf eine Datenrate von 128 Kbit/s komprimiert.

PAL oder NTSC?

Während in Nord- und Mittelamerika die Netzfrequenz 60 Hz beträgt, hat sich im Rest der Welt 50 Hz durchgesetzt. Seinen Niederschlag fand dieser Unterschied auch in zwei verschiedenen Fernsehnormen: NTSC in Nord- und Mittelamerika, PAL (und SECAM) im Rest der Welt. Ihre (in Europa erworbene) A7 beherrscht beide Normen, Sie wählen sie unter *MENU > Setup > 2 > PAL/NTSC-Auswahl* aus.

Ab Werk ist Ihre A7 auf PAL eingestellt. Das heißt: Der Grundtakt für die Bildwiederholrate beträgt 50 Hz, Ihnen stehen also die Frame-Raten 50p, 50i und 25p zur Auswahl. Schalten Sie auf NTSC um, ändern sich die Frame-Raten auf 60p, 60i beziehungsweise 24p.

Zwar können heutige Wiedergabegeräte (DVD-Player, TFT-Fernseher etc.) auch NTSC-Signale meist problemlos verarbeiten – aber eben nicht alle. Daher sollten Sie es möglichst bei der Vorgabe PAL belassen, es sei denn, Ihre Videos sollen vorwiegend im nordamerikanischen Raum gezeigt werden.

Falls Sie dennoch von PAL auf NTSC umschalten, ändert sich auch der Grundtakt einiger Prozessoren in Ihrer A7. Angeblich soll dann das Sucherbild mit einer höheren Taktrate angezeigt werden – ich habe es nicht ausprobiert. Achtung: Beim Umschalten auf NTSC wird Ihre A7 neu gestartet, anschließend formatiert sie die eingelegte Speicherkarte!

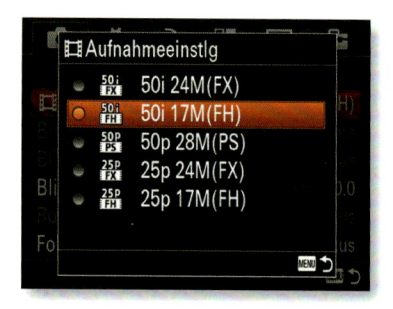

Aufnahmeeinstellung

Standardmäßig zeichnet Ihre A7 im Format »50i 17M(FH)« auf. Dieses Datei- und Videoformat bietet einen guten Kompromiss zwischen Bildqualität und Speicherplatzbedarf.

Unterm Strich bietet Ihnen Ihre A7 acht verschiedene Aufzeichnungsmöglichkeiten für Videodateien (siehe Übersichtstabelle auf der folgenden Seite). Welches dieser Formate für Ihre Zwecke geeignet ist, hängt von vielerlei Faktoren ab. Treffen Sie zunächst eine grundsätzliche Entscheidung unter *MENU > Kamera > 1 > Dateiformat*:

- **AVCHD** bietet trotz höherer Datenkompression eine bessere Bild- und Tonqualität. Die bestmöglichen Qualitätseinstellungen lassen sich indes nur nutzen, wenn Sie die Videos direkt von der Kamera oder Computerfestplatte abspielen. Zudem ist die Videobearbeitung aufwändig und erfordert entsprechende Programme sowie leistungsfähige Rechner.

- **MP4** liefert zumindest in der Einstellung *1440x1080 12M* ansehnliche Ergebnisse, die Dateien lassen sich auch mit älteren Programmen und weniger leistungsfähiger Hardware gut nachbearbeiten.

Falls Sie im AVCHD-Format aufzeichnen, gibt Ihre A7 unter *MENU > Kamera > 2 > Aufnahmeeinstlg > 50i 17M(FH)* vor. Dieses Format entspricht den DVD-Spezifikationen – Sie können die Videodateien also mit einem DVD-Spieler wiedergeben, nachdem Sie sie auf einen entsprechenden Datenträger gebrannt haben.

Die nächstbessere Qualitätsstufe *50i 24M(FX)* lässt sich direkt nur noch mit einem Blu-Ray-Player wiedergeben. Und für *50p 28M(PS)* gibt es gar keine geeigneten Abspielgeräte. Zeichnen Sie Filme in diesem Format auf, müssen Sie sie zunächst umwandeln (transcodieren), bevor Sie sie auf eine DVD oder Blu-Ray brennen können. Bearbeiten Sie Filmdateien mit diesen Qualitätseinstellungen, wandelt sie PlayMemories Home automatisch nach *50i 17M(FH)* um.

Ich zeichne daher Videos bevorzugt im Format AVCHD/*50i 17M(FH)* auf. Höhere Qualitätsstufen lohnen sich nur für professionelle Videoproduktionen oder wenn Sie Ihre Rohaufnahmen zukunftssicher halten möchten. Praktisch finde ich übrigens auch die Vorgaben MP4 / *VGA 3M* und *1440x1080 12M* – sie liefern Videos, die sich ohne viel Federlesen direkt auf Plattformen wie Youtube veröffentlichen lassen.

> **Transcodieren mit PlayMemories Home**
>
> Von Sony gibt es passend zu den Foto- und Videoaufnahmen mit Ihrer A7 die Verwaltungs- und Bearbeitungssoftware *PlayMemories Home*. Dieses Programm transcodiert Ihre AVCHD-Videos in das Format *50i 17M(FH)*. Zum Download der Software gelangen Sie via http://www.sony.de/support/de/product/ILCE-7R/downloads/pm_home.

Aufnahmeein-stellung (PAL)	Bildrate	Datenrate	Mit PlayMemories Home beschreibbar?		Bemerkung
			DVD	Blu-Ray Disc	
AVCHD					
50p 28M(PS)	50p	max. 28 MBit/s	-	-	Hoher Speicherplatzbedarf und Nachbearbeitungsaufwand
50i 24M(FX)	50i	max. 24 MBit/s	-	•	
50i 17M(FH)	50i	Ø 17 MBit/s	•	•	Standardvorgabe Ihrer A7
25p 25M(FX)	25p	max. 24 MBit/s	-	•	Durch reduzierte Bildrate »Kino-Look«
25p 17M(FH)	25i	Ø 17 MBit/s	•	•	
MP4					
1440×1080 12M	25p	Ø 12 MBit/s	•	•	Bester Kompromiss aus Bildqualität, Anforderung an Wiedergabegerät und Handling bei der Nachbearbeitung
VGA 3M	25	Ø 3 MBit/s	•	•	VGA-Auflösung mit 640 x 480 Bildpunkten; gedacht zur Präsentation im Web

8.3 Videopraxis

Im Prinzip funktioniert Ihre A7 bei der Videoaufnahme so, wie Sie es auch von der Fotografie kennen: Sie geben einen Belichtungs- und AF-Modus vor, dann starten Sie die Aufzeichnung mit der Movie-Taste. Allerdings gibt es eine Reihe von Menübefehlen und Einstelloptionen, die Ihnen bei der Videoaufnahme nicht zur Verfügung stehen. Exklusiv den Fotoaufnahmen vorbehaltene Befehle kennzeichnet Ihre A7 mit dem Symbol 🎦 in den Menüs. Im Gegenzug gibt es einige Befehle, die sich nur im Videomodus auswirken, sie sind mit dem Symbol 🎬 gekennzeichnet.

Exklusiver Videobefehl

Befehle, die sich nur im Videomodus auswirken, sind mit einem Film-Symbol gekennzeichnet.

Aufnahmemodus

In welchem Modus Ihre A7 Videos aufzeichnet, hängt von den Grundeinstellungen Ihrer Kamera ab. Haben Sie *MENU > Benutzereinstellungen > 6 > MOVIE-Taste > Immer* (Standardeinstellung) vorgegeben, filmt Ihre A7 mit dem auf dem Moduswählrad eingestellten Aufnahmemodus:

- Haben Sie eine Vollautomatik (Moduswählrad auf AUTO) vorgegeben, funktioniert Ihre A7 wie bei Fotoaufnahmen – sie wählt selbstständig ein geeignetes Motivprogramm.
- Steht das Moduswählrad auf SCN, verwendet Ihre A7 das aktuelle Motivprogramm (also das zuletzt vorgegebene). Sie ändern das Motivprogramm via Schnellmenü oder unter *MENU > Kamera > 6 > Szenenwahl*.
- Drehen Sie das Moduswählrad in eine der Stellungen P, A, S oder M, filmt Ihre A7 mit dem jeweiligen Belichtungsprogramm.

Ich bevorzuge Filmaufnahmen im Modus M. Dabei führt die A7 die Belichtung nicht nach, was bei kleineren Schwankungen des

Movie-Taste deaktiviert?

Ich habe an meiner A7 die Movie-Taste abgeschaltet (*MENU > Benutzereinstellungen > 6 > MOVIE-Taste > Nur Filmmodus*). Das verhindert den versehentlichen Start einer Filmaufnahme. Allerdings lässt sich nun eine Videoaufzeichnung nur auslösen, wenn das Moduswählrad auf Filmaufnahme gedreht ist. Filmen können Sie jetzt nur im PASM-Modus; wie Ihre A7 die Belichtung steuern soll, geben Sie via Schnellmenü vor oder unter *MENU > Kamera > 6 > Film*.

Umgebungslichts einen ruhigeren Eindruck erzeugt. Achten Sie darauf, dass die Belichtungszeit nicht unter 1/50 s sinkt – am besten schalten Sie die ISO-Automatik hinzu.

Sie können jedoch die Belichtung in den Modi P, A und S ebenfalls fixieren und dann nur bei Bedarf während der Aufnahme nachführen. So gehen Sie vor:

1 Visieren Sie Ihr Motiv vor Start der Videoaufzeichnung an und drücken Sie die AEL-Taste. Ihre A7 speichert nun die aktuelle Belichtungseinstellung (so Sie *MENU > Benutzereinstellungen > 6 > Key-Benutzereinstlg > 1 > Funkt. d. AEL-Taste > AEL Umschalt* vorgegeben haben).

2 Starten Sie die Videoaufzeichnung im Modus P, A oder S. Sobald sich nun die Motivhelligkeit entscheidend ändert, drücken Sie die AEL-Taste erneut. Ihre A7 stellt jetzt die Belichtung auf die aktuelle Situation ein und hält diesen Wert wieder fest.

Bei der Belichtungssteuerung gibt es im Filmmodus ein paar kleine Unterschiede zum Fotomodus:

- Im Modus A (Zeitautomatik) können Sie jede gewünschte Blende vorgeben. Die längstmögliche Verschlusszeit ist jedoch auf 1/50 s beschränkt, längere Verschlusszeiten wird die Belichtungssteuerung nicht wählen.
- Der Modus S (Blendenautomatik) erlaubt Ihnen eine Verschlusszeit zwischen 1/4 s und 1/8.000 s. Bedenken Sie jedoch, dass Filmaufnahmen mit 1/4 s Verschlusszeit stark verwischt werden.
- Die minimale ISO-Empfindlichkeit beträgt bei Filmaufnahmen ISO 200. Haben Sie einen kleineren Wert vorgegeben, stellt Ihre A7 für die Videoaufnahme ISO 200 ein, kehrt aber nach dem Ende der Aufzeichnung wieder zum ursprünglichen Wert zurück.

Filmen im Modus M

Ich filme bevorzugt im Modus M, damit die Kamera die Belichtung nicht nachführt.

Fokussieren

Überlegen Sie vor Start einer Filmaufnahme auch, ob Ihre A7 den Fokus automatisch nachführen soll oder nicht. Standardmäßig schaltet sie im Filmmodus auf *Fokusmodus > AF-C* um, der Fokus

Fokus anfordern

Richten Sie Ihre A7 so ein, dass Sie den Autofokus nur bei Bedarf mit der AF/MF-Taste anfordern.

wird also nachgeführt. Falls Sie das nicht wünschen, geben Sie *Fokusmodus > MF* vor. Die Modi *AF-S* und *DMF* stehen Ihnen bei Filmaufnahmen nicht zur Verfügung.

Ähnlich wie die Belichtung führen Sie auch den Fokus nur bei Bedarf nach. Dazu geben Sie *Fokusmodus > MF* ein, vor dem Start der Videoaufnahme drücken Sie die *AF/MF*-Taste, um zu fokussieren. Drücken Sie die Taste erneut, um wieder auf MF umzuschalten. Während der Aufnahme stellen Sie bei Bedarf den Fokus mit der MF-Taste erneut ein.

Sie können eine Person mit der automatischen Gesichtserkennung auch bei Filmaufnahmen im Fokus halten, der Augen-AF funktioniert im Videomodus jedoch nicht. Keine Einschränkungen gibt es auch bei den Vorgaben für *Fokusfeld*.

Wenn sie bei Filmaufnahmen Ihre A7 den Fokus automatisch nachführen lassen, kann es leicht passieren, dass sie auf eine unerwünschte Bildpartie scharf stellt. Filmen Sie etwa das Anlegemanöver eines Fährschiffs und es drängelt sich ein Passant ins Bild, wird Ihre A7 auf diese Person scharf stellen. Daher filme ich in Situationen, in denen sich die Entfernung zum Hauptmotiv nicht so sehr ändert, lieber mit manuellem Fokus.

Zoomfahrten

Falls Sie ein Zoomobjektiv verwenden, können Sie natürlich während der Filmaufnahme zoomen. Empfehlenswert ist dies jedoch nicht: Mit dem Zoomring am Objektiv können Sie die Brennweite schwerlich ändern, ohne die Filmaufnahme zu verwackeln. Auch werden Sie kaum den Zoomring derart gleichmäßig drehen können, dass Ihre Zoomfahrt nicht »holprig« wirkt.

Verzichten Sie daher besser auf Zoomfahrten beim Filmen – ändern Sie die Brennweite notfalls sehr schnell (und schneiden Sie die kurze Fahrt gegebenenfalls später heraus). Falls Ihnen gleichmäßige Zoomfahrten wichtig sind, verwenden Sie eines der drei Powerzoom-Objektive, die Sony für das E-Mount im Programm hat: E PZ 16–50 mm F3,5–5,6 OSS, E PZ 18–105 mm F4 G OSS oder E PZ 18–200 mm F3,5–6,3 OSS. Diese Objektive verfügen über eine Zoomsteuerung, die mit einem Motor versehen ist, und erlauben sehr gleichmäßige Zoomfahrten. Beachten Sie jedoch, dass der Bildkreis dieser Objektive für Sensoren im APS-C-Format berechnet ist, ihre Brennweite ändert sich also scheinbar um den Faktor 1,5.

Powerzoom

Eigens für Videoaufnahmen bietet Sony drei Powerzoom-Objektive an (hier das E PZ 18–105 mm F4 G OSS). Mit diesen Objektiven zoomen Sie per Hebel (Pfeil), wie bei einer Kompaktkamera.

Tonaufnahme

Ihre A7 ist mit einem Mikrofon-Paar ausgestattet, das den Ton zum Film in Stereo aufzeichnet. Bei Bedarf rüsten Sie Ihre Kamera mit höherwertigen Mikrofonen nach. Sie haben verschiedene Möglichkeiten dazu:

- Das Stereomikrofon XYST1M von Sony passt mechanisch und elektronisch in den »Multi Interface«-Zubehörschuh. Es überträgt die Tonsignale direkt über den Zubehörschuh, eine Kabelverbindung benötigt es nicht.
- Beliebige Camcorder-Mikrofone mit ISO-Schuh passen mechnisch ebenfalls in den »Multi Interface«-Zubehörschuh. Zur Übertragung der Tonsignale schließen Sie ein solches Mikrofon per Kabel an – dazu dient die rot markierte Buchse des Anschlussfelds unter der Klappe an der linken Kameraseite.

Stereomikrofon XYST1M

Das Stereomikrofon XYST1M von Sony benötigt keine Kabelverbindung, es überträgt die Tonsignale via »Multi Interface«-Zubehörschuh. Seine beiden Mikrofonkapseln lassen sich um bis zu 120 Grad nach außen schwenken.

Standardmäßig pegelt Ihre A7 den Ton automatisch aus und verhindert übersteuerte Aufnahmen. Falls Sie den Filmton automatisch aussteuern möchten, rufen Sie MENU > Kamera > 7 > Tonaufnahmepegel auf. Anschließend stellen Sie mit den Tasten ◀ und ▶ den gewünschten Pegel ein. Dabei hilft Ihnen die Aussteuerungsanzeige. Auch bei dieser manuellen Aussteuerung ist ein Limiter aktiv, der übersteuerte Aufnahmen vermeidet. Sollte Sie die Aussteuerungsanzeige stören, deaktivieren Sie sie mit MENU > Benutzereinstellungen > 1 > Tonpegelanzeige > Aus. Falls Sie keine Tonaufnahme wünschen, geben Sie MENU > Kamera > 7> Audioaufnahme > Aus vor.

Ihre A7 ist mit einem elektronischen Windgeräuschfilter versehen. Er unterdrückt das Rauschen in Tonaufnahmen, wenn eine steife Brise bläst. Sie schalten diese Rauschunterdrückung bei Bedarf ein mit MENU > Kamera > 7 > Windgeräuschreduz. > Ein. Verwenden Sie diese Korrektur aber wirklich nur, wenn kräftiger Wind zu stark verrauschten Tonaufnahmen führen würde.

Falls Ton und Video in der Vorschau nicht lippensynchron wiedergegeben werden, aktivieren Sie MENU > Kamera > 7 > Tonausgabe-Timing > Lippensynchro. Beachten Sie, dass mit dieser Vorgabe Ton und Videobild leicht verzögert wiedergegeben werden.

Aussteuerungsanzeige

Die Aussteuerungsanzeige lässt sich auch abschalten.

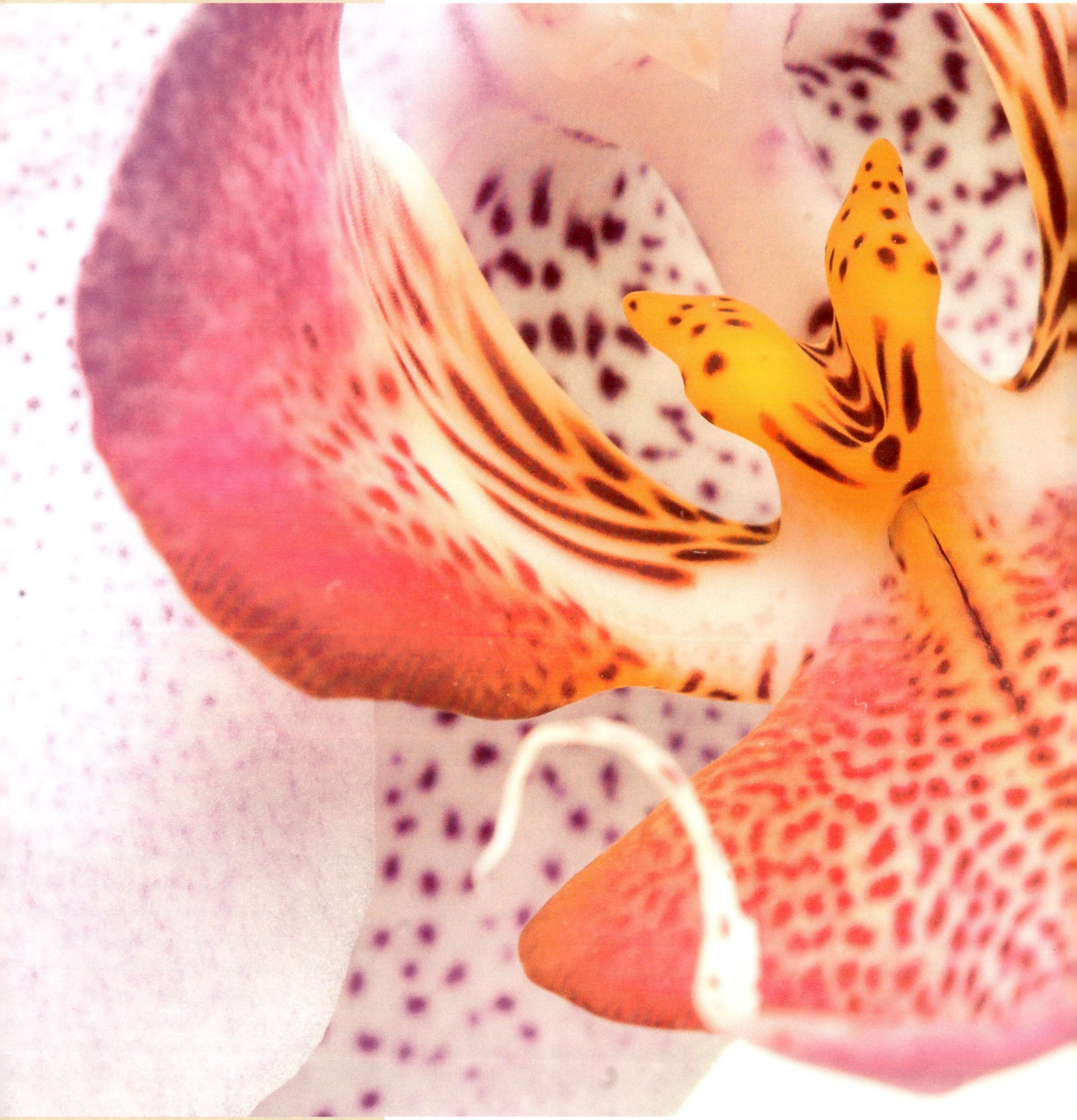

9

Aufnahmen betrachten, verwalten und präsentieren

Mit Ihrer A7 kontrollieren Sie jedes Foto oder Video auf Knopfdruck direkt nach der Aufnahme. So prüfen Sie schnell, ob Ihre Aufnahme gelungen ist oder wiederholt werden muss. Nutzen Sie die Wiedergabefunktion aber auch, um Ihre Aufnahmen zu präsentieren – auf dem Kameradisplay, am PC-Monitor oder auf einem Fernsehgerät.

Ist die Aufnahme gelungen? Oder sollten Sie sie vielleicht mit anderen Kameraeinstellungen wiederholen?
ISO 320 | 100 mm | 1/125 s | f/14

Aufnahmen betrachten, verwalten und präsentieren

9.1 Die Wiedergabefunktionen Ihrer A7

Ihre A7 wird auf Knopfdruck von einem Aufnahme- zu einem Wiedergabegerät: Drücken Sie den Wiedergabeknopf, um Ihre Bilder und Videos zu betrachten. Die Wiedergabefunktion erlaubt Ihnen,

- Ihre Fotos und Videos direkt nach der Aufnahme zu kontrollieren, sodass Sie sie wiederholen können, falls sie missraten ist;
- Ihre Aufnahmen einem Publikum zu präsentieren (auch auf einem PC-Monitor oder TV-Gerät) und bei Bedarf sogar zu drucken.

Darüber hinaus stellt Ihnen Ihre A7 im Wiedergabemodus rudimentäre Verwaltungsmöglichkeiten für Ihre Fotos und Videos zur Verfügung. Dazu gehört vor allem die Möglichkeit, missratene Aufnahmen sogleich zu löschen und so den entsprechenden Speicherplatz auf der Karte freizugeben.

Diese Informationen zeigt der Wiedergabe-Bildschirm

Wenn Sie ein Foto betrachten möchten, drücken Sie einfach den Wiedergabeknopf Ihrer A7. Auf dem Display erscheint das zuletzt aufgenommene Bild – oder die Aufnahme, die Sie zuletzt betrachtet haben, falls Sie in der Zwischenzeit kein neues Foto aufgenommen haben. Sie blättern mit der ▶- beziehungsweise ◀-Taste durch Ihre Aufnahmen, alternativ drehen Sie am Daumen- oder Frontrad. Selbstverständlich können Sie auch bequem jedes beliebige Bild oder jeden Film auf der Speicherkarte Ihrer A7 auswählen, dazu gleich mehr (siehe Seite 266).

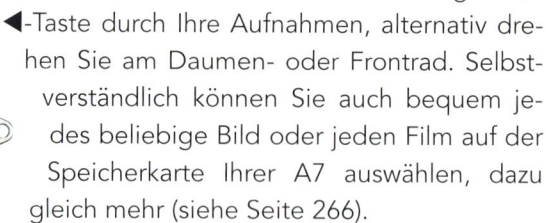

Jetzt geht es erst einmal darum, was Ihre A7 überhaupt auf dem Wiedergabe-Bildschirm zeigen soll. Ihnen stehen drei Darstellungsmodi zur Auswahl, die Sie mit der ▲-Taste (DISP) aufrufen:

- **Info anzeigen** ist die Standardvorgabe. Hier gibt das Display Ihre Bilder in etwa so wieder wie das Sucherbild im Aufnahmemodus.

Infoanzeige

Standardmäßig überlagert Ihre A7 den Wiedergabe-Bildschirm mit Informationen, ganz ähnlich wie bei der Aufnahme.

- **Histogramm** zeigt Ihr Bild als relativ kleine Miniatur. Dieses Layout nutzt den dadurch frei werdenden Raum vor allem, um die Helligkeitsverteilung in gleich vier Histogrammgrafiken darzustellen. Das oberste (weiße) Histogramm ist das wichtigste – es stellt die aufsummierte Helligkeitsverteilung aller drei Farbkanäle dar. Kommt es in dunklen oder hellen Bildbereichen zum Clipping (zulaufende Tiefen oder ausbrennende Lichter), blinken die betroffenen Partien. Dabei reicht es bereits, wenn in einem der drei Farbkanäle Clipping auftritt.

Wiedergabe-Histogramm

Das Wiedergabe-Histogramm hilft Ihnen, Belichtungsprobleme aufzuspüren. Überbelichtete Bildpartien blinken schwarz (Pfeil), unterbelichtete weiß.

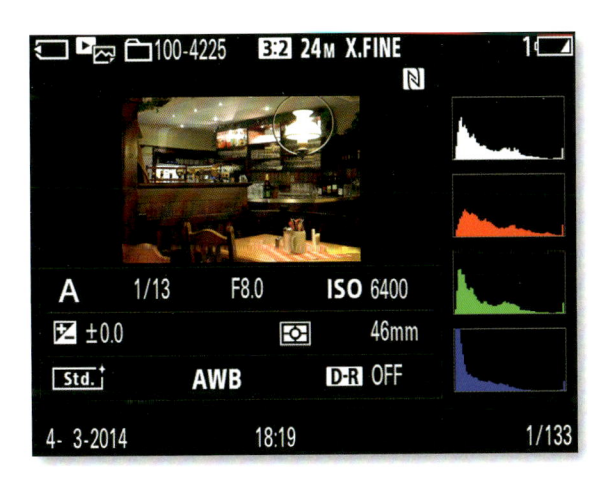

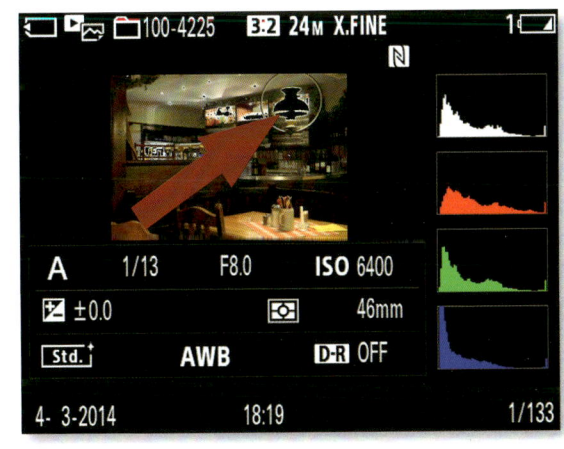

- **Daten nicht anzeigen** präsentiert das pure Bild und sonst nichts. Das ist die ideale Darstellungsform, wenn Sie Ihre Bilder einfach nur betrachten möchten – auch auf einem externen Monitor oder TV-Gerät (siehe Seite 270).

> **Wiedergabe-Histogramm vs. Live-Histogramm**
>
> Ihre A7 kann auf Wunsch bereits das Live-Histogramm ins Sucherbild einblenden. Es bewahrt Sie vor deutlich unter- oder überbelichteten Aufnahmen. Allerdings löst das Live-Histogramm nach meiner Erfahrung recht grob auf und warnt bereits sehr früh vor möglichen Belichtungsproblemen. Verlassen Sie sich daher bei kritischen Motiven nicht nur auf das Live-Histogramm, sondern prüfen Sie Ihr Foto auch mit dem Wiedergabe-Histogramm – es ist genauer. Das gilt indes nur für JPEG-Aufnahmen. Wenn Sie im RAW-Format aufzeichnen, sollten Sie sich von kleineren Bildbereichen mit Clipping-Warnung nicht beirren lassen. Sie gelten nämlich nur für Ihre aktuellen JPEG-Vorgaben, nicht aber für die eigentliche RAW-Datei.

Ihre Aufnahmen im Überblick – der Bildindex

Standardmäßig zeigt Ihre A7 genau eine Aufnahme auf dem Display an. Wenn Sie viele Fotos oder Filme aufgenommen haben, kann es etwas mühsam werden, ein ganz bestimmtes Bild oder Video herauszusuchen. In diesem Falle verschaffen Sie sich mit der Indexansicht schnell einen Überblick. Der Index zeigt wahlweise neun oder 25 Bilder als kleine Miniaturen – unter *MENU > Bildwiedergabe > 1 > Bildindex* richten Sie die Anzahl der Bilder in der Indexansicht ein. Und so verwenden Sie die Indexanzeige richtig:

1 Befindet sich Ihre A7 im Wiedergabemodus? Dann drücken Sie die *AF/MF*-Taste, um zur Indexanzeige zu wechseln.

2 Eine orange Markierung kennzeichnet die aktuell ausgewählte Aufnahme. Sie verschieben diese Markierung mit den Pfeiltasten auf der Vierwegewippe, aber auch mit dem Einstellring und dem Frontrad.

3 Links neben der Indexanzeige sehen Sie einen Scrollbalken. Sie aktiveren ihn mit der ◀-Taste, anschließend blättern Sie seitenweise durch Ihren Bildbestand. Alternativ scrollen Sie direkt mit dem Daumenrad durch den Index.

4 Sie verlassen die Indexanzeige mit der *SET*-Taste. Es erscheint die aktuell markierte Aufnahme in der Einzelbilddarstellung.

Standardmäßig speichert Ihre A7 alle Fotografien in einem Ordner, für Filmaufnahmen im AVCHD- und MP4-Format legt sie jeweils separate Ordner an. Bei Bedarf können Sie indes die Kamera so einrichten, dass sie Ihre aktuellen Fotografien (jedoch nicht Filme) in einem separaten Ordner ablegt. Dazu haben Sie mehrere Möglichkeiten:

- Rufen Sie MENU > Setup > 5 > Neuer Ordner auf. Ihre A7 legt einen neuen Ordner an, alle Aufnahmen landen ab sofort in diesem Ordner.
- Alternativ geben Sie MENU > Setup > 5 > Ordnername > Datumsformat vor. Mit dieser Vorgabe legt Ihre A7 für jeden Aufnahmetag einen neuen Ordner auf der Speicherkarte an.
- Nur wenn Sie MENU > Setup > 5 > Ordnername > Standard festgelegt haben, können Sie auch unter MENU > Setup > 5 > REC-Ordner wählen einen bestehenden Ordner für Ihre aktuellen Aufnahmen vorgeben.

Ich bevorzuge die Einstellung *Ordnername > Datumsformat*. Damit legt die A7 alle Fotos eines Aufnahmetages in einem Ordner ab. Bei der Wiedergabe wählen Sie in der Indexanzeige, welchen Ordnerinhalt Sie sehen möchten:

Drücken Sie zweimal die *AF/MF*-Taste. Auf dem Display erscheint die Ordnerauswahl. Wählen Sie mit der ▼- oder ▲-Taste den gewünschten Ordner aus und bestätigen Sie mit der *SET*-Taste.

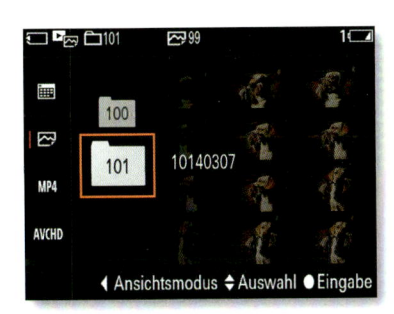

Panoramabild wiedergeben

Falls Sie ein Schwenk-Panorama aufgenommen haben, passt Ihre A7 das Breitbild in das Display ein. Je breiter es ist, desto kleiner wird es angezeigt.

Sie können Ihre A7 indes auch während der Wiedergabe über das Panorama schwenken lassen – dazu drücken Sie einfach die *SET*-Taste. Nun wird das Bild so vergrößert, dass es in der Höhe passt. Dann fährt es von links nach rechts über die Panoramaaufnahme. Interessant ist diese Möglichkeit vor allem auch, wenn Sie Ihre Panoramabilder auf einem TV-Gerät präsentieren.

Wiedergabeordner wählen

Nachdem Sie einen neuen Wiedergabeordner gewählt haben (links), ist die erste Aufnahme darin automatisch ausgewählt (rechts).

Aufnahmen eines bestimmten Datums finden

Ihre A7 zeigt auf Wunsch alle Aufnahmen, die an einem bestimmten Tag entstanden sind. Und zwar unabhängig davon, ob Sie für *Ordnername > Datumsformat* oder *Standard* gewählt haben.

Dazu geben Sie zunächst MENU > Wiedergabe > 1 > Ansichtsmodus > Datums-Ansicht vor.

Wenn Sie nun im Wiedergabemodus zweimal auf die AF/MF-Taste drücken, erscheint ein Monatskalender. Hier wird jeder Aufnahmetag mit einer entsprechenden Miniatur darstellt. Um die Bilder eines bestimmten Tages zu sehen, steuern Sie diesen mit der Vierwegewippe an, dann bestätigen Sie mit der SET-Taste.

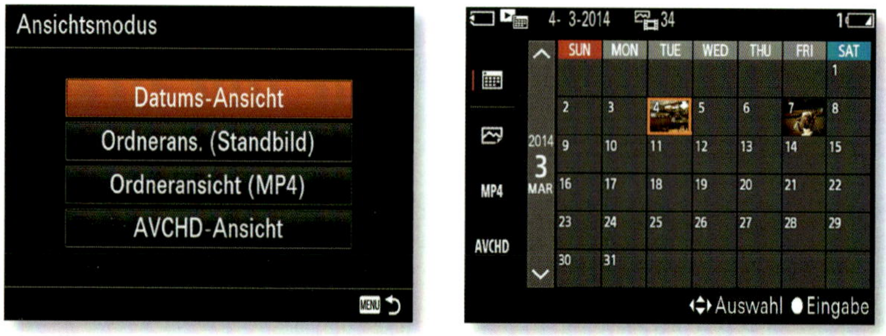

Datums-Ansicht verwenden

In der »Datums-Ansicht« sortiert die A7 Ihre Fotos anhand des Aufnahmetages – unabhängig davon, in welchem Ordner die Daten gespeichert sind.

Bildausschnitt prüfen – der Wiedergabezoom macht's möglich

Der Bildschirm Ihrer A7 zeigt Fotos nur mit einem Bruchteil der Auflösung an, mit der sie aufgenommen wurden. Da erscheinen dann auch solche Bildpartien noch perfekt scharf, die sich bei genauerem Hinsehen auf dem PC-Monitor als unscharf erweisen. Sie können jedoch das aktuelle Bild vergrößern. Dann zeigt das Display Ihrer A7 nur noch einen Ausschnitt an, der sich jedoch beliebig verschieben lässt. Beim Wiedergabezoom haben Sie folgende Steuerungsmöglichkeiten:

- Sie rufen den Zoom mit der Taste C2 auf. Ihr Bild erscheint in der zuletzt gewählten Vergrößerungsstufe. Sie beenden den Wiedergabezoom mit der MENU-Taste.

Wiedergabezoom

Bei Bedarf zoomen Sie ins Bild ein, um Details prüfen zu können. Ein kleines Navigationsfenster unten links gibt Ihnen Orientierung.

- Drehen Sie das Daumenrad nach rechts, um weiter einzuzoomen. Um auszuzoomen, drehen Sie es nach links.
- Den sichtbaren Bildausschnitt legen Sie mit den Tasten der Vierwegewippe fest. Dabei hilft Ihnen das kleine Navigationsfenster, das unten links eingeblendet wird – hier kennzeichnet ein oranger Rahmen den aktuell sichtbaren Bildausschnitt.

Wiedergabe von Filmaufnahmen steuern

Sobald Sie beim Durchblättern Ihrer Aufnahmen auf einen Film stoßen, kennzeichnet Ihre A7 diesen mit einem Filmstreifen. Die Darstellungsform *Histogramm* steht Ihnen dann nicht mehr zur Verfügung.

Filmwiedergabe

Um einen Film wiederzugeben, drücken Sie die SET-Taste (links). Während der Wiedergabe wird ein Fortschrittsbalken angezeigt (rechts).

Sie starten die Wiedergabe des aktuellen Videos mit der *SET*-Taste. Drücken Sie die Taste erneut, um die Wiedergabe zu unterbrechen. Mit den Tasten ▶ und ◀ schalten Sie auf den schnellen Vor- beziehungsweise Rücklauf um. Das ist praktisch, um bei längeren Filmsequenzen schnell an eine bestimmte Stelle zu springen. Um die Filmwiedergabe zu beenden, drücken Sie die Wiedergabetaste.

Weitere Steuerungsmöglichkeiten blendet Ihre A7 ein, nachdem Sie die ▼-Taste gedrückt haben. Nun erhalten Sie auch die

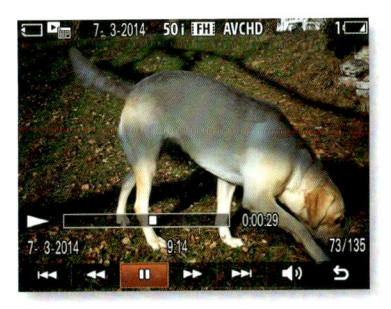

Wiedergabeoptionen

Während der Filmwiedergabe haben Sie eine Reihe von Steuerungsmöglichkeiten, inklusive Lautstärkeregelung.

Kontrolle über die Wiedergabelautstärke: Steuern Sie das Lautsprecher-Symbol an und drücken Sie die *SET*-Taste, anschließend regulieren Sie mit dem Einstellring die Lautstärke.

Filmaufnahmen erscheinen in der Indexanzeige nur zusammen mit Fotoaufnahmen, wenn Sie *MENU > Wiedergabe > 1 > Ansichtsmodus > Datums-Ansicht* gewählt haben. Andernfalls wählen Sie unter *MENU > Wiedergabe > 1 > Ansichtsmodus > Ordneransicht (MP4)* beziehungsweise *AVCHD-Ansicht*.

9.2 Ihre Aufnahmen auf einem TV-Gerät zeigen

Die A7 zeigt Ihre Aufnahmen nicht nur auf dem internen Display an, sie bringt sie auch auf einen großen Monitor – zum Beispiel einen PC-Bildschirm oder ein TV-Gerät. Dazu benötigen Sie ein HDMI-Kabel, das auf einer Seite einen Mini-HDMI-Stecker (Typ C) aufweist – er kommt in die entsprechende Buchse Ihrer A7.

Sobald Sie Ihre A7 mit einem externen Monitor verbunden haben, geht sie in den Wiedergabemodus und schaltet ihr Display ab. Sie sehen nun auf dem externen Display exakt das, was auch der Bildschirm Ihrer A7 zeigen würde. Um nur das reine Bild ohne weitere Informationen angezeigt zu bekommen, drücken Sie gegebenenfalls mehrfach die *DISP*-Taste.

In der Regel sollte die A7 automatisch erkennen, in welcher Auflösung sie die Daten an einen externen Monitor schickt. Sollte das externe Display wider Erwarten dunkel bleiben, stellen Sie die HDMI-Auflösung manuell ein. Dazu rufen Sie *MENU > Setup > 3 > HDMI-Auflösung* auf. Probieren Sie zunächst die Vorgabe *1080p*, sie liefert die bessere Bildqualität. Falls Ihr externes Gerät diese nicht akzeptiert, schalten Sie auf *1080i* um.

Wiedergabe am externen Display steuern

Auch wenn Sie Ihre A7 an ein externes Display angeschlossen haben, steuern Sie die Bildwiedergabe wie zuvor beschrieben. Etwas unpraktisch dabei ist, dass Sie Ihre Kamera mitsamt HDMI-Kabel in der Hand halten müssen – Ihre A7 wird damit quasi zur Kabelfernbedienung für Ihr TV-Gerät.

Doch dieser Ausflug in längst vergessene Zeiten muss nicht sein – Ihre A7 bietet verschiedene Möglichkeiten zur Fernsteuerung:

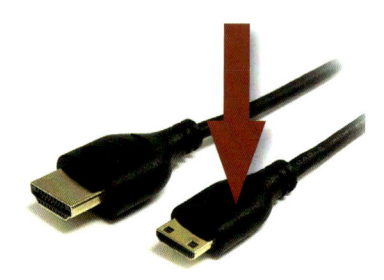

HDMI-Kabel

Um Ihre A7 an ein TV-Gerät anzuschließen, benötigen Sie ein HDMI-Kabel mit Typ-C-Stecker (Pfeil).

Drahtlose Bildübertragung und Fernsteuerung

Ihre A7 kann sich auch drahtlos mit einem TV-Gerät verbinden, falls dieses DLNA-fähig ist. Sollten Sie ein neueres Gerät von Sony Ihr eigen nennen, können Sie sogar die Wiedergabe mit der Fernbedienung des TV-Geräts steuern. Mehr über die Möglichkeiten zur drahtlosen Datenübertragung lesen Sie im Kapitel 11.

- Besorgen Sie sich die Sony-Fernbedienung RMT-DSLR2 (ca. 50 Euro). Damit steuern Sie nicht nur die Wiedergabe bequem vom Fernsehsessel aus, die drahtlose Fernbedienung ermöglicht Ihnen zudem, Aufnahmen ferngesteuert auszulösen.
- Sie besitzen ein Fernsehgerät von Sony, das mit der Funktion Bravia-Sync ausgestattet ist? Dann lässt sich die Wiedergabe auch mit der Fernbedienung des TV-Geräts steuern. Achten Sie darauf, dass an Ihrer A7 *MENU > Setup > 3 > STRG FÜR HDMI* auf *Ein* geschaltet ist.

Anstatt manuell von Bild zu Bild zu wechseln, können Sie das Ihre A7 auch automatisch erledigen lassen: Zeigen Sie Ihre Aufnahmen als Diaschau. Das hat noch einen weiteren Vorteil: Es gelangen keine Steuerungssymbole auf die Anzeige. Sie richten die automatische Fotopräsentation unter *MENU > Wiedergabe > 1 > Diaschau* ein. Diese Möglichkeiten haben Sie dabei:

- Wählen Sie *Wiederholen > Ein*, wird die Diaschau endlos wiederholt. Diese Endlosschleife eignet sich vor allem für recht spezielle Einsatzgebiete, etwa auf Messen oder im Schaufenster eines Händlers.
- Mit *Intervall* legen Sie fest, wie lange ein einzelnes Bild gezeigt werden soll. Die Standardvorgabe von *3 Sek.* ist für meinen Geschmack viel zu kurz. Ich wähle für eine schnelle Präsentation *5 Sek.*, für eine gemütliche Vorführung sogar *10 Sek.*

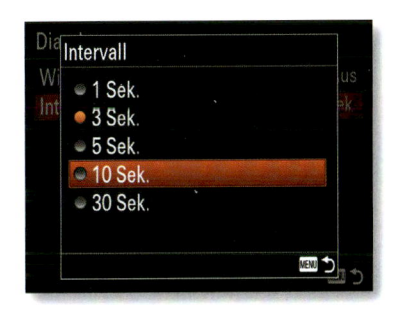

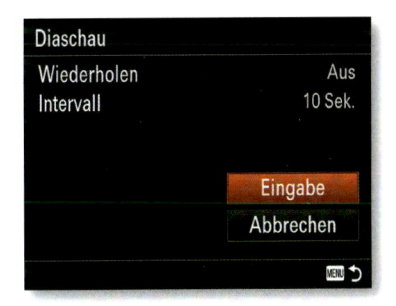

Ihre Diaschau startet automatisch, sobald Sie den Befehl *Diaschau* im Wiedergabemenü bestätigt haben. Sie beenden die Vorführung mit der *SET*-Taste, Ihre A7 zeigt daraufhin das aktuelle Bild im Wiedergabemodus. Oder tippen Sie den Auslöser an, um sofort wieder in den Aufnahmemodus zu gelangen.

Diaschau

Sobald Sie die Diaschau eingerichtet haben, starten Sie mit »Eingabe« die automatische Präsentation Ihrer Fotos.

9.3 Aufnahmen verwalten und bearbeiten

Ihre A7 zeigt Aufnahmen nicht nur an, Sie können sie auch verwalten und bearbeiten. Wobei das allerdings angesichts des bescheidenen Funktionsumfangs für diese Aufgaben etwas hochtrabende Begriffe sind. Im Wesentlichen bleibt es bei zwei Möglichkeiten: Auf der Seite liegende Fotos drehen Sie in die richtige Lage und misslungene Bilder lassen sich löschen. Weitergehende Bildbearbeitungsmöglichkeiten erhält Ihre A7, wenn Sie sie mit der Camera App *Foto-Retusche* nachrüsten (wie's gemacht wird, erfahren Sie in Kapitel 11).

Bilder drehen

In der Regel wird die A7 Ihre Aufnahme in der korrekten Lage speichern – also Hoch- und Querformataufnahmen richtig erkennen. Dafür sorgt ein Lagesensor in der Kamera; er ist übrigens auch für den künstlichen Horizont zuständig.

Wenn Sie Ihre Kamera aber stark kippen und schwenken, kann der Lagesensor bisweilen aus dem Tritt geraten. Die Folge: Ihre Bilder liegen auf der Seite. Das passiert vor allem, wenn Sie Ihre A7 auf den Boden richten oder in den Himmel. Sollte eine Aufnahme einmal auf der Seite liegen oder gar Kopf stehen, rufen Sie *MENU > Wiedergabe > 1 > Drehen* auf. Sie drehen das Bild mit den Tasten auf der Vierwegewippe in 90-Grad-Schritten, mit der *SET*-Taste schließen Sie die Operation ab.

Aufnahmen löschen

Stoßen Sie bei der Durchsicht Ihrer Aufnahmen auf ein Bild oder Video, das Ihnen nicht gefällt, drücken Sie die Löschen-Taste, um die Aufnahme von der Speicherkarte zu tilgen.

Solange Sie sich nur von ein paar Aufnahmen trennen möchten, ist das direkte Löschen die einfachste Methode. Was aber, wenn Sie aus einer ganzen Aufnahmeserie nur wenige Fotos behalten möchten? Dann wäre es sehr mühsam, jedes Bild einzeln zu löschen. Das müssen Sie glücklicherweise auch nicht, denn Ihre A7 ermöglicht Ihnen, unerwünschte Aufnahmen zunächst zu markieren und dann anschließend zu löschen. So gehen Sie vor:

1 Starten Sie die Wiedergabe und schalten Sie mit der *AF/MF*-Taste in die Indexanzeige um.

2 Rufen Sie *MENU > Wiedergabe > 1 > Löschen* auf. Sie haben nun zwei Möglichkeiten:

- Mit *Mehrere Bilder* erhalten Sie die Gelegenheit, zunächst die Bilder auszuwählen, die Sie löschen möchten – siehe Schritt 3.

- *Alle in diesem Ordner* löscht ausnahmslos alle Aufnahmen im derzeit ausgewählten Bilderordner. Das sind standardmäßig alle gespeicherten Fotos, es sei denn, sie lassen Ihre A7 für jeden Aufnahmetag einen separaten Ordner anlegen (siehe Seite 267). Sinnvoll ist dies meist nur, wenn Sie zuvor ausgewählte Fotos vor dem Löschen geschützt haben.

3 Falls Sie in Schritt 2 *Mehrere Bilder* gewählt haben, gelangen Sie zurück zur Indexanzeige. Steuern Sie ein Bild an, das Sie löschen möchten, und drücken Sie die *SET*-Taste. Ihre A7 versieht es mit einem Häkchen. Mit weiteren Aufnahmen, die Sie entfernen möchten, verfahren Sie genauso.

Auswahl zum Löschen

Mit der SET-Taste merken Sie ein Bild zum Löschen vor. Unten links sehen Sie, wie viele Aufnahmen Sie bereits zum Löschen markiert haben.

4 Sie bestätigen das Löschen der markierten Aufnahmen mit der *MENU*-Taste.

Bilder vor dem Löschen schützen

Ihre A7 erlaubt es nur, 99 Bilder zum Löschen vorzumerken. Falls Sie mehr Aufnahmen loswerden möchten, gehen Sie andersherum vor:

1 Schalten Sie die Bildwiedergabe mit der *AF/MF*-Taste in die Indexanzeige um. Rufen Sie dann *MENU > Wiedergabe > 2 > Schützen > Mehrere Bilder* auf.

2 Nun markieren Sie mit der *SET*-Taste die Bilder, die Sie schützen (nicht löschen) möchten. Pro Speicherkarte können Sie auf diese Weise 99 Aufnahmen schützen.

3 Sind Sie fertig mit der Auswahl der Bilder, die Sie behalten möchten? Dann rufen Sie *MENU > Wiedergabe > 1 > Löschen > Alle in diesem Ordner* auf. Ihre A7 löscht nun den kompletten Ordnerinhalt ausgenommen die Bilder, die Sie geschützt haben.

> **Ist das Löschen von Aufnahmen in der Kamera sinnvoll?**
>
> So ausgefuchst die Löschfunktionen der A7 auch sind – ich verwende sie fast nie. Es sei denn, ich stoße bei der Durchsicht meiner Aufnahmen auf ein Bild, das völlig missraten ist. Für meinen Geschmack ist es viel bequemer und zudem sicherer, zunächst alle Aufnahmen von der Speicherkarte auf meinen Rechner zu übertragen und dann in aller Ruhe am großen Monitor auszusortieren.

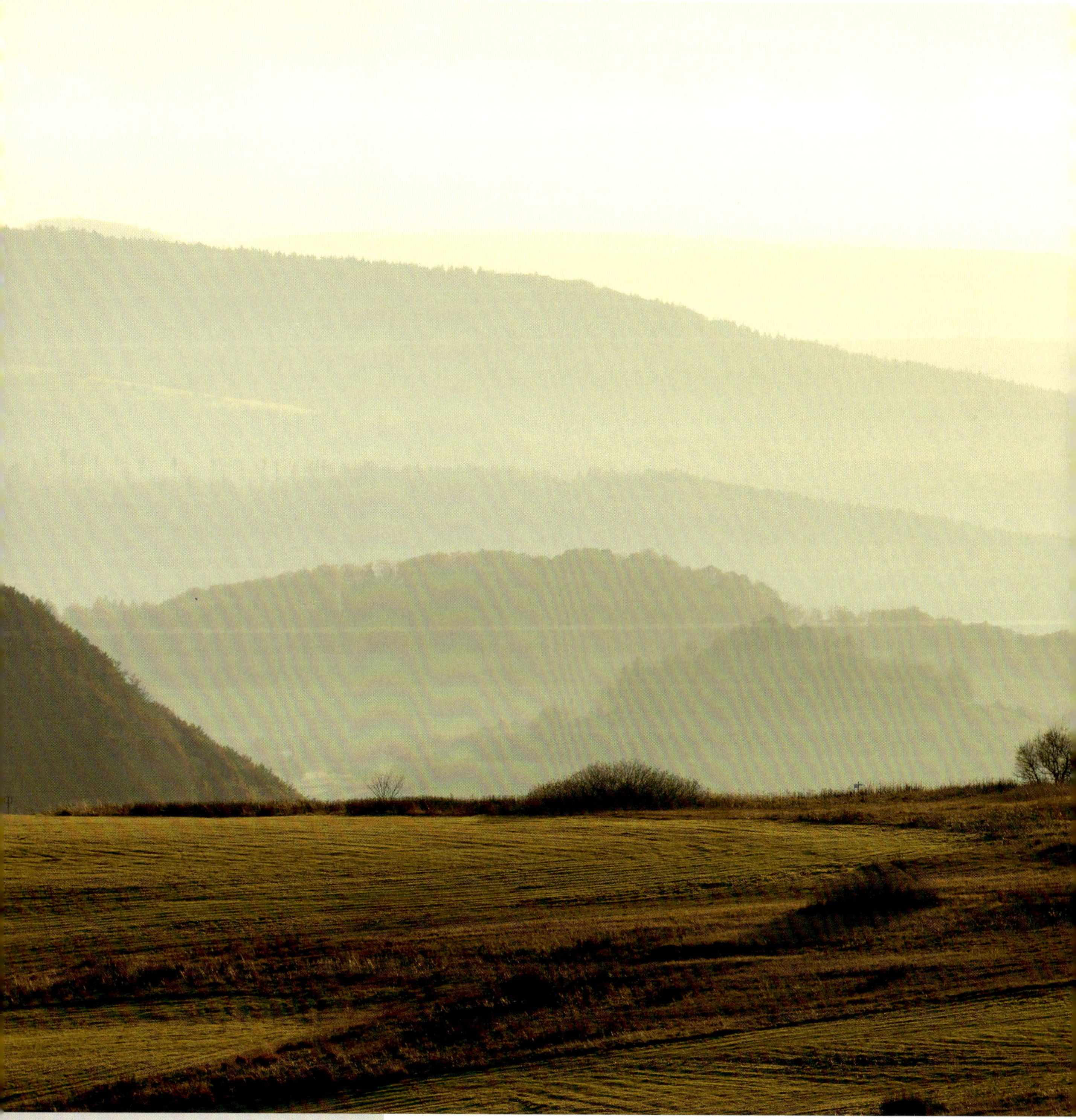

10

Ihre A7 maßgeschneidert für Sie

Von Haus aus hat Sony Ihre A7 so eingerichtet, dass Sie auf die wichtigsten Funktionen besonders bequem zugreifen können. Doch was für die Mehrzahl der Fotografen wichtig ist, muss noch lange nicht auf Sie zutreffen! Glücklicherweise können Sie Ihre A7 so anpassen, dass sie wie maßgeschneidert zu Ihnen passt.

Ob Action-, Studio- oder Landschaftsfotos wie hier: Richten Sie Ihre A7 so ein, dass sie perfekt zu Ihren bevorzugten Sujets passt.
ISO 200 | 150 mm | 1/320 s | f/8

10.1 Einführung in die Individualisierungsoptionen

Ihre A7 bietet hunderte an Einstellmöglichkeiten, die Sie in den Tiefen der Menüs finden. Doch wenn Sie auf die Schnelle den Bildstabilisator ausschalten möchten oder den Augen-AF anfordern, dann erweist sich ein Ausflug in die Tiefen der Menüs meist als viel zu umständlich. Glücklicherweise hat Sony die A7 mit einer Vielzahl an Individualisierungsoptionen ausgestattet. Ganz nach Ihrem Gusto können Sie Folgendes anpassen:

- Legen Sie gleich zwei Basiskonfigurationen für Ihre A7 im Benutzerspeicher ab.
- Geben Sie vor, welche Einstellmöglichkeiten Ihnen Ihre A7 nach Betätigung der *Fn*-Taste im Schnellmenü präsentiert.
- Belegen Sie insgesamt acht Knöpfe sowie das Einstellrad mit solchen Funktionen, die Sie besonders häufig benötigen und mit einem Tastendruck aufrufen möchten.

Das ist indes noch längst nicht alles: Sie bestimmen auch, was passiert, wenn Sie den Auslöser nur halb drücken, ob die AF-/MF-Taste als Schalter (meine Wahl) oder als Taster funktioniert und vieles mehr. Die Individualisierungsmöglichkeiten der A7 sind derart vielfältig, dass sich fast ein eigenes Buch damit füllen ließe. Daher werde ich mich hier auf die grundlegenden Verfahren und einige Empfehlungen beschränken.

10.2 Benutzerspeicher für zwei Grundkonfigurationen

Dass ich bevorzugt im RAW-Format aufzeichne und ein Faible für die Zeitautomatik A habe, ist Ihnen als aufmerksamer Leser sicherlich nicht entgangen. Ebenso habe ich keine Scheu davor, dass die ISO-Automatik meiner A7 in kritischen Situationen die Empfindlichkeit bis ISO 3.200 hochschraubt – eine verrauschte Aufnahme ist mir allemal lieber als eine verwackelte. Falls ich ein Blitzlicht verwende, sollte es möglichst dezent in Erscheinung treten – die Blitzbelichtungskorrektur habe ich daher standardmäßig auf –0,7 EV heruntergeregelt.

Diese Basiskonfiguration meiner A7 eignet sich natürlich bei Weitem nicht für alle Aufnahmen. Je nach Motiv muss ich eine Menge

> **Änderungen notieren!**
> Ein Tipp, bevor Sie sich daran machen, Ihre A7 grundlegend neu zu konfigurieren: Notieren Sie sich zunächst die Einstellungen, die Sie ändern, um sie notfalls zurücksetzen zu können. Möglicherweise funktioniert nämlich Ihre Kamera in der neuen Konfiguration nicht mehr wie hier im Buch (und in der Bedienungsanleitung) beschrieben. Falls alle Stricke reißen, bringen Sie Ihre A7 auf die Werkseinstellungen zurück. Dazu rufen Sie *MENU > Setup > 6 > Einstlg zurücksetzen > Kameraeinstlg. Reset* auf.

Benutzerspeicher für zwei Grundkonfigurationen

Benutzerspeicher 1

Hier sehen Sie meine bevorzugte Grundkonfiguration, die ich auf Speicherplatz 1 abgelegt habe.

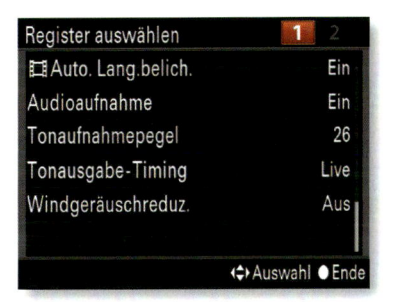

ändern, anschließend ist die Kamera gehörig verstellt. Da wäre es natürlich schön, wenn sich die Ausgangslage mit einem Knopfdruck wiederherstellen ließe. Dann brauchen Sie sich für die nachfolgende Aufnahme keine großen Gedanken machen, sondern passen höchstens noch die Parameter an, die Sie für Ihre neue Aufnahme ändern möchten.

Genau das ist bei Ihrer A7 möglich: Sie speichern auf Wunsch zwei Basiskonfigurationen, die Sie zwar nicht auf Knopfdruck, jedoch mit einem Dreh am Programmwählrad abrufen. Um Ihre aktuelle Kamerakonfiguration in einem der beiden Benutzerspeicher abzulegen, gehen Sie so vor:

1 Rufen Sie MENU > Kamera > 7 > Speicher auf. Ihre A7 listet fein säuberlich alle Vorgaben auf, zur Kontrolle können Sie die Liste mit der ▼- und ▲-Taste nochmals durchblättern.

2 Wählen Sie gegebenenfalls noch den gewünschten Speicherplatz 1 oder 2 mit der ▶-Taste aus, dann bestätigen Sie mit der SET-Taste.

Fortan brauchen Sie das Programmwählrad nur noch in die Stellung 1 oder 2 bringen, und schon funktioniert Ihre A7 so, wie Sie es auf den Speicherplätzen vorgegeben haben.

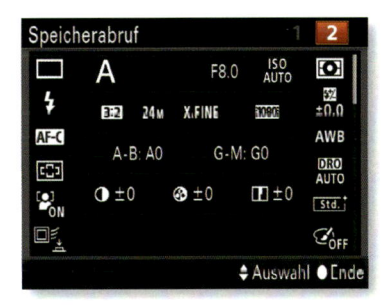

Speicherplatz abrufen

Wenn Sie die Einstellungen eines Speicherplatzes abrufen, erscheint nochmals die Zusammenfassung der gewählten Parameter. Bestätigen Sie mit der SET-Taste.

Auf dieselbe Weise legen Sie eine weitere Grundkonfiguration im zweiten Benutzerspeicher ab. Ich habe den zweiten Speicherplatz mit ganz ähnlichen Einstellungen belegt wie den ersten – allerdings mit einer wichtigen Änderung: Hier speichert meine A7 im JPEG-Format (*MENU > Kamera > 1 > Qualität > Extrafein*). Ich verwende diese Konfiguration hauptsächlich, um Zugriff auf Einstellungen zu haben, die bei RAW-Aufnahmen nicht möglich sind – etwa auf die HDR-Automatik oder die Multiframe-Rauschunterdrückung.

Einstellungen, die gespeichert werden können

Im Benutzerspeicher können Sie längst nicht alle Kameraeinstellungen ablegen, er nimmt lediglich Ihre Aufnahmekonfigurationen auf. Diese sind:

- Alle Vorgaben unter *MENU > Kamera*, mit Ausnahme der Einstellung unter *MENU > Kamera > 3 > Belichtungskorrektur* (siehe Kasten links).
- Der mit dem Programmwählrad vorgegebene Aufnahmemodus. Falls Sie *SCN* (Motivprogramm) oder Filmaufnahme eingestellt haben, gilt der hierzu gewählte Modus (etwa *Porträt* für *SCN*).
- Der aktuelle Blendenwert und/oder Verschlusszeit (abhängig vom gewählten Belichtungsmodus). Für den Modus P (Programmautomatik) wird indes kein Programm-Shift gespeichert.

10.3 Schnellmenü nach Maß

Mit der *Fn*-Taste rufen Sie das Schnellmenü (Sony nennt es »Funktionsmenü«) auf, über das Sie auf bis zu zwölf Optionen zugreifen. Welche Einstellmöglichkeiten Ihnen Ihre A7 im Schnellmenü präsentiert, können Sie vorgeben. Ebenso legen Sie fest, auf welchem der zwölf Speicherplätze Ihre Optionen liegen sollen.

Bevor Sie damit beginnen, das Schnellmenü nach Ihren Wünschen zusammenzustellen, sollten Sie zwei Dinge beachten:

- Es gibt nur ein Schnellmenü. Sie können keine verschiedenen Konfigurationen für das Schnellmenü im Benutzerspeicher ablegen.

Problemfall Belichtungskorrektur

Sony hat sich aus nicht nachvollziehbaren Gründen dafür entschieden, dass Ihre Vorgabe für die Belichtungskorrektur via Menü nicht mit im Benutzerspeicher landet. Mag sein, um Verwirrung vorzubeugen – theoretisch könnte ja so das EV-Korrekturrad einen anderen Wert vorgaukeln, als Sie tatsächlich via Speicher abrufen.

In Ordnung finde ich diese Beschränkung dennoch nicht: Denn wenn Sie die Belichtung via *MENU > Kamera > 3 > Belichtungskorrektur* ändern, weichen Ihre Einstellungen ja ebenfalls von der Vorgabe des EV-Korrekturrads ab. Lästig ist diese Beschränkung vor allem für die Fotografen, die Ihre Fotos generell heller oder dunkler belichten möchten als die Belichtungssteuerung der A7.

Flexibles Schnellmenü

Bei der Belegung Ihres Schnellmenüs sind Sie sehr flexibel. Links ein Beispiel mit Funktionen bei Aufnahmen im JPEG-Format. Rechts typische Befehle für Videofilmer – die obere Reihe ist nicht belegt und wird daher nicht angezeigt.

- Viele Funktionen, die Sie ins Schnellmenü aufnehmen können, lassen sich auch den frei konfigurierbaren Tasten zuweisen. Überlegen Sie gut, welche Optionen Sie via Schnellmenü einstellen und welche Sie noch fixer über eine Funktionstaste erreichen möchten. Als Faustregel gilt: Funktionen, die Sie direkt bei der Aufnahme benötigen (womöglich gar beim Blick durch den Sucher), legen Sie besser auf eine Funktionstaste – etwa die Fokuslupe oder die Anzeige der Gitterlinien (siehe Seite 281).

Um einen Speicherplatz im Schnellmenü mit einer neuen Funktion zu belegen, gehen Sie folgendermaßen vor:

1 Starten Sie mit MENU > Benutzereinstellungen > 6 > *Funkt. menü-Einstlg*.

2 Wählen Sie den Speicherplatz, dem Sie eine neue Funktion zuweisen möchten. Unter *Funkt.menü-Einstlg > 1* konfigurieren Sie die obere Reihe des Schnellmenüs, unter *Funkt.menü-Einstlg > 2* die untere Reihe.

Manche Fotografen monieren, dass ein Schnellmenü mit zwölf Speicherplätzen zu unübersichtlich sei. Falls Sie auch der Meinung sind und Ihnen sechs Slots völlig reichen, weisen Sie einfach allen Posten unter MENU > Benutzereinstellungen > 6 > *Funkt. menü-Einstlg. > 1* die Option *Nicht festgelegt* zu.

Die richtige Strategie für Ihr Schnellmenü

Was soll nun in Ihr Schnellmenü, und was nicht? Darauf kann es keine generelle Antwort geben. Wenn Sie vorwiegend mit adaptierten Objektiven fotografieren, die Sie manuell fokussieren, benötigen

Optionen für Ihr Schnellmenü

Das Schnellmenü bietet maximal zwölf Speicherplätze. Jeden davon können Sie mit einer der folgenden 27 Einstellmöglichkeiten belegen:

- Bildfolgemodus
- Blitzmodus
- Blitzkompensation (Blitzbelichtungskorrektur)
- Fokusmodus
- Fokusfeld
- Belichtungskorrektur
- ISO-Empfindlichkeit
- Messmodus
- Weißabgleich
- DRO/Auto HDR
- Kreativmodus
- Aufnahmemodus
- Bildeffekt
- AF-Verriegelung
- Lächel-/Gesichtserkennung
- Soft Skin-Effekt
- Automat. Objektrahmen
- Bildgröße
- Seitenverhältnis
- Qualität
- SteadyShot
- Tonaufnahmepegel
- Zebra
- Gitterlinie
- Tonpegelanzeige
- Kantenanhebungsstufe
- Kantenanhebungsfarbe

Hinzu kommt noch die Option *Nicht festgelegt*, mit der Sie einen Speicherplatz leer lassen.

Panorama

Bisweilen reicht auch ein einfacher Dreh am Programmwählrad, um schnell ein Panorama aufzunehmen.

ISO 400 | 70 mm | 1/125 s | f/8

Mein Schnellmenü

Grob gesagt präsentiert mir mein Schnellmenü in der oberen Reihe Optionen zur Fokussteuerung und in der unteren Optionen für die Belichtungssteuerung und Bildaufbereitung.

Sie ganz andere Optionen häufig als ein Landschaftsfotograf. Und verwenden Sie Ihre A7 vorwiegend im Studio, brauchen Sie wiederum andere Einstellungsmöglichkeiten besonders oft, als wenn Sie Ihre Kamera hauptsächlich für Videoaufnahmen einsetzen.

Als kleiner Anhaltspunkt mag Ihnen mein Schnellmenü dienen, das ich Ihnen kurz vorstellen möchte. Ich habe es unter folgenden Gesichtspunkten zusammengestellt:

- In der oberen Reihe habe ich die für mich wichtigen Optionen für den Autofokus abgelegt. Im vierten Slot liegt die Option *Fokusmodus*, die ich besonders häufig benötige. Links davon habe ich die *Lächel-/Gesichtserkennung* abgelegt, rechts das *Fokusfeld*. Dabei habe ich mich von dem Gedanken leiten lassen, dass Sie mit der *Fn*-Taste immer die Funktion im Schnellmenü aufrufen, die Sie zuletzt verwendet haben.
- In der Reihe unten greife ich auf die Funktionen zur Belichtungssteuerung zu, ferner habe ich einen RAW-/JPEG-Umschalter eingerichtet sowie Optionen für die Bildaufbereitung bei JPEG-Aufnahmen abgelegt.
- Rechts unten findet sich bei mir der *Aufnahmemodus*. Er erspart mir den Weg ins Hauptmenü, wenn ich den Programmwähler auf AUTO oder MOVIE stelle und den Aufnahmemodus genauer festlegen möchte.

Wenn Sie sich nun Ihr persönliches Schnellmenü zusammenstellen, bringen Sie Ihre Kamera am besten zuvor in einen PASM-

Modus. Prüfen Sie Ihre Einstellungen immer wieder, indem Sie auf die *Fn*-Taste drücken. Stellen Sie vor allem sicher, dass keine Slots mit identischen Optionen belegt sind. Zudem sollten Sie keine Funktionen ins Schnellmenü aufnehmen, die Sie einer der Funktionstasten zugewiesen haben.

> **Mehrfachbelegung vermeiden**
> Bei der Belegung Ihrer Speicherplätze im Schnellmenü prüft die A7 nicht, ob Sie die aktuelle Option etwa schon in einem anderen Slot untergebracht haben. Theoretisch können Sie also alle zwölf Speicherplätze mit derselben Funktion belegen.
> Erschwerend kommt hinzu, dass sich praktisch alle Optionen für das Schnellmenü auch auf die Funktionstasten legen lassen. Sie können also Funktionen ins Schnellmenü aufnehmen, die Sie den Funktionstasten zugewiesen haben. Um diese Mehrfachbelegung zu vermeiden, hilft nur eines: Machen Sie sich vorab einen Plan, welche Funktion Sie wie erreichen möchten.

Unsinnige Doppelbelegung
Vermeiden Sie es, Optionen mehrfach ins Schnellmenü aufzunehmen.

10.4 Individuelle Knöpfe und Schalter

Sie vermissen Funktionen wie die Blitzbelichtungskorrektur oder die ISO-Wahl in meinem Schnellmenü? Diese und weitere Einstellungen ändere ich recht häufig, ich habe sie daher auf die diversen frei konfigurierbaren Bedienelemente gelegt.

Funktionstasten konfigurieren

Sie können den insgesamt neun Funktionstasten Ihrer A7 eine von 46 Funktionen zuweisen oder sie mit *Nicht festgelegt* außer Betrieb setzen (siehe auch Kasten auf Seite 282). Nur für die *SET*-Taste steht Ihnen die weitere Option *Standard* zur Verfügung, bei der sie je nach Betriebszustand Ihrer A7 unterschiedliche Funktionen annimmt.

Die Funktionsweise des Steuerrads lässt sich ebenfalls festlegen – hier stehen Ihnen jedoch nur fünf Optionen inklusive *Nicht festgelegt* zur Wahl. Diese Vorgabe wird von einigen A7-Anwendern bevorzugt, da sich das Steuerrad relativ leicht verstellt. Das verhindern Sie, indem Sie eine Radsperre einrichten (siehe Seite 284).

Sie konfigurieren die Funktionstasten unter *MENU > Benutzereinstellungen > 6 > Key-Benutzereinstlg*. Diese Befehlsfolge bringt Sie in ein umfangreiches Untermenü. Wählen Sie hier zunächst die Taste, die Sie neu belegen möchten (etwa *Benutzer-*

> **Optionen für das Steuerrad**
> Dem Steuerrad können Sie eine der folgenden Funktionen zuweisen:
>
> - ISO-Empfindlichkeit
> - Weißabgleich
> - Kreativmodus (Bildstil)
> - Bildeffekt
> - Nicht zugewiesen

def. Taste 1), und dann nach einem Druck auf die *SET*-Taste die gewünschte Funktion.

Ähnlich wie für das Schnellmenü, gilt auch für die Funktionstasten: Vermeiden Sie Mehrfachbelegungen! Da Sie nicht auf Knopfdruck eine Übersicht Ihrer aktuellen Konfiguration abrufen können, sollten Sie Ihren Belegungsplan zunächst notieren.

Falls Sie den Hochformatgriff VG-C1EM an Ihrer A7 verwenden, beachten Sie bei der Konfiguration Ihrer Funktionsknöpfe Folgendes:

- Der Handgriff spiegelt lediglich die *C1*- und die *AF-/MF*-Taste. Belegen Sie diese Tasten mit Funktionen, die Ihnen ganz besonders wichtig sind.
- Die Taste *C2* ist bei Hochformataufnahmen mit der rechten Hand praktisch nicht erreichbar.
- Den Modus der *AF/MF- / AEL*-Taste des VG-C1EM legen Sie mit dem Umschalter an der *AF/MF*-Taste Ihrer A7 fest.

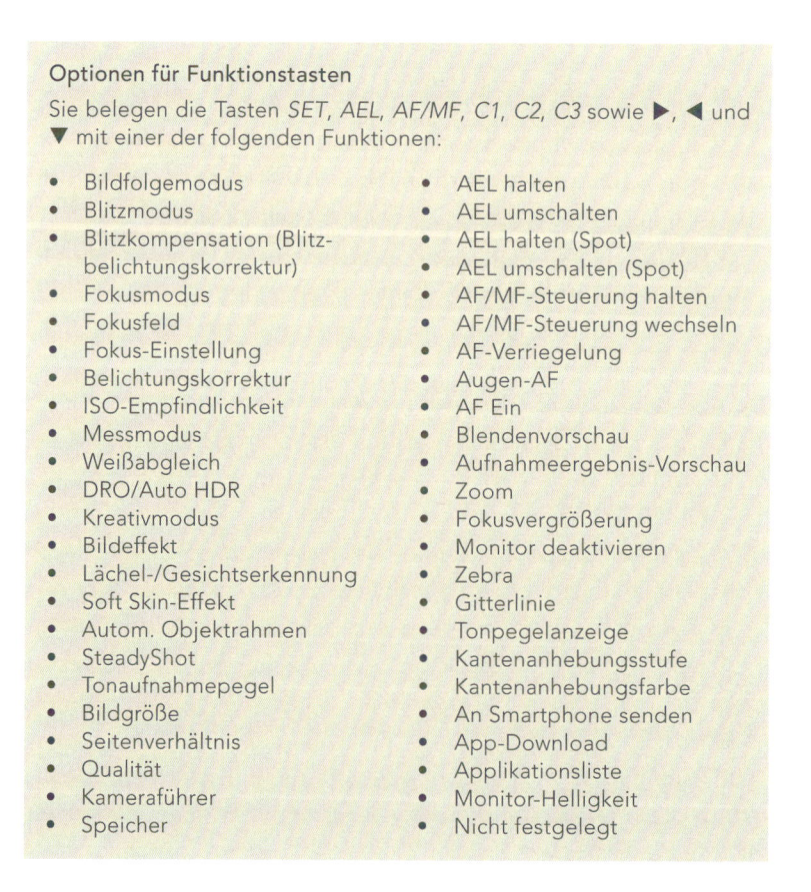

Funktionstaste konfigurieren

Jeder Funktionstaste können Sie eine von 47 Einstellmöglichkeiten zuweisen.

Optionen für Funktionstasten

Sie belegen die Tasten *SET*, *AEL*, *AF/MF*, *C1*, *C2*, *C3* sowie ▶, ◀ und ▼ mit einer der folgenden Funktionen:

- Bildfolgemodus
- Blitzmodus
- Blitzkompensation (Blitzbelichtungskorrektur)
- Fokusmodus
- Fokusfeld
- Fokus-Einstellung
- Belichtungskorrektur
- ISO-Empfindlichkeit
- Messmodus
- Weißabgleich
- DRO/Auto HDR
- Kreativmodus
- Bildeffekt
- Lächel-/Gesichtserkennung
- Soft Skin-Effekt
- Autom. Objektrahmen
- SteadyShot
- Tonaufnahmepegel
- Bildgröße
- Seitenverhältnis
- Qualität
- Kameraführer
- Speicher
- AEL halten
- AEL umschalten
- AEL halten (Spot)
- AEL umschalten (Spot)
- AF/MF-Steuerung halten
- AF/MF-Steuerung wechseln
- AF-Verriegelung
- Augen-AF
- AF Ein
- Blendenvorschau
- Aufnahmeergebnis-Vorschau
- Zoom
- Fokusvergrößerung
- Monitor deaktivieren
- Zebra
- Gitterlinie
- Tonpegelanzeige
- Kantenanhebungsstufe
- Kantenanhebungsfarbe
- An Smartphone senden
- App-Download
- Applikationsliste
- Monitor-Helligkeit
- Nicht festgelegt

Ich habe die Funktionstasten meiner A7 vor allem zur schnellen Änderung der Belichtungs- und Fokussteuerung eingerichtet. Auch diese Liste ist wieder nur eine Orientierungshilfe, an die Sie sich keineswegs sklavisch halten müssen:

- Taste *C1*: *Fokusvergrößerung* (Fokuslupe). Die Fokuslupe funktioniert nur, wenn Sie für den Fokusmodus MF oder DMF vorgegeben haben. Ich fokussiere vorwiegend manuell im Studio sowie bei Makroaufnahmen (und natürlich bei adaptierten MF-Objektiven) – Gelegenheiten also, bei denen ich genügend Zeit habe, den Fokusmodus via Schnellmenü zu ändern.
- Taste *C2*: *Zebra*. Nach einigen Monaten mit der A7 möchte ich die Zebra-Funktion (siehe Kapitel 4) nicht mehr missen. Ich brauche sie nicht sehr oft, aber bei ausgesprochen kontrastreichen Szenen hilft sie mir bei der Belichtung.
- Taste *C3*: *Blitzkompens.* (Blitzbelichtungskorrektur). Wenn ich ein Blitzlicht verwende, reguliere ich recht häufig die Blitzbe-

Frühlingsboten

Mit einer optimal konfigurierten Kamera setzen Sie auch ungewöhnliche Bildideen blitzschnell um.

ISO 250 | 280 mm | 1/200 s | f/8

lichtung nach. Die Funktion habe ich auf *C3* gelegt, damit ich sie auch an der A7 im Hochformat mit Handgriff VG-C1EM gut erreichen kann.

- *SET*-Taste: *Augen-AF*. Der Augen-AF ist für mich bei Porträtaufnahmen schier unverzichtbar geworden. Funktioniert nur bei aktivierter Gesichtserkennung (siehe Kapitel 5).
- *AF/MF*-Taste: *AF-/MF-Steuerung wechseln*. Schaltet die zwischen AF und MF um. Ich verwende die Funktion recht selten, DMF ist für meinen Geschmack die bessere Alternative.
- *AEL*-Taste: *AEL halten (Spot)*. An meiner A7 steht der Hebel für die *AF/MF- / AEL*-Taste fast immer auf AEL. Bei Bedarf speichere ich dann die Belichtung für das Spotmessfeld mit der AEL-Taste (auch am VG-C1EM).
- ◀-Taste: *Bildfolgemodus*. Hier habe ich die Standardvorgabe von Sony nicht geändert.
- ▶-Taste: *Weißabgleich*. Auch hier habe ich es bei der Standardvorgabe belassen. Falls Sie jedoch das Steuerrad deaktivieren (siehe unten), sollten Sie der ▶-Taste die Funktion *ISO* zuweisen.
- ▼-Taste: *Gitterlinien*. Gitterlinien lassen sich leider nicht via *DISP*-Taste einblenden. Also habe ich die Funktion auf die ▼-Taste gelegt.

Welche Funktion für das Steuerrad?

Sony hat das Steuerrad von Haus aus zur Steuerung der ISO-Empfindlichkeit vorgesehen. An sich eine gute Idee, denn die ISO-Zahl werden Sie recht häufig ändern. Dumm nur, dass sich das Steuerrad so leicht unbeabsichtigt verstellt. Zwei Lösungsmöglichkeiten bieten sich an:

- Geben Sie für das Steuerrad die Funktion *Nicht festgelegt* vor. Dann ist es im Aufnahmebetrieb funktionslos, nichts kann sich mehr verstellen. Für den schnellen Zugriff auf die ISO-Zahl, legen Sie die *ISO*-Funktion auf die ▶-Taste. Die Option *Weißabgleich* verbannen Sie ins Schnellmenü.
- Falls Sie nicht auf die ISO-Funktion des Steuerrads verzichten möchten (so wie ich), aktivieren Sie *MENU > Benutzereinstellungen > 6 > Regler-/Radsperre > Sperren*. Wenn Sie nun für einige Sekunden die *Fn*-Taste gedrückt halten (bis *Gesperrt* auf dem Display erscheint), bleibt das Steuerrad (aber auch Daumen- und Frontrad) ohne Funktion. Halten Sie die *Fn*-Tas-

te erneut für eine Weile gedrückt, um die Räder wieder zu entsperren.

Weitere Individualisierungsmöglichkeiten

Bei den meisten Kameras mit zwei Einstellrädern steuern Sie mit dem vorderen (Frontrad) die Blende und mit dem hinteren (Daumenrad) die Belichtungszeit. Falls Sie es andersherum gewohnt sind, können Sie das Verhalten der Räder auch umkehren. Dazu dient die Befehlsfolge MENU > Benutzereinstellungen > 6 > Regler-Konfiguration > VZ/F-Nr.

Ich bin es zudem gewohnt, dass das Daumenrad der Belichtungskorrektur dient – ein eigenständiges Einstellrad dafür (wie die A7) bieten ja die wenigsten Kameras. Diese Funktion richten Sie mit dieser Befehlsfolge ein: MENU > Benutzereinstellungen > 6 > Regler Ev-Korrektur > Regler hinten. Die Vorgabe bleibt auch in den Modi P und S erhalten – mehr dazu lesen Sie in Kapitel 4. Beachten Sie jedoch, dass die Belichtungskorrektur mit dem Daumenrad nur möglich ist, wenn sich das Rad zur EV-Korrektur in Neutralstellung befindet.

Nur der Vollständigkeit halber möchte ich an dieser Stelle nochmals erwähnen, dass Sie die Taste zur Filmaufnahme deaktivieren können: MENU > Benutzereinstellungen > 6 > MOVIE-Taste > Nur Filmmodus. Das verhindert unbeabsichtigte Filmaufnahmen, die Taste funktioniert dann nur noch, wenn Sie den Programmwähler auf MOVIE stellen.

Alternative Belichtungskorrektur

Machen Sie's wie ich und richten Sie das Daumenrad zur Belichtungskorrektur ein.

Theatinerkirche

Diese Aufnahme aus München entstand mit einem Minolta-MD-Objektiv, das ich an meine A7 adaptiert habe.

ISO 100 | 135 mm | 1/125 s | f/8

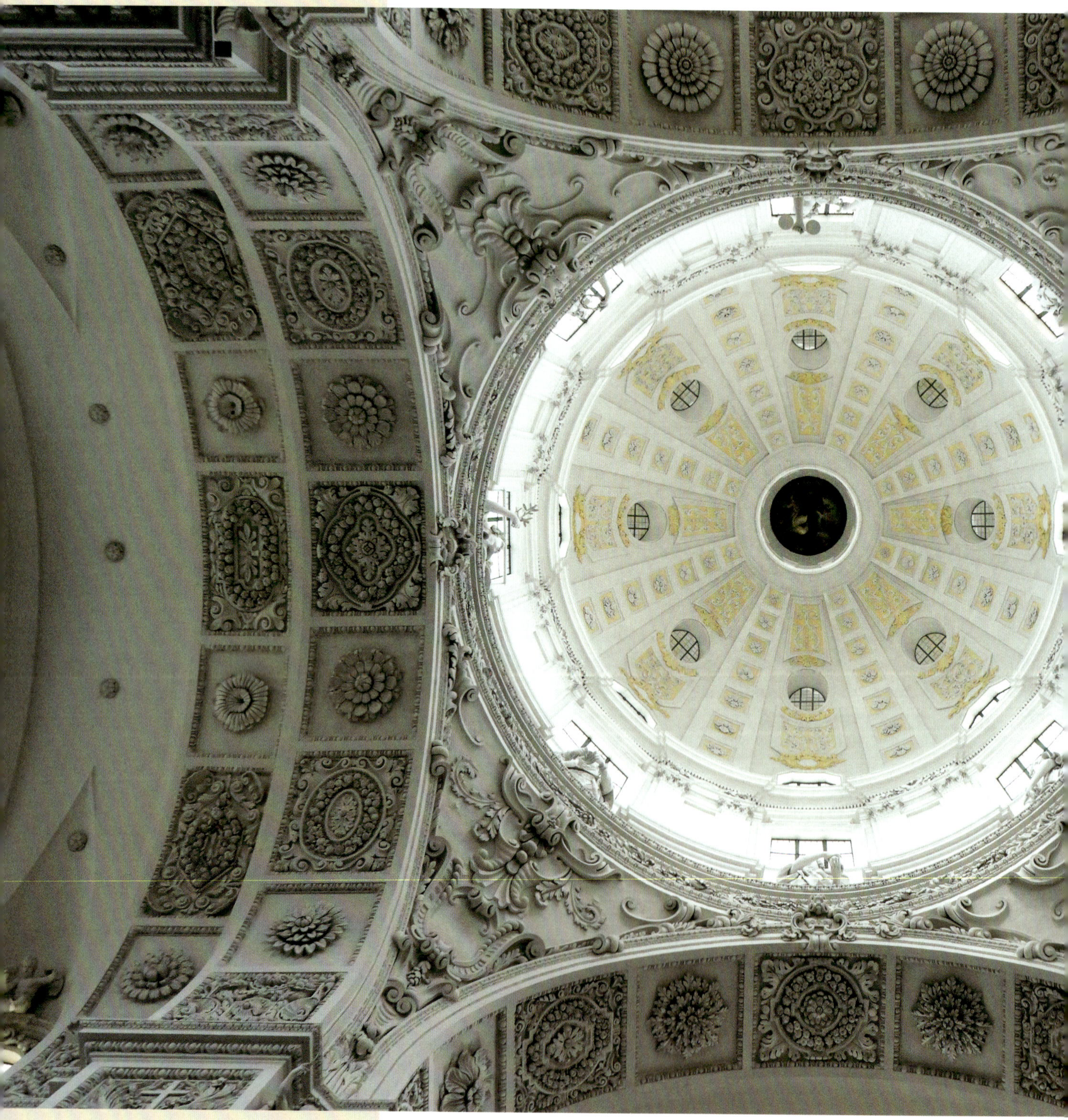

11
Erweitern Sie den Funktionsumfang Ihrer A7

Ihre A7 wartet mit einer Möglichkeit auf, die bislang Computern und Smartphones vorbehalten war: Bei der A7 können Sie den Funktionsumfang mit sogenannten Apps erweitern. Sie brauchen die Miniprogramme nur downloaden und installieren. Wie's gemacht wird und welche praktische Software es für Ihre A7 gibt, erfahren Sie in diesem Kapitel.

Nicht immer können Sie bei der Aufnahme durch den Sucher oder aufs Display Ihrer A7 blicken. Da kommt es gerade recht, dass sich die Kamera auch via Smartphone fernsteuern lässt.
ISO 2.500 | 29 mm | 1/60 s | f/8

11.1 Überblick: Camera Apps und PC-Software

Sony hat Ihre A7 mit einer Fähigkeit versehen, die in ihrer Klasse einzigartig ist: Der Funktionsumfang der Kamera lässt sich via Camera Apps deutlich erweitern. Sie installieren Camera Apps ganz ähnlich wie eine App auf dem Smartphone.

Falls Sie ein Smartphone oder einen Tablet-Computer besitzen, eröffnet Ihnen Ihre A7 weitere clevere Möglichkeiten: Über die App »Sony PlayMemories Mobile« steuern Sie Ihre A7 fern, laden die aktuellen Aufnahmen direkt aufs Mobilgerät oder nutzen dieses als Gateway ins Internet. So veröffentlichen Sie ein Foto oder versenden es per E-Mail – nur wenige Augenblicke, nachdem Sie es aufgenommen haben.

Ihre A7 kann sich zudem mit einem PC verbinden – drahtlos oder via USB. Dabei ist insbesondere die USB-Verbindung interessant: Über diese steuern Sie Ihre A7 vom Rechner aus, Ihre Fotos landen dann nicht nur auf der Speicherkarte in der Kamera, sondern auch auf der Festplatte des Rechners.

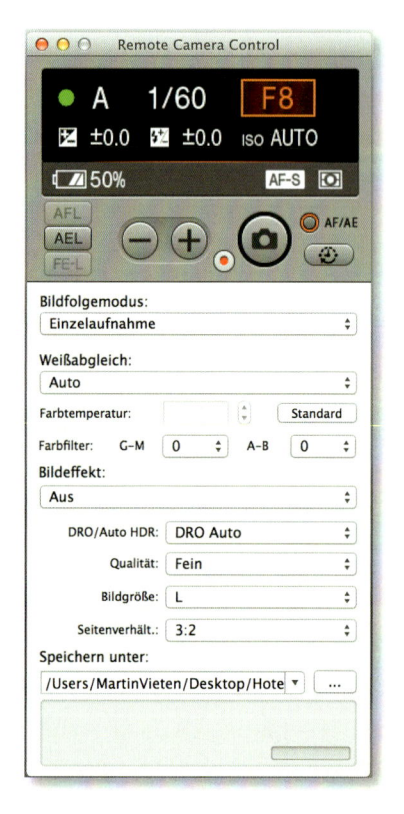

11.2 Tethered Shooting: Fernsteuerung via PC

In so mancher Aufnahmesituation ist es durchaus praktisch, wenn Ihre Fotos gleich auf der Festplatte Ihres Computers gespeichert werden. Etwa im Studio, wenn Sie eine Reihe gleichartiger Motive fotografieren, Porträts oder Produkte, aber auch »on location«, zum Beispiel bei Architekturaufnahmen. Dann können Sie, Ihr Assistent oder auch der Kunde die Bilder sogleich betrachten und notfalls sogar schon grob bearbeiten.

Mit Ihrer A7 ist das problemlos möglich. Und mehr noch: Sie können die Kamera sogar vom Rechner aus fernsteuern, die wichtigsten Aufnahmeparameter einstellen und Aufnahmen auslösen. Praktisch ist das vor allem, wenn Sie mit einem Assistenten arbeiten: Dann legen Sie zum Beispiel den Bildausschnitt fest, Ihr Assistent löst vom Rechner aus die Aufnahme aus. Wenige Sekunden später ist das Foto auf der Festplatte, Sie können es sofort auf einem großen Monitor betrachten oder gar bearbeiten.

Alles, was Sie dazu brauchen, ist die Software »Remote Camera Control« sowie ein USB-Kabel, um Ihre A7 mit dem Rechner zu verbinden. Die Fernsteuersoftware gibt es gratis unter http://support.d-imaging.sony.co.jp/imsoft/Win/rcc/de.html für Windows beziehungsweise http://support.d-imaging.sony.co.jp/imsoft/Mac/rcc/de.html für Mac.

Um mit Remote Camera Control Ihre A7 vom Rechner aus zu steuern, gehen Sie am besten folgendermaßen vor:

1 Stellen Sie an Ihrer A7 *MENU > Setup > 4 > USB-Verbindung > PC-Fernbedienung* ein.

2 Verbinden Sie die Kamera via USB-Kabel mit dem Computer. Sollte das mitgelieferte USB-Kabel zu kurz sein, geht jedes andere auch, das kameraseitig mit einem Stecker »USB Typ B« versehen ist.

3 Starten Sie Remote Camera Control. Geben Sie in dieser Software unter *Speichern unter* den Ordner an, in dem Ihre Aufnahmen abgelegt werden sollen. Sie werden parallel dazu wie gewohnt auf der Speicherkarte in der Kamera gespeichert.

Remote Camera Control überträgt Steuersignale zur Kamera und Fotos zum Rechner, jedoch kein Live-Bild. Sie möchten auch das Sucherbild auf dem PC-Monitor sehen? Das ist ebenfalls möglich – verbinden Sie Ihre A7 einfach via HDMI-Kabel mit einem externen Bildschirm. Dabei können Sie sogar festlegen, wie das Sucherbild auf dem externen Monitor wiedergegeben wird. Sie finden die entsprechenden Optionen unter *MENU > Setup > 3 > HDMI-Infoanzeige*:

- **Ein** gibt das Sucherbild exakt so auf dem externen Monitor wieder, wie Sie es auch auf dem Display Ihrer A7 sehen würden – mit einigen wichtigen Ausnahmen: Fokus-Peaking funktioniert auf einem externen Monitor nicht. Display und Sucher Ihrer A7 werden mit dieser Vorgabe deaktiviert.
- **Aus** zeigt das reine Sucherbild auf dem externen Bildschirm – sogar dann noch, wenn Sie das Kameramenü oder den Wiedergabemodus aufrufen. Display und Sucher der Kamera bleiben dabei wie gewohnt aktiv.

Remote Camera Control versieht Ihre A7 zudem mit einer Fähigkeit, die ihr von Haus aus fehlt: automatische Intervallaufnahmen.

Tethered Shooting und Lightroom

Lightroom ermöglicht es, einige Kameras direkt fernzusteuern – leider keine von Sony. Das ist jedoch kein Beinbruch: Steuern Sie Ihre A7 via Remote Camera Control und importieren Sie jede neue Aufnahme automatisch in Lightroom.

Dazu lassen Sie Lightroom den Ordner überwachen, in dem Remote Camera Control Ihre Aufnahmen speichert. Diesen Ordner geben Sie im Bibliothek-Modul von Lightroom mit *Datei > Automatisch importieren > Einstellungen für den automatischen Import > Name des Unterordners* an.

Mit *Datei > Automatisch importieren > Automatischen Import aktivieren* schalten Sie die Importautomatik scharf.

Intervallaufnahme

»Remote Camera Control« verleiht Ihrer A7 die Fähigkeit zu Intervallaufnahmen. Allerdings zehrt die Software stark an der Akkuenergie der Kamera.

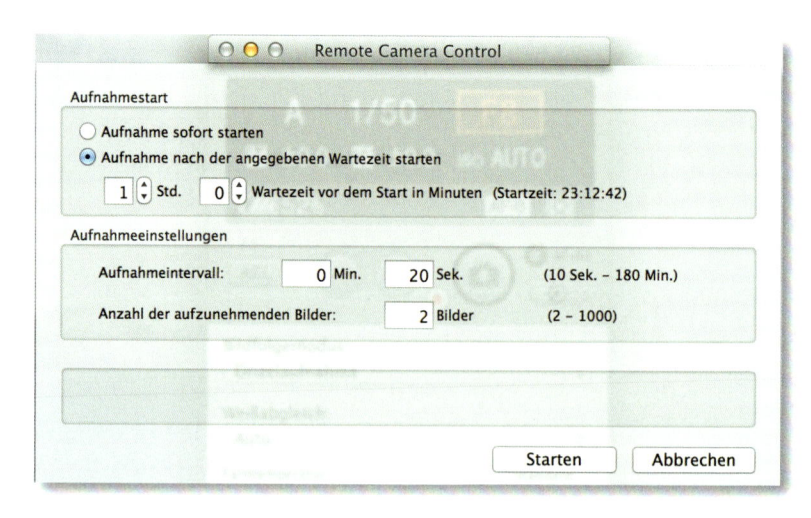

Bis zu 1.000 Aufnahmen kann Remote Camera Control auslösen, im Abstand von mindestens 20 Sekunden bis zu maximal drei Stunden. Theoretisch kann eine automatische Aufnahmeserie also bis zu 125 Tage dauern, in der Praxis wird sie jedoch von der Akkulaufzeit spürbar begrenzt: Sobald Ihre A7 im Fernsteuermodus mit einem Rechner verbunden ist, können Sie zusehen, wie die Energie zur Neige geht. Halten Sie daher beim Tethered Shooting stets genügend frische Akkus parat, nach meiner Erfahrung ist ein Energiespender nach ca. 2,5 Stunden erschöpft.

Eye-Fi-Karte: Aufnahmen direkt drahtlos übertragen

Nicht immer ist es praktisch, mit einer A7 zu hantieren, die per Kabel mit einem Rechner verbunden ist. Falls Sie auf die Fernsteuerung via Remote Camera Control verzichten können und nur Ihre Fotos direkt an einen Rechner schicken möchten, ist eine Eye-Fi-Karte eine interessante Alternative.

Eye-Fi-Karten sind mit einem eigenen WiFi-Sender ausgestattet, der jede Aufnahme sofort auf den dafür eingerichteten Rechner überträgt. Dazu richten Sie zunächst die Eye-Fi-Karte mit der beiliegenden Software ein.

An Ihrer A7 aktivieren Sie die automatische Datenübertragung mit MENU > Setup > 1 > Upload-Einstell.(Eye-Fi) > Ein. (Der Befehl *Upload-Einstell.(Eye-Fi)* ist nur sichtbar, wenn Sie eine Eye-Fi-Karte in Ihrer A7 eingelegt haben.)

Bedenken Sie, dass die Übertragung der Bilddaten eine Weile dauern kann – insbesondere bei RAW-Aufnahmen mit der A7R. Zudem schaltet Ihre A7 die Stromsparfunktionen bei aktiver Eye-Fi-Karte ab.

11.3 A7 mit WLAN oder Mobilgerät verbinden

Ihre A7 ist mit einem WiFi-Modul ausgestattet, über das sie bei Bedarf Funkkontakt mit anderen Geräten aufnimmt. Das eröffnet Ihnen eine Reihe von Möglichkeiten:

- Verbinden Sie Ihre A7 mit einem Smartphone oder Tablet, auf dem die App PlayMemories Mobile läuft. Nun können Sie Aufnahmen von der Speicherkarte auf das verbundene Mobilgerät übertragen und von hier aus weiter verteilen.
- Nutzen Sie PlayMemories Mobile, um Ihre A7 via Mobilgerät fernzusteuern. Die Aufnahmen werden direkt auf Ihr Smartphone oder Tablet übertragen.
- Verbinden Sie Ihre A7 mit einem WLAN-Router. Nun können Sie Aufnahmen drahtlos an einen Rechner übertragen oder Camera Apps auf Ihre Kamera herunterladen und installieren.
- Haben Sie ein DLNA-fähiges TV-Gerät in Ihr Heimnetzwerk eingebunden? Dann präsentieren Sie die Aufnahmen mit Ihrer A7 ganz ohne lästiges Kabelgewirr.

PlayMemories Mobile

Mit der App »PlayMemories Mobile« steuern Sie Ihre A7 vom Mobilgerät aus und übertragen Bilder aufs Tablet oder Smartphone.

Für eine Reihe dieser Möglichkeiten gibt es Alternativen – so können Sie beispielsweise Camera Apps auch per PC herunterladen und via PlayMemories Home auf Ihrer A7 installieren.

Verbindung mit einem Mobilgerät herstellen

Um Bilder von der A7 auf ein Mobilgerät zu übertragen, installieren Sie darauf zunächst die kostenlose App »PlayMemories Mobile« (für iOS und Android erhältlich). PlayMemories Mobile ermöglicht Ihnen zudem, Ihre A7 drahtlos via Mobilgerät auszulösen. Welche Funktion Ihr Smartphone oder Tablet übernimmt, geben Sie an der A7 vor. Sobald Sie eine entsprechende Funktion an Ihrer A7 aufrufen (dazu gleich noch mehr), leitet sie die Verbindung mit dem Mobilgerät ein.

Ich zeige Ihnen hier, wie Sie Ihre A7 mit einem iPhone zusammenbringen. Falls Sie ein Android-Gerät verwenden, funktioniert das Verfahren ganz ähnlich:

1 Nachdem Sie einen Befehl aufgerufen haben, der eine WLAN-Verbindung benötigt, nennt Ihre A7 die entsprechenden Verbindungsdaten (siehe Abbildung auf der folgenden Seite).

Schneller Verbindungsaufbau per NFC

Eine Verbindung zwischen Kamera und Mobile Device von Hand einzurichten ist etwas aufwendig. Falls Ihr Mobilgerät NFC (Near Field Communication) beherrscht, gestaltet sich das Prozedere deutlich einfacher: Aktivieren Sie NFC am Mobilgerät und starten Sie PlayMemories Mobile. Nun brauchen Sie nur noch Ihre A7 und das Mobilgerät so aneinanderhalten, dass sich die N -Symbole beider Geräte nahezu berühren. Nach zwei, drei Sekunden ist die Verbindung hergestellt.

Verbindungsaufbau

Ihre A7 gibt eine Netzkennung und das zugehörige Kennwort aus (rechts). Wählen Sie das angegebene Netzwerk auf dem Mobilgerät und geben Sie dort das genannte Kennwort ein (unten).

2 Öffnen Sie die Netzwerkeinstellungen Ihres Mobilgeräts. Bei einem iPhone finden Sie diese unter *Einstellungen > WLAN*. Tippen Sie auf das Netzwerk mit der SSID Ihrer A7 (die Kennung beginnt mit *DIRECT*).

3 Ihr Smartphone fordert nun das Passwort an, das auf dem Display Ihrer A7 zu sehen ist – geben Sie es ein.

4 Starten Sie auf Ihrem Mobilgerät die App PlayMemories Mobile. Die App übernimmt die Funktion, die Sie ihr zuvor an der A7 zugewiesen haben.

Fotos auf ein Mobilgerät übertragen

Stellen Sie sich vor, Sie stoßen bei der Durchsicht Ihrer Aufnahmen auf ein Bild, das Sie schnell per E-Mail an einen Freund schicken möchten. Oder das Kameradisplay ist Ihnen zu klein, Sie würden Ihre Aufnahmen lieber auf dem Tablet betrachten.

Beides sind klassische Situationen für die Funktion *An Smartphone senden*. Sie können dabei wählen, ob Sie an der A7 ausgewählte Bilder ans Mobilgerät senden oder ob Sie die Bilder auf dem Mobilgerät betrachten und dann von der Kamera herunterladen möchten. In letzterem Fall gehen Sie folgendermaßen vor:

1 Rufen Sie an Ihrer A7 die Befehlsfolge *MENU > Drahtlos > 1 > An Smartph. send.* auf. Alternativ schalten Sie die Kamera in den Wiedergabemodus und drücken dann die *Fn*-Taste.

A7 mit WLAN oder Mobilgerät verbinden

2 Aktivieren Sie die Option *Auf Smartphone wiedergeben*.

3 Wählen Sie an Ihrem Smartphone oder Tablet das Netzwerk, das Ihre A7 eingerichtet hat (siehe Seite 292, Schritt 2). Das Passwort brauchen Sie nicht noch einmal einzugeben.

4 Starten Sie an Ihrem Mobilgerät die App »PlayMemories Mobile«. Nach einem kurzen Moment erscheint hier eine Übersicht der auf Ihrer A7 gespeicherten Aufnahmen.

5 Tippen Sie auf eine Bildminiatur, um das entsprechende Foto bildschirmfüllend zu sehen (Videos können Sie auf diese Weise nicht betrachten, obwohl sie in der Vorschau angezeigt werden).

In welcher Größe sollen Bilder übertragen werden?

Um Ihre Aufnahmen per E-Mail zu verschicken oder im Netz zu teilen, benötigen Sie keine Dateien mit 24 oder gar 36 Megapixel Auflösung. In welcher Größe PlayMemories Mobile die Bilddateien überträgt, legen Sie unter *Einstellungen* fest.

Zur Auswahl stehen *Original*, *2M* und *VGA*. Ich bevorzuge *2M* (2 Megapixel), die Auflösung entspricht der eines Full-HD-Monitors. *Original* sollten Sie meiden – mit Dateien in Originalauflösung Ihrer A7 sind viele Mobilgeräte überfordert.

Bildauswahl

Tippen Sie in der Übersicht auf das Bild, das Sie übertragen möchten (links). Mit einem Tipper auf »Kopieren« gelangt das ausgewählte Bild auf Ihr Mobilgerät (rechts).

6 Oben links sehen Sie eine Checkbox. Tippen Sie darauf, um das aktuelle Bild auszuwählen.

7 Haben Sie alle gewünschten Bilder wie in Schritt 6 beschrieben ausgewählt? Dann tippen Sie beim letzten Bild auf *Kopieren*. Das oder die Fotos werden auf Ihr Mobilgerät übertragen.

8 Sie beenden die drahtlose Verbindung, indem Sie an Ihrer A7 die *SET*-Taste für *Abbrechen* drücken.

Partnerschaft mit PC einrichten

Die A7 wird auf Knopfdruck Teil Ihres WLANs, so wie zum Beispiel Ihr Rechner. Dazu brauchen Sie lediglich ein Mal eine Partnerschaft zwischen Ihrem PC und der Kamera einzurichten:

1. Verbinden Sie zunächst Ihre A7 via USB mit dem Rechner, auf dem Sie PlayMemories Home installiert haben.
2. Starten Sie die Software und wählen Sie links unter *Kameras und Medien* *ILCE-7* bzw. *ILCE-7R*.

3. Klicken Sie rechts auf *WiFi-Importeinstellungen*. Es öffnet sich ein Assistent, der Ihren Rechner für die drahtlose Verbindung zur A7 vorbereitet.

Nun brauchen Sie nur noch Ihre A7 ins Netzwerk zu bringen. Besonders einfach geht's, wenn Ihr Router mit einer WPS-Taste versehen ist: Rufen Sie *MENU > Drahtlos > 1 > WPS-Tastendruck* auf, dann drücken Sie die WPS-Taste an Ihrem Router.

Um Ihre A7 manuell im Netzwerk freizuschalten, wählen Sie *MENU > Drahtlos > 2 > Zugriffspkt.-Einstlg.*, dann geben Sie Netzwerkkennung (SSID) und Passwort mithilfe der virtuellen Tastatur auf Ihrer A7 ein.

Datenübertragung zum PC

Ähnlich wie an ein Smartphone können Sie Ihre Aufnahmen auch via WiFi-Verbindung an einen Rechner schicken. Jedoch nicht an einen x-beliebigen Computer – sondern nur an ein Gerät,

- auf dem Sie zuvor PlayMemories Home installiert haben und
- an dem Ihre A7 in PlayMemories Home als Partner registriert ist. Dazu brauchen Sie Ihre Kamera nur ein Mal per USB-Kabel an Ihren Rechner anzuschließen und dann die Anmeldeprozedur durchzugehen (siehe Kasten links).

PlayMemories Home ist eine weitere Software von Sony (neben dem Image Data Converter), die vor allem der Verwaltung Ihrer Aufnahmen dient. Ferner greifen Sie mit diesem Programm auf PlayMemories Online zu, dem Online-Speicherplatz für Ihre Bilder und Videos. Ich verwende die Software kaum, unerlässlich ist sie allerdings, um eine Partnerschaft zwischen Ihrem Rechner und der A7 einzurichten.

Wenn Sie das einmal erledigt haben, starten Sie die Übertragung zum PC mit folgender Befehlsfolge an Ihrer A7: *MENU > Drahtlos > 1 > An Comp. senden*. Ihr Betriebssystem bindet daraufhin den Datenträger in Ihrer A7 als neues Laufwerk ein, sodass Sie ausgewählte Bild- und Videodateien wie gewohnt kopieren können. Alternativ verwenden Sie PlayMemories Online oder Ihr Bildverwaltungsprogramm (etwa Lightroom) für den drahtlosen Import.

Während Ihre A7 drahtlos mit einem Rechner verbunden ist, fungiert sie einzig und allein als Datenserver – Aufnahmen sind dann nicht möglich, die Kamera ist für alle weiteren Bedienschritte blockiert. Das unterscheidet die direkte WiFi-Verbindung deutlich von der Datenübertragung via Eye-Fi-Karte (siehe Seite 290).

11.4 Neue Funktionen für die A7 durch Camera Apps

Wenn Ihrem Smartphone eine Funktion fehlt, installieren Sie einfach eine App, die das Vermisste nachrüstet. Genau das ist auch bei Ihrer A7 möglich: Installieren Sie sogenannte Camera Apps, die den Funktionsumfang Ihrer Kamera wie gewünscht erweitern. Alles, was Sie dazu brauchen, ist ein Konto bei PlayMemories Online (mehr dazu ab Seite 298).

Camera Apps für Ihre A7

Eine Vielzahl an Camera Apps erweitern den Funktionsumfang Ihrer A7 nach Wunsch.

Derzeit bietet Sony über 20 Camera Apps an. Doch nicht jede ist für Ihre A7 sinnvoll, etwa weil die Kamera entsprechende Funktionen bereits von Haus aus an Bord hat. Andere Apps wiederum waren zum Zeitpunkt der Drucklegung dieses Buches noch nicht für die A7 erhältlich. Sony hat indes noch für das Frühjahr 2014 weitere Apps für die A7 angekündigt – überprüfen Sie einfach regelmäßig, ob neue Apps für Ihre A7 hinzugekommen sind: Gehen Sie auf die Webseite https://www.playmemoriescameraapps.com/ und geben Sie unter *Auswahl* Ihr Modell vor (also *ILCE-7* oder *ILCE-7R*). In der folgenden Übersicht stelle ich Ihnen auch einige Apps vor, die derzeit zwar nicht für die A7 verfügbar, jedoch sehr sinnvoll sind.

Camera Apps im Überblick

Professionelle Reihe (4,99 Euro | empfehlenswert | noch nicht verfügbar): Wenn Ihnen die Funktionen für Reihenaufnahmen nicht reichen, brauchen Sie diese App. Sie bietet Ihnen folgende Möglichkeiten:

- **Blendenreihe**: Wählt den Aufnahmemodus A, Sie geben eine Blende vor. Die Belichtungssteuerung sorgt dann für drei Fotos, die mit unterschiedlicher Blendenzahl aufgenommen werden. Nützlich ist diese Funktion, um ein Motiv mit variierter Tiefenschärfe zu fotografieren. Entspricht der bereits in der A7 enthaltenen Funktion.

- **Verschlusszeit-Reihe**: Bringt die Kamera in den Modus S, Sie geben eine Verschlusszeit vor, die dann vom Programm variiert wird. Bei beiden Programmen können Sie die Variationsbreite vorgeben.
- **Blitz-Reihe**: Gibt den Modus P vor und nimmt dann je ein Bild mit Blitzlicht auf und eines ohne. Dazu muss ein externes Blitzgerät auf der Kamera aufgesteckt sein.
- **Fokus-Reihe**: Nimmt drei Bilder mit unterschiedlicher Entfernungseinstellung auf. Auch lässt sich vorgeben, wie weit die Fokuseinstellungen bei den drei Aufnahmen voneinander abweichen sollen. Diese Funktion ist in den Modi P, A, S und M verfügbar.

Interessant ist vor allem die Möglichkeit zur Aufnahme von Fokusreihen. Die drei Aufnahmen mit unterschiedlicher Fokusebene können Sie in einem Bildbearbeitungsprogramm so miteinander kombinieren, dass die Tiefenschärfe deutlich erweitert wird (Focusstacking).

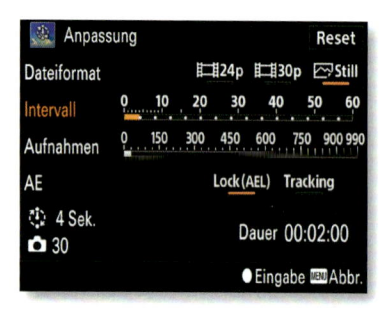

Zeitraffer (9,99 Euro | empfehlenswert | verfügbar): Diese sehr komplexe App erweitert Ihre A7 um eine Intervallfunktion. Damit nimmt sie innerhalb eines vorgegebenen Zeitraums eine bestimmte Anzahl von Bildern auf (etwa alle drei Sekunden ein Bild). So dokumentieren Sie zum Beispiel einen Sonnenaufgang oder das Öffnen einer Blüte.

Doch das ist noch nicht alles: Die App kann die Aufnahmen auch sogleich zu einem Zeitrafferfilm zusammenfassen. Und damit Sie nicht lange herumtüfteln müssen, bis Sie die richtigen Intervalleinstellungen gefunden haben, gibt es zudem Vorgaben wie Nachtszene oder Sonnenaufgang.

Mehrfachbelichtung (4,99 Euro | bedingt empfehlenswert | verfügbar): Nimmt zwei Bilder auf, die sich auf verschiedene Weise übereinanderlegen lassen. Die App bietet sechs Themen von Himmel bis Silhouette, die beiden Bilder lassen sich aber frei überblenden.

Anfangs ist das sicherlich eine nette Spielerei, die sich jedoch recht rasch abnutzt. Wenn Sie ernsthaft vorhaben, zwei oder mehr Aufnahmen zu überblenden, erledigen Sie das besser mit einem Bildbearbeitungsprogramm.

Objektivkompensation (9,99 Euro | bedingt empfehlenswert | verfügbar): Diese App erlaubt es, Korrekturprofile für jedes Objektiv direkt mit der A7 zu erstellen und diese dann bei der Aufnahme (in JPEG) anzuwenden. Korrigieren lassen sich Verzeichnung, Vignettierung und chromatische Aberration.

Aufnahmen mit FE- und den meisten E-Objektiven korrigiert Ihre A7 jedoch bereits mit den im ROM der jeweiligen Linsen abgelegten Korrekturdaten. Die App lohnt sich daher nur, wenn Sie andere Objektive an Ihrer A7 verwenden und kein Programm (wie zum Beispiel Lightroom) besitzen, das Abbildungsfehler nachträglich korrigiert. Das Erstellen der Korrekturprofile für die App ist aufwendig und fehlerträchtig.

Bildeffekt+ (gratis | bedingt empfehlenswert | verfügbar): Bildeffekt+ fügt Ihrer A7 weitere Effektprogramme hinzu (zum Beispiel *Wasserfarbe* oder *Illustration*) beziehungsweise ergänzt bestehende Effekte um neue Funktionen (*Spielzeugkamera+* oder *Teilfarbe+*).

Da Ihre A7 bereits von Haus aus üppig mit Bildeffekten ausgestattet ist, halte ich diese App für verzichtbar. Andererseits gibt es sie gratis – damit eignet sie sich ideal, um die Installation einer Camera App einmal auszuprobieren.

Foto-Retusche (gratis | sehr empfehlenswert | verfügbar): Diese App rüstet Ihre A7 mit Bildbearbeitungsfunktionen für Ihre Fotoaufnahmen nach. Sie erlaubt es Ihnen, Ihre Bilder bereits in der Kamera zuzuschneiden, schiefe Fotos gerade zu richten oder die Bildgröße zu reduzieren. Darüber hinaus können Sie Kontrast, Helligkeit und Sättigung Ihrer Aufnahmen anpassen. Zudem lässt sich der Soft Skin-Effekt nachträglich auf Porträtaufnahmen anwenden.

Diese Gratis-App sollte meiner Meinung nach auf keiner A7 fehlen. Sie rüstet Bearbeitungsfunktionen nach, die bei anderen Kameraherstellern längst Standard sind. Ein kleiner Schönheitsfehler bleibt indes: RAW-Dateien lassen sich nicht bearbeiten.

Direktes Hochladen (gratis | verzichtbar | verfügbar): Diese App erlaubt es Ihnen, Ihre Aufnahmen via WiFi-Verbindung auf Facebook, Flickr oder bei PlayMemories Online hochzuladen. Vergleichbare Funktionen waren bislang Smartphones vorbehalten. Wer sie bislang bei seinem Smartphone nicht genutzt hat, wird auch gut bei seiner A7 darauf verzichten können. Alternativ übertragen Sie Ihre Bilder zunächst auf ein Smartphone oder Tablet, dazu benötigen Sie die nachfolgende App. Um Aufnahmen direkt bei Flickr zu veröffentlichen, benötigen Sie zusätzlich noch die Camera App *Flickr-Zusatz*.

Smart-Fernbedienung (gratis | bedingt empfehlenswert | Update verfügbar): Mit dieser App lösen Sie Ihre A7 via Tablet oder Smartphone aus. Das ist nicht nur ein Partyspaß, sondern auch überaus nützlich, wenn Sie Ihre A7 so positionieren, dass Sie sie nicht bedienen oder durch den Sucher blicken können. Mein Aufmacherbild für dieses Kapitel auf Seite 287 ist übrigens auf diese Weise entstanden.

Die App ist von Haus aus bereits auf Ihrer A7 installiert. Allerdings wird sie fortwährend weiterentwickelt, sodass es häufiger Updates gibt.

Konto einrichten

»Smart Remote Control« ist zwar bereits ab Werk auf Ihrer A7 installiert, doch es gibt laufend Updates.

Camera Apps herunterladen und installieren

Apps für Ihre A7 erhalten Sie exklusiv auf dem »Portal PlayMemories Camera Apps«. Sie benötigen ein Konto für das »Sony Entertainment Network« (SEN), bevor Sie Apps herunterladen und installieren können. Die von Ihnen bezogenen Apps werden mit Ihrem Konto verknüpft, ebenso mit Ihrer Kamera! Das heißt: Wenn Sie Ihre A7 weitergeben (verleihen oder verkaufen), sollten Sie die Apps zuvor unbedingt von der Kamera löschen (wie's geht, erfahren Sie ab Seite 301). Sie können sie bei Bedarf erneut installieren.

Für Ihr Konto müssen Sie als Zahlungsmittel Ihre Kreditkartendaten hinterlegen – das ist nicht jedermanns Sache. Alternativ können Sie auch Guthaben für das Sony Entertainment Network über Ihr Handy erwerben. Allerdings funktioniert das nicht mit allen Telefonanbietern und ausschließlich für Kunden in Deutschland. Schweizer Besitzer einer A7 gucken übrigens völlig in die Röhre – für sie sind Camera Apps immer noch nicht erhältlich!

Nachdem Sie Ihr Konto eingerichtet haben, können Sie neue Apps direkt auf Ihrer A7 installieren (so sie einen Zugang zum Internet hat). Ich bevorzuge allerdings den Weg über das Portal PlayMemories Camera App. So gehen Sie vor:

Frischer Akku!

Starten Sie die Installation einer neuen App nur bei frisch aufgeladenem Akku – nicht, dass Ihrer A7 ausgerechnet während der Installation der Strom ausgeht.

Gewöhnen Sie es sich am besten auch an, Ihre A7 auszuschalten, bevor Sie den Akku entnehmen. Einige Camera Apps nehmen es Ihnen dauerhaft übel, wenn sie unerwartet beendet werden.

Neue Funktionen für die A7 durch Camera Apps

1 Verbinden Sie Ihre A7 via USB-Kabel mit dem Rechner. Dann rufen Sie die Webseite www.playmemoriescameraapps.com in Ihrem Browser auf.

2 Falls Sie das Portal zum ersten Mal besuchen, richten Sie zunächst Ihr Konto ein. Dazu klicken Sie auf *Einfache 4-Schritt-Installationsanleitung*. Zukünftig fahren Sie fort, wie ab Schritt 4 beschrieben.

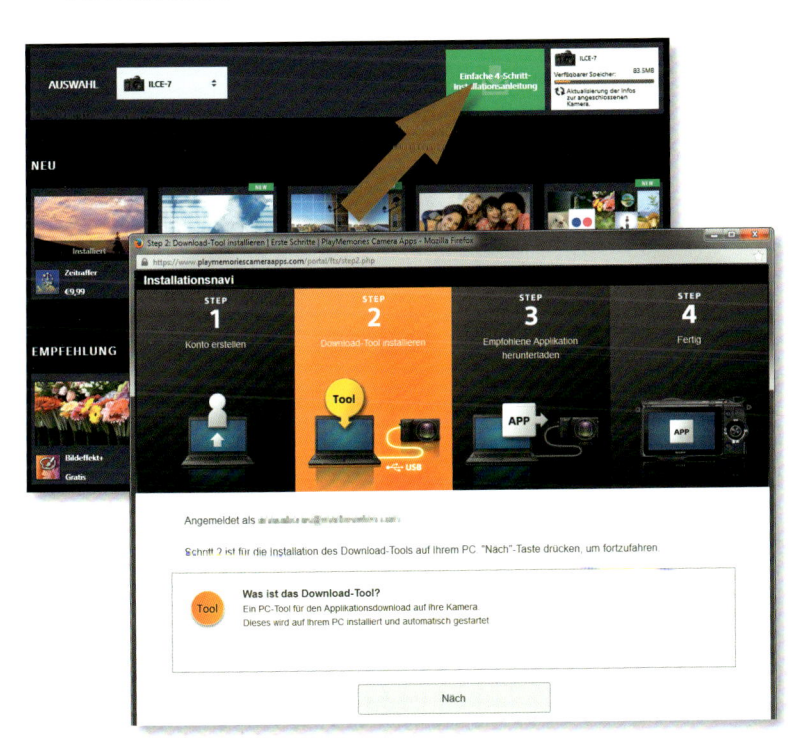

> **Nicht alle Browser eignen sich!**
>
> Laut Sony funktioniert die Installation von Apps via PC nur mit den Browsern Internet Explorer (Windows) und Safari (Mac). An meinem PC erledigte aber auch Firefox die Prozedur klaglos – eine Gewähr dafür gibt es indes nicht!

3 Es öffnet sich ein Assistent, der Sie in vier Schritten durch die Anmeldeprozedur führt. Zunächst erstellen Sie ein Konto (halten Sie Ihre Kreditkarte bereit!), dann wird ein Browser-Plugin installiert. Anschließend erhalten Sie Gelegenheit, Apps auf Ihrer A7 zu installieren.

4 Rufen Sie in der Übersicht die App auf, die Sie interessiert, zum Beispiel *Smart-Fernbedienung*. In der Leiste links sehen Sie, ob noch genügend Speicherplatz für die Installation der App auf Ihrer A7 vorhanden ist. Falls nicht, klicken Sie auf das Feld (Pfeil), um die Informationen zu aktualisieren.

Erweitern Sie den Funktionsumfang Ihrer A7

5 In der Leiste links erhalten Sie unter *Technische Daten* und *Bedienungsanleitung* weitere Informationen zur jeweiligen App. Um eine App auf Ihrer A7 zu installieren, klicken Sie auf *Weiter zum Kauf*, *Installieren* oder *Aktualisierung* (Pfeil).

6 Haben Sie alle gewünschten Apps installiert? Dann beenden Sie die Verbindung, indem Sie das USB-Kabel aus Ihrer Kamera ziehen.

Apps direkt via A7 installieren

Falls Ihr Rechner einmal nicht in der Nähe ist: Sie können Camera Apps auch direkt auf Ihre A7 herunterladen und installieren. Voraussetzung dazu ist jedoch, dass die Kamera Zugriff auf ein Netzwerk hat (siehe Seite 291). Dazu rufen Sie *MENU > Applikationen > 1 > Applikationsliste* auf, dann wählen Sie *PlayMemories Camera Apps*. Ihre A7 startet nun einen rudimentären Webbrowser, der Sie direkt mit PlayMemories Camera App verbindet.

Was auf den ersten Blick praktisch erscheint, entpuppt sich schnell als umständlich: Ihre A7 hat ja keine Tastatur, so wird die Eingabe von Zugangsdaten etc. zu einer lästigen Angelegenheit.

Fehlermeldung
Rechnen Sie bei der Verwendung von Apps mit Fehlermeldungen, die Sie von Ihrer A7 sonst nicht gewohnt sind.

Applikationsliste organisieren

Ihre A7 listet Camera Apps standardmäßig in der Reihenfolge auf, in der Sie sie installiert haben. Bei Bedarf können Sie die Liste *Applikationen* jedoch neu ordnen:

1 Rufen Sie *MENU > Applikationsliste > 1 > Applikationsmanagement* auf. Anschließend wählen Sie *Sortieren*.

2 In der Applikationsliste ist die erste App mit einem weißen Rahmen markiert. Verschieben Sie diese Markierung mit der Vierwegewippe auf das Symbol der App, deren Position in der Liste Sie ändern möchten. Mit *SET* bestätigen Sie Ihre Auswahl.

3 Es erscheint ein oranger Balken (Cursor) – verschieben Sie ihn vor das Symbol der App, vor der Sie die zuvor markierte App einsortieren möchten. Bestätigen Sie mit der *SET*-Taste.

Apps sortieren

Bei Bedarf ordnen Sie die Applikationsliste neu an.

Apps löschen

Sie wissen ja: Apps auf Ihrer A7 sind stets mit Ihrem Konto bei PlayMemories Online und mit der Kamera verknüpft. Das kann unangenehme Folgen nach sich ziehen, wenn Sie Ihre A7 für längere Zeit verleihen oder gar verkaufen. Sie dürfen eine erworbene App maximal zehnmal neu installieren – es sei denn, Sie haben Ihre A7 aus Ihrem Konto entfernt.

Bevor Sie Ihre A7 endgültig aus den Händen geben, sollten Sie unbedingt Ihre Apps und Ihre Zugangsdaten von der Kamera lö-

Satte Farben

Bei dieser Aufnahme habe ich mit der App »Foto-Retusche« die Farben dezent verstärkt.

ISO 200 | 500 mm | 1/100 s | f/8

App löschen

Falls Sie eine App nicht mehr benötigen, löschen Sie sie. Sie dürfen jede Camera App bis zu zehnmal installieren.

schen. Dazu dient die Befehlsfolge *MENU > Setup > 6 > Einstlg. zurücksetzen > Initialisieren*. Damit setzen Sie Ihre A7 quasi in den Werkszustand zurück, alle Ihre Apps werden gelöscht, ebenso Ihre Kontoinformationen.

Anstelle dieser Radikaloperation können Sie natürlich auch nur ausgewählte Apps löschen. Dazu rufen Sie *MENU > Applikationsliste > 1 > Applikationsmanagement* auf, dann wählen Sie *Verwalten und entfernen*. Es erscheint eine Liste der installierten Apps, steuern Sie die gewünschte mit der ▼- oder ▲-Taste an, dann drücken Sie die *SET*-Taste. Es erscheint eine Beschreibung der ausgewählten App. Hier müssen Sie den Löschbefehl nochmals mit der *C3*-Taste bestätigen.

11.5 Camera Apps in der Praxis

Sie starten eine App via *MENU > 1 > Applikationsliste*. Die Befehlsfolge bringt Sie in ein Untermenü, in dem alle Apps mit ihren Symbolen aufgelistet sind. Steuern Sie das gewünschte Symbol mit der Vierwegewippe an, zum Starten drücken Sie die *SET*-Taste.

Sobald Sie eine App gestartet haben, übernimmt sie die Kontrolle über Ihre A7. Einige Apps erlauben Ihnen weiterhin den Zugriff auf wichtige Kamerafunktionen (etwa Smart Remote Control), andere halten ihren eigenen Satz an Befehlen für Sie bereit. Rechnen Sie auch damit, dass Apps auf Ihrer A7 nicht so flüssig reagieren, wie Sie es gewohnt sind.

Um eine App zu beenden, drücken Sie die *MENU*-Taste und bestätigen dann mit *ENDE*. Bisweilen verlangt eine App, dass Sie eigens nochmals den Befehl *Applikation beenden* erteilen. Apps, die sich nur auf den Wiedergabemodus beziehen (wie Foto-Retusche), beenden Sie wie gewohnt durch kurzes Antippen des Auslösers.

A7 via Smartphone fernsteuern

Falls Sie ein Smartphone mit der App PlayMemories Mobile besitzen, kann das Mobilgerät eine Fernsteuerung ersetzen. Und sogar einen externen HDMI-Monitor – denn auf dem Mobilgerät erscheint auch das Sucherbild Ihrer A7. Dazu starten Sie *MENU > Applikationsliste > 1 > Smart Fernbedienung*.

Camera Apps in der Praxis

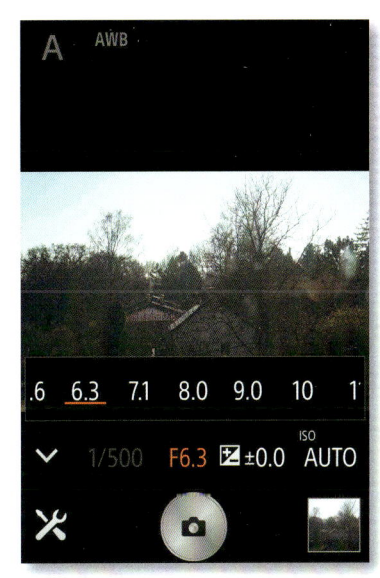

Nachdem Sie die Verbindung zwischen Kamera und Mobilgerät hergestellt und PlayMemories Mobile gestartet haben, bedienen Sie Ihre A7 mit Fingertipper auf dem Smartphone. Dabei erhalten Sie sogar Möglichkeiten, die Ihre A7 nicht bietet – einen Touchfokus zum Beispiel (Bilder oben, mittlere Reihe): Tippen Sie auf dem Smartphone die Stelle im Sucherbild an, auf die Ihre A7 scharf stellen soll.

Eine Aufnahme lösen Sie am Smartphone mit einem Tipper auf das große Kamera-Symbol aus. Ihre A7 speichert die Bilddatei wie gewohnt auf der Karte in der Kamera, zum Smartphone wird standardmäßig nur ein Bild in etwa Full-HD-Auflösung übertragen. Die weiß angezeigten Einstellungen ändern Sie, nachdem Sie auf die entsprechenden Werte getippt haben.

Sie beenden die Fernsteuerung, indem Sie auf dem Mobilgerät PlayMemories Online schließen und an der A7 MENU > Smart Fernbedienung > 1 > Applikation beenden aufrufen.

Clevere Fernbedienung

»Smart Fernbedienung« im Einsatz – oben das Display des Smartphones, unten das damit korrespondierende Display der A7. In der linken Spalte ist eine Belichtungskorrektur zu sehen, in der mittleren der Touch-Fokus und in der rechten ein geänderter Blendenwert.

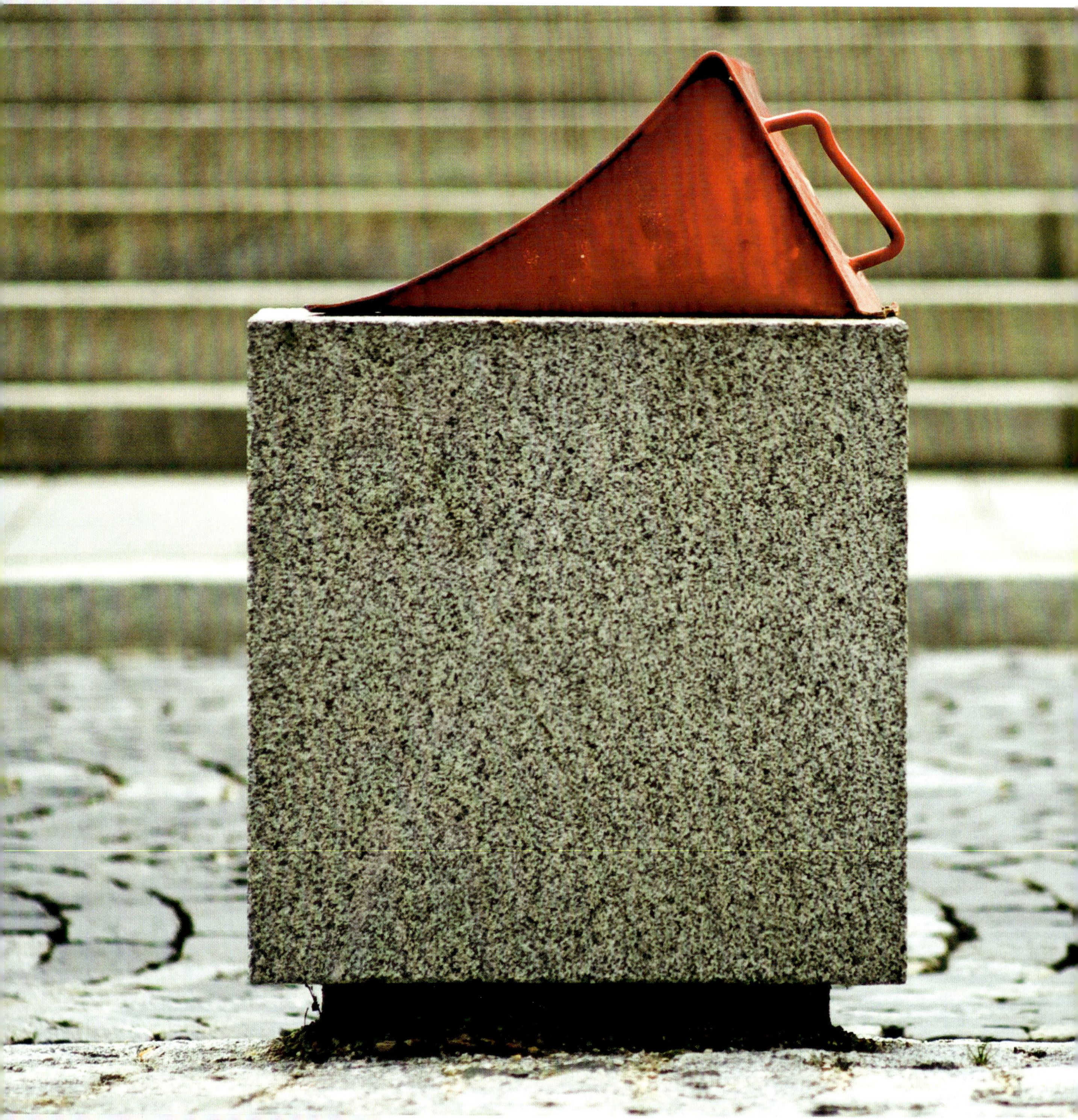

12
Pflege und Wartung Ihrer A7

Ihre A7 wird in der Regel viele Jahre klaglos funktionieren, wenn Sie sie nur pfleglich behandeln. Sehen Sie also ab und zu nach dem Rechten – welche Inspektionsarbeiten Sie erledigen können, klärt dieses Kapitel.

Insbesondere bei der Street- und Reportagefotografie erweist sich die handliche A7 als unauffällige Begleiterin.
ISO 200 | 160 mm | 1/500 s | f/6.3

12.1 Kameragehäuse, Linsen und Sensor reinigen

Der Pflegeaufwand für Ihre A7 hält sich in überschaubaren Grenzen. Im Wesentlichen beschränkt er sich auf zwei Aufgaben: Front- und Hinterlinsen der Objektive sauber halten sowie von Zeit zu Zeit den Bildsensor reinigen. Putzen Sie aber nicht nach einem festen Zeitplan, sondern nur, wenn es wirklich nötig ist.

Generell gilt: Losen Schmutz sollten Sie möglichst berührungslos entfernen. Also nicht wischen oder gar polieren, sondern besser abblasen. Zu groß ist die Gefahr, dass Sie ansonsten Kratzer ins Objektivglas reiben. Schmutz, der sich nicht mit einem Blasebalg entfernen lässt, beseitigen Sie mit einer Feuchtreinigung.

Objektiv- und Kameragehäuse säubern

Im harten Fotografenalltag kann es schon einmal passieren, dass Ihre A7 und das angeschlossene Objektiv verschmutzen. An einem windigen Tag am Strand setzen sich beispielsweise gern Sandkörner in die Ritzen. Blasen Sie sie einfach ab. Haftet der Schmutz hartnäckiger an der Kamera, nehmen Sie einen nicht zu weichen Pinsel. Das gilt jedoch nicht für das Glas am Objektiv! Fahren Sie Zoomobjektive ganz aus und entfernen Sie den Schmutz auch von den Bereichen des Objektivtubus, die beim Einzoomen ins Objektiv gezogen werden.

Ist Ihre A7 nass geworden, etwa bei einem Regenschauer, wischen Sie sie mit einem weichen Tuch ab. Ein paar Wasserspritzer steckt sie klaglos weg. Hat Ihre A7 indes einen ordentlichen Guss abbekommen, ist Vorsicht angesagt: Schalten Sie sie sofort aus und entnehmen Sie den Akku. Erst dann wischen Sie das Wasser ab. Zusätzlich können Sie Ihre Kamera an einem trockenen, warmen Ort trocknen, etwa auf einer (nicht zu hoch aufgedrehten!) Heizung.

Im Winter kann kondensierende Flüssigkeit lästig werden. Wenn Sie nach einer ausgedehnten Skitour eine gut geheizte Gaststube mit Ihrer A7 betreten, wird sie sofort beschlagen. Das gilt auch für die Frontlinse des Objektivs, selbst wenn diese mit einem Deckel geschützt ist. Warten Sie eine halbe oder Dreiviertelstunde, bis sich die Kamera ans Raumklima angepasst hat, dann löst sich dieses Problem von selbst.

Geradezu magisch zieht das Display der A7 Schmutz und Fingerabdrücke an. Den Fettschleier entfernen Sie auf die Schnelle

---

Wenn Ihre A7 in den Brunnen gefallen ist

Ihre A7 ist nicht wasserdicht, nicht einmal gegen Spritzwasser ist sie gesondert geschützt. Wenn Ihre Kamera in die gefüllte Badewanne fällt oder in eine tiefe Pfütze, übersteht sie das in der Regel nicht. Ausnahme: Die Kamera war ausgeschaltet. In diesem Fall nehmen Sie sofort den Akku heraus und entfernen das Objektiv, dann trocknen Sie die A7 wie beschrieben. Mit etwas Glück hat Ihre A7 das unfreiwillige Bad unbeschadet überstanden! Ist sie allerdings in Salzwasser gefallen (etwa ins Meer), besteht kaum noch Hoffnung.

mit einem Mikrofasertuch (»Brillenputztuch«, gibt's beim Optiker). Ab und an reinigen Sie das Display feucht mit einem Stück Küchenpapier, auf das Sie zuvor etwas Glasreiniger (Alkohol) aufgesprüht haben. Noch besser: Besorgen Sie sich in der Apotheke Isopropanol, Sie können diesen Alkohol auch gut zur Sensorreinigung verwenden (siehe Seite 306). Wenn Sie Ihre A7 häufiger unter harten Bedingungen einsetzen, sollten Sie das Display mit einer entsprechenden Folie schützen.

Linsen des Objektivs reinigen – so geht's

Ähnlich wie das Display übt auch die Frontlinse eines Objektivs eine geradezu magische Anziehungskraft auf Verschmutzungen aller Art aus. Insbesondere Staub und Pollen setzen sich hier gern ab. Ein paar Staubkörnchen auf der Frontlinse sollten Sie geflissentlich ignorieren, sie stören Ihre Aufnahme meistens nicht. Staub auf der Frontlinse wird vor allem sichtbar, wenn Sie eine Lichtquelle im Bild haben (zum Beispiel die tief stehende Sonne) und zudem noch sehr weit abblenden.

Ich habe für diesen Fall immer einen speziellen Objektivreinigungspinsel mit sehr weichen Haaren in der Fototasche. Mit einem solchen Pinsel wischen Sie lose anhaftenden Schmutz weg, aber bitte nur ganz vorsichtig und ohne Druck auszuüben. Kleben dann noch ein paar Pollenkörner oder gar Fingerabdrücke auf der Frontlinse, wischen Sie diese mit einem feuchten Brillenputztuch weg.

High-ISO-Foto

Da ich das Objektiv weit abgeblendet habe (auf f/22) und die Lichtquelle im Bild ist, tritt bei dieser Aufnahme jedes Staubkörnchen auf der Frontlinse überdeutlich hervor.

ISO 200 | 33 mm | 1/250 s | f/22

Zu Hause blase ich losen Schmutz zunächst mit einem Blasebalg ab. Dann wische ich feucht nach – mit einem Optikpapier, das ich zuvor mit Isopropanol getränkt habe. Besondere Vorsicht sollten Sie walten lassen, wenn Sie die Hinterlinse eines Objektivs reinigen – selbst kleinste Kratzer können sich hier schon deutlich in der Aufnahme bemerkbar machen!

Wenn eine Sensorreinigung nötig wird

Ihre A7 hat noch mit einem weiteren Schmutzproblem zu kämpfen, das prinzipiell alle Digitalkameras mit Wechselobjektiven plagt: Sensorschmutz. Sobald Sie das Objektiv an Ihrer A7 wechseln, ist der Bildwandler im Inneren der Kamera ungeschützt der Umwelt ausgesetzt. Nun können sich Schmutzpartikel ungehindert auf der Oberfläche des Bildsensors absetzen. Sie liegen allerdings nicht in der Schärfeebene, sodass selbst größere Staubkörner kaum auffallen, wenn Sie mit weit geöffneter Blende fotografieren. Schließen Sie die Blende hingegen auf einen sehr kleinen Wert (große Blendenzahl), treten Verschmutzungen als dunkle Flecken hervor.

Ist der Sensor verschmutzt?

Auf Ihren Fotos wird Ihnen eine leichte oder mäßige Verschmutzung des Sensors oftmals gar nicht auffallen. Die dunklen Flecken treten vor allem in sehr flächigen Bildbereichen unangenehm in Erscheinung, etwa in der Himmelspartie einer Landschaftsaufnah-

Sensorschmutz

Wenn es auf Ihren Fotos aussieht wie auf dieser Aufnahme, ist es Zeit für eine gründliche Sensorreinigung.

me. Bevor Sie sich daranmachen, Ihren Sensor zu putzen, prüfen Sie zunächst, ob beziehungsweise wie stark er überhaupt verschmutzt ist.

Sie brauchen dazu ein möglichst gleichmäßiges Testmotiv, etwa eine weiße Wand oder den strahlend blauen Himmel. So gehen Sie vor:

1. Geben Sie den Aufnahmemodus A vor, korrigieren Sie die Belichtung um +1 EV nach oben und schalten Sie den Autofokus ab.

2. Schließen Sie die Blende möglichst weit (auf f/22 oder mehr) und fokussieren Sie auf die kürzestmögliche Entfernung (die eigentliche Aufnahme sollte möglichst unscharf werden).

3. Richten Sie Ihre Kamera auf ein sehr gleichmäßiges, entferntes Motiv, etwa eine weiße Wand oder das blaue Firmament. Dann lösen Sie eine Aufnahme aus.

Prüfen Sie Ihre erste Testaufnahme auf einem großen Computermonitor oder auf Ihrem TV-Gerät. Zeigen sich keine oder nur wenige kleine, dunkle Flecken? Dann ist alles in Ordnung. Sieht Ihre Testaufnahme hingegen aus wie mit Masernpusteln übersät, wird es höchste Zeit, den Bildsensor Ihrer A7 zu reinigen.

So schüttelt Ihre A7 Staub und Schmutz vom Sensor

Ihre A7 ist mit einem aktiven Staubschutz ausgestattet. Sobald Sie Ihre Kamera ein- oder ausschalten, vibriert der beweglich aufgehängte Sensor kurz mit einer sehr hohen Frequenz. Diese Ultraschallreinigung soll anhaftenden Staub einfach abschütteln.

Die Reinigungsautomatik funktioniert leider nicht 100-prozentig – sonst könnten Sie sich ja den Aufwand mit den Testfotos sparen.

Sensorschmutz nicht überbewerten

Um Schmutzpartikel auf dem Sensor aufzuspüren, nehme ich Testbilder bei f/22 oder noch kleinerer Blende auf. Zeigen sich dann ein paar kleine Punkte auf den Aufnahmen, ignoriere ich sie – notfalls lassen sie sich mit einem Bildbearbeitungsprogramm wegretuschieren. Bei größeren Blenden fallen kleine Staubkörnchen nicht mehr auf. Sie brauchen also keineswegs sofort zu Blasebalg und Putzstäbchen greifen, wenn Ihr Testbild nicht völlig makellos ist.

Testbilder mit Sensorschmutz

Links: Sieht Ihr Testfoto aus wie hier, ist so weit alles in Ordnung.

Rechts: Wenn Ihr Testbild Flecken wie hier zeigt, ist eine Sensorreinigung nötig.

Daher bietet Ihre A7 die Möglichkeit, den Staubschüttler gezielt zu aktivieren. Dazu rufen Sie MENU > Setup > 3 > *Reinigungsmodus* > *Eingabe* auf. Die Prozedur ist nach wenigen Sekunden abgeschlossen, schalten Sie Ihre A7 anschließend aus. Dann prüfen Sie mit einer erneuten Testaufnahme, ob die Ultraschallreinigung erfolgreich war.

Wie Sie den Sensor manuell säubern

Schafft es die Ultraschallreinigung nicht, festanhaftende Schmutzpartikel (zum Beispiel Pollen) abzuschütteln, reinigen Sie den Bildwandler von Hand. Sie benötigen dazu:

- einen Blasebalg speziell zur Sensorreinigung (zum Beispiel Giottos Rocket, ca. 10 Euro),
- Putzstäbchen (etwa Sensorswap von Visible Dust) mit spezieller Reinigungsflüssigkeit (ebenfalls von Visible Dust) oder Isopropanol (aus der Apotheke).

Im ersten Schritt sollten Sie den Sensor stets abblasen. Schalten Sie dazu Ihre A7 aus, dann nehmen Sie das Objektiv ab. Am besten halten Sie die Kamera leicht nach vorne geneigt, während Sie den Bildwandler abblasen. So vermeiden Sie, den Staub einfach nur im Inneren der Kamera zu verteilen. Anschließend prüfen Sie wieder mit einem Testbild, ob Ihre Putzaktion erfolgreich war.

Pressluft und Staubsauger eignen sich nicht!

Druckluft, etwa aus der Pistole an der Tankstelle, eignet sich überhaupt nicht zur Sensorreinigung. Sie kann Öl und andere Flüssigkeiten enthalten und damit Ihren Sensor dauerhaft beschädigen – einmal ganz davon abgesehen, dass der Luftdruck viel zu hoch ist.

Ebenso wenig sollten Sie den heimischen Staubsauger an den Sensor Ihrer A7 lassen – er zieht ebenfalls viel zu stark. Pusten Sie auch nicht mit dem Mund auf den Sensor – Ihr Atem ist zu feucht.

Reinigungswerkzeug

Das brauchen Sie für eine perfekte Sensorreinigung: Blasebalg (rechts, ca. 10 Euro) und Putzstäbchen mit Reinigungsflüssigkeit (links, ca. 20 Euro).

Nur wenn weiterhin hartnäckig Schmutzpartikel auf dem Sensor kleben, bedarf es einer Nassreinigung. Nehmen Sie dazu ein Reinigungsstäbchen, das vorne so breit ist wie der Sensor, und ziehen Sie es einmal über die Sensoroberfläche.

Alternative: Schmutzflecken per Software entfernen

Die manuelle Sensorreinigung ist eine etwas aufwendige und diffizile Angelegenheit. Solange nur ein paar kleine Flecken meine Aufnahmen verunstalten, kümmere ich mich nicht weiter darum. Ebenso wenig kommt es mir darauf an, beim Putzen wirklich das letzte Staubkörnchen zu erwischen. Denn es gibt ja noch eine recht einfache Alternative, die den Bildsensor Ihrer A7 schont: Entfernen Sie Sensorflecken in der Aufnahme per Software.

Heute bieten praktisch alle Bildbearbeitungsprogramme und auch die meisten RAW-Konverter einen Reparaturpinsel, mit dem Sie die Flecken einfach wegstempeln. Dabei reicht es völlig, wenn Sie sich auf die Flecken konzentrieren, die in flächigen Bildbereichen stören.

Keine Wattestäbchen und keinen Haushaltsreiniger verwenden!

Wattestäbchen eignen sich nicht zur Sensorreinigung. Es könnten sich Fasern lösen, die den Bildwandler dann erneut verschmutzen.

Verwenden Sie auch keine im Haushalt üblichen Reinigungsmittel zur Nassreinigung.

Flecken retuschieren

Ihre Alternative zur aufwendigen Sensorreinigung: Stempeln Sie die Flecken im Foto mit einem Bildbearbeitungsprogramm weg.

12.2 Firmware-Update

Ihre A7 ist ein kleiner Computer mit einem eigenen, fest einprogrammierten Betriebssystem, der sogenannten Firmware. Sony veröffentlicht bisweilen Updates für diese Firmware, um Fehler zu beheben oder Ihre A7 mit neuen Funktionen zu versehen. Bevor dieses Buch im Frühjahr 2014 in Druck ging, war indes noch keine neue Firmware für die A7/A7R verfügbar.

Um eine neue Firmware auf Ihrer A7 zu installieren, benötigen Sie zunächst ein PC-Programm (für Windows oder Mac), das Sie kostenlos von der Support-Seite von Sony herunterladen können. Dieser »Firmware-Updater« lädt dann die neueste Version auf Ihre A7, die Sie zuvor via USB-Kabel mit Ihrem Rechner verbunden haben. Sony veröffentlicht zu jedem Firmware-Update eine genaue Installationsanleitung. Sie müssen also nur noch das Update und die Anleitung dazu finden – das geht recht einfach:

1 Rufen Sie die Support-Seite von Sony unter http://www.sony.de/support/de auf. In das Feld *Support Suche* geben Sie die Modellbezeichnung Ihrer Kamera ein, also *ILCE-7* oder *ILCE-7R*.

2 Klicken Sie auf den Link *Software und Downloads*. Mit einem Klick auf *Alle Downloads zeigen* klappen Sie die Liste auf.

3 Falls es eine neue Firmware für Ihre A7 gibt, klicken Sie auf *Firmware-Update für ILCE-7 (Windows)*. Wenn Sie einen Mac besitzen, wählen Sie die entsprechende Mac-Version.

Firmware-Updates gibt es übrigens nicht nur für Ihre A7, sondern möglicherweise auch für Ihre E-Mount-Objektive. Das gilt insbesondere für solche Objektive, die bei Erscheinen der A7 (November 2013) bereits am Markt waren. Hier verbessert die neue Firmware die Zusammenarbeit mit der Kamera, zum Beispiel mit dem Fast Hybrid AF der A7.

Welche Firmware ist aktuell installiert?
Unter welcher Firmware-Version Ihre A7 aktuell läuft, lässt sich leicht prüfen mit der Befehlsfolge MENU > Setup > 6 > Version.

12.3 Service und weiterführende Informationen

Support von Sony: *www.sony.de/support/de*
Hier erhalten Sie die neuesten Versionen der Sony-Software, aktuelle Firmware für Ihre A7 (soweit verfügbar), Antworten auf die häufigsten Fragen und vieles mehr.

Sony bietet hier ebenfalls Tipps und Tricks rund um Ihre Kamera, Kompatibilitätslisten und Anleitungen zum richtigen Umgang mit Ihrer A7. Zudem können Sie Ihre Kamera hier bei Sony registrieren, was etwa für einen Garantiefall von Vorteil ist.

Herbert Geissler GmbH von Sony autorisierte Fachwerkstatt: *www.geissler-service.de*

Die Geissler GmbH in Reutlingen ist die offizielle Fachwerkstatt zur Reparatur Ihrer A7. Sie wickelt auch Garantiefälle ab. Dazu schicken Sie Ihre A7 oder Zubehör von Sony nach Reutlingen. Unter www.geissler-service.de/1700-sony.html erhalten Sie detaillierte Informationen zur Abwicklung Ihres Reparaturauftrags. Nicht nur für Kunden aus Österreich bietet die Firma Schuhmann (*www.schuhmann.at*) in Linz einen ähnlichen Reparaturservice für Ihre A7.

Community (nicht nur) für A7-Besitzer: *www.sonyuserforum.de*

Hier treffen sich Fotografen, die mit einer Kamera von Sony fotografieren. Das Internetforum hat seinen Schwerpunkt auf der technischen Seite der Fotografie, bietet aber auch eine Galerie, die für alle Teilnehmer offen ist. Daneben gibt es einen großen Verkaufs- und Ankaufsbereich.

Mein Blog:
www.martinvieten.com

Weitere Neuigkeiten rund um Ihre A7, andere Kameras von Sony (aber nicht nur) sowie zu Lightroom und Photoshop finden Sie auf meinem Blog. Dort informiere ich Sie auch, sobald es Firmware-Updates oder andere wichtige Nachrichten zur A7 gibt.

Morgenstimmung am See

Aufnahmen wie diese illustrieren, warum ich meine A7 nicht mehr missen möchte.

ISO 200 | 150 mm | 1/60 s | f/8

Stichwortverzeichnis

A

Abbildungsfehler korrigieren 221
Abblendtaste 142
Adapter LA-EA4
   AF justieren 190
   AF-Verriegelung 185
   Augen-AF 175
   Eye-Start-AF 189
   Gesichtserkennung 81, 175
Apps. *Siehe auch* Camera Apps
   PlayMemories Home 294
   PlayMemories Mobile 291
Aufnahmen drahtlos übertragen
   Eye-Fi-Karte 290
Aufnahmen löschen 272
Aufnahmetechniken
   Aufnahme checken 68
   Automatischer Objektrahmen 74
   Bewegung einfrieren 102
   Gegenlicht 147
   Gitterlinien verwenden 75
   Grundlagen 63
   Kameraposition und Bildwirkung 65
   Motiv am Bildrand 63
   Motiventfernung und Brennweite 67
   Stürzende Linien vermeiden 66
   Verwackelte Aufnahmen vermeiden 103
Autofokus
   Adapter LA-EA3 und LA-EA4 166
   AF b. Auslösung 175
   AF-C (Nachführ-AF) 169, 182
   AF-S (Einzelbild-AF) 169
   AF-Verriegelung 183
   Augen-AF 173
   bei Serienaufnahme 190
   beschleunigen 189
   DMF (Direct Manual Focus) 169, 181
   Fehlerquellen 167
   Fokusfeld 170
   Fokusfelder bei Adapter LA-EA4 171
   Fokusfeld festlegen 171
   Grundlagen des System 16
   Kontrastmessung 164
   MF/AF-Taste 180
   MF (manueller Fokus) 169
   Phasenvergleichsverfahren 165
   präzisieren 189
   Selbstauslöser 196
   Vor-AF 189
Auto HDR 157

B

Bedienelemente
   Funktionstasten 29
   Hauptmenü 31
   Quick Navi Control 32
   Schnellmenü 30
   Übersicht 24
Belichtungsmessung
   AEL-Taste 148
   Fehlerquellen 126
   Live-Histogramm 128
   Messmodus 124
   Messwertspeicher 147
   Spot 147
   Zebra-Warnung 131
Belichtungsreihe 152
   Einzelreihe 154
   Serienreihe 153
Belichtungssteuerung
   bei Videoaufnahme 259
   Belichtungskorrektur 143
   Belichtungskorrektur mit Daumenrad 285
   Belichtungskorrekturrad 144
   Blendenautomatik S 137
   Grundlagen 132
   ISO-Automatik 140
   manuelle ~ (M) 138
   Messwertspeicher 64
   Programmautomatik (P) 134
   Programm-Shift 134
   Serienaufnahme 193
   Zeitautomatik (A) 135
Belichtungszeit
   Auswirkung auf Aufnahme 101
   Grundlage 98
Benutzerspeicher
   Aufnahmekonfiguration abrufen 277
   Aufnahmekonfiguration speichern 277
   Speicheroptionen 278
Beugungsunschärfe 109
Bild drehen 272
Bildeffekte 215
   Überblick 216
Bildschirmsymbole 27
Bild schützen 273
Bildstabilisator 104
Bildstile. *Siehe* Kreativmodus
Blendenwert
   förderliche Blende 110
   Grundlage 98
   Sterneneffekt 115
   Tiefenschärfe 106
Blendenzahl. *Siehe* Blendenwert
Blitzlicht
   Anschluss 233
   an Umgebungslicht anpassen 250
   bei Belichtungsmodus M 240
   Blitzbelichtungskorrektur 243
   Blitzmodus 238
   Blitzsynchronzeit 236
   entfesseltes ~ 244
   Fehlerquellen 250
   Geräteübersicht 232, 244
   HSS-Modus 236
   HSS-Modus einschalten 238
   indirektes ~ 247
   Langzeitsynchronisation 239
   Leitzahl 233
   Mischlicht 249
   mit Umgebungslicht mischen 239
   Reflektor 234
   regulieren 242
   Synchronisation auf den zweiten Vorhang 241
   WL-Modus 244

C

Camera Apps
   Bildeffekt+ 297
   Direktes Hochladen 297
   Einführung 294
   Foto-Retusche 297
   installieren 298
   löschen 301
   Mehrfachbelichtung 296
   Objektivkompensation 297
   Professionelle Reihe 295
   Smart-Fernbedienung 298
   sortieren 300
   Zeitraffer 296

Stichwortverzeichnis

D

Digitalzoom 93
   Grundlagen 91
   Klarbild-Zoom 93
   Praxis 94
   Smart-Zoom 93
Drahtloses Netzwerk
   A7 verbinden 291
   Datenübertragung zum PC 294
   Eye-Fi-Karte 290
   Fotos auf Mobilgerät übertragen 292
   NFC 291
   Verbindung mit Mobildgerät 291
DRO-Funktion 158

E

Effekte. *Siehe* Bildeffekte
Energieversorgung 36

F

Farbraum
   Adobe RGB 211
   sRGB 211
Fernauslöser 197
Fernsteuerung
   Remote Camera Control 288
   USB-Verbindung einrichten 289
   via PC 288
   via Smartphone 302
Filmmodus. *Siehe* Videoaufnahme
Firmware-Update 311
Fokusfeld
   Breit 170
   Feld 170
   festlegen 171
   Flexible Spot 170
   Mitte 170
Fokusmodus
   AF-C (Nachführ-AF) 169
   AF-S (Einzelbild-AF) 169
   bei Videoaufnahme 259
   DMF (Direct Manual Focus) 169
   MF (manueller Fokus) 169
Funktionstasten
   Hochformatgriff VG-C1EM 282
   konfigurieren 281

G

Gesichtserkennung
   Gesichtswiedererkennung 76
   Grundlagen 70
   Lächelauslöser 77
   Probleme 73
   Soft Skin-Effekt 80
Grundeinstellungen
   Gitterlinien 75

H

Histogramm 129
Hyperfokaldistanz 111

I

ISO-Empfindlichkeit
   Bildrauschen 115
   Grundlage 98
   ISO-Automatik 138
   ISO-Automatik einrichten 121
   Rauschuntordrückung per Mehrfachaufnahme 122

J

JPEG-Optionen 211

K

Kreativmodus 212
   anpassen 212
   per Funktionstaste aufrufen 215

L

Live-Bild auf externem Display 289

M

Manuell fokussieren
   DMF (Direct Manual Focus) 181
   Entfernungsskala 176
   Fokuslupe 176, 178
   Fokus-Peaking 177, 179. *Siehe* auch Kantenanhebungsstufe
   MF/AF-Taste 180
Motivprogramme 59

O

Objektiv
   Adapter 20
   A-Objektive 20
   APS-C-Bildkreis 20
   Bajonett 24
   entriegeln 24
   E-Objektive 20
   FE-Objektive 19

Objektverfolgung. *Siehe* AF-Verriegelung
OSS. *Siehe* Bildstabilisator

R

Radsperre 284
Rauschreduzierung 219
   Dunkelrauschen reduzieren 221
   einrichten 220
RAW-Format
   Adobe Photoshop Lightroom 224
   Bayer-Pattern 201
   Bildstile 225
   Demosaicing 201
   Exposing to the right 228
   Grundlagen 200
   Image Date Converter 224
   Objektivkorrekturen 228
Reinigen. *Siehe* Sensorreinigung
   Kameragehäuse 306
   Linsen des Objektivs 307

S

Schnellmenü
   Belegungsplan 280
   reduzieren 279
   Speicherplatz belegen 279
Schwenkpanorama
   Fehlerquellen 88
Seitenverhältnis 30, 86
Selbstauslöser 196
Sensorreinigung 308
   Hilfsmittel 310
   Reinigungsmodus 309
   Sensor verschmutzt? 308
Serienaufnahmen 190
   Belichtungssteuerung 193
   Modi im Vergleich 192
   Praxis 194
   Serienaufnahme mit Zeitpriorität 191
   Serienaufnahme (Modus) 191
   Sucherbild 191
Speicherkarte
   Typ 37
Steuerrad
   konfigurieren 281, 284
Systemzubehör
   Batteriegriff 22
   Fernbedienung 23
   Video-Zubehör 23
Szenenwahl. *Siehe* Motivprogramme

T

Tethered Shooting.
 Siehe Fernsteuerung
Tiefenschärfe 106
 kontrollieren 141

V

Verbundaufnahme. *Siehe* Mehrfach-
aufnahme
Videoaufnahme
 Aufnahmemodus 258
 Aufzeichnungsformate (Überblick) 257
 AVCHD 255
 Belichtung fixieren 258
 Belichtungssteuerung 259
 Fokusmodus 259
 Fokus nachführen 260
 Movie-Taste 258
 MP4 255
 NTSC 256
 Objektive 254, 260
 PAL 256
 Tonaufnahme 261
 Ton manuell aussteuern 261
 zeitliche Beschränkung 255
Vollautomatik
 wählen 57

W

Weißabgleich
 AWB (automatischer Weißabgleich) 205
 Farbtemperatur 203
 Farbtemperatur vorgeben 206
 Grundlagen 203
 Kelvin-Wert eingeben 208
 messen 208
 Messwert speichern 210
 RAW-Format 206
 Speicherplatz für ~ 206
 Vorgaben 206
 Vorgaben ändern 207
 Weißabgleichanpassung 208
Wiedergabe
 auf TV-Gerät 270
 Bildindex 266
 Daten nicht anzeigen 265
 Diaschau 271
 Filmaufnahmen 269
 Histogramm 265, 266
 Info-Anzeige 265
 Lautstärke regeln 270
 nach Datum 267
 Ordner wählen 267
 steuern (auf externem Dispklay) 270
 Wiedergabe-Bildschirm 264
 Wiedergabezoom 268

Meike Fischer, Rudolf Krahm

Fotokurs Straßen-fotografie

Szenen, Menschen und Orte im urbanen Raum fotografieren

2., erweiterte Auflage

Allen, die das Leben im urbanen wie ländlichen Raum fotografieren wollen, zeigen die Autoren, wie so unterschiedliche Motive wie Straßenszenen, einsame (Stadt-)Landschaften, Menschen oder Gebäude mit der Kamera festgehalten werden können. Aufnahmesituationen, in denen mit schwachem Licht gearbeitet wird, wie bei Nacht oder zur Blauen Stunde, bilden Schwerpunkte. Bildbeispiele schulen den Blick des Lesers, besondere Motive im Alltäglichen zu erkennen und gekonnt umzusetzen. Zu jedem Kapitel stellen die Autoren Übungsaufgaben, sodass sich der Leser als Fotograf weiterentwickeln kann. Für die Zweitauflage wurden zum großen Teil neue Bildbeispiele verwendet. Darüber hinaus wurde es um ein ausführliches Kapitel zum Thema „Menschen fotografieren" und ein Kapitel über „Lost Places und Urban Exploring" erweitert.

2014, 358 Seiten,
durchgehend 4-farbig, gebunden
€ 39,90 (D)
ISBN 978-3-86490-011-2

dpunkt.verlag

Wieblinger Weg 17 · 69123 Heidelberg
fon 0 62 21/14 83 40
fax 0 62 21/14 83 99
e-mail hallo@dpunkt.de
http://www.dpunkt.de

Meike Fischer, Rudolf Krahm

Fotokurs Straßen-fotografie

Szenen, Menschen und Orte im urbanen Raum fotografieren

2., erweiterte Auflage

Allen, die das Leben im urbanen wie ländlichen Raum fotografieren wollen, zeigen die Autoren, wie so unterschiedliche Motive wie Straßenszenen, einsame (Stadt-)Landschaften, Menschen oder Gebäude mit der Kamera festgehalten werden können. Aufnahmesituationen, in denen mit schwachem Licht gearbeitet wird, wie bei Nacht oder zur Blauen Stunde, bilden Schwerpunkte. Bildbeispiele schulen den Blick des Lesers, besondere Motive im Alltäglichen zu erkennen und gekonnt umzusetzen. Zu jedem Kapitel stellen die Autoren Übungsaufgaben, sodass sich der Leser als Fotograf weiterentwickeln kann. Für die Zweitauflage wurden zum großen Teil neue Bildbeispiele verwendet. Darüber hinaus wurde es um ein ausführliches Kapitel zum Thema „Menschen fotografieren" und ein Kapitel über „Lost Places und Urban Exploring" erweitert.

2014, 358 Seiten,
durchgehend 4-farbig, gebunden
€ 39,90 (D)
ISBN 978-3-86490-011-2

dpunkt.verlag

Wieblinger Weg 17 · 69123 Heidelberg
fon 0 62 21/14 83 40
fax 0 62 21/14 83 99
e-mail hallo@dpunkt.de
http://www.dpunkt.de

Meike Fischer

Nacht- und Restlichtfotografie

Stimmungsvolle Fotos von der Dämmerung bis zum Morgengrauen

Das Fotografieren bei wenig Licht und in der Nacht erfordert extrem lange Belichtungszeiten und kann ein spannungsreiches Feld für fotografische Experimente und gleichzeitig ein kontemplatives Erlebnis sein. Meike Fischer erläutert die erforderliche Ausrüstung, die passenden Aufnahmetechniken und zeigt, wie man zu ansprechenden Ergebnissen gelangt. Alle Lichtsituationen vom Sonnenuntergang über die dunkle Nacht bis zum Sonnenaufgang werden einbezogen. Kapitel zum Lightpainting, zur nächtlichen HDR-Fotografie, Schwarzweißkonvertierung und Bildoptimierung am Computer runden das Buch ab.

2013. 284 Seiten,
durchgehend 4-farbig, gebunden
€ 36,90 (D)
ISBN 978-3-86490-011-2

dpunkt.verlag

Wiehlinger Weg 17 · 69123 Heidelberg
fon 0 62 21/14 83 40
fax 0 62 21/14 83 99
e-mail hallo@dpunkt.de
http://www.dpunkt.de